本书是基于共青团中央"青少年发展研究"课题
"新冠肺炎疫情影响下促进青年就业的实现路径与政策建议"
（立项编号：20YB030）的研究成果。

中国社会科学院大学
University of Chinese Academy of Social Sciences

SOLUTIONS TO
YOUTH EMPLOYMENT
ISSUES

基于公共卫生危机视角

From the Perspective of
Public Health Crisis

青年就业问题
应对之道

徐 明 著

社会科学文献出版社
SOCIAL SCIENCES ACADEMIC PRESS (CHINA)

序 一

就业是最基本的民生，也是经济发展最基本的支撑。党的二十大报告指出："强化就业优先政策，健全就业促进机制，促进高质量充分就业。"实现高质量充分就业是推动经济高质量发展、全面建设社会主义现代化国家的内在要求，是践行以人民为中心的发展思想、扎实推进共同富裕的重要基础。党的十八大以来，以习近平同志为核心的党中央高度重视就业工作，面对中美贸易摩擦、新冠疫情流行等各种挑战，实施并强化就业优先政策，国家就业大局始终保持了稳定，为经济社会稳定发展做出了重要贡献。

过去几年，受国内外各种因素影响，青年就业压力凸显。2022 年中央经济工作会议强调要"把促进青年特别是高校毕业生就业工作摆在更加突出的位置，切实保障好基本民生"。青年群体是劳动力市场的生力军，青年群体的就业状况关乎国家的未来。高校毕业生是有望进入中等收入群体的重要方面，青年农民工是中等收入群体的重要来源。帮助青年群体稳定就业、持续增收，对于扩大中等收入群体规模、朝着共同富裕目标扎实迈进具有重要意义。

2023 年以来，随着我国疫情整体进入低流行水平阶段，旅游、餐饮、交通等行业逐步恢复，国内需求回暖。同时，我国营商环境不断优化、现代产业体系不断完善、对科技创新的投入持续增加，供给结构也在不断优化。在此基础上，市场预期不断增强。国内需求回暖、供给结构优化、预期不断增强为经济高质量发展提供了良好支撑，为促进高质量充分就业创造了良好条件。但也要看到，经济回升基础尚不牢固，高校毕业生等青年就业问题依然面临一些新的困难和挑战。

徐明教授在企业人力资源管理实践与战略人力资源管理理论研究与教学方面深耕多年，对劳动力市场和就业问题持续关注，他的多项研究成果已产生了比较广泛的影响。在疫情发生后，他迅速抓住疫情对青年就业创业的影响这一重要议题，在 2020 年至 2022 年间克服多种困难，带领研究团队奔赴全国各地就青年就业状况开展大规模实地调研，获得了丰富充实的一手资料。基于相关重要理论和一手调查资料，徐明教授撰写了《青年就业问题应对之道——基于公共卫生危机视角》一书。本书全面呈现了课题组开展规范研究和分析的全过程，在理论的支撑下明确了青年就业的定义，采用定量与定性相结合的研究方法呈现了疫情对青年就业创业的影响机理，分析了促进青年就业创业的政策体系结构。在总结不同地区促进青年就业创业政策举措的基础上，提炼出具有推广意义的共性举措。这些研究过程和研究结果值得学者研究借鉴，有助于政府有关部门在制定相关政策时参考。

正如本书所强调的，青年就业对国家、社会发展，以及实现第二个百年奋斗目标、实现中华民族伟大复兴的中国梦具有重要意义。促进青年高质量就业，既需要政府、企业共同发力，也需要青年就业者努力提升自身的能力和素质，还需要学界广大学者开展深入广泛的研究，由此共同营造有助于青年高质量就业的社会环境。

赵德胜

2023 年 5 月

序　二

　　就业无论是对经济社会的持续发展，抑或是对个人价值的充分实现，都具有举足轻重的作用。 就业是最大的民生工程、民心工程、根基工程。 面对日益错综复杂的国内外形势，党中央坚持将就业摆在"六稳"工作、"六保"任务的首位，实施就业优先战略，落实积极的就业政策，我国就业规模显著扩大，就业结构不断优化，就业服务水平显著提升。 青年是整个社会中最具有朝气的力量，青年一代有理想、有本领、有担当、有事业，国家就有前途，民族就有希望，实现我国的发展目标就有源源不断的强大力量。青年是就业大军中极具潜在生产力和现实生产力的人力资源。 青年是就业工作中的重点任务。 若青年不能实现充分就业、高质量的就业，他们就不能充分参与社会生活实现自我价值，对健康成长不利，进而容易因发展遇到挫折而出现各种社会问题。 因此，党和政府高度重视青年的就业工作，《"十四五"就业促进规划》专设青年就业篇章，国务院办公厅印发了做好高校毕业生等青年就业创业的指导意见，各级政府推出了一系列有针对性的政策举措，千方百计帮助青年就业、创业。

　　三年疫情对中国经济社会发展造成冲击。 随着形势的发展，就业市场也在不断变化。 在多方因素的叠加下，就业难问题依然是困扰青年发展的主要问题。 据国家统计局公布的数据，2023 年 4 月，全国城镇调查失业率为 5.2%，与 2023 年 3 月相比下降了 0.1 个百分点；16~24 岁青年调查失业率为 20.4%，与 2023 年 3 月相比提高了 0.8 个百分点。 一方面，高校毕业生的数量连年增加，促进青年生力军——高校毕业生就业创业的任务繁重；另一方面，青年结构性就业矛盾较大，供需不匹配，较大面积的"就业难"和"招工难"同在现象在青年劳动力供需方面长期存在。在长期就业结构性矛盾和短期需求冲击叠加的双重压力下，当前的青年就业问题显得严峻而复杂，破解这一难题必须直面挑战，找准促进青年就业的发力点。在这样的背景下稳定和扩大青年的就业创业仍然需要持续加力。因此，针对青年就业问题开展广泛深入的研究，为促进青年稳定就业找到切实可行的实现路径是时代赋予学界、赋予学者的重大命题。

徐明教授是我培养的首届博士之一，他在求学时就表现出责任担当意识和奉献精神，他对于青年就业创业究竟面临怎样的困境、如何促进青年实现高质量就业等一系列问题开展了长期深入的追踪研究，深入高校毕业生、青年创业者、青年农民工、平台经济青年工作者等青年群体中，扎根青年就业的实际场景，挖掘青年就业遇到的真实问题。疫情发生后，他带领课题团队在全国范围内针对青年就业的现状和面临的挑战开展了广泛深入的调研，彰显了青年学者的担当意识和奉献精神。此外，徐明教授在读博时表现出很强的以问题为导向的研究特质和实事求是的探索精神，常显"打破砂锅问（纹）到底"的钻研执着。在课题研究和实际调研过程中，不只停留于对问题现象的分析，更注重于挖掘青年就业面临的更深层次的本质问题，深入了解问题的根源，多视角分析，从而有针对性地提出科学的、切合实际的建议。

徐明教授的研究较好地将理论联系实际贯穿始终，在理论的指引下，在把握青年就业创业基本规律的基础上，系统提炼经过实践检验的、有益的举措，进一步反馈完善对相关理论发展和规律的认识。同时他坚持系统观念和思维，既关注全国范围内青年就业创业面临的共性问题，也注重不同地区发展状况的特殊性，呈现了不同地区青年就业创业面临的特殊性困难；既总结提炼了全国范围内促进青年就业创业采取的整体举措，也梳理了不同地区结合自身资源禀赋提出的特色政策。这体现了其务实的治学态度、严谨的治学作风，充满了问题导向和系统观念，回应时代赋予我们的重大命题，系统完整地诠释了在新冠疫情影响下国家和各级政府为促进青年就业创业推出的政策举措和最终的实现路径。翻开这本书，各位读者能够对青年就业创业的现状有更全面的了解，对青年就业创业面临的挑战有更深入的认识，并为广大政府工作人员、企业家、社会组织切实有效地促进青年就业创业提供新的思路，为广大青年群体实现稳定就业创业提供启发。

　　徐明教授的新作行将问世，欣慰之外，也想借赠寄语以表希冀。科研之路道阻且长，虽泥泞崎岖、荆棘丛丛，然而有心人总能看见远方的精彩和光亮！为者常成，行者常至！希望徐明教授能够继续关注这一重要课题，以时不我待、只争朝夕的担当精神，以科学的态度，追踪调研、不断求索、严密论证，创出新硕果、书写新篇章。

2023 年 5 月

序　三

　　青年是推动社会进步的重要力量，在实现第二个百年奋斗目标进程中发挥着至关重要的作用。 就业是青年报国图强的重要渠道，青年就业关系民生福祉、经济发展和国家未来。 青年就业问题既是民生问题、经济问题，更是政治问题、稳定问题。 青年就业是青年个人价值的转换器，青年通过就业获得经济收入，投入社会经济活动，是将青年的个人价值与社会目标充分结合的主要方式。 青年高质量充分就业是社会稳定、和谐、健康发展的基础和保障。 积极促进青年就业，帮助青年充分发挥自身潜能，不仅有助于青年实现全面发展，也对促进经济社会可持续发展具有重要意义。

　　我国劳动力数量较为庞大，虽然近些年就业形势总体有所改善，但青年的就业压力仍然较大。 一方面，应届毕业生数量连年增长，青年人初次进入就业市场，缺少工作经验，寻找合适的就业岗位具有一定难度，普遍面临摩擦性失业的困扰。 另一方面，受疫情和国际大环境的影响，企业生产经营受到冲击，就业形势不容乐观，影响到青年就业群体的岗位供给。

　　国际劳工组织发布的《2022 年全球青年就业趋势报告》显示，疫情给青年就业带来了新的挑战。 面对多重因素带来的不确定性，多国政府积极采取措施，努力保障岗位供给，稳定青年就业。 促进青年就业应丰富拓展就业渠道，加强就业创业指导、政策支持和就业服务，努力创造更多适合青年的就业岗位，为青年锻炼能力、提升技能提供机会。 对我国而言，疫情对青年就业的不利影响还未完全消除，应继续坚持就业优先的政策导向，进一步推动各项政策精准出台、细化落实，促进经济稳步恢复和发展，培育新的就业增长点，为青年就业创造更有利的条件。

《青年就业问题应对之道——基于公共卫生危机视角》是徐明教授心血之作。其主要特点有三个结合，一是在分析中坚持理论与实践相结合，二是在内容上坚持调查研究和实证分析相结合，三是在对策上坚持政策分析与实践举措相结合。在理论分析篇界定了青年就业的内涵，阐述了青年就业的重大意义；以问题为导向，坚持系统思维，关注青年就业的宏观、中观、微观系统中面临的问题和挑战；从社会生态系统视角出发分析了疫情对青年就业的影响机理，梳理分析了疫情影响下的青年就业政策工具特点。在实践对策篇，不仅分章节呈现了广东省、海南省、河北省、四川省、天津市、陕西省在疫情影响下促进青年就业的实践经验和特色举措，而且立足全局提出公共卫生危机影响下促进青年就业的应对方式。在总结展望篇，从宏观、中观、微观三个层面系统性、全方位地提出促进青年就业的实现路径，针对青年就业面临的问题和挑战提出了促进青年就业的政策建议。

本书中大多数的数据、材料及案例均来自徐明教授2020~2022年带领课题组调研访谈获得的一手资料，这些一手资料真实反映了在疫情背景下各地促进青年就业的现实情况以及实践举措，对于公共卫生危机事件下讨论促进青年就业问题具有较强指导作用和实践意义，并且对于疫情防控新阶段促进青年就业、增强我国经济发展的稳定性与可持续性也具有重要的理论和现实意义。

2023 年 5 月

前　言

　　党的二十大报告着眼于新时代新征程，明确就业优先的战略任务，针对新形势新情况，对实施就业优先战略做出新的全面部署。 就业是最基本的民生。 青年就业关系民生改善、经济发展和国家未来。 公共危机事件是指一种危及全体社会公众的整体生活和共同利益的突发性和灾难性事件。2020 年初突发的新冠疫情作为重大公共危机事件，给青年就业带来新的挑战。 青年作为我国劳动力的主力军，在新冠疫情冲击下，就业创业形势十分严峻。 疫情进入常态化防控阶段后，青年就业也随之出现了一系列新问题新挑战。 青年就业关乎经济升级、民生改善和社会稳定，且无论从社会经验还是就职技巧来看，青年都是稍显弱势的就业群体，青年就业的稳定性直接关系着我国整体就业的稳定性。 研究青年就业的政策、实践以及促进青年就业的实现路径对于更好实施就业优先战略、健全就业促进机制、促进高质量充分就业有着重要的理论意义和实践价值。

　　本书分为理论分析篇、实践对策篇、总结展望篇三个篇章。 在理论分析篇中，梳理了 2020~2021 年疫情影响下青年就业的现状以及所面临的问题，通过对包含高校毕业生、青年创业者、青年农民工和平台经济就业青年在内的 3725 位青年进行问卷调查，研究新冠疫情对青年就业的影响机理，分析疫情影响下促进青年就业的政策文本的政策结构。 在实践对策篇中，对广东省、海南省、河北省、四川省、天津市、陕西省等省市代表性企业的复工复产情况及促进青年就业工作举措进行梳理，对其关键环节进行精准调研和访谈,呈现各地区在公共危机事件下促进青年就业的典型经验和措施。在总结展望篇中,基于上述分析,提出了促进青年就业的实现路径和政策建议。

为了促进青年就业,共青团及政府相关部门助力企事业单位复工复产,应对青年就业下行风险,积极搭建平台,建设良性就业生态环境,促进产业结构优化、升级转型,拓宽高校毕业生就业创业渠道,完善职业培训和就业服务,为返乡留乡青年农民工提供就地就近就业创业的机会。 在疫情平稳进入"乙类乙管"防控新阶段的背景下,促进青年就业更应加强全局性顶层设计,精准研判,增强我国经济系统的鲁棒性,促进青年高质量就业,进一步搭建平台拓宽高校毕业生就业渠道,精准扶持青年创业者,有序促进青年农民工返岗就业,运用互联网、人工智能等新技术挖掘青年就业增长点。

本书的撰写基于本人主持的共青团中央"青少年发展研究"课题"新冠肺炎疫情影响下促进青年就业的实现路径与政策建议"(编号:20YB030)的科研成果。 本书出版获得中国社会科学院创新工程的资助。 李璐、郭磊、吴丽丽参加了课题的调研和相关内容的研讨,陈斯洁、胡雨薇、李尉、聂云蕊、肖凯铭、徐瑜洁参与了资料收集和校对工作。

本书作者力求以严谨认真的科研态度和辛勤的付出,为读者奉献关于青年就业的研究成果。 本书有不当或不完善之处,恳请广大学者不吝赐教,以促进青年就业问题的进一步深入研究。

目　录

第一篇　理论分析篇

第二篇　实践对策篇

第一篇

理论分析篇

第一章　绪论

第一节　选题背景与研究意义

一　研究背景

青年就业关系民生改善、经济发展和国家未来。党的十八大以来，习近平总书记提出了一系列关于青年就业的重要论述，强调青年就业问题是民生问题，更是政治问题、稳定问题，是社会稳定、和谐、健康发展的基础和保障。2013年5月4日，习近平总书记在同各界优秀青年代表座谈时指出："青年一代有理想、有担当，国家就有前途，民族就有希望，实现我们的发展目标就有源源不断的强大力量。"①2016年4月26日，习近平总书记在知识分子、劳动模范、青年代表座谈会上强调："实现中华民族伟大复兴的中国梦，需要一代又一代有志青年接续奋斗。青年人朝气蓬勃，是全社会最富有活力、最具有创造性的群体。党和人民对广大青年寄予厚望。"②

党的十九大报告中强调"中华民族伟大复兴的中国梦终将在一代代青年

---

① 习近平：《在同各界优秀青年代表座谈时的讲话》，《中国青年报》2013年5月5日，第01版。

② 《习近平总书记在知识分子、劳动模范、青年代表座谈会上的讲话》，《人民日报》2016年4月30日，第01版。

的接力奋斗中变为现实"。① 2017 年中共中央、国务院印发了《中长期青年发展规划（2016-2025 年）》，在第二章中专门设置了一节规划青年就业创业的发展目标，要求推动完善促进青年就业创业政策体系，加强青年就业服务，推动青年投身创业实践，加强青年就业权益保障，从而实现青年比较充分就业，高校毕业生就业率保持在较高水平；青年就业权利保障更加完善，青年的薪资待遇、劳动保护、社会保险等合法权益得到充分保护；青年创业服务体系更加完善，创业活力明显提升。

2019 年 4 月 30 日，习近平总书记在纪念五四运动 100 周年大会上强调："青年是整个社会力量中最积极、最富有生气的力量，国家的希望在青年，民族的未来在青年。 今天，新时代中国青年处在中华民族发展的最好时期，既面临着难得的建功立业的人生际遇，也面临着'天将降大任于斯人'的时代使命。"② 2021 年 4 月 19 日，习近平总书记在清华大学考察时指出："当代中国青年是与新时代同向同行、共同前进的一代，生逢盛世，肩负重任。 广大青年要……勇于创新，深刻理解把握时代潮流和国家需要，敢为人先、敢于突破，以聪明才智贡献国家，以开拓进取服务社会。要实学实干，脚踏实地、埋头苦干，孜孜不倦、如饥似渴，在攀登知识高峰中追求卓越，在肩负时代重任时行胜于言，在真刀真枪的实干中成就一番事业。"③党的二十大报告指出："青年强，则国家强。 当代中国青年生逢其时，施展才干的舞台无比广阔，实现梦想的前景无比光明。 全党要把青年工作作为战略性工作来抓，用党的科学理论武装青年，用党的初心使命感召

---

① 《习近平：决胜全面建成小康社会　夺取新时代中国特色社会主义伟大胜利——在中国共产党第十九次全国代表大会上的报告》，中华人民共和国中央人民政府网，2017 年 10 月 27 日，http://www.gov.cn/zhuanti/2017-10/27/content_5234876.htm。

② 《习近平：在纪念五四运动 100 周年大会上的讲话》，求是网，2019 年 4 月 30 日，http://www.qstheory.cn/yaowen/2019-04/30/c_1124440333.htm。

③ 《习近平在清华大学考察时强调　坚持中国特色世界一流大学建设目标方向　为服务国家富强民族复兴人民幸福贡献力量》，求是网，2021 年 4 月 19 日，http://www.qstheory.cn/yaowen/2021-04/19/c_1127348969.htm。

青年,做青年朋友的知心人、青年工作的热心人、青年群众的引路人。"①
因此,做好青年工作,尤其是做好青年就业工作对于激发青年干事创业主动
性、实施就业优先战略具有重大战略意义和价值。

公共危机事件是指一种危及全体社会公众的整体生活和共同利益的突发
性和灾难性事件。2020 年初突发的新冠疫情作为重大公共危机事件,对国
家社会经济稳定发展和人民生命财产安全造成重大影响。疫情突发以来,
我国应对新冠疫情的防治效果显著,受到许多国家的高度肯定。我国在疫
情防控和促进青年就业方面积累了丰富的经验,党中央、国务院高度重视青
年就业工作,及时做出一系列重要决策部署。"就业"成为政府工作报告中
出现的高频词,2020 年达到 39 次,2021 年达到 36 次,2022 年达到 34 次,
2023 年达到 29 次。2021 年政府工作报告明确提出要千方百计稳定和扩大
就业,实施就业优先战略,扩大就业容量,多渠道做好重点群体就业工作,
支持大众创业万众创新带动就业,推动降低就业门槛,促进新增市场主体恢
复快速增长,创造大量就业岗位,实施"六稳"和"六保"("六稳"即稳
就业、稳金融、稳外贸、稳外资、稳投资、稳预期,"六保"即保居民就
业、保基本民生、保市场主体、保粮食能源安全、保产业链供应链稳定、保
基层运转)的工作框架,就业是"六稳"和"六保"中唯一重叠且排名居首
的重点核心工作。②《人力资源社会保障部 教育部 财政部 交通运输
部 国家卫生健康委关于做好疫情防控期间有关就业工作的通知》中强调在
疫情防控关键时期,做好疫情防控和高校毕业生等重点群体的就业工作责任
重大。③《教育部关于应对新冠肺炎疫情做好 2020 届全国普通高等学校毕业

---

① 《习近平:高举中国特色社会主义伟大旗帜 为全面建设社会主义现代化国家而团结奋
斗——在中国共产党第二十次全国代表大会上的报告》,《人民日报》2022 年 10 月 26 日,
第 01-05 版。

② 李涛、孙媛、邹志辉、单娜:《新冠疫情冲击下我国高校应届毕业生就业现状实证研究》,
《华东师范大学学报》(教育科学版)2020 年第 10 期,第 110~126 页。

③ 《人力资源社会保障部 教育部 财政部 交通运输部 国家卫生健康委关于做好疫情防
控期间有关就业工作的通知》,中华人民共和国中央人民政府网,2020 年 2 月 6 日,
http://www.gov.cn/zhengce/zhengceku/2020-02/06/content_5475179.htm。

生就业创业工作的通知》①中强调，各地各高校要充分认识当前做好高校毕业生就业工作的重要性、紧迫性，切实增强责任感和使命感，增强和坚定做好毕业生就业工作的信心，多措并举做好高校毕业生就业工作，帮助广大青年解决求职困难，积极应对复杂的就业形势。青年就业问题是民生问题，更是政治问题、稳定问题，是社会稳定、和谐、健康发展的基础和保障。②因此，分析当前青年就业面临的挑战，为促进青年就业提供理论和政策参考，对统筹推进疫情防控和经济社会发展、增强我国经济发展的稳定性与可持续性具有重要的现实意义。

二　研究意义

中国共产党第十九届中央委员会第五次全体会议通过的《中共中央关于制定国民经济和社会发展第十四个五年规划和二〇三五年远景目标的建议》锚定 2035 年远景目标，综合考虑国内外发展趋势和我国发展条件，提出在"十四五"期间要实现更加充分更高质量就业，强化就业优先政策，扩大就业容量，提升就业质量，促进充分就业，完善重点群体就业支持体系，完善促进创业带动就业、多渠道灵活就业的保障制度。党的二十大报告着眼于新时代新征程，针对新形势新情况，对实施就业优先战略做出新的全面部署，明确就业优先的战略任务。解决好就业问题，是社会和谐稳定的"压舱石"和国家长治久安的重要支撑。劳动者只有拥有一份职业、一份工作，才能平等融入社会生活，也才更有尊严。充分就业则民心安、社会稳。青年是就业的重要群体之一，促进青年群体就业创业为实现我国"十四五"时期就业工作目标以及新时代实施就业优先战略提供了重要保障和现实基础。

---

① 《教育部关于应对新冠肺炎疫情做好 2020 届全国普通高等学校毕业生就业创业工作的通知》，中华人民共和国教育部门户网站，2020 年 3 月 6 日，http://www.moe.gov.cn/srcsite/A15/s3265/202003/t20200306_428194.html。
② 王朝彬：《习近平总书记关于青年就业重要论述的时代意蕴》，《学校党建与思想教育》2020 年第 4 期，第 61~63 页。

在当前我国高质量就业的要求下，研究青年群体就业有利于推动我国就业向着更加充分更高质量的方向发展。 2021 年 8 月 23 日，国务院印发了《"十四五"就业促进规划》，提出到 2025 年要实现城镇新增就业 5500 万人以上，城镇调查失业率控制在 5.5% 以内，保持重点群体就业稳定。 另外，还提出要高度重视城镇青年就业，为城镇青年创造多样化就业机会，在推动先进制造业、现代服务业等产业的发展中，开发更多适合城镇青年的就业岗位，带动更多城镇青年到新产业、新业态、新商业模式领域就业创业，增强城镇青年职业发展能力，强化城镇青年就业帮扶。① 在这样的发展目标和背景下，关注青年的就业问题十分重要。

青年就业的稳定性直接关系着我国整体就业的稳定性。 在我国各类就业群体中，青年就业群体的占比较大，且呈现向中小型企业、劳动密集型行业倾斜的特点，同时具有就业不稳定的特征。② 这意味着青年群体是潜在的较易遭受冲击的群体。 新冠疫情来势汹汹，对全球经济社会造成重大影响，劳动力市场严重受挫，对我国青年就业创业环境造成巨大的冲击，而新冠疫情的特点以及我国经济社会发展格局和国际地位都与 SARS 疫情时期截然不同。 因此，在疫情当下，研究青年群体就业问题有利于增强青年就业的稳定性，有助于我国整体就业工作的稳定性。

青年就业关乎经济升级、民生改善和社会稳定，且无论从社会经验还是就职技巧来看，青年都是稍显弱势的就业群体。 现有针对新冠疫情如何影响就业的研究多从宏观角度分析其对整个劳动力市场的整体影响，一方面缺乏对于疫情常态化防控条件下劳动力市场的分析，另一方面，缺乏对疫情防控背景下促进青年就业策略效果的中观分析，亦缺乏针对青年个体微观层面就业行为的实证分析。 因此，尽管 2022 年 12 月 26 日，中华人民共和国国

---

① 《国务院关于印发"十四五"就业促进规划的通知》，中华人民共和国中央人民政府网，2021 年 8 月 27 日，http://www.gov.cn/zhengce/content/2021 – 08/27/content_563 3714. htm。

② 侯艺：《保就业背景下青年就业现状研究》，《中国青年研究》2020 年第 9 期，第 107~112 页。

家卫生健康委员会发布《关于对新型冠状病毒感染实施"乙类乙管"的总体方案》，但从宏观、中观、微观多层次分析新冠疫情影响下青年就业面临的困难与挑战，为新冠疫情防控新阶段及全球化条件下促进青年就业提供理论和政策参考，对应对未来可能发生的公共卫生危机事件、增强我国经济发展的鲁棒性仍具有重要现实意义。

综上所述，本研究从社会生态系统视角出发，探索疫情影响下促进青年就业的整体性分析框架，从宏观就业环境、中观针对性就业政策与微观个体因素多层次探讨促进青年就业的实现路径和政策建议。具体而言，课题从分析青年群体就业状况与就业行为的影响因素出发，通过文献研究及对多地进行实地访谈、调研，同时基于对含高校毕业生、平台经济就业青年、青年创业者和青年农民工在内的四类青年群体进行问卷调查的实证分析，了解疫情期间青年就业的整体情况，并从实证角度检验地方、高校等就业政策对促进青年就业的效果，据此提供针对性政策建议，为促进我国青年就业提供科学借鉴。

第二节　研究的主要问题与基本方法

一　研究的主要问题

本书主要围绕青年就业的现状与问题、影响机理、政策文本等方面展开，研究了不同地区促进青年就业的典型经验和举措，提出了针对性的实现路径与政策建议。

2020 年，在全球范围内突发的新冠疫情对我国经济社会造成了严重的影响，这是新中国成立以来在我国发生的传播速度最快、感染范围最广、防控难度最大的一次重大公共危机事件。[①] 我国的疫情防控工作也经历了三

---

① 《国务院新闻办就中央指导组指导疫情防控和医疗救治工作进展举行发布会》，中华人民共和国中央人民政府网，2020 年 2 月 28 日，http://www.gov.cn/xinwen/2020 - 02/28/content_5484713.htm。

个不同的阶段。 第一阶段是突发疫情应急围堵阶段。 自 2020 年初新冠疫情突发以来，我国有效控制疫情播散，取得了成功控制疫情的决定性成果。第二阶段是常态化防控探索阶段，我国严防输入，以核酸检测为中心扩大预防，在潜伏期控制住疫情传播。 第三阶段是全链条精准防控的"动态清零"阶段。 我国在防控水平上再提高一步，减少疫情发生，加强薄弱环节，进一步完善防控举措以应对传播速度更快的变异毒株。 2022 年 4 月 29日，国家卫生健康委副主任李斌在新闻发布会上介绍："我国已经进入全方位综合防控'科学精准、动态清零'的第四个阶段。"[1]2023 年 2 月 23 日，国务院联防联控机制就巩固疫情防控重大成果有关情况举行发布会，表示各地疫情呈局部零星散发状态，防控形势总体向好，平稳进入"乙类乙管"常态化防控阶段。[2]

这次疫情对全球经济社会造成了重大影响，给我国各行各业带来了严峻的危机与挑战，劳动力市场严重受挫。 国际劳工组织指出根据新冠病毒疫情对全球经济增长影响的不同假设，在低影响下失业人数可能增加 530 万，而在高影响下失业人数可能增加 2470 万。 国内学者也基于各种模型预测新冠疫情对就业的影响，认为新冠疫情严重冲击我国就业市场的就业总量。[3]

在新冠疫情进入常态化防控阶段后，青年就业又随之出现了一系列新问题。 一是新冠疫情冲击我国经济社会发展的环境，疫情初期为了遏制病毒的传播，经济社会发展不得不按下暂停键，企业大量停工停产，甚至面临破产的风险，企业的用人需求大幅缩减，青年群体的就业岗位也随之减少。

---

① 李斌：《我国已经进入全方位综合防控"科学精准、动态清零"的第四阶段》，新华网，2022 年 4 月 29 日，http://www.news.cn/2022-04/29/c_1128608418.htm。
② 《中国进入疫情"乙类乙管"常态化防控阶段》，光明网，2023 年 2 月 24 日，https://m.gmw.cn/baijia/2023-02/24/36388150.html。
③ 高文书：《新冠肺炎疫情对中国就业的影响及其应对》，《中国社会科学院研究生院学报》2020 年第 3 期，第 21~31 页；屈小博、程杰：《新冠肺炎疫情对劳动力市场的影响及政策反应》，《河北师范大学学报》（哲学社会科学版）2020 年第 4 期，第 126~133 页；沈国兵：《"新冠肺炎"疫情对我国外贸和就业的冲击及纾困举措》，《上海对外经贸大学学报》2020 年第 2 期，第 16~25 页；王震：《新冠肺炎疫情冲击下的就业保护与社会保障》，《经济纵横》2020 年第 3 期，第 7~15 页。

二是在新冠疫情的影响下，青年群体的就业观念逐渐发生转变，青年群体在就业中趋向保守，更愿意选择风险小、离家近的岗位。 三是在新冠疫情的影响下，线下招聘逐渐转为线上招聘，青年对于线上就职这一新型模式不适应，进一步增加青年就业的压力。 在我国就业形势严峻的情况下，青年群体已成为就业结构矛盾中的突出群体。

综上所述，本研究通过对不同地区、不同群体青年就业状况进行实地调研与问卷调查，了解疫情影响下青年就业状况，探讨促进青年就业的实现路径。 具体而言，将主要回答以下五个问题。 第一，青年群体的就业状况如何？ 第二，青年就业面临哪些问题，受哪些因素影响？ 第三，促进青年就业的政策文本关注哪些内容？ 有怎样的特点？ 第四，各地促进青年就业的典型经验和举措有哪些？ 第五，促进青年就业的实现路径有哪些？

二 研究过程

中国社会科学院大学"新冠肺炎疫情影响下促进青年就业的实现路径与政策建议研究"课题组在接到课题任务后，专家团队迅速制定了调研方案，并按照方案前往我国不同省市进行实地走访，通过与各地共青团、人社、民政等机构工作人员，青年就业创业者，企业代表，高校代表等深度座谈，实地走访当地企业单位及部分社会组织，系统梳理各地促进青年就业的政策文件，了解此次新冠疫情期间各地青年就业状况，发现疫情影响下青年就业面临的问题，并系统梳理各地促进青年就业的全过程和关键环节，总结出先进的经验做法，逐步探索新冠疫情影响下促进青年就业的实现路径。

在各地共青团组织的协调下，结合新冠疫情的防控过程，课题组对企业复工复产情况及促进青年就业工作展开调研，共赴广东省深圳市、广州市，海南省海口市、澄迈县，天津市和平区、东丽区，河北省石家庄市、保定市、雄安新区，四川省绵阳市、德阳市和成都市以及陕西省汉中市、西安市开展重点调研（见表1-1）。 在广泛座谈的基础上，课题组通过线上线下相结合的方式发放调查问卷，共计回收有效问卷3725份，其中，针对高校毕业生群体的问卷1306份，针对平台经济就业青年的问卷820份，针对青年创业者的问卷824份，针对青年农民工的问卷775份，并运用SPSS软件对影响青年就业的各变量进行定量分析，为有效促进青年就业的实现路径和政策建议提供数据支撑。在此基础上，课题组深入青年劳动力群体中，挖掘其就业过程中遇到的现实问题和困难，以问题为导向归纳总结促进青年就业的实现路径与政策建议。

表1-1 重点调研情况

调研时间	调研地区	
2020年12月11~15日	广东省	广州市
		深圳市
2020年12月21~22日	海南省	海口市
		澄迈县
2021年6月15~16日	天津市	和平区
		东丽区
2021年6月22~25日	河北省	石家庄市
		保定市
		雄安新区
2021年7月12~14日	四川省	绵阳市
		德阳市
		成都市
2021年7月15~16日	陕西省	汉中市
		西安市

三 研究方法

（一）定性研究与定量研究相结合

定性研究，也称质性研究，是通过深入研究对象的具体特征或行为，进一步探讨其产生的原因，发掘问题，理解事件现象，分析人类的行为与观点。本研究在研究过程中查阅大量的文献、书籍、政策文本等资料，以便对青年就业创业的相关内容进行全面深入的了解，梳理青年就业创业的相关理论，收集各省、自治区、直辖市有关新冠疫情影响下促进青年就业创业的政策文件并整理形成"新冠肺炎疫情影响下促进青年就业创业政策文件库"，运用 NVivo 软件对政策文件库进行质性分析。

定量研究是与定性研究相对应的，考察研究事物的量，运用数学工具对事物进行数量分析，将问题与现象用数量来表示，进而去分析、考验、解释。本研究收集大量青年就业群体的相关数据，运用 SPSS 软件，建立 logistic 回归模型，从微观系统、中观系统、宏观系统三个层面分析新冠疫情下影响青年劳动力就业的因素，为促进青年群体就业的实现路径和政策建议提供数据支撑。

（二）问卷调查与田野调查相结合

本研究采取问卷调查的研究方法，设计了《关于新冠肺炎疫情影响下促进青年就业的调查问卷——高校毕业生版》《关于新冠肺炎疫情影响下促进青年就业的调查问卷——青年创业者版》《关于新冠肺炎疫情影响下促进青年就业的调查问卷——青年农民工版》《关于新冠肺炎疫情影响下促进青年就业的调查问卷——平台经济就业青年版》针对四类青年就业者群体的调查问卷，并通过问卷星平台和利用实地走访调研的机会，采取线上线下相结合的方式发放，最后主要借助 SPSS 24.0 统计软件对收集到的数据进行数据整理清洗和定量分析。

同时，本研究综合运用管理学和社会学实地调查的方法技术，深入访谈政府相关部门、共青团组织、社会组织、企事业单位等单位及组织，高校毕业生、青年创业者、青年农民工、平台经济就业青年等青年劳动力群体，挖掘青年群体就业创业过程中遇到的现实问题、困难和挑战，以问题为导向，深入考察不同地区在新冠疫情影响下促进青年就业创业的典型经验，并归纳总结促进青年就业的针对性实现路径与政策建议。

（三）宏观研究与微观研究相结合

本研究既注重宏观视角下青年就业环境以及新冠疫情对青年就业整体造成的冲击，又注重微观视角下不同青年就业群体面临的困难与挑战，达到宏观与微观研究的统一。从新冠疫情突发这一宏观的公共卫生事件背景出发，了解疫情影响下青年群体就业的整体状况，深入不同青年就业群体，进一步梳理不同青年就业面临的困难与挑战，归纳出不同地区促进青年就业的共性；同时总结不同地区各级机构促进青年就业中的典型经验，最后提出促进青年就业的实现路径与政策建议。

第三节 相关理论与概念界定

一 相关理论

（一）社会生态系统理论

人类的发展是一个不断适应环境并与环境多方面进行系统交换的过程，人类可以改变环境，也可以被环境所改变，形成人与环境的互动适应。[1] 社会生态系统理论（Society Ecosystems Theory）在社会学、社会工作学界内又被称为生态系统理论（Ecosystems Theory），它由布朗芬布伦纳提出，将系统论、社会学和生态学紧密结合，是用以考察人类行为与社会环境交互关系的理论。[2] 该理论深受达尔文进化论思想的影响，把人类成长的社会环境（如家庭、机构、团体、社区等）看作一种社会性的生态系统，强调人的生存系统对于分析和理解人类行为的重要性，注重人与环境间各系统的相互作用及其对人类行为的重大影响，是社会工作的重要基础理论之一。 社会生态系统理论认为影响个体发展的环境是一个多层次的系统，包括微观系统（如家庭、学校、同伴等）、中间系统（各微观系统之间的相互作用及其产生的综合影响力）、外部系统（如大众媒体、社区等）和宏观系统（社会文化、政治制度等）。[3] 布朗芬布伦纳认为四个系统是有层级的，按照与个体

---

① 高晓雨：《社会生态系统理论视域下社会工作介入流浪青少年服务的思考》，《现代商贸工业》2021 年第 29 期，第 116~117 页。

② 邵志东、王建民：《中国农村转移人力资源开发体系构建研究——以社会生态系统理论为视角》，《湖南科技大学学报》（社会科学版）2013 年第 4 期，第 82~85 页。

③ Bronfenbrenner U. *The Ecology of Human Development Experiments by Nature and Design* [M]. Cambridge：Harvard University Press, 1979.

的互动频率和密切程度依次向外扩展为微观系统—中间系统—外部系统—宏观系统，四个系统构成同心圆的结构，①并且四个系统是嵌入式的，每一部分与其相邻的部分相互包容。②

微观系统（Microsystem）是与个体最直接接触的环境，它与个体联系最密切，例如个体所处的家庭、职业环境等。布朗芬布伦纳在研究儿童社会生态系统时认为儿童所处的微观系统主要是家庭，随着儿童的成长，其微观系统扩展到学校、同辈群体等。对于青年群体来说，其所处的微观环境主要是家庭、亲友、同辈朋友等，当青年进入劳动力市场并就业后，其所处的微观环境拓展到了工作单位、同事等。

中间系统（Mesosystem）是微观系统之间的相互联系和相关关系。布朗芬布伦纳在研究儿童社会生态系统时认为儿童所处的中间系统是依靠微观系统之间的互动和联系实现的，中间系统的积极良性互动有利于儿童的长远发展。对于青年群体来说亦是如此，当青年所处的中间系统，例如家庭、亲朋好友、工作单位、同事等系统互相之间能够积极良性互动，这将有助于青年的发展，促进青年在工作和生活中更好地平衡发展。

外部系统（Exosystem）与个体没有直接联系却对个体的发展产生了影响。布朗芬布伦纳在研究儿童社会生态系统时认为儿童所处的外部系统包括儿童居住的社区及社区社会组织，父母的工作环境也会影响儿童的外部系统。对于青年群体来说，其外部系统主要是青年群体所生活的社区、与青年相关的社会组织、共青团组织等。

宏观系统（Macrosystem）是个体所处的，包括微观系统、中间系统、外部系统在内的整个社会、文化等环境。宏观系统涵盖其余三个系统，对于青年群体来说，其宏观系统主要内容包括文化、政策、经济发展环境、社会

① Charles H. Zastrow, Karen K. Kirstashman. *Understanding Human Behavior and Science Environment. 6th Edition*[M]. Thomson Brooks/Cole, 2004: 22-27.

② ［美］查尔斯·H. 扎斯特罗、［美］卡伦·K. 柯斯特-阿什曼：《人类行为与社会环境（第六版）》，师海玲、孙岳等译，中国人民大学出版社，2006，第15~17页。

环境等。

综上所述，根据社会生态系统理论，青年群体的发展要与各个系统相结合，不能仅仅从青年群体个体层面研究，青年群体的高质量就业是青年在个体与各个系统之间相互作用过程中实现的。

（二）个体—环境匹配理论

个体—环境匹配理论在工作压力研究中运用最多，是最广泛接受的理论之一。 个体—环境相匹配是指个体和环境在特质、要求等方面能够较好融合统一所表现出的性质。[①] 个体—环境匹配理论认为导致工作压力的来源不是个体、环境单独作用产生的，而是个体与环境相联系、相统一的结果，是根据两者之间的不匹配程度而定义的。[②] Edwards 对个体—环境匹配理论进行了三个方面的区分，第一种区分是个体的能力、需求与其所处环境之间的区分，这是最基本的区分；第二种区分存在于人们对环境的主观与客观的理解中，主观方面主要是个体对于自己和环境的理解，客观方面主要是现实中的人和环境；第三种区分包括两种情形，一是根据工作规范、角色、组织标准等确定的环境要求与根据技能、经历、接受培训情况等确定的个体能力之间的不匹配，二是根据生理、心理等要求所确定的个体需求与环境能够满足个体需求的能力之间的不匹配。[③] 根据个体—环境匹配理论，当个体与环境不匹配、环境无法满足个体需求时，便会产生压力源，出现紧张感，并且最终导致生理、心理等压力的产生；当个体与环境相匹配时，有助于个体工作满意度的提高，并且会对个体及组织产生积极作用，改善个体和

---

① Kristof‐Brown A., Zimmerman R. D., Johnson E. C., "Consequences of Individuals' Fit at Work: A Meta‐Analysis of Person-job, Person-organization, Person-group, and Person-supervisor Fit" [J]. *Personnel Psychology*, 2005, 58 (2): 281-342.

② Kristof‐Brown A., "Person-organization Fit: An Integrative Review of Its Conceptualizations, Measurements and Impliations" [J]. *Personnel Psychology*, 1996, 50 (3): 359-394.

③ Edwards J. R., "Person-job Fit: A Conceptual Integration, Literature an Review and Methodological Critique" [J]. *International Review of Industrial and Organizational Psychology*, 1991, 11 (8): 283-357.

组织的绩效。① 匹配的实现结果是个体在独特的个人特质下的需要、期望与组织实际环境供给相一致。②

青年群体在就业过程中，若出现个体与环境不匹配，例如自身能力、经验等与组织要求、工作岗位要求不匹配，或是自身对薪资、福利、工作时间等方面的期待与组织所能提供的不匹配，便会产生紧张、压力等消极情绪，这会影响到个体绩效，并进一步对组织绩效产生负向影响。反之，当青年群体在就业过程中若能很好地实现个人与环境的匹配，例如自身能力和掌握的职业技能与工作岗位、组织要求相适合，自身所期望的薪资、工作时间、晋升机会与组织所能提供的恰好匹配，青年会更有奋斗、拼搏的动力，进而对提升个人绩效、促进组织绩效提升具有积极促进的作用。

（三）劳动力市场理论

劳动力市场理论的起源可以追溯到 20 世纪 50 年代，其主要代表人物有皮奥雷（M. Piore）、多林格（P. Doeringer）、戈登（D. Gordon）、卡诺依（M. Carnoy）等。劳动力市场是在国家宏观调控下，由市场配置劳动力资源和调控劳动力供求关系的运行机制。③ 劳动力市场理论采用制度经济学的观点，指出劳动力市场由于种种制度性力量的影响而被划分为不同的部分。在劳动力市场的不同部分里，教育与工资的关系是不同的，不同背景的人将进入不同的劳动力市场从而享受不同的待遇。

1. 劳动力市场分割理论

20 世纪 50 年代，Clark Kerr 提出了关于劳动力市场分割的理论，认为

---

① Edwards J. R., Rothbard N. P., "Work and Family Stress and Well-being: An Examination of Person-environment Fit in the Work and Familydomains" [J]. *Organizational Behavior and Human Decision Processes*, 1999, 77（1）: 85-129；宣杰、董晓：《基于个人—环境匹配理论的个体需求与工作压力关系研究》，《燕山大学学报》（哲学社会科学版）2012 年第 4 期，第 97~103 页；肖渊：《基于个体—环境匹配理论的工作压力管理》，《长沙民政职业技术学院学报》2007 年第 1 期，第 50~52 页。

② Cable D. M., Judge T. A., "Pay Preferences and Job Search Decisions: A Person-organization Fit Perspective" [J]. *Personnel Psychology*, 1994, 47（3）: 317-348.

③ 孙静：《劳动力市场理论综评》，《劳动保障世界》2019 年第 33 期，第 72 页。

劳动力市场的分割是由劳动力的工资差异引起的。① 此后,美国经济学家多林格(P. Doeringer)和皮奥雷(M. Piore)提出了二元劳动力市场分割,②认为劳动力市场可以分为两种,第一种是初级劳动力市场,也被称为一级市场、内部劳动力市场,通常由一些大企业主导,具有工资高、工作条件好、就业稳定、安全性好、管理过程规范、升迁机会多等特征。 第二种是次级劳动力市场,也被称为二级市场、外部劳动力市场,市场工资低、工作条件较差、就业不稳定、管理粗暴、没有升迁机会。 在内部劳动力市场中,工资的确定、劳动力资源的配置主要由管理制度等规则来调控,市场力量基本不发挥作用;在外部劳动力市场中,员工招募条件较低,几乎没有在职培训的机会,市场中劳动力定价、薪资待遇等更加市场化。 一般情况下,两个市场之间劳动力流动很有限。

劳动力市场分割理论认为导致劳动力市场分割的原因主要有两个,第一个原因是产品市场的影响,产品市场需求相对稳定的企业更愿意进行大规模生产投资,形成资本密集型生产,从而创造出就业保障较为完备的一级劳动力市场;而产品市场需求相对不稳定的企业进行大规模生产投资的意愿很小,转而形成劳动密集型的生产方式,从而创造出岗位技能要求相对较低的二级劳动力市场。 第二个原因是歧视,一些人长期从事较差的工作,并不是因为人力资本含量不足,而是歧视导致的。

2. 马克思的劳动力市场理论

马克思的劳动力市场理论是人类历史上第一个科学的劳动力市场理论,是包括劳动力商品理论、工资理论、相对过剩人口理论、劳资关系理论等在内的完整的理论体系。③

首先,马克思通过正确区分劳动和劳动力的范畴,解决了资本和劳动的

---

① Kerr C., *The Balkanization of Labor Markets* [M]. Labormobility and Economic Opportunity. Cambridge: MIT Press, 1954.

② Doeringer, P. B., Piore, M. J., *Internal Labor Markets and Manpower Analysis. Lexington* [M]. MA: Heath Publishing, 1971.

③ 徐长玉:《坚持和发展马克思的劳动力市场理论》,《当代经济研究》2009 年第 8 期,第 36~40 页。

相互交换与李嘉图的劳动决定价值规律无法相容的难题，①创立了完整的劳动商品理论。 其次，马克思研究了劳动力商品价格工资，提出了第一个合理的工资理论，②通过批判资产阶级工资理论，揭示工资的本质不是劳动的价值或价格，而是劳动力价值或价格的转化形式，并提出了计时工资和计件工资两种工资形式。 再次，马克思分析了劳动力市场中的失业问题，提出了失业理论，也被称为相对过剩人口理论。 马克思在《资本论》中指出：资本积累和资本有机构成的提高"不断地并且同它的能力和规模成比例地生产出相对的，即超过资本增殖的平均需要的，因而是过剩的或追加的工人人口"。③ 最后，马克思分析了劳动力市场供求双方的关系，提出了第一个科学的劳资关系理论，随着资本主义生产方式的发展，"一方面工人的收入在资本迅速增加的情况下也有所增加，可是另一方面横在资本家和工人之间的社会鸿沟同时扩大，而资本支配劳动的权力、劳动对资本的依赖程度也随之增大"。④

劳动力市场理论蕴含着实现劳动力市场一体化的不同路径和条件。⑤新古典学派认为，劳动力市场分割是缘于劳动力供给方的差异，主张通过发展教育、提供培训等方式提高人力资本，减少劳动力的质量差异来促进劳动力市场的融合。 劳动力市场分割理论认为，产品市场、制度等因素造成了劳动力市场的分割，主张通过提高产品市场的竞争程度、完善健全制度等方式促进劳动力市场的融合。 马克思主义认为工人阶级组织起来有利于改善其生存状况。 由此，要促进青年就业群体在劳动力市场中的长远发展：一是通过教育、培训等方式提高青年就业群体的就业竞争力，提升青年的人力

---

① 〔德〕卡尔·马克思：《资本论（第二卷）》，中共中央马克思恩格斯列宁斯大林著作编译局译，人民出版社，1975，第22页。

② 〔德〕卡尔·马克思：《马克思恩格斯〈资本论〉书信集》，中共中央马克思恩格斯列宁斯大林著作编译局译，人民出版社，1976，第250页。

③ 〔德〕卡尔·马克思：《资本论（第一卷）》，中共中央马克思恩格斯列宁斯大林著作编译局译，人民出版社，1975，第691页。

④ 《马克思恩格斯选集（第一卷）》，中共中央马克思恩格斯列宁斯大林著作编译局编，人民出版社，1972，第372页。

⑤ 甘春华、何亦名：《构建一体化的劳动力市场:劳动力市场理论演进的启示》，《经济研究导刊》2009年第18期，第120~121页。

资本；二是促进各行业、产业转型升级，提升各产业的劳动生产率，大力发展服务业、新型产业等，增强对青年剩余劳动力的就业吸纳力；三是加快相关制度改革，促进青年劳动力在不同区域、不同产业、不同行业之间的自由流动，通过建立健全宽松的人口流动政策、全面统一的社会保障制度等方式尽量减少青年劳动力流动的障碍。

（四）马斯洛需求层次理论

马斯洛需求层次理论是人本主义科学的理论之一，由美国著名心理学家亚伯拉罕·马斯洛于 1943 年在《人类激励理论》中首次提出，具有理论开创的重大意义。马斯洛需求层次理论认为，人的需求包括五个方面：生理上的需求、安全上的需求、情感上的需求、尊重的需求和自我实现的需求。马斯洛认为五种需求层次像阶梯一样从低到高，逐级递升，一般某一层次的需求满足了，就会向更高一层次发展，由此，追求更高层次的需求就成为驱使人行动的动力。

五种需求中，生理上的需求是人类维持自身生存的最基本需求，包括人的衣、食、住、行等方面的需求，如对空气、饮用水、食物、衣服等维持基本生存的需求。青年在就业、创业的过程中，其生理上的需求随着工资的增长逐渐得到满足，开始追求高一层次需求——安全上的需求。安全上的需求是人类要求保障自身安全、摆脱失业和丧失财产威胁、避免职业病等方面的需求，主要包括人们在人身、财产、医疗、工作等方面确保自身安全的需求。为了满足自身在安全上的需求，人的感觉器官、效应器官、智能以及其他能力都是青年追求安全需求的工具。当青年的安全需求一旦得到满足，便会去着力追求新的激励因素，希求更高层次的需求——情感上的需求。情感上的需求又被称为社会需求。一方面是对于爱的需求。青年在生活中需要伙伴之间、同事之间的关系融洽，需要同辈群体的关怀，在工作中需要同事的帮助和理解，在家庭中需要父母配偶等的关爱与陪伴，从而满足自身对友情、爱情和亲情的需要。另一方面是对于归属的需求。人人都有归属于一个群体的感情，青年希望融入特定群体，相互关心照顾，来获得归属感，提升幸福感，使心理上有所归属与依靠。青年通过对情感上的追求，满足自身在友情、亲情、爱情方面的需求。尊重的需求是指人们希望自己有稳定的社会地位，自身的能力和成就得到社会上其他人的认可。 一方面是内部尊重，即人的自尊。 青年希望在生活的不同情景中能胜任、充满信心。 另一方面是外部尊重，即有地位、有威信、受人尊重。 当自我尊重和他人尊重的需要达到自我的期望时，青年才能更好地拥有自信前行的力量与希望，进而拥有追求更高层次的动力。 需求层次理论的最高层次是自我实现的需求，是指人实现个人理想、抱负，最大限度发挥自身能力，完成与自己能力相匹配的一切事情的需求。 青年通过劳动等方式，从事称职的工作，充分发挥自我的聪明才智，实现自身的价值，成为自己所期望的人，会使他们感受到最大的快乐。

所以，当人满足了低一级的需求后，会有动力追求更高层次的需求。人们在不断追求需求满足的过程中逐渐实现美好生活。 随着经济社会的发展，青年作为最积极、最富有生气的力量，既是经济社会发展的见证者，也是其重要贡献力量和动力。 在新冠疫情的影响下，青年追求美好生活的环境受到冲击，青年除了最低层次之外的其他需求也需要得到重视和满足，由此才能更好地促进青年实现自我价值，追求人生目标。

（五）职业生涯理论

职业生涯理论起源于20世纪初，形成了许多学派和理论。 纵观发展历程，职业生涯理论大体可以分为前职业生涯、后职业生涯以及整合的职业生涯三大阶段。 前职业生涯理论关注劳动者参加工作前的准备，后职业生涯理论聚焦于劳动者参加工作后较为丰富的职业发展与变化。[①] 整合的职业生涯理论则将前后职业生涯理论加以整合，强调劳动者全职业发展。

1. 前职业生涯理论

前职业生涯理论中较为经典的理论是人—职匹配职业选择理论、职业锚理论等。 1909年，帕森斯在《选择一个职业》一书中提出了职业生涯规划的三步骤模式，也称三阶段过程理论。 帕森斯将自我分析、工作分析通过专业咨询相匹配，认为首先应清楚了解自己的能力、态度、兴趣、局限等，

---

① 陈璧辉：《职业生涯理论述评》，《应用心理学》2003年第2期，第60~63页。

其次要清楚了解个体在工作岗位上的优势、不足、机会和前途等，最后指导人员在了解求职者的特性和职业的各项指标的基础上，帮助求职者进行比较分析，实现前两个条件的平衡和匹配，促进求职者在职业发展上取得成功。① 人—职匹配职业选择理论包括两种类型的匹配，一是人的人格特性与职业因素匹配，即职位找人，例如需要专业技能和专业知识的职业与掌握该种技能和知识的择业者相匹配；二是人格类型与职业类型匹配，即人找职业，例如敏感、感性、不守常规、个性强的人易从事审美性、自我情感表达的艺术创作类型的职业。 美国约翰·霍普金斯大学心理学教授霍兰德将个性按职业归纳为六种类型：现实型、调研型、艺术型、社会型、企业型和常规型，②此外，霍兰德根据对个性与环境特点的分析，提出了著名的"霍兰德职业性倾向测验量表"，帮助个人发现和确定自己的职业兴趣和能力特长，从而更好地做出求职择业的决策。③

职业锚理论，又被称为职业定位理论，由美国麻省理工学院斯隆管理学院教授施恩（E. H. Schein）提出，使得个性测量更具有职业针对性。④ 施恩认为职业锚是"自我意向的习得部分，与自省动机、价值观和才干相联系"，⑤能够准确反映一个人职业需要及其追求的职业工作环境，能够准确地帮助求职者找到适合自己的职业种类和领域，认识自己的抱负模式，确定自己的职业成功标准。 施恩基于对麻省理工学院毕业生的研究，提出了五种主要的职业锚，一是技术或功能型职业锚，二是管理能力型职业锚，三是

---

① 韩景旺、沈双生、田必琴主编《大学生职业生涯规划与就业指导》，河北大学出版社，2008，第 8 页。

② Hollan J. L. , *Making Vocational Choices*：*A Theroy of Vocational Personalities and Work Environments*[M]. Prentice Hall, 1985.

③ 李建设、沈阅：《职业生涯理论的演进与启示》，《生产力研究》2006 年第 3 期，第 204 ~ 205 页。

④ Schein E. H. , "How Career Anchors Hold Executives to Their Career Paths" [J]. *Personnel Psychology*, 1975：11-24.

⑤ Schein E. H. , *Career Anchors*, *Discovering Your Real Values* [M], Jossey Bass Pfeiffer, San Francisco, 1990.

创造型职业锚，四是安全或稳定型职业锚，五是自主或独立型职业锚。①
职业锚理论认为职业锚是个体与工作环境互动的产物，在实际工作过程中，
职业锚是不断调整变化的，寻找自己的职业锚是职业定位的基础。②

人—职匹配职业选择理论忽视了个体的主动适应和自我调节能力，局限
于根据参加工作前的特征预测参加工作后的行为。③ 由此，前职业生涯理
论逐渐衰落，后职业生涯理论逐渐兴起。

2. 后职业生涯理论

后职业生涯理论中较为经典的理论包括职业生涯发展理论等。 职业生
涯发展理论是以心理学理论为基础，建立在社会实践指导以及经济产业分析
活动之上的理论。 美国著名的职业指导专家、职业生涯发展理论的先驱金
斯伯格（Eli Ginzberg）首次提出职业发展理论，他认为职业选择决策是一个
不断发展的过程，随着一个人的年龄增长、身心发展、经验增长，其职业决
策会不断受到影响而变化发展。 根据生理和心理成熟程度，金斯伯格将前
期职业生涯发展划分为幻想阶段（6 ~ 12 岁的儿童期）、尝试阶段（12 ~ 18
岁的少年期）、现实阶段（18 岁以后的青年期）。④

格林豪斯（Jeffrey Ho Greenhaus）研究了人生不同年龄阶段职业生涯发
展所面临的主要任务，认为职业生涯主要可以分为五个阶段：⑤第一阶段是
职业准备阶段（0 ~ 18 岁），其主要任务是发展职业想象力，培养职业兴趣
和能力，对职业进行评估和选择，接受相关职业教育；第二阶段是组织阶段
（19 ~ 25 岁），其主要任务是在理想的组织中获得工作，收集尽可能多的信
息，进而选择适合自己又自己满意的职业；第三阶段是职业生涯初期（26 ~ 40

---

① 李建设、沈阅：《职业生涯理论的演进与启示》，《生产力研究》2006 年第 3 期，第 204 ~
205 页。
② 张爱卿、钱振波：《人力资源管理》，清华大学出版社，2008，第 330 页。
③ 陈璧辉：《职业生涯理论述评》，《应用心理学》2003 年第 2 期，第 60 ~ 63 页。
④ Ginzberg E., Ginsburg S. W., Axelrad S., Herma J. L., *Occupational Choice: An Approach to a General Theory*[M]. Columbia University Press, 1951.
⑤ 李建设、沈阅：《职业生涯理论的演进与启示》，《生产力研究》2006 年第 3 期，第 204 ~
205 页。

岁），其主要任务是学习从事该职业需要的职业技术，提高工作能力，逐步适应职业工作，为将来的职业成功做好准备；第四阶段是职业生涯中期（41~55岁），其主要任务是对早期职业生涯进行重新评估、强化或改变自己的职业理想，重新选定职业，努力工作，实现职业成功；第五阶段是职业生涯后期（56岁至退休），其主要任务是继续保持已有的职业成就，准备退休。

美国学者舒伯（Donald E. Super）把职业发展理论扩大到了整个人生，提出了人一生的完整职业发展阶段模式——职业生涯发展五阶段论，[①]包括成长阶段（0~14岁）、探索阶段（15~24岁）、确立阶段（25~44岁）、维持阶段（45~64岁）和衰退阶段（65岁及以上）。此后，舒伯进一步提出了生活广度、生活空间的生涯发展观，描绘了生涯发展综合图形，认为人生的整体发展是由时间、领域和投入程度决定的，即职业生涯包括时间、领域和投入程度三个层面，这一理论也被称为彩虹理论。

3. 整合的职业生涯理论

整合的职业生涯理论将前职业生涯理论与后职业生涯理论加以整合，其经典理论包括人—组织匹配理论、全职业发展等。人—组织匹配理论与人—职匹配职业选择理论不同的是，人—职匹配强调能力，而人—组织匹配强调需求满足，[②]即当组织或工作情境满足个体需要、价值、要求或偏好时发生的匹配。[③]组织职业生涯管理（organizational career management）是人—组织匹配的管理体现。组织职业生涯管理对组织承诺、工作绩效、职务投入具有积极影响，[④]当代要更加重视组织与自我职业生涯管理的互动。[⑤]全职业发展是职业生涯的进一步发展。随着职业生涯理论的不断发

① 宋斌、闵军：《国外职业生涯发展理论综述》，《求实》2009 年第 S1 期，第 194~195 页。
② Aryee S., Wyatt T., Stone R., "Early Career Outcomes of Graduate Employees: The Effect of Mentoring and Ingratiation" [J]. *Journal of Management Studies*, 1996, 33 (1): 95-118.
③ Cable D. M., Judge T. A., "Interviewers' Perception of Person Organization Fit and Organizational Selection Decisions" [J]. *Journal of Applied Psychology*, 1997, 82 (4): 546-561.
④ 尤立荣、方俐洛、凌文轻：《组织职业生涯管理与员工心理与行为的关系》，《心理学报》2002 年第 1 期，第 97~105 页。
⑤ Hall D. T., Moss J. E., "The New Protean Career Contract: Helping Organizations and Employees Adapt" [J]. *Organization Dynamics*, 1998, 34 (4): 22-37.

展，学者开始逐渐关注工业心理学和发展心理学的交叉研究，①关注工作社会学，研究社会阶层、社会文化环境和家庭对职业的影响。②

因此，青年在其不同的人生阶段、不同年龄阶段，有不同的职业生涯发展目标，青年在就业过程中也会面临职业生涯初期、职业生涯中期、职业生涯后期和衰退期。青年就业群体如何实现个人职业生涯的成功，取得个人事业发展，企业怎样通过员工的合力实现企业的发展，是青年就业者和企业共同面对的课题，也正是职业生涯规划所要解决的问题。

（六）公平与效率的关系理论

所谓公平，主要是指一定社会中人们之间利益和权利分配的合理化，简单地说就是公正、平等，社会公平就是社会的政治利益、经济利益和其他利益在全体社会成员之间合理而平等的分配，它意味着权利的平等、分配的合理、机会的均等和司法的公正，其实质是如何处理社会经济中的各种利益关系。所谓效率是指投入与产出或成本与收益之间的对比关系，即给定投入和技术的条件下，资源没有浪费，利用资源实现了最大可能性的满足，效率反映了资源配置的有效性。

公平与效率是辩证统一的，二者相互影响，相互促进。公平是提高效率的前提和保证，要想提高效率，必须要有公平的社会环境作为保障，只有给劳动者公平合理的收益才能激发劳动者的积极性、主动性和创造性；效率是实现公平的条件和基础，只有提高效率，才有利于公平的实现，效率低下会直接影响社会生产力的发展和社会财富的增长，难以为实现公平创造坚实的物质基础，进而导致平均主义和普遍贫困。

公平和效率是社会主义必须追求的两个目标。公平与效率的关系是经济发展与社会稳定之间的关系，是市场机制与政府调控之间的关系，只有以

① Kossek E., Roberts K., Fisher S. et al., "Careerself Managament: A Quasi Experimental Assessment of the Effects of a Training Intervention"［J］. *Personnel Psychology*, 1998, 34（3）: 935-962.

② Major D. A., Kozlowski S. W. J., Chao G., et al., "A longitudinal Investigation of Newcomer Expectations, Early Socialization Outcomes, and the Moderating Effects of Role Development Factors"［J］. *Journal of Applied Psychology*, 1995, 80（3）: 418-431.

效率为基、公平为体，才能共同构建一个有利于人的全面发展的经济社会大厦。[①]　就业是民生之本，就业问题牵动着千家万户的生活。 在解决青年就业问题时，也必须兼顾公平与效率这两个原则。 实现社会公平，其中一个很重要的内容就是要落实每个劳动者有平等地参加劳动的权利。 这一内容表现在青年群体的就业问题上，就是要实行充分的就业政策，为每个青年就业创业者提供"各尽所能"的机会。 青年群体参加劳动，为社会创造财富，这是他们应有的权利，也是他们应尽的义务。 但是，促进青年就业的同时也要讲求效率，劳动者有平等参加劳动的权利，并不意味着每个人都必须有工作岗位，不存在任何失业现象。 同样，青年群体参与就业的前提是拥有一定的劳动能力和技能，否则就有可能失去工作岗位，进而导致失业。

因此，在青年就业问题方面，政府有责任为青年群体创造更多的就业机会，保障青年享有平等的就业机会，维护青年就业的合法权益，但也要坚持以市场为导向，坚持"政府引导、市场主导、需求导向"的原则，正是因为每个人拥有的能力和技能不同，随着经济社会的发展，如果适应不了高技能、高报酬的工作岗位，就会向低技能、低报酬的工作岗位流动，从而避免"养懒人"现象的发生。 因此，鼓励青年群体不断提升自己的能力和技能，以适应随着新兴技术的发展而不断变化的工作岗位的要求，实现自身的价值。

二　概念界定

（一）青年

关于青年的定义标准在全世界不同的组织机构中是不同的，青年的定义随着政治经济和社会文化环境的变更一直在变化。 联合国大会将"青年"年龄定义为15~24岁；联合国世界卫生组织认为青年年龄为15~44周岁；联合国儿童基金会和联合国人口活动基金会，都把青年年龄定义为15~24岁；联合国秘书处、联合国教科文组织和国际劳工组织定义青年年龄为15~

---

① 张伯里：《正确认识和处理效率与公平的关系》，《光明日报》2008年12月2日，第9版。

24 周岁；我国国家统计局界定青年年龄在 15~34 岁；中国共产主义青年团界定青年年龄为 14~30 岁。

综合以上资料和依据，根据我国青年发展实践情况，结合《中长期青年发展规划（2016-2025 年）》，①本书将青年群体就业问题研究范围内的青年人口的年龄总体上界定为 16~35 岁。

（二）青年就业

就业是指劳动力在达到法定的劳动能力年龄后，通过合法的途径取得劳动报酬或其他收入的社会活动，我国对青年的界定一般指超过 16 周岁小于 35 周岁的公民，这些公民通过合法的途径获得收入的活动被称为青年就业。② 本研究所指的青年群体主要包括高校毕业生、青年创业者、青年农民工、平台经济就业青年。

1. 高校毕业生

高校毕业生是指完成法定学习程序、已具备毕业条件且具备一定劳动能力的高校毕业生，其与用人单位达成某种报酬或收入协议而依法从事职业活动。 本研究关注的高校毕业生为拿到毕业证但时间不超过择业期年限。 在社会学视角下，高校毕业生就业可以认为是具有一定劳动能力的高校毕业生，利用生产资料从事合法的社会活动，并获得双方达成一致的劳动报酬的经济活动；在经济学视角下，高校毕业生就业则可以被理解为劳动力的交易行为，即高校毕业生作为人力资源供给市场，在市场环境下发挥价值的行为。③

2. 青年创业者

创业者是指某一创业活动、创业项目的发起者，或活跃于企业创立活动

---

① 《中共中央 国务院印发〈中长期青年发展规划（2016-2025 年）〉》，中华人民共和国中央人民政府门户网站，2017 年 4 月 13 日，http://www.gov.cn/zhengce/2017-04/13/content_5185555. htm#1。

② Heckman J. J., Hotz V. J., "An Investigation of the Labor Market Earnings of Panamanian Males. Evaluating the Sources of Inequality" [J]. *Journal of Human Resources*, 1986, 21（4）.

③ 张睿琦：《高校毕业生就业中的地方政府职能研究——以昆明市为例》，云南大学硕士学位论文，2019。

成长阶段的经营者。① 关于青年创业者的界定，清华大学发布的《全球创业观察 2016/2017 中国报告》显示中国创业活动最活跃的年龄段是 18～34 岁的青年阶段，占总体创业者的 44.39%，②人力资源和社会保障部于 2016 年进行的青年创业调查形成的《中国青年创业现状报告》将青年创业者的年龄区间认定为 16~35 周岁，调查显示青年首次创业年龄平均为 24.67 岁。③ 因此，本研究关注的青年创业者主要是 18～35 周岁对自己拥有的资源进行整合优化，通过开办企业或公司、发展业务，创造经济或社会价值的青年群体。

3. 青年农民工

本研究主要关注现年龄在 18~35 周岁的青年农民工。 从他们外出务工的目的上看，他们更愿意把外出工作看作改变自身生活方式、以寻求更好发展的机会。 青年农民工具有身份上的矛盾性、身份文化上的冲突性、身份地位上的边缘性等特征。④

4. 平台经济就业青年

平台经济就业是指劳动者作为"商品和服务独立提供商"的就业形态。其主要特点是，就业者依托移动通信和互联网技术，接受平台对"商品和服务独立提供商"的规制约束和监督管理；通过对自己的资源——个人拥有的商品、可支配的时间、可贡献的技能以及闲置的可支配资产——进行优化配置，从平台链接工作机会，以接受平台派单的方式，直接对接消费者提供商品和服务，获取劳动报酬；在此过程中，这些劳动者可以实现个体对工作内容、工作形式、劳动时间、劳动报酬等因素自主灵活的选择。 在国际上，平台经济灵活就业被纳入非标准就业范畴，国际劳工组织的调查数据显示，

① 李作栋：《陕西省青年创业者成长激励政策优化研究》，西北大学硕士学位论文，2019。
② 《清华大学发布〈全球创业观察 2016/2017 中国报告〉》，人民网，2018 年 1 月 28 日，http://finance. people. com. cn/n1/2018/0128/c1004-29791128. html。
③ 《我国青年首次创业平均年龄为 24.67 岁》，人民网，2016 年 12 月 20 日，http://edu. people. com. cn/n1/2016/1220/c1053-28961859. html。
④ 赵建东：《青年农民工参与网络公共事件的问题及引导策略研究》，山东师范大学硕士学位论文，2019。

截至 2017 年世界范围内 76.7%的就业青年从事非正规工作，发展中国家非正规就业青年占就业青年的比重为 96.8%。① 平台经济灵活就业者被平台当作独立供应商，没有与平台签订正规的劳动合同，与平台之间不存在雇佣关系，平台并不口头或书面保证灵活就业者获得劳动任务和取得劳动收入的稳定性，也不会关心他们的工作福利、劳动权益、社会保险和职业发展。尽管在劳动关系上"去雇主化"，但是，工作时间灵活，劳动收入有吸引力，就业质量高于传统劳动力市场中的灵活就业。 平台经济灵活就业青年指年龄范围在 16~35 周岁、在平台上充当"商品和服务独立提供商"的青年。②

（三）青年就业的特征

1. 青年就业具有不稳定性

根据职业生涯发展理论、职业锚理论等，青年在刚刚进入就业状态时，其职业方向还未清晰形成，大部分青年，特别是高校毕业生，在初入职场时往往抱有试错的心态，需要经过一定时间的尝试、探索进而找到适合自身的职业，并且随着青年经历的愈加丰富、经济社会发展环境的影响，其职业锚也在不断变化，职业方向也会重新选择。 同时，青年更换工作的机会成本低于中年人，其跳槽率普遍偏高。 另外，青年的失业风险相对较高，国际劳工组织发布的《2020 年全球青年就业趋势：技术与未来工作》显示，15~24 岁的青年人，其失业的可能性是 25 岁及以上成年人的 3 倍。③ 在经济发展放缓和经济结构调整的背景下，新增的岗位不足，所受影响最大的是青年群体，他们最先且最容易遭受裁员。④ 当经济发展不景气时，企业在裁员

---

① 黎淑秀：《全球青年就业趋势研究——为青年提供优质的就业政策》，《中国青年社会科学》2020 年第 1 期，第 119 页。

② 黎淑秀、许昌秀：《全职型平台经济灵活就业青年的就业状况研究》，《青年探索》2020 年第 6 期，第 71~81 页。

③ 《联合国：全球 2.67 亿青年处于"无工无学无培训"的"三无"状态》，联合国门户网站，2020 年 3 月 9 日，https://news.un.org/zh/story/2020/03/1052361。

④ 谭永生：《经济新常态对中国青年失业的影响及趋势研究》，《中国青年研究》2016 年第 9 期，第 105~109 页。

时需要考虑在员工身上付出的成本和裁员支付的赔偿金，而青年员工相对于中年员工入职时间较短，裁员成本较少，企业更倾向于解雇青年员工。在新冠疫情的影响下，我国经济环境受到冲击，虽然有政府稳岗举措，大部分企业没有选择裁员，但是仍然缩减了招聘新职工的规模，而求职者中大部分为青年群体；由于疫情的冲击，部分青年创业者面临创业失败破产的风险；青年农民工面临难以顺利返岗就业的困难等。因此，在新冠疫情等因素冲击经济发展的情况下，青年群体的就业具有不稳定性。

2."慢就业"特征愈加明显

青年就业群体"慢就业"的特征愈加明显。国际上，对于"慢就业"的青年统称为"尼特族"，即"NEET"，全称为"Not currently engaged in Employment, Education or Training"，"尼特族"最早使用于英国，指一些不升学、不就业、不进修或不参加就业辅导的族群。"尼特族"是世界性的社会问题，主要在发达国家和经济高增长、生活水平高的国家和地区的青年阶层中产生。国际劳工组织发布的《2020年全球青年就业趋势：技术与未来工作》显示全球没有就职、不在上学也未参加培训的青年人数正在上升，目前世界上的近13亿青年中，约有2.67亿处于"无工无学无培训"的"三无"状态，报告预计这一势头在未来仍将持续，到2021年或将进一步增至2.73亿。[①] 中国青年报社社会调查中心联合问卷网对2009名受访者进行的一项调查显示，72.9%的受访者表示周围有"慢就业"的大学生。[②] 智联招聘公布的《2021大学生就业力调研报告》显示，我国56.9%的大学生选择毕业后加入就业大军，较上年下降了18.9个百分点，12.8%的大学生选择慢就业，同比上升了6.6个百分点。[③] 由此可见，在我国，青年特别是大学生的"慢就业"正在被逐渐接受并且形成了一种新的就业理念。一方面

---

① 《联合国：全球2.67亿青年处于"无工无学无培训"的"三无"状态》，联合国门户网站，2020年3月9日，https://news.un.org/zh/story/2020/03/1052361。

② 杜园春、顾凌文：《大学生"慢就业"现象调查》，《中国青年报》2018年8月2日，第7版。

③ 《后疫情时代我国青年就业状况分析（2021年8月）》，人力资源和社会保障部信息中心网站，2021年8月3日，https://www.hrssit.cn/info/2405.html。

是来自家庭方面的支持，"慢就业"的大学生一般面临的生活压力不大，其父母并不着急要求青年立刻就业；另一方面是青年自身还未提前规划好未来，未确定未来的职业方向，因而在就业过程中犹豫不决，决策缓慢，出现"慢就业"现象。 在新冠疫情的冲击下，青年就业的正常周期被打乱，宏观经济发展放缓，企业用人需求缩减，使得青年更加难以在短时间内找到适合自己的工作。

3. 青年就业愈加求稳

青年在就业过程中更加追求"稳就业"，特别是在新冠疫情的冲击下，青年就业的求稳心态愈加明显。 根据智联招聘《2021 大学生就业力调研报告》的数据，在调研应届毕业生求职看中的因素时，29.8%的被调查人员认为"大环境不好、求稳更重要"，与 2020 年相比上升了 10.3 个百分点。[1]国家机关、国有企业等制度体制保障内的单位逐渐成为青年就业群体的理想就业选择。 2022 年度国家公务员的报名过审人数上涨明显，2022 年国考报名过审人数首次突破 200 万，达到 212.3 万人，同比增长 54.7 万人，涨幅高达 34.7%，较 2018～2021 年年均涨幅（5.8%）高出 28.9 个百分点。[2] 根据人民数据研究院发布的《青年就业与职业规划报告（2021）》调研数据，青年在选择就业单位时，68.1%的青年选择国有企业性质的单位，31.9%的青年选择民营企业性质的单位，[3]选择民营企业性质单位的青年数量不及选择进国有企业性质单位的青年数量的一半。 由此可见，在新冠疫情影响下，经济发展和青年就业创业环境受到冲击，大量企业停工停产，员工的稳定性和工资收入都受到不同程度的影响，青年在就业时更加追求稳定的工作和环境。

---

① 《后疫情时代我国青年就业状况分析（2021 年 8 月）》，人力资源和社会保障部信息中心网站，2021 年 8 月 3 日，https://www.hrssit.cn/info/2405.html。

② 胡群：《求稳心态明显，青年就业新机会在哪里?》，经济观察网，2022 年 1 月 13 日，http://www.eeo.com.cn/2022/0113/518608.shtml。

③ 《最新发布 | 人民数据研究院发布〈青年就业与职业规划报告（2021）〉》，人民数据研究院，2022 年 1 月 12 日，http://www.peopledata.com.cn/html/NEWS/Dynamics/2581.html。

4. 青年就业更"灵活"，就业行业更"新"

青年群体具有较强的学习和创新能力，更容易接受新事物，越来越多的青年就业群体投入新经济、新业态、新模式的就业领域中，选择 5G、人工智能、新型服务业、"互联网+"、平台经济等行业进行就业。 美团研究院数据显示，2020 年上半年，通过美团获得收入的骑手总数达 295.2 万人，同比增长 16.4%，"90 后"骑手占据近半壁江山，成为骑手主力。① 阿里巴巴发布的《2020 饿了么蓝骑士调研报告》显示，2020 年平台骑手超过 300 万人，其中"90 后"占比近 50%，新注册"00 后"蓝骑士数量同比增长近 2 倍。② 此外，随着互联网经济繁荣发展，特别是在新冠疫情发生后，网上购物愈加普遍，网络营销应运而生，由此诞生了一门新的职业——互联网营销师，"直播经济"业态主要岗位的人才需求量也快速增长。 在中国轻工业联合会主办的互联网营销师新职业新闻发布会上引用的统计数据显示，目前网络用户已超过 8 亿人，互联网营销从业人员超 1000 万人，并以每月 8.8%的速度快速增长。③ 根据 BOSS 直聘发布的《"带货经济"从业者现状观察》数据，在拼体力和脑力的"带货"厮杀中，57.3%的"带货经济"从业人员为 20~25 岁。④ 此外，随着 5G、大数据、人工智能等领域的快速发展，其相关行业的用人需求也逐渐增加，成为吸纳青年就业的重要领域。BOSS 直聘研究院数据显示，2021 年春季招聘中 5G、大数据、云计算、人工智能、新能源汽车及自动驾驶等新技术领域的应届生招聘市场迅猛发展，应届生招聘需求同比增长 57.6%，应届生关注度同比增长 70%。⑤ 新冠疫情

① 《美团报告："兼职做骑手"成就业新趋势　超五成月收入超 4000 元》，人民网，2020 年 7 月 17 日，http://it. people. cn/n1/2020/0717/c1009-31787977. html。

② 万志云、赵小羽、霍思颖：《"招工难""用工荒"背后：年轻人"嫌弃"制造业"偏爱"服务业》，人民网，2021 年 4 月 6 日，http://finance. people. com. cn/n1/2021/0406/c1004-32070547. html。

③ 《职业标准加紧编制　互联网营销将规范》，中华人民共和国中央人民政府门户网站，2020 年 9 月 25 日，http://www. gov. cn/xinwen/2020-09/25/content_5546952. htm。

④ 《"带货经济"热度飙升　带货主播招聘偏爱长相出众的农村青年》，新华网，2019 年 11 月 13 日，http://www. hb. xinhuanet. com/2019-11/13/c_1125224547. htm。

⑤ 《后疫情时代我国青年就业状况分析（2021 年 8 月）》，人力资源和社会保障部信息中心网站，2021 年 8 月 3 日，https://www. hrssit. cn/info/2405. html。

也给线上经济、平台经济、灵活用工、"互联网+"、大数据等行业带来新的发展机遇，进一步促进青年参与到新技术、新业态中实现更"新"的就业。

第四节　技术路线图

本研究的技术路线如图 1-1 所示。　首先通过实地走访调研与线上线下问卷调查相结合的方式，了解青年就业现状，分析青年就业整体状况与青年就业环境。　由于新冠疫情这一重大公共卫生事件具有不确定性，在疫情冲击下，青年群体就业环境的不确定性增强，疫情导致全球经济面临下行压力，出口、消费、投资都有所减少，总需求的减少进而导致就业总量下降。新冠疫情也为互联网、大数据等技术的发展带来了机遇，由此推动产业的转型升级，进而为就业结构的转型提供动力。

其次，通过实地调研，特别是对高校毕业生、青年创业者、青年农民工、平台经济就业青年等不同青年就业群体的深度访谈，了解疫情下青年就业面临的主要问题，并通过问卷调查的方式了解不同青年群体就业压力的来源。　在新冠疫情大背景的影响下，全球经济衰退，企业大面积停工停产，劳动力市场面临下行压力。　对于高校毕业生来说，往常的就业节奏被打乱，出国渠道受阻，考研人数大幅增加，进一步加剧了高校毕业生的就业压力。　对于青年创业者来说，初创企业本就面临着人手不足、资金链不稳定等问题，在疫情的影响下，企业停工停产意味着生产停滞，没有产品和市场进一步加剧企业资金链的压力，导致创业企业面临创业破产失败的风险。对于青年农民工来说，2020 年初新冠疫情的突发正值春运时期，大量的青年农民工已经返乡，突如其来的疫情导致全国范围封城，企业停工，青年农民工无法按照原定计划返城返岗，这意味着青年农民工群体在这段时间中没有收入来源，进一步加剧了青年农民工的就业和生活压力。　此外，在新冠疫情的影响下，劳动力市场冷热不均，餐饮、旅游等行业受到严重冲击，相关行业的劳动力市场也随之受到影响，而疫情防控相关产业以及互联网、大数据、人工智能领域迎来巨大发展，用人需求大幅增加，特别是疫情的反复

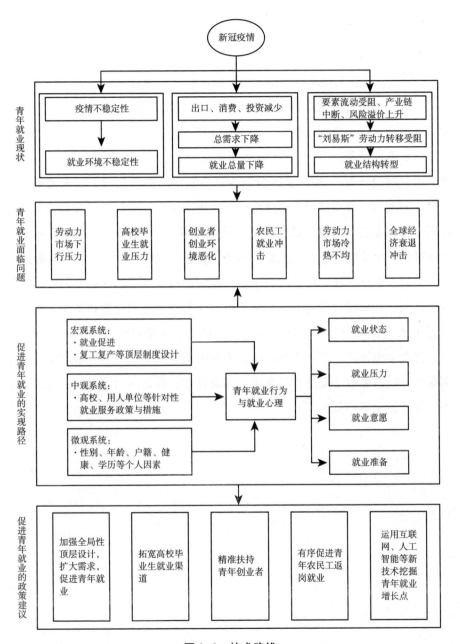

图 1-1 技术路线

无常促进了平台经济、灵活就业等新型用工形式的发展。

再次，在充分调研分析新冠疫情影响下青年就业的现状与问题的基础上，基于实地调研与问卷调查的结果，形成了"新冠肺炎疫情影响下青年就业数据库"，并从宏观就业环境、中观针对性促进就业政策以及微观个体因素三个方面分析青年就业行为与就业心理的影响因素。青年就业行为与就业心理主要从四个方面来衡量，一是就业状态，二是就业压力，三是就业意愿，四是就业准备。宏观系统包括国家对于推进企业复工复产、促进青年就业的顶层设计等。中观系统包括为了落实国家的顶层设计，人力资源和社会保障部门、教育部门、财政部门、共青团组织、高校、用人单位等主体针对青年就业群体提供的就业服务政策与措施。微观系统主要是青年就业创业群体的个体特征，包括性别、年龄、户籍、健康、学历等个人因素。

最后，根据对新冠疫情影响下青年就业的现状、面临的问题的分析，结合实地调研后总结归纳的不同地区促进青年就业的不同经验和举措，提出促进青年就业的实现路径与政策建议：一是要加强全局性顶层设计，扩大需求，促进青年就业；二是要拓宽高校毕业生就业渠道；三是要精准扶持青年创业者；四是要有序促进青年农民工返岗就业；五是运用互联网、人工智能等新技术挖掘青年就业增长点。

第二章 文献研究与分析框架

第一节 文献综述

　　新冠疫情对我国经济社会造成了严重的影响，是新中国成立以来在我国发生的传播速度最快、感染范围最广、防控难度最大的一次重大突发公共卫生事件，①此次疫情给各行各业均带来了严峻的危机与挑战，产业链供应链遭受严重冲击，劳动力市场下行压力加大。2021 年政府工作报告中明确提出要千方百计稳定和扩大就业，实施"六稳"（稳就业、稳金融、稳外贸、稳外资、稳投资、稳预期）和"六保"（保居民就业、保基本民生、保市场主体、保粮食能源安全、保产业链供应链稳定、保基层运转）的工作框架，就业是"六稳"和"六保"中唯一重叠且排名居首的重点核心工作。② 在我国总体就业形势严峻的情况下，青年已成为就业结构矛盾中的突出群体，青年就业问题是民生问题，更是政治问题、稳定问题，是社会稳定、和谐、健康发展的基础和保障。③ 因此，尽管 2022 年 12 月 26 日，中华人民共和国

---

① 《国务院新闻办就中央指导组指导疫情防控和医疗救治工作进展举行发布会》，中华人民共和国中央人民政府门户网站，2020 年 2 月 28 日，http://www.gov.cn/xinwen/2020-02/28/content_5484713.htm。

② 李涛、孙媛、邬志辉、单娜：《新冠疫情冲击下我国高校应届毕业生就业现状实证研究》，《华东师范大学学报》（教育科学版）2020 年第 10 期，第 110~126 页。

③ 王朝彬：《习近平总书记关于青年就业重要论述的时代意蕴》，《学校党建与思想教育》2020 年第 4 期，第 61~63 页。

国家卫生健康委员会发布《关于对新型冠状病毒感染实施"乙类乙管"的总体方案》，但分析新冠疫情期间青年就业面临的困难与挑战，为促进青年就业提供理论和政策参考，对应对未来可能发生的公共卫生危机事件、增强我国经济发展的稳定性与可持续性仍具有重要的现实意义。

一 青年与青年就业

目前，国际对于"青年"的界定尚未统一。对于青年的界定，主要以适于工作的年龄为标准。根据联合国的标准定义，青年是指介于 15~24 周岁的人。但是，实践中各国由于文化、历史以及政治因素不同，对于青年的界定也各有不同。2017 年中共中央、国务院印发了《中长期青年发展规划（2016-2025 年）》，规划中"青年"的年龄范围是 14~35 周岁。[①] 联合国青年就业网络的中国项目合作组对青年就业进行调查时，针对的是 15~29 岁的青年。《中华人民共和国劳动法》和《中华人民共和国劳动合同法》规定法定劳动年龄指年满 16 周岁至退休年龄。[②] 为研究新冠疫情对青年就业的影响，本书结合《中华人民共和国劳动法》、《中华人民共和国劳动合同法》以及《中长期青年发展规划（2016-2025 年）》中的定义，将青年界定为 16~35 岁的法定劳动年龄人口。

青年充分就业可以带来社会财富的增加，更重要的是让青年有机会实现其理想和抱负，而青年失业不仅会对青年自身造成很大消极影响，还会减少税收基础，带来巨大的经济损失，甚至动摇政府的执政基础，严重威胁社会的稳定与繁荣。[③] 2017 年印发的《中长期青年发展规划（2016-2025 年）》

---

① 《中共中央 国务院印发〈中长期青年发展规划（2016-2025 年）〉》，中华人民共和国中央人民政府网，2017 年 4 月 13 日，http://www.gov.cn/zhengce/2017-04/13/content_5185555.htm#1。

② 《中华人民共和国劳动法》，中国人大网，2019 年 1 月 7 日，http://www.npc.gov.cn/npc/c30834/201901/ffad2d4ae4da4585a041abf66e74753c.shtml；《中华人民共和国劳动合同法》，中国人大网，2013 年 4 月 15 日，http://www.npc.gov.cn/wxzl/gongbao/2013-04/15/content_1811058.htm。

③ 徐章辉：《国际组织的青年就业政策》，《当代青年研究》2006 年第 7 期，第 68~72 页；郭达：《国际视野下青年失业问题研究》，《当代青年研究》2019 年第 3 期，第 96~102 页。

提出青年就业创业的发展目标是青年就业较充分，毕业生就业率保持在较高水平，充分保障其就业权利，创业活力明显提升。①

二 新冠疫情对就业的影响

（一）新冠疫情导致复工复产不足，青年就业处于下行压力

通过全球贸易这一机制，地理上遥远的疫情会影响到未受疫情影响的国家，受影响地区的直接经济损失更大。2003 年 SARS 暴发估计使西太平洋地区受影响的国家损失超过 110 亿美元，导致经济增长速度放缓，就业增幅下降。② 国内学者认为 SARS 危机造成的不利影响中，就业问题首当其冲，严重影响到第三产业。③ 公共卫生事件会对就业造成严重的间接影响，重大突发公共卫生事件会影响社会生产力，④提高企业生产成本，企业不得不裁员导致失业，另外在疫情时期劳动者及政府在面临信息不对称情况下所做出的行为选择也会降低社会就业率。⑤ 在 2014 年埃博拉病毒传播的高峰期，美国对受埃博拉影响国家的商品出口因此减少了10.8 亿美元，受出口支持的就业岗位损失超过了 1200 个，2015 年减少了

① 《中共中央 国务院印发〈中长期青年发展规划（2016-2025 年）〉》，中华人民共和国中央人民政府网，2017 年 4 月 13 日，http://www.gov.cn/zhengce/2017 – 04/13/content _ 5185555. htm#1。

② Keogh-Brown M. R., Smith R. D., "The Economic Impact of SARS: How Does the Reality Match the Predictions?" [J]. *Health Policy*, 2008,88(1); Beutels P., Jia N., Zhou Q. Y., et al., "The Economic Impact of SARS in Beijing, China" [J]. *Tropical Medicine and International Health*, 2009,14(1); 王健、韩康:《宏观调控政策协调: 正视"非典"对宏观经济的影响》，《中国行政管理》2003 年第 7 期，第 12~16 页。

③ 蔡昉、王美艳:《"非典"疫情对我国就业的影响》，《中国社会科学院研究生院学报》2003 年第 4 期，第 27~29 页。

④ Meltzer D., Johannesson M., "Inconsistencies in the 'Societal Perspective' on Costs of the Panel on Cost-Effectiveness in Health and Medicine" [J]. *Medical Decision Making*, 1999, 19 (4): 371–377.

⑤ Boozer M. A., Tomas J. P., "The Impact of Public Testing for Human Immunodeficiency Virus" [J]. *Journal of Human Resources*, 2000, 35 (3): 419–446; Geoffard P. Y., T. Philipson, *Disease Eradication: Private Vs. Public Vaccination*, DELTA Working Papers, 1995.

1.1 万个。①

在 SARS 疫情销声匿迹了 17 年后，于全球范围暴发的新冠疫情再一次对我国经济社会造成严重影响，是新中国成立以来在我国发生的传播速度最快、感染范围最广、防控难度最大的一次重大突发公共卫生事件，是一次危机，也是一次大考。与 2003 年的"非典"相比，2020 年的新冠疫情直接引发了我国就业结构和就业模式的大变动，②在新冠疫情的影响下，劳动力的就业预期比较悲观，就业市场低迷。③ Gupta 等从社交网络的视角出发，认为企业关闭和居家办公导致的社交隔离，每经历 10 天的逗留，就业率就会下降约 1.7 个百分点。④ 国际劳工组织 2020 年 3 月 18 日发布报告指出，根据新冠疫情对全球经济增长影响的不同假设，在低影响下失业人数可能增加530 万，而在高影响下失业人数可能增加 2470 万。⑤ 联合国国际劳工组织表示，新冠疫情导致全球工作机会减少，2020 年全世界共损失了 2.55 亿个工作岗位，是 2009 年全球金融危机期间损失的 2 倍，损失的工作岗位导致全球收入下降 8.3%，相当于 3.7 万亿美元。⑥ 在线工作发布平台的数据研究发现，国外疫情蔓延通过全球供应链使中国新增就业岗位减少

---

① Huber C. , Finelli L. , Stevens W. , "The Economic and Social Burden of the 2014 Ebola Outbreak in West Africa" [J]. *Journal of Infectious Diseases*, 2018,218(5); Deliana K. , Cynthia H. , John T. et al. , "Long - Distance Effects of Epidemics: Assessing the Link Between the 2014 West Africa Ebola Outbreak and U. S. Exports and Employment" [J]. *Health Economics*, 2019(28).

② 张桂文、吴桐:《新冠肺炎疫情对中国就业的影响研究》,《中国人口科学》2020 年第 3 期, 第 11~20 页。

③ 陈有华、张壮:《新冠肺炎疫情认知对就业预期的影响》,《华南农业大学学报》(社会科学版) 2020 年第 4 期, 第 105~119 页。

④ Sumedha Gupta, Laura Montenovo, Thuy D. Nguyen, Felipe Lozano Rojas, Ian M. Schmutte, Kosali I. Simon, Bruce A. Weinberg, Coady Wing, *Effects of Social Distancing Policy on Labor Market Outcomes*, NBER Working Paper 27280, 2020.

⑤ 高伟东、杨海泉:《疫情或导致全球新增近 2500 万失业人口》,《经济日报》2020 年 3 月 20 日, 第 07 版。

⑥ 高文书:《新冠肺炎疫情对中国就业的影响及其应对》,《中国社会科学院研究生院学报》2020 年第 3 期, 第 21~31 页。

了 11.7%。①

新冠疫情在国内得到有效控制后，中央层面针对防控常态化下的复工复产、就业创业提出指导意见，要求积极有序、分区分级推动全产业链复工复产，强化"稳就业"举措。 虽然中国对疫情的控制及时有效，但疫情对就业的负面影响已经显现，2020 年 1~4 月是我国新冠疫情最为严重的时期，全国城镇调查失业率分别为 5.3%、6.2%、5.9% 和 6.0%，同比分别上升 0.2 个、0.9 个、0.7 个和 1.0 个百分点，②青年就业压力巨大，各地加大稳岗扩岗激励力度，多渠道做好重点群体的就业工作，2020 年末全国城镇调查失业率降到 5.2%。③ 受疫情的影响，2020 年中国的新增就业减少了 477.92 万人，新增就业损失达到 29.26%。④

（二）新冠疫情影响青年就业质量

新冠疫情期间，在我国总量就业形势严峻的情况下，青年就业群体成为就业结构矛盾中的突出群体。 除了大量的就业岗位损失外，新冠疫情对就业质量也有影响，主要体现在薪酬待遇、就业环境和就业机会等方面。

首先，在薪酬待遇方面，企业经营面临很大压力，员工也面临着收入降低的风险，尤其是对于劳动密集型产业而言，工资性收入和经营性收入不断下降。⑤ 国际劳工组织与经合组织研究发现，新冠肺炎疫情对 G20 国家居民的就业和收入造成了广泛的负面影响。⑥ 通过抓取网络公开数据，发现

---

① Fang H. , Ge C. , Huang H. , Li H. , *Pandemics, Global Supply Chains and Local Labor Demand: Evidence from 100 Million Posted Jobs in China*[R]. NBER Working Paper, 2020, No. 28072.

② 刘新华、彭文君：《全球疫情下的"功能财政"与"就业保障计划"——基于现代货币理论视角的分析》，《陕西师范大学学报》（哲学社会科学版）2020 年第 5 期，第 25~37 页。

③ 张夏恒：《新冠肺炎疫情对我国中小微企业的影响及应对》，《中国流通经济》2020 年第 3 期，第 26~34 页。

④ 屈小博、程杰：《新冠肺炎疫情对劳动力市场的影响及政策反应》，《河北师范大学学报》（哲学社会科学版）2020 年第 4 期，第 126~133 页。

⑤ 胡滨、范云朋、郑联盛：《"新冠"疫情、经济冲击与政府干预》，《数量经济技术经济研究》2020 年第 9 期，第 41~61 页。

⑥ 顾天安、姚晔：《重大疫情危机下劳动者收入如何保障？——工资支付分担机制的国际比较及其对中国的启示》，《公共行政评论》2021 年第 5 期，第 101~118 页。

新冠疫情出现后年收入在 10 万元以下的招聘岗位数量明显减少。① 与此同时，新冠疫情影响了地区之间通勤的便利程度，用工企业面临停工、歇业甚至破产的风险，疫情防控常态化条件下难以迅速恢复原有生产力和生产秩序，农民工等返城务工群体流动困难，农村外出务工人员、农业经营主体等农村居民的收入都受到不同程度的影响，收入减少的原因是从事经营活动或就业时间的减少，②特别是外出务工人员还面临着失去工作的风险。③ 截至 2020 年 2 月底，超过 90%的农村户口外来务工人员找不到工作，而城市户口外来务工人员找不到工作的比重为 42%，那些受教育程度低、技术水平低的人失业率也较高。④ 新冠疫情发生后，全国规模以上工业利润受到冲击，企业经济效益下滑，可能造成部分企业出现劳动合同无法正常履行、工资延迟支付、社保延迟缴纳等一系列问题。⑤ 尽管企业可以与劳动者达成临时协议，但劳动者依然难以得到有效的收入保障，从而导致我国居民消费增速的减缓，对我国实施扩大内需和消费升级战略产生负面影响。⑥

其次，在就业环境方面，一方面，由于新冠病毒潜伏期长，并且存在无症状感染者传播扩散、治愈后仍有可能感染等特点，复工人员在正常开展工作的同时必须时刻注意自身防护，始终佩戴口罩，种种防护措施一定程度上

① 侯艺：《保就业背景下青年就业现状研究》，《中国青年研究》2020 年第 9 期，第 107~112 页。

② 芦千文、崔红志、刘佳：《新冠肺炎疫情对农村居民收入的影响、原因与构建农村居民持续增收机制的建议》，《农业经济问题》2020 年第 8 期，第 12~23 页。

③ 徐政、丁守海：《新时代中国劳动力市场高质量发展研究》，《甘肃社会科学》2021 年第 6 期，第 222~228 页。

④ Che L., Du H., Chan K. W., "Unequal Pain: A Sketch of the Impact of the COVID-19 Pandemic on Migrants' Employment in China" [J]. *Eurasian Geography and Economics*, 2020, 61 (4-5): 448-463.

⑤ 顾天安、姚晔：《重大疫情危机下劳动者收入如何保障？——工资支付分担机制的国际比较及其对中国的启示》，《公共行政评论》2021 年第 5 期，第 101~118 页。

⑥ 陈昌盛、许伟、兰宗敏、李承健：《我国消费倾向的基本特征、发展态势与提升策略》，《管理世界》2021 年第 8 期，第 46~58 页。

影响到工作效率。① 由于国内疫情暴发与国际疫情暴发不同步，在国内疫情防控常态化下，与疫情防控紧密相关的应急产业，国内需求逐渐边际递减至稳定的需求量的同时，国外需求边际递增，这些产业的员工需要增大工作强度以满足国内外的防疫物资需求。 另一方面，小微企业、个体工商户、灵活就业人员等抵御风险能力较差，停工歇业意味着短期失业，小微企业和个体工商户还面临破产倒闭的风险，在这种情况下，劳动者所面临的不确定性进一步加大。 沈国兵等的研究发现新冠疫情发生前，我国总体失业率基本稳定，地区间失业差异趋于缩小；2020 年疫情发生后，我国城镇调查失业率出现明显上升，新冠疫情对我国制造业和服务业的经济活动均造成不利冲击，进而对我国就业造成不利的影响。②

最后，在就业机会方面，疫情期间社会上出现劳动者因来自疫情相对严重的地区，或疑似感染新冠病毒，或是新冠康复者，而受到用人单位的区别对待甚至被无故辞退的情况。 农民工群体、个体工商户以及失业青年由于人力资本水平低、就业行业低端，在社会中属于弱势群体，受疫情影响最为严重，抵御失业风险的能力较弱。③ 另外，劳动力市场供需矛盾和信息不对称问题也增加了农民工的失业风险，④新冠疫情影响到企业招聘方式和途径，在很多地方现场招聘大幅下降甚至停摆，大量企业主要通过线上或通过招聘网站组织招聘，农民工由于信息闭塞，不熟悉或者不相信网络等线上招聘，造成了企业缺工人、农民工难就业的尴尬场面。⑤

---

① 蔡宏波：《疫情对当前我国就业形势的影响估测》，《人民论坛》2020 年第 9 期，第 92～94 页。

② 沈国兵、徐源晗、袁征宇：《新冠疫情全球蔓延对我国就业的影响及机制分析》，《经济问题探索》2021 年第 12 期，第 1～12 页。

③ 李春玲：《疫情冲击下的大学生就业：就业压力、心理压力与就业选择变化》，《教育研究》2020 年第 7 期，第 4～16 页。

④ 王霆、刘玉：《农民工就业政策量化评价》，《华南农业大学学报》（社会科学版）2021 年第 1 期，第 71～83 页。

⑤ 杨胜利、邵盼盼：《疫情冲击下农民工失业状况及影响因素研究》，《西北人口》2021 年第 5 期，第 42～54 页。

（三）国内劳动力市场冷热不均

国内劳动力市场冷热不均，不同行业间就业极化现象明显。中国就业市场景气指数（CIER）同环比均明显下降，结构性矛盾突出。与疫情防控相关产业的总体需求增加，对相关专业人才的需求量增加。而与疫情防控相关性小的产业例如批发零售、住宿餐饮、交通运输、文化旅游、广告传媒和制造业等行业都在租金成本、市场渠道等方面面临着巨大的压力，几乎停止运行，难以快速复工复产，甚至还有破产倒闭的风险，对劳动力的需求减少，用人招聘计划暂缓，相关领域的青年就业压力增大。郑联盛等人研究发现，疫情对就业和工资的冲击是全面性的，第一产业受到的冲击相对较小，第二产业和第三产业受到的冲击较大且结构性突出。[①] 张友国等运用产出模型和可计算一般均衡模型研究发现，疫情冲击不同行业引起的经济系统损失差异较大，其中建筑业、批发零售业和房地产业等行业受到的冲击较大。[②] 沈国兵等研究发现由于新冠疫情在全球范围内蔓延，我国内外部经贸环境变化，此次疫情对我国产品进出口和全球产业链造成冲击，同时我国相关防疫产品的进口需求和出口供给出现了大幅增长。[③] 根据大数据画像分析，在新冠疫情的影响下我国航空、旅游等服务业受到很大的冲击，而新型基础设施、中国专利医药和互联网产业迎来了发展机遇。[④] 通过对 10870 名大学生（其中毕业生 7571 人）开展在线调查发现，超半数毕业生认为 2020 年就业形势较为严峻，其中社会科学、人文科学、法学及经管类专业的毕业生认为就业形势"非常难"的人数比例超过了平均值。[⑤] 与此同

① 郑联盛、范云朋、胡滨、崔琦：《公共卫生危机对就业和工资的总量与结构影响》，《财贸经济》2021 年第 4 期，第 115~129 页。

② 张友国、孙博文、谢锐：《新冠肺炎疫情的经济影响分解与对策研究》，《统计研究》2021 年第 8 期，第 68~82 页。

③ 沈国兵、徐源晗：《疫情全球蔓延对我国进出口和全球产业链的冲击及应对举措》，《四川大学学报》（哲学社会科学版）2020 年第 4 期，第 75~90 页。

④ He P., Niu H., Sun Z., and Li T. "Accounting Index of COVID-19 Impact on Chinese Industries: A Case Study Using Big Data Portrait Analysis" [J]. *Emerging Markets Finance and Trade*, 2020, 56 (10): 2332-2349.

⑤ 李涛、孙媛、邹志辉、单娜：《新冠疫情冲击下我国高校应届毕业生就业现状实证研究》，《华东师范大学学报》（教育科学版）2020 年第 10 期，第 110~126 页。

时，疫情席卷全球，对外贸型、出口导向型企业带来了冲击，疫情期间这些专业领域毕业生的就业形势严峻。[①]

（四）新冠疫情对高校毕业生群体就业的影响

2021 届全国普通高校毕业生总规模 909 万，同比增加 35 万。[②] 疫情对就业的深层次影响仍在持续，2021 届高校毕业生就业形势依然复杂严峻，具体体现在以下几个方面。

第一，对于高校毕业生的招聘规模缩减。 在疫情的影响下，企业经营面临很大的不确定性，很多企业缩减了招聘规模，甚至出现降薪、裁员、倒闭的情况，吸纳大量毕业生就业的主要出口阻塞，毕业生就业供需失衡。 新锦成研究院于 2020 年 5 月发布的报告表明，受到疫情影响，用人单位招聘规模总体有所减少的达 31.05%，不确定的达 31.13%，没变化和有所增加的仅 29.91%和 7.91%。[③] 清华大学经济管理学院研究团队 2020 年 2 月对 995 家中小企业开展调研发现，疫情给中小企业的正常经营带来了不同程度的冲击，其中，高达 22.43%的中小企业计划减员降薪，16.2%的中小企业计划停产歇业，极大地减少了对于青年劳动力的需求。[④]

第二，高校毕业生求职渠道受阻。 由于疫情具有传染性强、潜伏期长等特点，传统的校园宣传和现场招聘活动难以正常开展，影响应届毕业生的求职过程。 Moka 招聘对近 200 家企业的问卷调研结果显示，受到疫情影响，45%的企业未取消原定计划，其中大部分企业考虑通过线上方式进行全

---

① 蔡红建：《当求职季遇上疫情期，2020 年高校毕业生就业，怎么看怎么办》，《人民论坛》2020 年第 Z2 期，第 124~127 页。

② 《教育部：2021 届全国普通高校毕业生总规模 909 万 同比增加 35 万》，中华人民共和国教育部门户网站，2021 年 5 月 13 日，http://www.moe.gov.cn/jyb_xwfb/xw_fbh/moe_2606/2021/tqh_210513/mtbd/202105/t20210513_531321.html。

③ 蔡红建：《当求职季遇上疫情期，2020 年高校毕业生就业，怎么看怎么办》，《人民论坛》2020 年第 Z2 期，第 124~127 页。

④ 李涛、孙煖、邬志辉、单娜：《新冠疫情冲击下我国高校应届毕业生就业现状实证研究》，《华东师范大学学报》（教育科学版）2020 年第 10 期，第 110~126 页。

流程的校园招聘；3%的企业取消了校园招聘。① 通过网络渠道开展线上招聘，在某种程度上虽然突破了疫情所带来的空间限制，但也出现了新问题，如网络招聘的匹配性相对较弱、②求职者的综合能力难以考核、③相应配套的平台和机制建设不到位④等，这些问题给应届高校毕业生顺利就业带来了全新的挑战。

第三，高校毕业生就业技能与劳动力市场需求不匹配。 一方面，近年来我国高新技术产业快速发展，经济结构不断优化，发展进入了新常态，对劳动力提出了更高的要求。 部分高校毕业生所掌握的技能难以适应岗位要求，出现了一定程度的结构性失业。⑤ 此外，一些高校毕业生难以立足于自身实际条件树立正确的就业观念，对就业职位要求较高，甚至在薪资等方面出现了不切实际的过高期望，与市场需求存在一定程度的脱节。⑥ 另一方面，疫情突发给应届毕业生带来了较大的就业压力，导致应届毕业生在求职过程中往往来不及仔细思索，只为尽快落实毕业去向而匆忙寻找工作，使得工作岗位与自身能力技能储备不能完全匹配，在某种程度上造成人力资源的浪费，不利于其今后的长远发展。⑦

第四，应届毕业生就业心态不稳定，情绪悲观。 李秀玫等根据复旦大学社会治理研究中心、上海开放大学信息安全与社会管理创新实验室及上海市青少年研究中心联合开展大学生社会心态调查，发现在新冠疫情的影响

① 蔡宏波：《疫情对当前我国就业形势的影响估测》，《人民论坛》2020年第9期，第92~94页。
② 金韦明、卫善春、沈延兵：《新冠疫情影响下促进高校毕业研究生就业工作的实践与思考》，《学位与研究生教育》2020年第9期，第16~20页。
③ 金韦明、卫善春、沈延兵：《新冠疫情影响下促进高校毕业研究生就业工作的实践与思考》，《学位与研究生教育》2020年第9期，第16~20页。
④ 章熙春：《打造高校毕业生就业工作"免疫模式"》，《中国高等教育》2020年第Z2期，第48~49页。
⑤ 刘社建：《有效促进青年就业问题探讨》，《经济纵横》2007年第18期，第30~32页。
⑥ 郗杰英、杨守建：《青年就业的问题和对策——基于劳动力供求关系的分析》，《中国青年研究》2005年第2期，第25~30页。
⑦ 金韦明、卫善春、沈延兵：《新冠疫情影响下促进高校毕业研究生就业工作的实践与思考》，《学位与研究生教育》2020年第9期，第16~20页。

下，高校大学生自我效能感偏低，72%的大学生对就业形势持有负面认知，认为未来两年的就业形势将非常严峻，仅有四成的大学生认为会坚持自己的求职预期，超过 2/3 的大学生对自己的职业规划感到迷茫，同时超过一半的大学生表示自己愿意在行业、或岗位、或工作地点、或企业性质方面做出妥协，但 50.4%的大学生表示自己不愿在薪酬待遇上做出妥协。[①] 疫情的反复无常导致研究生考试、公务员与事业单位招考推迟，出国留学渠道受阻，企业也无法开展正常招聘，毕业生原本的就业计划被突如其来的疫情所打断，不安全感与焦虑感陡然而生，对于未来的茫然无助之感导致部分毕业生甚至产生了某种程度上的心理问题。

　　除了上述种种消极影响外，此次疫情也是推进我国劳动力结构转型升级的契机。 疫情影响下，互联网、人工智能、云计算等相关产业迎来发展机遇，催生了大量新需求，一定程度上推进了我国产业转型和升级，也催生了就业的新形态和新职业，如互联网营销工作者、公众号博主、电子竞技工作者等等。[②] 因此，可以充分借此机遇，以劳动力需求侧对青年劳动者素质和专业的要求，推动劳动力供给侧对青年进行相关培训和教育，从而推进我国劳动力结构的优化转型。

（五）对中小微企业青年就业的影响

　　中小微企业是目前我国劳动力市场上解决就业的主要途径之一，贡献了超过 80%的城镇劳动就业机会，[③]其生存和发展对于稳定就业、保障生产体系完整进而稳定经济社会发展至关重要。 然而，在新冠疫情的冲击下，相比规模以上企业，中小微企业经营压力和脆弱性更大，[④]抗风险能力偏弱，

①　李秀玫、向橄叶子、桂勇：《在物质主义和后物质主义之间——后疫情时代大学生就业态度的变化》，《文化纵横》2021 年第 1 期，第 120~129+159 页。
②　李涛、孙煖、邬志辉、单娜：《新冠疫情冲击下我国高校应届毕业生就业现状实证研究》，《华东师范大学学报》（教育科学版）2020 年第 10 期，第 110~126 页。
③　孟繁锦、王玉霞、王琦：《疫情期扶持中小微企业发展与保障就业研究》，《工业技术经济》2020 年第 10 期，第 15~20 页。
④　中国人民大学中国宏观经济分析与预测课题组，刘元春、刘晓光、闫衍：《疫情反复与结构性调整冲击下的中国宏观经济复苏——2021—2022 年中国宏观经济报告》，《经济理论与经济管理》2022 年第 1 期，第 13~34 页。

租金成本、工资支付、社保及其他相关费用缴纳等支出为中小微企业的正常运营带来了极大的压力，在面临严峻的经济发展和经营生存环境危机下，需求萎缩、停工停产、销售收入断崖式下降使得中小微企业生存更为困难。① 面对疫情，多数中小微企业普遍受到较大的影响，近八成绩效下降，上下游客户都在减少，许多中小微企业出现了资金链紧张甚至断裂的问题。② Gourinchas 等学者评估了新冠疫情蔓延对 17 个国家中小微企业经营的影响，研究发现在缺乏政府支持的情况下，中小微企业应对新冠疫情的失败率上升近 9 个百分点。③ 2020 年 2 月，朱武祥等学者通过问卷调查发现，新冠疫情使我国中小微企业面临较高的财务脆弱性风险，85%的中小微企业存在现金余额难以维持企业 3 个月正常经营的情况，虽然政府出台政策扶持中小微企业发展，但政策短期落地效果与中小微企业的诉求仍有比较大的偏差。④ 这些企业为了继续维持运营不得不缩减开支，相应减少对劳动力的招聘需求，加大中小微企业就业者的失业压力，带来严峻的就业问题。 我国政府全面落实相应的帮扶政策，帮助中小微企业摆脱疫情带来的困境，减少后顾之忧，推动中小微企业向社会提供更多的工作岗位，为青年提供更多的就业机会，保障我国就业政策目标的顺利实现。

（六）对新业态青年就业的影响

随着信息化时代的到来，我国的就业形态愈加丰富，没有明确雇佣关系的新型就业形式层出不穷，劳动者作为"商品和服务独立提供商"的平台经济灵活就业愈加成为流行的就业趋势。 平台经济灵活就业者与平台之间不存在雇佣关系，未同平台签订正规的劳动合同，平台难以保证灵活就业者获

---

① 韩宏鑫、高新雨、都景硕、赵萍、崔倩：《基于供应链金融破解中小企业发展困局研究》，《中国市场》2022 年第 3 期，第 148~150 页。

② 王丽君、孙德芝：《基于疫情防控背景的中小微企业资金链断裂防范策略研究》，《企业改革与管理》2022 年第 1 期，第 127~129 页。

③ Gourinchas P. O., Kalemli-Özcan S., Penciakova V., Sander N., *COVID-19 and SME Failures* [R]. NBER Working Paper, 2020, No. 27877.

④ 朱武祥、张平、李鹏飞、王子阳：《疫情冲击下中小微企业困境与政策效率提升——基于两次全国问卷调查的分析》，《管理世界》2020 年第 4 期，第 13~25 页。

得劳动任务和取得劳动收入的稳定性，也较少关心就业者的工资福利、劳动权益、社会保险和职业发展。[①] 尽管这种就业形态相对自由灵活，收入也更具有吸引力，但我国目前的就业保护和社会保障体系主要是针对有明确雇佣关系的就业群体，在数字经济、平台经济领域灵活就业的人员则某种程度上游离于体系之外，导致这些劳动者的抗冲击能力较弱，合法权益难以得到充分保障，这些特点在此次疫情期间尤为明显。

疫情给全球范围内的非正规就业带来了冲击。由于非正规就业没有签订劳动合同，缺乏社会保险和社会福利支持，这使得非正规就业者陷入不稳定状态。[②] 疫情封锁措施使印度的非正规就业工人陷入失业以及食宿没有保障的境地。[③] 2020 年第二季度，哥斯达黎加流失就业岗位 34.6 万个，其中 74.7%是非正规就业岗位。[④] 根据对泰国 384 名非正规行业就业的工人的调查，新冠疫情导致他们的月收入大幅减少，需要通过动用积蓄、增加借债来维持生活，再加上缺乏失业保险，政府的封锁政策对他们生计方面的冲击更为明显。[⑤] 在新兴服务行业，疫情期间农民工同样存在换工频繁的问题，农民工无固定工作的"短工化"现象成为风险全球化时代农民工就业的一大特征。[⑥] 在新冠疫情期间，尽管政府出台了一系列保障复工复产的政策规定，但大多针对有明确雇佣关系的劳动者，而非正规就业群体很难享受

---

①　黎淑秀、许昌秀：《全职型平台经济灵活就业青年的就业状况研究》，《青年探索》2020 年第 6 期，第 71~81 页。

②　Han C. , "Percarity, Precariousness, and Vulnerability" [J]. *Annual Review of Anthropology*, 2018, 47 (1), 331–343.

③　Rajani S. , Justine J. , Balarju R. S. , "Migrant Workers at Crossroads: The COVID‐19 Pandemic and the Migrant Experience in India" [J]. *Social Work in Public Health*, 2020, 35 (7), 633–643.

④　驻哥斯达黎加共和国大使馆经济商务处：《哥斯达黎加受疫情影响流失 34.6 万个非正规就业岗位》，2020 年 8 月 21 日，http://www.mofcom.gov.cn/article/i/jyjl/l/202009/20200902998121.shtml。

⑤　Komin W. , Thepparp R. , Subsing B. , et al. , "COVID‐19 and Its Impact on Informal Sector Workers: A Case Study of Thailand" [J]. *Asia Pacific Journal of Social Work and Development*, 2021, 31 (1-2), 80–88.

⑥　李泉然、解丽霞：《风险全球化时代农民工的生存和发展：新风险与新福利》，《中国行政管理》2021 年第 6 期，第 158~160 页。

到其中的一些政策优惠。 由此可见，现阶段我国的就业保护和社会保障体系已不能完全与新时代下愈加多样化的就业形态相匹配，在制度设计和治理结构上仍存在一些弊端亟待改进。①

另外，以云计算、大数据、移动通信、人工智能、物联网、区块链为代表的数字技术在近年来迎来了巨大的发展机遇，快速渗透到了各个领域和行业，推进全国范围各个领域行业的数字化转型。 在推进新冠疫情防控和经济社会发展中，数字经济发挥了不可替代的积极作用，远程办公、在线教育、智能施工、无人配送等新模式以及云计算、大数据、人工智能等新技术的快速发展为我国精准疫情防控、恢复经济社会发展提供了技术保障。②在疫情的影响下，数字经济、智能制造、生命健康等新产业快速发展，成为推动我国经济社会发展和新工作范式转型的新引擎。③

三 促进青年就业的域外经验

受到疫情的冲击，各国实施的出行限制和封锁政策给企业造成较大压力，企业破产和裁员导致失业人数大幅增长，各国政府决策部门在疫情防控和经济停运阶段推进大规模、及时、有针对性的就业支持行动，④从而尽可能减少经济衰退对失业造成的冲击。

（一）注重青年就业能力的提升

就业能力是一个多维指标，主要包括稳定工作的能力、保持就业状态的能力、提高劳动生产率和未来收入的能力、进行有效竞争的能力、职业转换

---

① 王震：《新冠肺炎疫情冲击下的就业保护与社会保障》，《经济纵横》2020 年第 3 期，第 7～15、2 页。

② 《国家统计局新闻发言人就 2020 年上半年国民经济运行情况答记者问》，国家统计局网站，2020 年 7 月 16 日，http：//www.stats.gov.cn/tjsj/sjjd/202007/t20200716_1776345.html。

③ 杨伟国：《从工业化就业到数字化工作：新工作范式转型与政策框架》，《行政管理改革》2021 年第 4 期，第 77～83 页。

④ Kristalina Georgieva，Confronting the Crisis：Priorities for the Global Economy，International Monetary Fund，2020 - 04 - 07，http：//www.imf.org/en/News/Articles/2020/04/07sp040920 - SMs2020-Curtain-Raiser.

的能力、进一步学习和创新的能力、适应能力、帮助企业进行组织管理的能力以及工作态度等。① 纵观其他国家在应对青年就业问题时的做法，可以发现很多国家在学校教育阶段非常重视对于青年职业技能的培养，通过为青年提供高质量的职业培训，全面提升青年的就业能力，进而促进青年群体充分适应劳动力市场的变化。 西班牙国家公共就业服务部（SEPE）为了缓解就业压力，制定了《青年就业应急方案 2019—2021》（plan de choque por el empleo joven），建立由 3000 名就业指导技术人员组成的团队，为青年提供个性化指导，并对其就业去向进行持续性跟踪，对有需求的求职者进行数字技能培训。② 为应对失业问题，印尼政府推出了职前卡计划，为暂时失去工作的低收入人群提供每 4 个月 350 万印尼盾的现金补助，职前卡计划还和印尼的多家培训和在线学习机构合作，给失业工人提供包括英语、导游、会计、IT、管理等约 900 种课程的培训。③

（二）关注就业创业弱势群体的就业状况

除了广泛提升青年的就业能力之外，许多国家都非常重视对于青年就业创业中的弱势群体的就业保护，出台了一系列不同的政策法规来帮助弱势群体更好地融入劳动力市场中，保证机会公平，减少就业结构性问题。 比如，为应对新冠肺炎疫情，美国联邦政府于 2020 年 3 月 27 日通过了《新型冠状病毒疫情援助、救济与经济安全法案》，其中一项为"薪资保护计划"，针对小企业工资支付进行专项救助，进而帮助小企业在疫情期间维持经营，特别是保证员工的工资支付，其本质是一项可免偿的联邦政府担保贷款。④ 德国为无法解决就业的高校毕业生提供失业救济金 II（Hartz IV），

---

① 修晶、杜东、刘凯：《促进青年就业的国别政策》，《中国青年政治学院学报》2009 年第 5 期，第 10~14 页。

② 卢珉琪、江小华：《疫情期间，国外如何保障大学生就业？》，《中国大学生就业》2021 年第 2 期，第 19~21 页。

③ 《疫情下，世界各国这样"稳就业"……》，《环球》2020 年 5 月 27 日，https://www.sohu.com/a/397961643_200224。

④ 顾天安、姚晔：《重大疫情危机下劳动者收入如何保障？——工资支付分担机制的国际比较及其对中国的启示》，《公共行政评论》2021 年第 5 期，第 101~118 页。

标准为每月 409 欧元，外加房租、取暖费和附加费以及法定疾病险和护理保险费。① 南洋理工大学为毕业生提供价值 1600 新加坡元（1100 美元）的特别针对校友的信用额度，这笔钱可以用来抵消南洋理工大学继续教育和培训（CET）课程的费用，有效期至 2021 年 6 月。② 2020 年 3 月 14 日，沙特货币局为支持私营企业在新冠疫情中平稳恢复，批准价值 500 亿里亚尔（约合 133 亿美元）的一揽子计划，为中小企业提供六个月的银行付款延期、优惠融资和免除贷款担保计划的费用。③ 2020 年 4 月 3 日，萨勒曼国王公布了价值 24 亿美元的经济刺激计划，为私营部门工人支付 60% 的工资，支付期为三个月，最高索赔金额为 9000 里亚尔（约合 2391 美元），从而防止私营公司进一步裁员。④ 为应对就业问题，韩国也不断出台相关措施，2021 年 2 月以来，韩国启动了公共就业岗位项目，增加公共事业部门的就业岗位，同时追加 15 万亿韩元预算，向全国受疫情影响较大的群体第四次发放补贴，并为就业困难群体增设 27.5 万个工作岗位。⑤ 自 2020 年起，印度政府对本国企业及就业人群加大帮扶力度，2020 年 5 月，印度总理莫迪宣布推出 20 万亿卢比（1 印度卢比约合 0.09 元人民币）的经济刺激计划，除了向失业民众及低收入阶层直接发放补贴外，还为国内企业提供资金支持，鼓励企业多雇人，此外，印度多个邦为解决本地青年就业问题，出台了一系列本地劳工保护政策。⑥

---

① 卢珉琪、江小华：《疫情期间，国外如何保障大学生就业？》，《中国大学生就业》2021 年第 2 期，第 19~21 页。
② 卢珉琪、江小华：《疫情期间，国外如何保障大学生就业？》，《中国大学生就业》2021 年第 2 期，第 19~21 页。
③ David Barbuscia，Stephen Kalin. UAE，Saudi Central Banks Roll Out ＄40 Billion Stimulus for Virus-Hit Economies[EB/OL]. Reuters. [2020-03-15]. https：//www. reuters. com/article/uk-health -coronavirus-emirates-stimulus/uae-saudi- central-banks-roll-out-40-billion-stimulus s-for-virus-hit-economies-idUKKBN2110TW？ edition-redirect=uk.
④ 潘潇寒：《新冠肺炎疫情下沙特经济社会转型的挑战及其应对》，《阿拉伯世界研究》2021 年第 3 期，第 133~156 页。
⑤ 《疫情下如何稳住就业》，《经济日报》2021 年 4 月 5 日，第 03 版。
⑥ 《疫情下如何稳住就业》，《经济日报》2021 年 4 月 5 日，第 03 版。

（三）多方配合，共同解决青年就业问题

青年就业问题涉及领域众多，为了帮助青年解决就业过程中可能遇到的各种问题，许多国家都采取多部门合作的方式，通过政府、市场和社会等多方主体联动，广泛调动各方积极性。美国政府、企业和金融机构在"薪资保护计划"中扮演着重要角色，金融机构主要包括商业银行、存贷协会、信用合作社、金融科技公司等等，主要负责贷款的审核发放。① 美国为应对疫情、扶持经济和稳定市场信心，签署了总额约 2.2 万亿美元的《新冠病毒援助、纾困与经济安全法案》，该法案主要侧重于疫情期间为家庭和企业提供经济援助，以尽量减少疫情导致的民众失业和企业破产问题，依据美国《联邦储备法案》，美联储配合纾困的措施除降低联邦基金利率、存款准备金率和启动量化宽松，还可向银行以外的实体提供贷款。② 西班牙推进公共就业服务部与各高校、信息和就业促进中心（CIPE）的合作，搭建劳动市场平台。③ 为了稳定新冠疫情影响下的就业，日本《2021 年度税制改革大纲》对企业工资薪金支出的税收政策进行了调整，由以往侧重员工收入的增加转向侧重新员工的雇用，鼓励企业雇用新员工，稳定社会就业形势。④ 为应对新冠疫情的冲击，欧盟成员国普遍采用了政府、企业、员工三方共同参与的"短时工资福利"⑤来为劳动者提供收入保障。

四 未来展望

在党和政府的领导下，全国各族人民共克时艰，中国疫情防控取得重大

---

① 顾天安、姚晔：《重大疫情危机下劳动者收入如何保障？——工资支付分担机制的国际比较及其对中国的启示》，《公共行政评论》2021 年第 5 期，第 101~118 页。

② 陈立希：《避免"关门"，美政府再获两天"喘息"》，光明网，2020 年 12 月 20 日，https://m.gmw.cn/baijia/2020-12/20/1301958598.html。

③ 卢珉琪、江小华：《疫情期间，国外如何保障大学生就业？》，《中国大学生就业》2021 年第 2 期，第 19~21 页。

④ 李清如、高阳：《2021 年度日本税制改革述评：疫情冲击下的经济复苏与增长》，《税务研究》2021 年第 5 期，第 77~83 页。

⑤ Hijzen A., Martin S., "The Role of Short-time Works Schemes During the Global Financial Crisis and Early Recovery：A Cross-country Analysis" [J]. *IZA Journal of Labor Policy*, 2013, 2 (5): 1-31.

战略成果，在 2020 年全球主要经济体中唯一实现经济正增长，城镇新增就业 1186 万人，①稳岗稳就业工作取得重大成果。 中国研制出新冠肺炎疫苗，疫苗接种工作有序进行，三年疫情防控取得巨大成效。

第一，国内劳动力市场的恢复将为世界经济带来积极影响。 中国新冠疫情防控与国际不同步，疫苗普及后中国率先建立起群体免疫屏障，促进经济社会率先复苏，实现劳动力市场的快速恢复。 中国是世界第二大经济体，中国经济社会及劳动力市场的复苏成为世界经济增长的重要引擎，中国应急产业的发展也为世界的公共卫生领域做出重大贡献。 同时，劳动力市场被激活后，青年群体作为我国劳动力的主力军，其就业形势也有所好转。 青年就业为我国带来新的经济增长点，进而促进了疫情期间世界经济的复苏。

第二，形成以国内大循环为主体、国内国际双循环相互促进的劳动力市场。 受到新冠疫情的冲击，国内外经济形势更加复杂严峻，我国经济社会面临的风险不稳定性、不确定性加大，使得青年群体的就业环境愈加复杂。 必须坚持新发展理念，既要注重推动国内劳动力市场的复苏，也应注意国际疫情对我国进出口贸易、公共安全与应急管理等行业就业造成的影响，促进我国青年劳动力融入全球供应链，加快形成以国内大循环为主体、国内国际双循环相互促进的新时代劳动力市场发展格局。

第三，此次疫情促进了我国劳动力结构转型升级。 新冠疫情对我国经济社会造成冲击的同时，也带来了产业转型升级的机遇。 疫情期间，人工智能、大数据、区块链、互联网等新技术得到广泛应用，同时应急产业也成为就业的一大热门领域，这催生了大量的就业岗位对劳动力的新需求，也促进了就业方式、工作方式的转变，线上线下共同办公的方式愈加普遍，极大拓展了办公的空间和时间。 未来应针对人工智能、大数据、区块链、云计算等新兴技术，加强对青年群体的培训，根据新业态对劳动力的需求，加大开发青年群体的劳动技能力度，促进我国劳动力结构的转型升级。

---

① 《政府工作报告——2021 年 3 月 5 日在第十三届全国人民代表大会第四次会议上》，中华人民共和国中央人民政府门户网站，2021 年 3 月 12 日，http://www.gov.cn/premier/2021-03/12/content_5592671. htm。

第二节 理论分析框架

本研究运用 Zastrow 和 Kirst-Ashman 的现代社会生态理论，①从社会生态系统视角出发研究疫情下我国青年就业的影响因素（见图 2-1）。

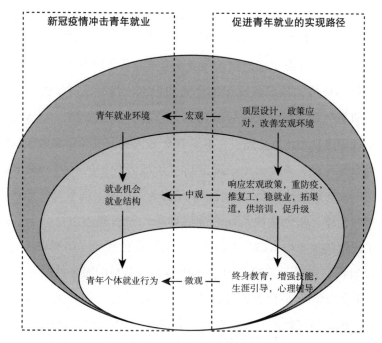

图 2-1 理论分析框架

现代社会生态理论最著名的代表性人物之一是查尔斯·扎斯特罗（C. H. Zastrow），他进一步阐述了人的成长与社会环境的关系，将个体生存的社会生态系统划分成微观系统、中观系统以及宏观系统三种基本类型。微观系统，指处在社会生态环境中的看似单个的个体。 其中，个体既属于生物意义上的社会系统类型，也属于一种社会的、心理的社会系统类型。

---

① Zastrow，C. H.，Kirst-Ashman,K. K.，*Understanding Human Behavior and Social Environment*，*Sixth Edition*[M]. Thomson Brooks/Cole，2004.

中观系统包括与个体相关的小规模的群体，例如个体所生活的街道社区、学校及公司等。宏观系统，是指比小规模群体更大一些的社会系统，包括文化组织或机构、制度、风俗等。查尔斯·扎斯特罗还指出个体与社会生态系统之间存在相互作用力，个体的行为与环境相互联系、相互制约、相互影响。

国内许多学者将社会生态系统理论运用到各个领域的社会问题分析。在社会工作领域，付立华运用社会生态系统理论分析了社区矫正与和谐社区建设问题，提出从社会工作的视角逐步改变或完善各种微观、中观、宏观系统，把个体与环境的构成状况作为介入的焦点，将矫正对象置于该群体形成、发展的整个系统中，以优势视角去整合各种社会资源。① 高晓雨从社会生态系统理论视角出发，研究了社会工作介入流浪青少年服务，从微观系统、中观系统、宏观系统三个层面分析了流浪青少年的成因，提出要从宏观、中观、微观系统共同介入流浪青少年服务，加强宏观系统资源注入，扩展中观参与主体，强化微观系统的价值导向。② 柏豪运用社会生态系统理论分析了疫情防控工作常态化下的医务社会工作的任务、功能和重要性，提出了医疗机构、患者及家属、国家和社会共同参与的医务社会工作融合机制。③ 华姝姝运用社会生态系统理论研究企业社会工作介入劳资冲突，分析了微观系统、中观系统、宏观系统中劳资双方存在的问题及原因，指出只有多系统同时介入，并处理好各系统之间的关系，才是真正促进企业劳资关系和谐的有效路径。④

在社会治理领域，王美运用社会生态系统理论，从微观系统、中观系

---

① 付立华：《社会生态系统理论视角下的社区矫正与和谐社区建设》，《中国人口·资源与环境》2009年第4期，第125~128页。
② 高晓雨：《社会生态系统理论视域下社会工作介入流浪青少年服务的思考》，《现代商贸工业》2021年第29期，第116~117页。
③ 柏豪：《疫情防控工作常态化背景下的医务社会工作研究》，《山东社会科学》2021年第4期，第116~120页。
④ 华姝姝：《生态系统理论视角下企业社会工作介入劳资冲突的路径研究——以东莞某零件加工企业为例》，《中国劳动关系学院学报》2016年第6期，第20~28页。

统、宏观系统角度综合分析人居环境改造实践取得成效的因素，提出从各个层面促进社会工作参与社区治理，创新社区治理模式。① 俞国良等运用社会生态系统理论研究了青少年心理健康教育，探索社会转型影响青少年心理健康的中介变量与实现机制，认为社会转型首先影响宏观系统、时间系统中的相关因素，进而对外系统、中系统、微系统产生一系列的影响，最终影响青少年的心理健康水平。② 田萍运用社会生态系统理论研究我国弱势群体社会支持网络系统的建构，指出在宏观系统上，急需完善我国弱势群体的社会支持网络的顶层设计，在中观系统上，民间组织和社区组织可以作为政府与弱势群体之间的服务提供和情况反馈的中间媒介，在微观系统上应改善弱势群体生存的家庭环境、完善家庭结构、改善家庭成员关系、提高家庭收入和完善家庭生活理念，提升个人自我价值实现的信心和能力。③ 宋春艳认为社会企业是近年来国际上解决社会问题的创新途径，在社会生态系统理论框架下，我国社会企业发展要从其生存的社会环境中去考虑存在的问题，从改进整个系统中的各要素、促进社会企业与环境要素的良性互动中去探索发展的路径。④

在就业创业领域，王燊成等从社会生态系统理论的视角出发，分析了城镇低收入青年劳动力就业现状、影响因素，提出了在微观层面上应该着力提升城市贫困青年劳动力的就业能力与水平，在中观层面上应该关注家庭对城市贫困青年劳动力就业的影响，在宏观层面上应该积极建构社区促进、制度保障的就业激励机制。⑤ 柏豪运用社会生态系统理论研究中国创业教育的

---

① 王美：《生态系统理论下的农村人居环境改造探究》，《智能城市》2021 年第 22 期，第 46~47 页。

② 俞国良、李建良、王勍：《生态系统理论与青少年心理健康教育》，《教育研究》2018 年第 3 期，第 110~117 页。

③ 田萍：《社会生态维度下弱势群体社会支持网络系统建构》，《求索》2013 年第 10 期，第 238~240 页。

④ 宋春艳：《社会生态系统理论框架下我国社会企业发展的困境及对策》，《求索》2015 年第 3 期，第 24~27 页。

⑤ 王燊成、杨子强：《社会生态系统理论视角下城镇低收入青年劳动力就业现状、影响因素及对策研究》，《中国青年研究》2018 年第 8 期，第 57~63 页。

发展，建立创业教育的生态系统分析框架，提出真正有效的创业教育应该是将政府、高校、企业等各个因子纳入一个生态系统中发挥各自的作用，共同促进创业教育的持续发展。① 陈玉先等运用社会生态系统理论分析了新冠疫情造成大学生就业难的样态及其根源，指出大学生就业难问题可归因于大学生自身综合能力欠缺、企业招聘需求大幅缩减、高校就业指导工作缺位和失位、劳动市场竞争持续激烈等，疫情使得经济与社会固有平衡被打破，大学生就业问题变得更为突出。②

由现代社会生态理论与上述系列文献可知，宏观层面，公共卫生危机对全球经济形势与就业形势产生冲击，③而公共服务政策与恰当的政府干预会缓释疫情带来的冲击。④ 但宏观层面的公共服务与公共政策可能因面向群体的不同而产生不同的效果，⑤因而中观层面针对不同行业、不同群体的就业促进政策或可产生更为明显的效果。⑥ 个体微观层面的因素对个体行为的影响同样不可忽视，必然影响个体就业行为与就业心理。

---

① 柏豪：《社会生态系统视域下的中国创业教育发展新思路》，《山东社会科学》2017 年第 11 期，第 85~89 页。

② 陈玉先、林志聪：《社会工作介入：新冠疫情下大学生就业难问题的创新解决路径》，《中国大学生就业》2021 年第 19 期，第 34~40 页。

③ 高文书：《新冠肺炎疫情对中国就业的影响及其应对》，《中国社会科学院研究生院学报》2020 年第 3 期，第 21~31 页；王震：《新冠肺炎疫情冲击下的就业保护与社会保障》，《经济纵横》2020 年第 3 期，第 7~15 页；郑联盛、范云朋、胡滨、崔琦：《公共卫生危机对就业和工资的总量与结构影响》，《财贸经济》2021 年第 4 期，第 115~129 页。

④ Kumanan, W., Brownstein, J. S., Fidler, D. P., "Strengthening the International Health Regulations: Lessons from the H1N1 Pandemic" [J]. *Health Policy and Planning*, 2010, Vol. 25, 505-509.

⑤ 郑联盛、范云朋、胡滨、崔琦：《公共卫生危机对就业和工资的总量与结构影响》，《财贸经济》2021 年第 4 期，第 115~129 页。

⑥ 沈国兵：《"新冠肺炎"疫情对我国外贸和就业的冲击及纾困举措》，《上海对外经贸大学学报》2020 年第 2 期，第 16~25 页。

第三章 疫情影响下青年就业的现状与问题

第一节 疫情影响下青年就业的现状

一 经济面临下行风险，青年就业受到冲击

新冠疫情对我国经济社会造成了全局性、系统性的冲击，在逆向提振政策效应影响下，给我国经济造成了潜在经济损失，全年有效劳动供给时间减少，复工复产率不足，直接造成新增就业岗位损失，青年就业压力加大。受新冠疫情的影响，2020 年全年损失了约 2300 万个工作岗位，其中农民工等灵活就业人员相比其他就业群体受到影响更大。[①]

首先，疫情拖慢了青年就业群体的求职进度，加大了青年就业群体的就业压力。新冠疫情不同于 SARS，其存在无症状感染者传播扩散、治愈后仍有可能感染等特点。2021 年，尽管我国民众已广泛接种新冠疫苗，但局部性疫情仍时有发生，因此防控常态化已融入我国各项工作中，这也对当时的青年就业过程产生较大影响。2020 年 12 月至 2021 年 7 月对 3725 名青年的调查数据显示，有近一半的青年就业创业者认为新冠疫情拖慢了自己的求职进度，1/3 的青年就业创业者对于疫情拖慢求职进度持中立态度，仅有不到

---

① 高文书：《新冠肺炎疫情对中国就业的影响及其应对》，《中国社会科学院研究生院学报》2020 年第 3 期，第 11~20 页。

20%的青年就业创业者认为求职进度并未受到新冠疫情的影响（见图3-1）。由于新冠疫情打乱了青年群体正常的就业求职进度，受疫情的影响，大部分企业停工停产，用人需求减少，进而加大了青年就业群体的就业压力。超过一半的青年就业创业者认为新冠疫情加大了就业求职压力，近30%的青年就业创业者对此持中立态度，仅有18.85%的青年就业创业者认为新冠疫情没有加大他们就业求职的压力（见图3-2）。

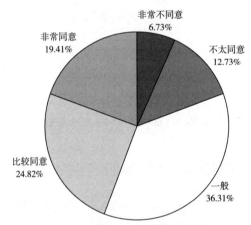

图3-1　新冠肺炎疫情拖慢求职进度

资料来源：根据调研问卷整理所得。图题均为问题内容，下同。

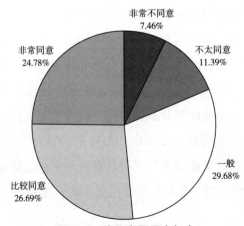

图3-2　就业求职压力加大

资料来源：根据调研问卷整理所得。

58

其次，新冠疫情对青年群体的就业创业环境造成冲击。从中国人民大学中国就业研究所利用智联招聘大数据发布的中国就业市场景气指数（CIER 指数）来看，2020 年一季度，受新冠疫情突发事件冲击，CIER 指数从 2019 年四季度的 2.18 大幅下降至 1.43，其中 2020 年 3 月更降至 1.02 的历史低位。[①] 2020 年春季，在新冠疫情的影响下，国家的人员管控举措使大量青年求职招聘受阻，7 月青年调查失业率达到历史最高点 16.8%，是全国城镇调查失业率的 2.9 倍。[②] 在对 3725 名青年就业创业者的调查中，55.05% 的青年就业创业者认为新冠疫情使得就业形势愈加严峻，27.82% 的青年就业创业者对此持中立态度，仅有 17.13% 的青年就业创业者并不认为新冠疫情使得就业形势更加严峻（见图 3-3）。在新冠疫情的影响下，"就业难"已经成为青年就业创业者的普遍认知。

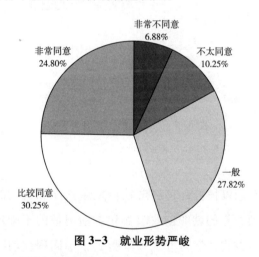

图 3-3　就业形势严峻

资料来源：根据调研问卷整理所得。

新冠疫情发生以来，国家出台了一系列稳就业的措施和办法，加大"保就业"政策的实施力度。根据国家统计局公布的数据，2020 年第二季度我

---

① 曾湘泉：《疫情冲击下的中国就业市场：短期波动与长期展望》，新华网，2020 年 9 月 28 日，http://www.xinhuanet.com/fortune/2020-09/28/c_1126550429.htm。

② 人力资源和社会保障部信息中心：《后疫情时代我国青年就业状况分析（2021 年 8 月）》，2021 年 8 月 3 日，https://www.hrssit.cn/info/2405.html。

国各项宏观经济指标以及就业市场的各项指标都呈现起底回升的态势，GDP逐渐恢复正增长，城镇调查失业率4~8月不断降低。[1] 根据对3725名青年就业创业者的调查结果，政府的保就业政策为青年就业群体减轻了就业压力，虽然青年群体感到就业压力较大，但对就业形势感到悲观的青年就业创业者占比仅37.25%，近1/4的青年就业创业者对就业形势持乐观的态度（见图3-4）。

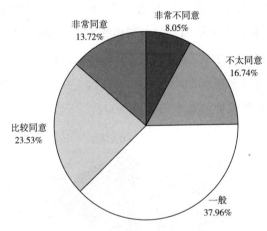

图3-4　对就业形势感到悲观

资料来源：根据调研问卷整理所得。

最后，由于新冠疫情打乱了经济社会发展秩序和人们的生活节奏，疫情的不确定性导致青年的就业创业节奏和生活习惯的不确定性加大，青年的工作方式、生活方式、学习方式等都受到了不同程度的冲击，疫情期间不能外出、不能聚会、不能组织或参加聚集性活动，这些使得青年出现焦虑情绪。对3725名青年就业创业者的调查结果发现，近一半的青年就业创业者感到焦虑，仅有不到20%的青年就业创业者没有感到焦虑（见图3-5）。

---

① 曾湘泉：《疫情冲击下的中国就业市场：短期波动与长期展望》，新华网，2020年9月28日，http://www.xinhuanet.com/fortune/2020-09/28/c_1126550429.htm。

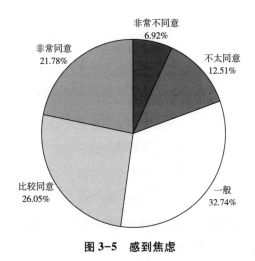

图 3-5　感到焦虑

资料来源：根据调研问卷整理所得。

二　高校毕业生的就业现状

在所调查的 1306 位高校毕业生群体样本中，疫情期间处于就业（包括创业）状态的高校毕业生有 500 位，占比 38.3%，仍有 806 位被调查青年处于未就业状态，占比 61.7%。在未就业的 806 位高校毕业生中，有 406 位高校毕业生认为新冠疫情导致就业岗位缩减，就业竞争激烈；有 357 位高校毕业生认为新冠疫情导致交通管制，出行不便；有 305 位高校毕业生认为新冠疫情导致现场招聘会取消，网上就业信息不足；有 189 位高校毕业生认为新冠疫情导致产生恐慌情绪，不想外出找工作；有 185 位高校毕业生认为新冠疫情导致无法适应网络招聘；有 107 位高校毕业生认为新冠疫情导致无法适应面试方式的转变（见图 3-6）。由此可见，高校毕业生能够比较快速地适应招聘方式和面试方式的转变。疫情给高校毕业生就业带来的影响主要有三个方面，一是企业大面积停工停产，企业用人需求缩减，导致岗位缩减，就业竞争激烈；二是交通管制措施导致高校毕业生出行不便，求职受阻；三是大部分线下的现场招聘取消，改为线上招聘后，网上就业信息不足，高校毕业生难以匹配到合适的就业岗位。

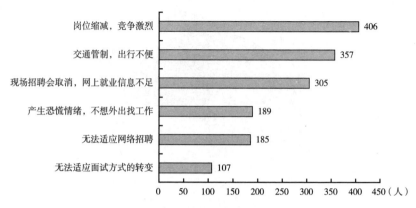

图 3-6 新冠肺炎疫情对就业的影响（多选）

资料来源：根据调研问卷整理所得。

根据未就业的 806 位高校毕业生数据，有 462 位高校毕业生会利用网络学习，提高知识和技能；有 448 位高校毕业生会提高自身心理素质，提高个人适应能力；有 414 位高校毕业生会时刻关注企事业单位的招聘信息；有 360 位高校毕业生会关注各种就业政策；有 331 位高校毕业生会认真做好就业规划，定好就业目标（见图 3-7）。高校毕业生能够灵活运用各种网络资源和平台，充实自身的知识和能力，提高对于不断变化发展的经济社会环境

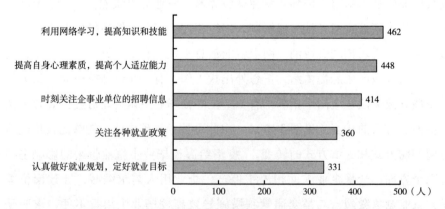

图 3-7 新冠肺炎疫情影响下为就业做出的努力（多选）

资料来源：根据调研问卷整理所得。

和就业环境的适应力,通过各种渠道关注、获取企事业单位的招聘信息,但对于就业规划和职业生涯目标规划仍然较为欠缺,并且对于政府相关部门的各种就业政策的关注度也相对较低。

从对 1306 位高校毕业生的调查数据来看,对于当地政府的人社政务服务线上业务办理情况,11.91% 的高校毕业生认为服务非常全面,31.57% 的高校毕业生认为服务比较全面,30.86% 的高校毕业生认为服务一般,14.39% 的高校毕业生认为服务不太全面,11.27% 的高校毕业生认为服务非常不全面。 对于公共就业人才服务机构的岗位信息发布和引导服务的情况,仅有 8.53% 的高校毕业生认为服务非常全面,30.84% 的高校毕业生认为服务比较全面,36.25% 的高校毕业生认为服务一般,14.74% 的高校毕业生认为服务不太全面,9.64% 的高校毕业生认为服务非常不全面(见图 3-8)。

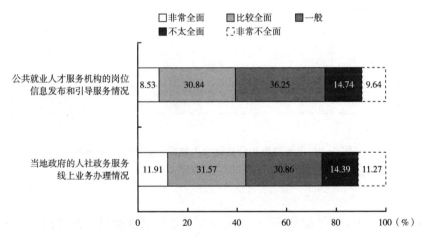

图 3-8 当地政府和公共就业人才服务机构的服务情况

资料来源:根据调研问卷整理所得。

此外,新冠疫情期间,为应对疫情影响,强化稳就业,2020 年 3 月国务院办公厅印发了《关于应对新冠肺炎疫情影响强化稳就业举措的实施意见》,提出扩大企业吸纳高校毕业生就业的规模,扩大基层就业规模,支持企业、政府投资项目、科研项目设立见习岗位,对因疫情影响见习暂时中断的，相应延长见习单位补贴期限。① 但从高校毕业生问卷调查的反馈来看，在1306位高校毕业生中，37.07%的高校毕业生知道当地政府给予组织高校毕业生参加就业见习的各类用人单位一定补贴，仍有62.93%的高校毕业生不知道和不了解；36.60%的高校毕业生知道当地政府将基层就业补贴、小微企业社会保险补贴对象扩大至毕业2年内的高校毕业生，仍有63.40%的高校毕业生不知道和不了解（见图3-9）。 由此可见，地方政府人社政务服务办理和公共就业人才服务机构岗位信息发布等方面的服务仍有待完善，地方政府为高校毕业生提供的就业促进等举措没有很好地惠及高校毕业生。

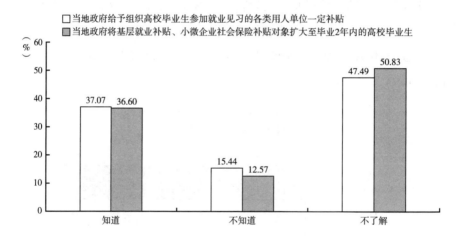

图3-9 当地政府和公共就业人才服务机构的服务情况

资料来源：根据调研问卷整理所得。

政府和公共就业人才服务机构为高校毕业生就业提供帮扶的同时，各高校也关注毕业生的就业工作和就业质量，收集高校毕业生就业诉求，并为毕业生提供相应的就业服务。 根据对1306位高校毕业生的问卷调查数据，50.81%的高校毕业生认可"所在学校针对毕业生就业开展了充分调研"，46.12%的高校毕业生认可"所在学校对毕业生的就业进展进行了全程追踪"，

---

① 《国务院办公厅关于应对新冠肺炎疫情影响强化稳就业举措的实施意见》，国务院办公厅网站，2020年3月20日，http://www.gov.cn/zhengce/content/2020-03/20/content_5493574.htm。

44.64%的高校毕业生认可"所在学校提供了非常全面的就业相关业务在线办理服务";24.96%的高校毕业生不认可和不了解"所在学校针对毕业生就业开展了充分调研",25.32%的高校毕业生不认可和不了解"所在学校对毕业生的就业进展进行了全程追踪",27.60%的高校毕业生不认可和不了解"所在学校提供了非常全面的就业相关业务在线办理服务"(见图3-10)。

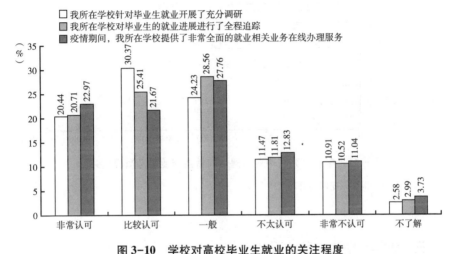

图3-10 学校对高校毕业生就业的关注程度

资料来源:根据调研问卷整理所得。

在关于"学校为高校毕业生提供的就业创业服务情况"一题中,在1306位高校毕业生中,有929位高校毕业生指出所在学校提供了招聘信息服务,有673位高校毕业生指出所在学校为毕业生提供职业生涯规划指导服务,有596位高校毕业生指出所在学校为毕业生提供求职指导服务,有494位高校毕业生指出所在学校搭建平台为毕业生积攒求职经验,有472位高校毕业生指出所在学校会举办相关培训促进毕业生能力提升,有457位高校毕业生指出所在学校为毕业生提供心理咨询服务,缓解毕业生求职期间的焦虑情绪,有264位高校毕业生指出所在学校会提供就业权益保护,仅有199位高校毕业生指出所在学校会为毕业生提供一对一的职业咨询服务,仅有177位高校毕业生指出所在学校会为创业毕业生提供创业导师智库,扶持毕业生创业(见图3-11)。 由此可见，高校对毕业生的就业创业活动给予了一定程度的关注，但仍需进一步向高校毕业生普及学校的相关工作和举措，同时进一步优化就业创业指导服务，为高校毕业生打造个性化、全面的就业创业服务平台。

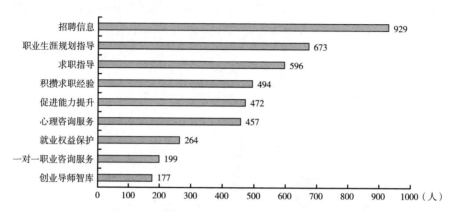

图 3-11　学校为高校毕业生提供的就业创业服务情况（多选）

资料来源：根据调研问卷整理所得。

三　青年创业者的就业现状

新冠疫情在全球范围内的暴发影响了国内和全球的经济发展，各个经济体经济发展增速迅速下降，物价下跌，失业率上升，贸易与跨境投资减少，大宗商品价格异动。[①] 从国内经济发展形势来看，疫情防控成本较大，经济社会活动放缓甚至暂停，企业正常经营计划被打断。 在党中央的坚强带领下，全国人民共克时艰，在严防疫情的前提下，我国 GDP、投资、外贸、消费等主要经济指标增速相继转正，成为 2020 年全球唯一实现经济正增长的主要经济体。[②]

根据对青年创业者的调查，59.89% 的青年创业者对国内的经济形势感到乐观，24.01% 的青年创业者认为国内的经济形势一般，16.10% 的青年创

---

① 张宇燕：《新冠肺炎疫情与世界经济形势》，《当代世界》2021 年第 1 期，第 13~20 页。

② 《经济复苏的中国答卷》，《经济日报》2020 年 12 月 28 日，第 1 版。

业者对国内的经济形势感到悲观；39.56%的青年创业者对全球的经济形势
感到乐观，37.24%的青年创业者认为全球的经济形势一般，23.20%的青年
创业者对全球的经济形势感到悲观（见图3-12）。由此可见，相较于全球
经济发展趋势，青年创业者对国内经济发展形势感到乐观的人数更多，一定
程度上也表现出青年创业者对国内行业的恢复保持着信心。

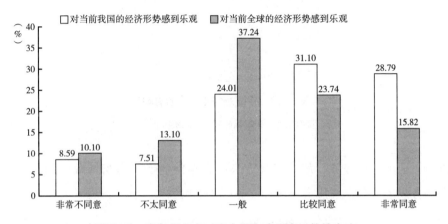

图3-12　青年创业者对国内及全球经济形势的态度

资料来源：根据调研问卷整理所得。

从对青年创业者的调查来看，新冠疫情对创业企业产生了较大的影响，
10.65%的青年创业者认为疫情对自己所创办的企业影响严重，34.02%的青
年创业者认为疫情对自己所创办的企业影响较大，37.34%的青年创业者认
为疫情对自己所创办的企业影响一般，仅有9.14%的青年创业者认为疫情对
自己所创办的企业影响较小，仅有8.85%的青年创业者认为疫情对自己所创
办的企业没有影响（见图3-13）。

新冠疫情期间，由于疫情防控的需要，大部分政府部门开通了线上办理
业务的服务，依托线上政务服务平台，全面推行线上办理，开通引才服务、
高校毕业生档案转接、社保经办、创业贷款、就业招聘等线上办理渠道。
根据对青年创业者的问卷调查，50%的青年创业者认为当地政府的人社政务
服务线上业务办理服务全面，34%的青年创业者认为当地政府的人社政务服

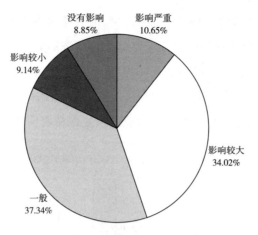

图 3-13　疫情对创业企业的影响

资料来源：根据调研问卷整理所得。

务线上业务办理服务一般，仅有 16% 的青年创业者认为当地政府的人社政务服务线上业务办理服务不全面（见图 3-14）。

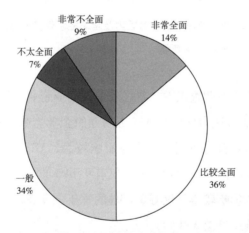

图 3-14　当地政府的人社政务服务线上业务办理情况

资料来源：根据调研问卷整理所得。

为了应对新冠疫情对青年创业者造成的冲击，国务院办公厅在《关于应对新冠疫情影响强化稳就业举措的实施意见》中强调要优化自主创业环境，加大创业担保贷款支持力度，对带动就业能力强的创业投资企业予以引导基金扶持等，①并且鼓励符合规定的复工企业实施灵活用工措施。 调查显示有 354 位青年创业者享受到了政府减免或缓缴疫情期间企业税费的政策，有269 位青年创业者享受到了政府减免或缓缴疫情期间企业办公租金的政策，有 243 位青年创业者享受到了政府疫情期间推行灵活用工的政策，有 237 位青年创业者享受到了疫情期间缓缴社会保险费用的政策，有 199 位青年创业者享受到了疫情期间政府及相关机构提供的担保贷款等金融服务，有 195 位青年创业者享受到了疫情期间政府及相关机构为创业企业提供的人员招聘帮扶服务，有 178 位青年创业者享受到了疫情期间政府及相关机构提供的援企稳岗类补贴（见图 3-15）。 由此可见，在新冠疫情期间，政府、共青团系统等部门和组织为青年创业者提供了大量的服务和帮扶，但政策宣传力度仍需加大，帮助青年创业者更加清晰、详细地了解并享受新冠疫情期间政府及共青团系统为他们提供的这些帮扶政策。

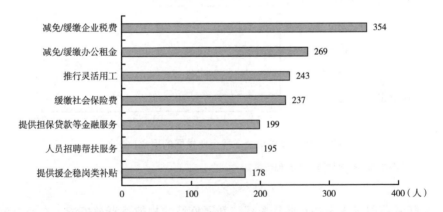

图 3-15　疫情期间政府相关部门及共青团等群团组织为青年创业者提供的帮扶（多选）

在新冠疫情的冲击下，企业复工复产受阻，生产经营收入和现金流中断，然而固定费用却无法避免，导致中小企业资金链紧张，甚至面临资金链断裂的风险，而创业企业本就体量小、资金不足、抗风险能力较弱，更容易

① 《国务院办公厅关于应对新冠肺炎疫情影响强化稳就业举措的实施意见》，国务院办公厅网站，2020 年 3 月 20 日，http://www.gov.cn/zhengce/content/2020－03/20/content_5493574.htm。

因资金链断裂而破产倒闭。 根据对青年创业者的问卷调查，有324位青年创业者会考虑从银行获得贷款来支撑企业发展，有272位青年创业者会考虑争取申请政府为创业者提供的各类专项补助，有213位青年创业者会考虑通过政策性担保机构获得贷款，有206位青年创业者会考虑向股东集资来盘活企业资金链，有203位青年创业者会考虑向亲朋好友借款，有155位青年创业者会考虑从风险投资机构融资，仅有145位青年创业者会考虑向小贷公司等非银行机构借款（见图3-16）。 由此可见，银行贷款、政府补贴、政策性担保机构是大多数青年创业者更偏爱的融资渠道，风险投资机构、非银行机构等融资渠道仍有较大的发展空间。

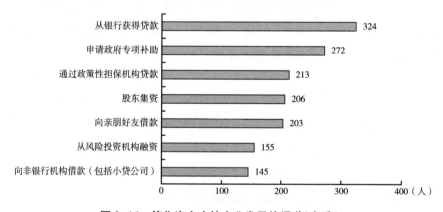

图3-16 筹集资金支持企业发展的渠道（多选）

资料来源：根据调研问卷整理所得。

随着我国进入常态化防控阶段，新冠疫情的规律逐渐被摸清，在新冠疫情的防控过程中，我国积累了大量的有益经验，经济社会发展逐渐恢复生机。 为了应对新冠疫情带来的冲击和影响，青年创业者也努力在企业发展战略上做出调整，从而适应变化的经济社会环境。 根据对青年创业者的调查，有294位青年创业者表示未来会更加关注政府相关部门给予的政策补贴和支持，用好用足政策；有260位青年创业者表示未来会在人员成本减少方面发力，尽可能降低企业的人力成本；有239位青年创业者表示未来会努力改善企业办公场所的环境，为员工营造一个健康、安全、舒适、高效的办公环境；有 231 位青年创业者表示未来会尽可能减少办公场所的租金成本，降低企业的经营成本；有 210 位青年创业者表示未来会扩张企业员工数量，缓解疫情期间创业企业人手不足的现象；仅有 184 位青年创业者表示未来会扩大办公场所的面积（见图 3-17）。由此可见，在新冠疫情的影响下，青年创业者在经历了停工停产、资金链紧张、人手紧缺等挑战后，越来越关注政府等部门给予的政策帮扶，更偏好从人工成本、租金等方面节约企业经营成本。

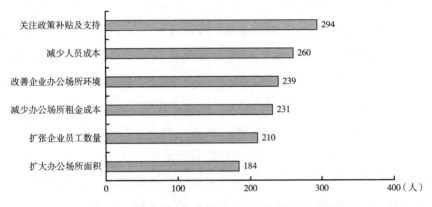

图 3-17　正常复工复产后企业战略调整方向（多选）

资料来源：根据调研问卷整理所得。

四　青年农民工的就业现状

根据国家统计局公布的《2019 年农民工监测调查报告》，2019 年农民工总量达到 29077 万人，比 2018 年增加 241 万人，增长 0.8%。其中，本地农民工 11652 万人，比 2018 年增加 82 万人，增长 0.7%；外出农民工 17425 万人，比 2018 年增加 159 万人，增长 0.9%。在外出农民工中，年末在城镇居住的进城农民工 13500 万人，与 2018 年基本持平。①《2020 年农

---

① 《2019 年农民工监测调查报告》，国家统计局门户网站，2020 年 4 月 30 日，http://www.stats.gov.cn/tjSj/zxfb/202004/t20200430_1742724.html。

民工监测调查报告》数据显示，2020 年全国农民工总量 28560 万人，比 2019 年减少 517 万人，下降 1.8%。其中，本地农民工 11601 万人，与 2019 年相比减少 51 万人，下降 0.4%；外出农民工 16959 万人，与 2019 年相比减少 466 万人，下降 2.7%。在外出农民工中，年末在城镇居住的进城农民工 13101 万人，与 2019 年相比减少 399 万人，下降 3.0%。[①] 从 2019 年和 2020 年农民工的人数来看，新冠疫情发生后，一份稳定的工作成为大多数农民工的愿望。再加上为应对疫情期间农民工难以快速返岗就业问题，人力资源和社会保障部提出"六个一批"促进农民工就业，包括支持返岗复工一批、动员投身农业解决一批、鼓励重大项目吸纳一批、帮助招聘录用一批、扶持创业带动一批、开发公益岗位安置一批。[②] 在政策的帮扶下，农民工群体的就业状况有了改善。[③] 一部分农民工返城返岗就业的同时，也有一部分农民工通过自主创业、就近就业等方式成功实现了就业。

根据对青年农民工的问卷调查，10.60% 的青年农民工认为疫情最为严峻时返城就业情况非常顺利，40.02% 的青年农民工认为疫情最为严峻时返城就业情况比较顺利，32.78% 的青年农民工认为疫情最为严峻时返城就业情况一般，11.02% 的青年农民工认为疫情最为严峻时返城就业情况不太顺利，5.58% 的青年农民工认为疫情最为严峻时返城就业情况非常不顺利；在疫情防控进入常态化防控阶段后，14.81% 的青年农民工认为返城就业情况非常顺利，43.35% 的青年农民工认为返城就业情况比较顺利，28.67% 的青年农民工认为返城就业情况一般，8.78% 的青年农民工认为返城就业情况不太顺利，4.39% 的青年农民工认为返城就业情况非常不顺利（见图 3-18）。由此可见，在疫情进入常态化防控阶段后，各地纷纷发力促进农民工返城就业，青年农民工顺利返城就业的人数有所上升。

---

① 《2020 年农民工监测调查报告》，国家统计局门户网站，2021 年 4 月 30 日，http://www.stats.gov.cn/tjsj/zxfb/202104/t20210430_1816933.html。
② 《人社部：通过"六个一批"来促进农民工就业》，人民网，2020 年 2 月 28 日，http://society.people.com.cn/n1/2020/0228/c1008-31609559.html。
③ 曾湘泉：《疫情冲击下的中国就业市场：短期波动与长期展望》，新华网，2020 年 9 月 28 日，http://www.xinhuanet.com/fortune/2020-09/28/c_1126550429.htm。

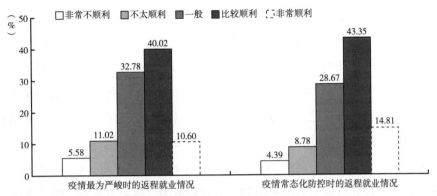

图 3-18　青年农民工返城就业情况

资料来源：根据调研问卷整理所得。

　　企业复工复产推迟或是缩减生产规模，都会导致农民工失业风险加大，工资水平下降。 根据对青年农民工的调查，新冠疫情后，17%的青年农民工的工资水平与新冠疫情前相比有所提升，18%的青年农民工的工资水平与新冠疫情前相比有所下降，65%的青年农民工的工资水平与新冠疫情前基本持平（见图3-19）。 由此可见，在国家稳定就业政策的促进下，经济运行逐渐恢复正常水平，国内各行各业迅速复苏，使得青年农民工的工资收入能够与疫情前基本持平，保障了青年农民工的收入和生活水平。

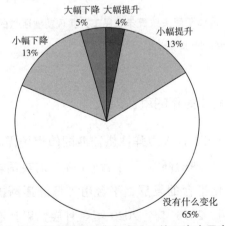

图 3-19　返岗就业后青年农民工的工资水平变化

资料来源：根据调研问卷整理所得。

为了应对疫情给就业带来的压力和挑战，疫情期间处于失业状态的青年农民工也十分关注相关政策和招聘信息，注重提升自身的技能。根据对青年农民工的问卷调查，在新冠疫情期间，有212名被调查的青年农民工处于失业状态，其中，有116名青年农民工表示会时刻关注各个企事业单位的招聘信息，寻找适合自己的就业岗位；有113名青年农民工表示会关注政府相关部门发布的各种就业政策，运用好就业政策帮助自身实现就业；有99名青年农民工表示会利用网络学习，提升自身的知识和技能；有84名青年农民工表示会提高自身的心理素质和个人适应能力，以应对新冠疫情带来的挑战和变化；有82名青年农民工表示会认真做好就业规划，制定个人的就业目标（见图3-20）。

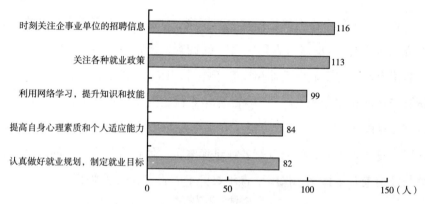

图3-20　新冠疫情期间失业青年农民工为实现就业所做的努力（多选）

资料来源：根据调研问卷整理所得。

五　平台经济就业青年的就业现状

在新冠疫情的影响下，人力弹性供需匹配的市场需求逐渐凸显，在平台经济迎来重大发展机遇的同时，"平台+个体"的灵活就业模式也快速普及。伴随大量数字化平台的发展，平台用工已经逐渐被企业与劳动者接纳，以美团平台为例，2013年至2020年8月底，累计有931.3万名骑手通过平台实现就业增收。新冠疫情让平台经济的优势更加充分地凸显出来，2020 年前 8 个月，美团平台新增骑手达 212 万人。[①] 平台经济就业人员越来越多的同时，平台经济就业的规范性也需要逐渐加强，将平台经济就业这一新型就业形式纳入国家劳动关系相关法律法规的保护范围。

根据对平台经济就业青年的问卷调查，在平台经济劳动关系方面，64.83%的平台经济就业青年表示所就职或计划就职的新业态平台企业会与非全日制工作人员签订书面劳动合同或订立口头协议，5.91%的平台经济就业青年表示所就职或计划就职的新业态平台企业没有与非全日制工作人员签订书面劳动合同或订立口头协议，还有 29.26%的平台经济就业青年表示不了解所就职或计划就职的新业态平台企业是否与非全日制工作人员签订书面劳动合同或订立口头协议；在职业标准和评价规范方面，59.33%的平台经济就业青年表示所就职或计划就职的新业态平台企业有相关领域的职业标准和评价规范，8.32%的平台经济就业青年表示所就职或计划就职的新业态平台企业还没有相关领域的职业标准和评价规范，32.35%的平台经济就业青年表示不了解所就职或计划就职的新业态平台企业是否有相关领域的职业标准和评价规范（见图 3-21）。 由此可见，目前大多数平台企业会与劳动者

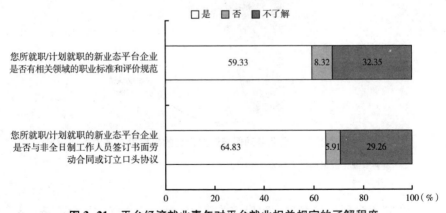

图 3-21　平台经济就业青年对平台就业相关规定的了解程度

资料来源：根据调研问卷整理所得。

[①] 《新经济助力新就业　后疫情时代灵活就业前景广阔》，光明网，2020 年 10 月 30 日，https://tech.gmw.cn/2020-10/30/content_34324469.htm。

订立书面劳动合同或订立口头协议，并根据企业相关领域的职业标准和评价规范来维护平台经济就业劳资双方的劳动关系，规范平台经济就业的发展。

在平台经济就业快速发展的同时，国家也在加大对平台经济企业和平台就业秩序的规范，以此保障平台就业人员的合法权益。 通过调查发现，18%的平台经济就业青年认为当地新业态平台企业劳动保障违法行为的举报投诉渠道非常畅通，37%的平台经济就业青年认为当地新业态平台企业劳动保障违法行为的举报投诉渠道比较畅通，28%的平台经济就业青年认为当地新业态平台企业劳动保障违法行为的举报投诉渠道一般畅通，8%的平台经济就业青年认为当地新业态平台企业劳动保障违法行为的举报投诉渠道不太畅通，9%的平台经济就业青年认为当地新业态平台企业劳动保障违法行为的举报投诉渠道非常不畅通（见图3-22）。

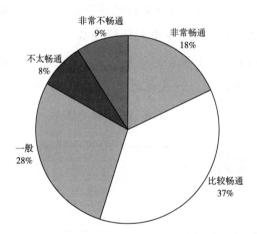

图 3-22　新业态平台企业劳动保障违法行为的举报投诉渠道畅通程度

资料来源：根据调研问卷整理所得。

为促进平台经济的发展，政府相关部门不断发力加强对平台经济、灵活就业的政策支持和服务管理。 根据对平台经济就业青年的问卷调查，在平台经济就业者信息采集方面，18.95%的平台经济就业青年认为当地新业态平台灵活就业人员就业信息采集情况非常全面，31.59%的平台经济就业青年认为比较全面，33.33%的平台经济就业青年认为一般，9.01%的平台经济就业青年认为不太全面，7.12%的平台经济就业青年认为非常不全面；在当地政府为新业态平台企业提供的补贴方面，17.74的平台经济就业青年认为当地政府部门对于新业态平台企业开发相关领域职业标准、行业企业评价规范、培训课程标准等给予的补贴非常全面，30.65%的平台经济就业青年认为比较全面，34.01%的平台经济就业青年认为覆盖面一般，9.67%的平台经济就业青年认为不太全面，7.93%的平台经济就业青年认为非常不全面（见图3-23）。 由此可见，在被调查的平台经济就业青年中，认为当地新业态平台灵活就业人员就业信息采集服务全面的人数占50.54%，认为当地政府为新业态发展提供的补贴服务全面的人数占48.39%，政府在促进平台经济领域规范发展方面还有待提升，需要进一步摸清平台经济就业人员的信息和底数，促进平台经济领域内建立统一规范的职业标准、行业评价等等。

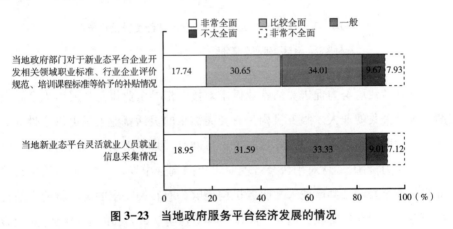

图3-23 当地政府服务平台经济发展的情况

资料来源：根据调研问卷整理所得。

在政府不断促进平台经济健康发展的同时，新业态平台企业也不断发力，以市场和企业自身需求为导向，将灵活就业人员纳入培训范围，为入职平台企业的员工提供针对性的技能培训，促进在平台就业的劳动者不断提升自身的技能和能力。 根据对平台经济就业青年的调查，64.30%的平台经济就业青年表示所就职或计划就职的新业态平台企业会为灵活就业人员提供技能提升培训，仅有6.58%的平台经济就业青年表示所就职或计划就职的新业态平台企业没有为灵活就业人员提供技能提升培训，还有29.12%的平台经济就业青年表示不太了解所就职或计划就职的新业态平台企业是否有针对灵活就业人员的技能提升培训（见图3-24）。

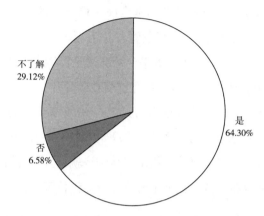

图3-24 平台企业针对灵活就业人员的技能提升培训情况

资料来源：根据调研问卷整理所得。

此外，政府努力促进灵活就业供求对接，指导企业规范开展用工余缺调剂，鼓励公共就业人才服务机构为有转岗需求的灵活就业人员提供个性化、精准化的职业指导、岗位推荐等服务，帮助有"共享用工"需求的企业，高效匹配人力资源。从对平台经济就业青年的调查中发现，42.55%的平台经济就业青年表示公共就业人才服务机构能够为有转岗需求的灵活就业人员提供个性化、精准化的职业指导、岗位推荐等服务，6.71%的平台经济就业青年表示公共就业人才服务机构没有提供，还有50.74%的平台经济就业青年表示不了解（见图3-25）。由此可见，让平台经济就业"活"起来、"火"起来，还需要政府、公共就业人才服务机构、平台企业、劳动者各方多点发力，宣传平台经济相关就业招聘信息，开发更多新职业新岗位，鼓励个体经营发展，增加非全日制就业机会，支持发展新就业形态。

六 新冠疫情推进我国劳动力结构优化

疫情影响下，互联网、人工智能、云计算等相关产业迎来发展机遇，一定

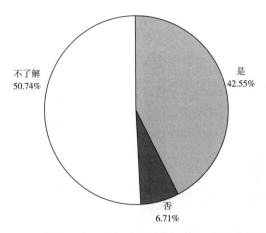

图 3-25　公共就业人才服务机构服务平台经济就业者的情况

资料来源：根据调研问卷整理所得。

程度上推进我国产业转型升级，以劳动力需求侧对青年劳动者素质和专业的要求，推动劳动力供给侧对青年就业进行相关培训和教育，从而推进我国劳动力结构的优化转型。　在被调查的高校毕业生群体中，就业于第一产业的有 25 人，占比 5.05%；就业于第二产业的有 68 人，占比 13.74%；就业于第三产业的有 407 人，占比 81.40%。　在被调查的平台经济就业青年群体中，就业于第一产业的有 19 人，占比 3.12%；就业于第二产业的有 57 人，占比 9.38%；就业于第三产业的有 532 人，占比 87.50%。　在被调查的青年创业者群体中，就业于第一产业的有 50 人，占比 8.25%；就业于第二产业的有 84 人，占比 13.86%；就业于第三产业的有 472 人，占比 77.89%。　在被调查的青年农民工群体中，就业于第一产业的有 31 人，占比 5.87%；就业于第二产业的有 184 人，占比 34.85%；就业于第三产业的有 313 人，占比 59.28%（见图 3-26）。

　　而对于疫情期间未就业的青年群体，就所调查的高校毕业生群体而言，在疫情期间希望就业于第一产业的青年有 49 位，占比 6.08%；希望就业于第二产业的青年有 131 位，占比 16.25%；而希望就业于第三产业的青年有 626 位，占比达到 77.67%。

　　由上述结果可以发现，青年就业现状与就业期望呈现明显的就业结构差

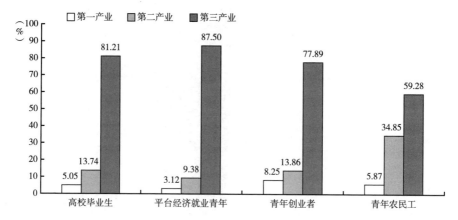

图 3-26　各类青年群体就业产业分布情况

资料来源：根据调研问卷整理所得。

异。　疫情在一定程度上推动了第三产业的发展，正在从业于与期望从业于第三产业的青年比例也因此明显高于第一产业与第二产业，相对集中的就业偏好可能导致就业压力持续增大，同时也可能导致第一、二产业面临人才供给不足的困境。

第二节　疫情影响下青年就业的问题

一　疫情导致复工复产不足，青年就业面临下行压力

新冠疫情突发初期，为了尽快阻断病毒的传播链，不得不进行封城隔离，经济社会的发展被按下"暂停键"，这也导致了大量企业停工停产甚至破产。　一方面，此次疫情对餐饮、旅游及酒店经营等行业造成的冲击非常大，中国烹饪协会调查了2020年新冠疫情对中国餐饮业的影响，2019年全国餐饮收入46721亿元，其中15.5%来自春节期间这一传统的消费旺季，而2020年春节期间餐饮业损失严重，新冠疫情突发正值春节期间，78%的餐饮企业营业收入损失达100%；9%的企业营收损失达到九成以上；7%的企业营收损失在七成到九成之间；营收损失在七成以下的企业仅为5%，仅在春

节 7 天内，疫情对餐饮行业零售额就造成了 5000 亿元左右的损失，93% 的餐饮企业选择关闭门店。① 新冠疫情对行业领域造成的冲击也势必影响到相关行业的青年群体就业。 另一方面，此次疫情对各大企业的招聘工作也有所影响，尽管企业按照国家规定普遍采取了线上网络招聘，但是此种形式反而造成了求职者与招聘方的信息不对称、双方对彼此的期待不符合现实等问题，削弱了应聘者与被应聘者双方沟通的流畅度，企业招聘方式的改变也对青年就业造成了一定冲击。

调查结果显示，在疫情最为严重时，44.8% 参与调查的已就业人员称其所在单位仅有少量人员复工，而所有人员全部复工的被调查对象所在单位仅占 16.8%。 而当疫情进入常态化防控阶段时，复工情况明显好转，被调查者所在单位大多数所有人员全部复工，占比 54.9%。 但值得注意的是，在疫情防控常态化阶段，仍有 11.4% 的就业者称其所在单位仅有少量人员复工（见图 3-27）。 可见，在疫情常态化防控阶段，员工复工复产情况有所改善，但仍未实现完全复工，青年就业仍面临下行压力。

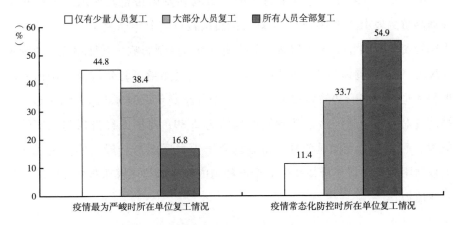

图 3-27　被调查对象所在单位复工情况

资料来源：根据调研问卷整理所得。

---

① 中国烹饪协会：《中国烹饪协会发布 2020 年新冠肺炎疫情对中国餐饮业影响报告》，《中国食品》2020 年第 4 期。

　　同时，通过对就业服务部门的访谈发现，新冠疫情导致大量企业产量下降（访谈材料20201211B），停工停产甚至破产，部分行业（如餐饮、旅游业等）经营面临重大冲击（访谈材料20210622A）。在疫情防控常态化条件下，企业又难以迅速恢复原有生产力和生产秩序，同时疫情在全球范围内的暴发导致外需大幅下降，全球供应链受阻，这些都对之后几个季度的青年就业带来下行压力，导致招聘需求与实习合作需求持续下降。

二　全球经济衰退通过贸易杠杆对我国青年就业造成负向溢出效应

　　国际货币基金组织（IMF）在2020年10月发布的《世界经济展望报告》中指出，预计2020年全球经济萎缩3%，衰退程度远超2008年国际金融危机引发的经济下滑，2020年全球经济增长率预计为-4.4%，为第二次世界大战以来的最低增长速度，这与其一年前对2020年的经济增速预测值（3.0%）形成巨大落差。[①] 新冠疫情给国际大宗商品市场供需、价格和全球资本市场、期货市场、金融市场带来巨大冲击，联合国贸易和发展会议（UNCTAD）2020年9月发布的《2020贸易和发展报告》显示，2020年全球商品贸易较上年下降1/5，全球外国直接投资较上年缩减40%。[②] 由此，中国外贸企业的复工复产和新订单的获取也将受到影响，增加相关行业的失业风险。在问卷调查中，使用Likert五分量表测量了青年群体对国内经济形势和全球经济形势的感知（1~5分，得分越高代表越乐观），结果显示，被调查对象对全球经济形势感知的均值为2.89，对国内经济形势感知的均值为2.51，二者无明显差异，得分均介于不太乐观与一般之间，说明在新冠疫情影响下，青年群体普遍对全球和国内经济形势不够乐观，面临较大的就业压力。

三　高校毕业生就业压力较大

　　2020届全国普通高校毕业生规模达874万人，同比增长40万人。高校

---

① 张宇燕：《新冠肺炎疫情与世界经济形势》，《当代世界》2021年第1期，第13~20页。
② 张宇燕：《新冠肺炎疫情与世界经济形势》，《当代世界》2021年第1期，第13~20页。

毕业生求职择业的关键时期遭遇疫情，增加了毕业生求职和企业招聘的难度。此次疫情也对国际人才流动造成阻碍，出国留学作为高校毕业生毕业去向的重要渠道也受到挤压，还未就业的应届毕业生不得不加入 2021 届的就业大军中，再加上 2020 年硕士扩招，两年后毕业的人数更多。以广东省实地调研情况为例，根据 2020 年 8 月的数据，毕业生的初次就业率为82.71%，往年基本稳定在 94%～95%，2020 年广东省高校应届毕业生人数约有 60.3 万人，按照 2020 年 8 月的初次就业率算，有 10 万左右的应届毕业生还未就业，进而加入 2021 届的就业大军中，再加上 2020 年硕士扩招，应届毕业生就业的"雪球"越滚越大（访谈材料 20201211A）。

据高校毕业生调查结果，疫情带来的就业压力，主要体现在"岗位缩减，竞争激烈"、"交通管制，出行不便"以及"取消现场招聘会，网上就业信息不足"几个方面。上述因素导致了高校毕业生在择业关键时期，面临较大的求职难度，就业压力较大，无法实现充分就业。通过对就业服务部门及用人单位的访谈可以发现，和以往的就业情况相比，疫情影响下，岗位的选择面相对而言变窄了（访谈材料 20210623A）。

另外，高校毕业生也存在一些畏难的情绪（访谈材料 20210624A）。部分青年的就业观念逐渐从"慢就业"趋向"懒就业"（访谈材料 20210622A），且年轻人普遍追求"钱多事少离家近"的工作，而不愿意下基层、不愿意去中小微企业，眼高手低的问题造成了人岗不匹配（访谈材料 20210624A）。此外，当今的青年群体存在"渴望一夜暴富"的就业心态倾向，诸多学生试图通过"做直播""当明星""搞电商"等方式一夜暴富，而此类心态也造成了其看不上基层岗位、小微企业、民营企业，无法承受艰苦贫困地区就业的困难和压力，转头选择更为"轻松"和"体面"的公务员等工作（访谈材料20210624A），上述种种现象导致就业矛盾进一步突出。

四　青年创业者创业环境恶化

新冠疫情在全国的蔓延，对企业生产特别是小微企业的经营造成巨大冲击，小微企业、个体工商户、灵活就业人员等本就抵御风险能力较差，停工歇业意味着短期失业，小微企业和个体工商户还面临破产倒闭的风险，如何在疫情中继续经营下去、渡过难关成为青年创业者面临的艰巨考验。近年来，教育培训、零售、餐饮等行业因其较低的门槛与较快的资金周转成为青年创业的热门选择，但在疫情期间，创业环境趋于恶化，市场相对属于萧条状况，资金周转不足，一些行业受到了较大冲击（访谈材料 20201221A、访谈材料 20210623A）。疫情期间创业项目的路演也由线下转为线上举办，但是相比之下线上路演因沟通的间接性以及对方对项目缺乏具体直观的认识而合作成功率更低一些（访谈材料 20210623D）。

在疫情影响下企业所面临的困难和挑战方面，通过对调查排序结果分析可得，企业面临的挑战从大到小依次为：市场拓展、线下销售、产业发展、资金周转、品牌推广、经营成本、债务压力、员工招聘及技术研发等（见图 3-28）。

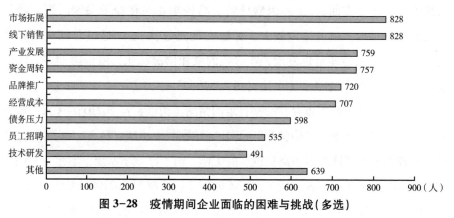

图 3-28 疫情期间企业面临的困难与挑战（多选）

资料来源：根据调研问卷整理所得。

五 青年农民工返城受阻，短期就业冲击较大

一方面，疫情导致员工返城推迟，用工企业面临停工、歇业甚至破产风险。实地调研结果显示，受疫情影响，许多过年回家的员工都无法正常返岗，甚至有部分员工选择了辞职，这也导致 2020 年河北省 A 企业的用工缺口实际非常大（访谈材料 20210622A）。同时 2020 年虽然大部分单位上半年处于停产状态，但是 B 企业依旧要为全市 2300 多家客户单位提供安保服

务，疫情导致的人员流失、返城受阻等问题进一步加大了人员缺口（访谈材料20210623E、访谈材料20210623C、访谈材料20201221A）。此外，受疫情影响，员工无法像过去那样跑业务，绩效工资大幅下降，因此业务部门的员工流动较大，近一半的员工有所变动（访谈材料20201211B）。疫情也加剧了部分青年劳动力"只想在家门口就业"的思想，部分青年就业者由于担心疫情而决定留在家乡工作，不愿出远门务工（访谈材料20201211C）。

另一方面，在疫情防控常态化条件下，部分员工的就业决策会受到影响，可能选择留在本地就业或短期内不外出。员工就业稳定性较差，就业质量仍有待提高，劳动时间减少也对员工收入产生较大影响。在所调查的青年农民工群体中，因疫情而未返城期间的收入大部分来源于为就业单位线上办公，其次是成为快递物流、外卖送餐、网约车等平台经济从业者，也有一部分来源于务农（见图3-29）。

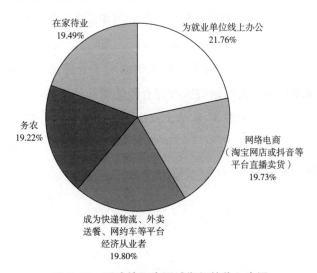

图3-29　因疫情而未返城期间的收入来源

资料来源：根据调研问卷整理所得。

六　国内劳动力市场呈现冷热不均特点

与疫情防控紧密相关的产业如口罩、防护服、消毒产品的生产、线上购物等，由于国内疫情暴发与国际疫情暴发不同步，在国内疫情防控常态化下，国内需求逐渐边际递减至稳定的需求量的同时，国外需求边际递增，因此，与疫情防控相关产业的总体需求增加，对相关专业人才的需求量增加。例如，海南医药行业在疫情前后，甚至到 2021 年 7 月基本是满负荷运转，加班加点生产个人防护设备、防护设施、医药用品等。 同时，疫情为应急产业供应链创造了人才需求，比如防疫物资运送、疫苗运输等等。 疫情防控常态化促进社区团购板块的发展，相应的销售额也获得了较为快速的增长（访谈材料 20201221A）。 中兴创投的负责人也表示，2020 年应急产业的相关订单相较以前有一定的增长，特别是向欧美供给的生产设备（访谈材料 20201214A）。 河北千凝文化传媒公司表示，疫情防控常态化的背景下，公司主营的社区团购板块销售额快速增长。 此外河北亚软动力的负责人也指出疫情的发生不仅没有造成负面影响，反而加快了公司的产业转型（访谈材料 20210623A）。 而与防控相关性小的产业例如批发零售、住宿餐饮、制造业等行业几乎停止运行，难以快速复工复产，面临破产倒闭的风险，青年就业压力较大。 例如，疫情对房地产行业的影响十分恶劣，甚至导致一部分小企业关门倒闭；海口古姑姑餐饮管理有限公司总经理表示，在此次疫情期间感受到巨大的冲击，2019 年公司 5 家店用工 100 多人，2020 年受疫情影响只有 2 家店，员工只有 20 多人，长达 4 个月不能营业，营收消费缩减剧烈（访谈材料 20201221A）。

第四章　疫情对青年就业的影响机理
实证分析

　　本章从社会生态系统视角出发，分析就业环境、针对性促进就业政策以及个体因素对青年就业行为与就业心理的影响。通过对包括高校毕业生、平台经济就业青年、青年创业者和青年农民工在内的 3725 位青年进行问卷调查，发现就业环境、针对性就业政策与个体性别、年龄等因素对青年的就业行为与就业心理均有一定的影响，其中高校针对性促进就业措施对高校毕业生就业意愿与就业准备行为具有显著推动作用，而政策作用并不显著。研究分析结论对疫情防控常态化下促进青年就业具有重要的现实意义，也为未来可能发生的公共卫生危机下制定更具针对性的促进就业政策提供数据支撑。

第一节　研究背景与假设

一　研究背景

　　在应对新冠肺炎疫情的过程中，我国严格防控疫情，度过了国内疫情最艰难的时期，在疫情防控进入常态化阶段后，坚持疫情和经济两手抓，并且将保就业工作置于重要地位，加大"保就业"政策的力度。新冠疫情不仅威胁青年的生命健康，还对青年就业创业造成了持久的影响，加大了青年就业创业面临的不确定因素，使得本就严峻的青年就业形势雪上加霜。 调查数据显示，2020 年 4 月，全国城镇调查失业率为 5.9%，16~24 岁群体、25~59 岁群体失率分别为 13.8%、5.5%，与 3 月相比，分别提升 0.5 个百分点和 0.17 个百分点，青年就业压力大。 党中央、国务院高度重视和关心新冠疫情影响下的青年群体的就业创业工作，习近平总书记做出了一系列重要指示，要求多措并举做好青年群体的就业工作，政府出台了一系列防范新冠肺炎疫情对青年就业创业造成消极影响的政策文件。 2020 年 3 月 20 日，《国务院办公厅关于应对新冠肺炎疫情影响强化稳就业举措的实施意见》提出实施就业优先政策、引导农民工安全有序转移就业、拓宽高校毕业生就业渠道、加强困难人员兜底保障与完善职业培训和就业服务等，加快恢复和稳定就业。 在此背景下，研究新冠疫情影响青年就业的机理对于进一步挖掘青年群体就业过程中面临的挑战和困境、针对性促进青年就业具有重要的实践意义。

从第二章的文献研究部分可以发现，现有针对新冠疫情如何影响就业的研究多从宏观角度分析对整个劳动力市场的整体影响，一是缺乏对于疫情防控常态化条件下劳动力市场的分析，二是缺乏疫情防控常态化背景下促进青年就业策略效果的中观分析，三是缺乏针对青年个体微观层面就业行为的实证分析。 因此，本研究以社会生态系统理论为基础，从宏观层面、中观层面、微观层面剖析新冠疫情对高校毕业生、青年创业者、青年农民工、平台经济就业青年等青年群体就业创业的影响机制，从实证角度检验地方、高校等就业政策对促进青年就业的效果，并为新冠疫情影响下促进青年就业的实现路径和针对性政策建议提供数据支撑。

二　研究假设

（一）宏观系统

1. 公共就业服务与青年就业

公共就业服务尤其是岗位信息发布与个性化服务有助于减少就业者和就业市场的信息不对称，降低就业者就业的时间和心理成本，从而促进就业、减少就业压力。 人社服务线上化，有助于减少因疫情导致的企业审批等行政服务延迟，加快复工复产速度，稳定就业。 补贴高校毕业生及其用人单位，有利于缓解疫情期间减薪、停薪、失业对毕业生造成的收入压力，刺激用人单位保障其就业，减小其就业压力。 而对于未就业青年，宏观就业促进政策通过建立良好的就业环境，为促进青年就业提供基础，有助于提升未就业青年的求职信心，从而提升其就业意愿，推动其进行充分的就业准备。

由此，提出如下假设：

假设 1：公共就业服务正向促进青年群体的就业状况和就业心理。

假设 1a：公共服务越完善，青年就业状况越充分；

假设 1b：公共服务越完善，青年群体因疫情感受到的就业压力越小；

假设 1c：公共服务越完善，未就业青年群体的就业意愿越强；

假设 1d：公共服务越完善，未就业青年群体为就业所做准备越充分。

2. 就业环境与青年就业

就业环境同样影响青年群体的就业行为与就业心理。 公共交通是保证社会流动以至促进就业的基础条件，①对占就业者多数的工薪阶层尤其如此。 交通较为发达的地区在解除疫情风险后往往能更快恢复人、财、物的流通，恢复产业运行，促进就业。 具体到对个体就业行为的影响，疫情期间公共交通越发达，青年对疫情判断与就业情况判断越乐观，因而就业可能性越大，感受到疫情对就业带来的压力越小。 对于未就业青年而言，对疫情形势越乐观，其积极就业的意愿越强烈，从而越可能为就业做更充分准备。

由此，得出如下假设：

假设 2：疫情期间的公共交通状况正向促进青年群体的就业状况和就业心理。

假设 2a：公共交通越发达，青年就业状况越充分；

假设 2b：公共交通越发达，青年群体因疫情感受到的就业压力越小；

---

① 仇叶：《危机响应中经济恢复的地方差异性及其影响——以地方政府协同困境为中心的分析》，《公共管理学报》2021 年第 1 期，第 66~76 页。

假设 2c：公共交通越发达，未就业青年群体的就业意愿越强；

假设 2d：公共交通越发达，未就业青年群体为就业所做准备越充分。

3. 疫情背景下的就业歧视与青年就业

疫情背景下的就业歧视作为疫情期间特殊的环境因素，会增加被歧视地区/行业就业者的就业压力，使就业者降低就业信心，从而对其就业形成阻力，亦负向影响其对未来就业形势的预期，降低其就业意愿。

由此，得出如下假设：

假设 3：疫情期间感受到的就业歧视程度负向影响青年群体的就业状况和就业心理。

假设 3a：疫情期间感受到的歧视程度越高，青年未就业的可能性越高；

假设 3b：疫情期间感受到的歧视程度越高，青年群体因疫情感受到的就业压力越大；

假设 3c：疫情期间感受到的歧视程度越高，未就业青年群体的就业意愿越低；

假设 3d：疫情期间感受到的歧视程度越高，未就业青年群体为就业所做准备越不足。

（二）中观系统

在针对高校的政策方面，通过前期对各地高校促进就业政策的实地调研，总结出服务信息化、增加就业服务类型、加强对外联系等促进就业举措。 这些针对性政策有利于减少高校毕业生和就业市场的信息不对称，减少高校毕业生就业的时间和降低心理成本，从而促进就业、减少就业压力。针对毕业生发放求职补贴和创业补贴有利于解决青年创业者毕业初期求职失败而收入短缺的后顾之忧，缓解其创业初期资金短缺风险，推动毕业生就业或创业，特别是提高未就业毕业生的求职意愿与为求职做准备。 在针对农民工的政策方面，所在地疫情防控政策有利于地区保持低风险状态，促进本地经济就业恢复，也使当地农民工能尽快外出务工；所在单位就业培训有利于提升劳动者技能，增加薪酬，减轻就业压力。 针对平台就业青年，平台企业规范程度与信息化程度有利于塑造疫情期间良好的就业氛围，保护就业者合法权利，针对平台经济提供必要的补贴有助于平台经济良性发展，创造更多就业机会，从而有利于减轻疫情为就业者带来的压力。

由此，得出如下假设：

假设 4：疫情期间的针对性促进就业政策正向影响青年群体的就业状况和就业心理。

假设 4a：疫情期间的针对性促进就业政策越充分，青年就业状况越充分；

假设 4b：疫情期间的针对性促进就业政策越充分，青年群体因疫情感受到的就业压力越小；

假设 4c：疫情期间的针对性促进就业政策越充分，未就业青年群体的就业意愿越强；

假设 4d：疫情期间的针对性促进就业政策越充分，未就业青年群体为就业所做准备越充分。

第二节 研究样本与模型设定

一 研究样本

1. 数据说明

本研究以青年就业创业群体为研究对象，通过互联网途径收集各地在新冠疫情期间出台的就业促进相关政策文件，并结合前文设计的新冠疫情影响下青年就业的社会生态系统理论分析模型与框架，在问卷设计中综合考虑影响青年就业的微观系统（个人因素，如性别、年龄、学历、户籍、健康状况、婚姻状况等）、中观系统（高校、用人单位等主体提供的针对性就业服务）和宏观系统（就业促进相关政策、复工复产政策等顶层制度设计，宏观就业环境）。此外，结合高校毕业生、青年创业者、青年农民工、平台经济就业青年四类群体的特点，分别设计了《关于新冠肺炎疫情影响下促进青年就业的调查问卷——高校毕业生》《关于新冠肺炎疫情影响下促进青年就业的调查问卷——青年创业者》《关于新冠肺炎疫情影响下促进青年就业的调查问卷——青年农民工》《关于新冠肺炎疫情影响下促进青年就业的调查问卷——平台经济就业青年》四套调查问卷，并通过问卷星平台和实地走访调研的机会采取线上线下相结合的方式发放。共计回收有效问卷 3725 份，其中，针对高校毕业生群体的问卷 1306 份，针对平台经济就业青年的问卷 820 份，针对青年创业者的问卷 824 份，针对青年农民工的问卷 775 份，并运用 SPSS 24.0 统计软件对收集到的数据定量分析，样本的基本特征如表 4-1 所示。

表 4-1　调查对象的基本情况

变量	类别	样本数（人）	有效百分比（%）
所属群体	高校毕业生	1306	35.06
	青年创业者	824	22.12
	青年农民工	775	20.81
	平台经济就业青年	820	22.01
年龄	16 岁以下	15	0.40
	16~20 岁	458	12.30
	21~25 岁	1469	39.44
	26~30 岁	796	21.37
	31~35 岁	798	21.42
	35 岁以上	189	5.07
性别	男	1947	52.27
	女	1778	47.73
婚姻状况	未婚	2311	62.04
	已婚	1294	34.74
	离婚	99	2.66
	丧偶	21	0.56
户籍	农村	1958	52.56
	非农村	1767	47.44
健康状况	非常不健康	637	17.10
	不太健康	226	6.07
	一般	304	8.16
	比较健康	1073	28.80
	非常健康	1485	39.87

续表

变量	类别	样本数（人）	有效百分比（%）
文化程度	小学及以下	51	1.37
	初中	110	2.95
	高中	286	7.68
	中专、职高或技校	334	8.97
	大学专科	1073	28.80
	大学本科	1673	44.91
	硕士研究生及以上	198	5.32

2. 变量定义

（1）被解释变量：青年群体的就业行为与就业心理。 就业行为方面，对全部受访者，以受访者就业状态的二分变量测量，1 代表就业，0 代表未就业；就业心理方面，关注青年群体主观感知到的疫情所致就业压力，使用 Likert 5 分量表测量，共 6 个题目，如"疫情加大了我的就业压力"等，量表克朗巴哈系数为 0.91，说明题目具有较好的一致性；对于未就业者青年群体，同时测量其就业意愿与就业准备，其中，就业意愿使用分类变量测量，分为积极寻求就业机会、准备升学、无就业计划三类，就业准备使用多选累计计分方式，选项如"时刻关注企事业单位的招聘信息"等共 6 个选项，每选一项计 1 分。

（2）解释变量：新冠疫情期间宏观就业政策和就业环境、针对性就业举措等。 在宏观系统方面，关注疫情期间宏观就业政策与外部宏观环境对青年就业行为的影响。 宏观就业政策方面，针对公共就业服务水平、人社服务线上办理程度分别使用 5 分测量法，测量受访者感受到的服务程度；单位就业补贴、扩大就业补贴范围、个性化就业服务等使用二分类变量进行，测量受访者当地是否提供相关补贴或服务的实际情况；宏观就业环境的交通便利情况与就业歧视状况分别使用 5 分测量法，了解受访者感受到的交通状况与歧视状况。

在针对性就业举措方面，针对高校毕业生，主要考察高校的服务信息化程度、对外联系程度与就业服务供给情况。其中，信息化程度使用 Likert 5 分量表测量，有"我所在学校对毕业生的就业进展进行了全程追踪"等共 3 个题目，克朗巴哈系数为 0.94，题目具有较好的内部一致性；对外联系程度使用 Likert 5 分量表测量，有"疫情期间，我所在的学校与用人单位联系频繁，为毕业生就业提供了很多帮助"等共 4 个题目，克朗巴哈系数为 0.97，题目具有较好的内部一致性；就业服务供给情况使用多选累计计分方式，有"职业生涯规划指导"等共 10 个选项，每选一项计 1 分。针对青年农民工群体，重点关注所在地区疫情防控情况与就业单位培训情况，均使用 5 分测量法，表明受访者感受到的该选项程度。针对平台经济就业青年，重点关注平台企业规范程度、举报申诉畅通程度、当地政府平台企业补贴、平台就业信息采集等方面因素，其中平台企业规范程度使用多选累计计分方式，选项有"您所就职/计划求职的新业态平台企业是否与非全日制工作人员签订书面劳动合同或订立口头协议"等共 3 项，每选一项计 1 分；举报申诉畅通程度、当地政府平台企业补贴、平台就业信息采集均使用 5 分测量法，表明受访者感受到的该选项程度。

（3）控制变量：个体特征变量，包括年龄、性别、婚姻状况、户籍、健康状况、文化程度等。年龄、文化程度、健康状况均使用定序测量方式，根据所处阶段或等级划定所属类别，而性别、婚姻状况、户籍等使用定类测量方式，测量其所属类别。

二 模型设定

本研究运用 Zastrow 和 Kirst-Ashman 的现代社会生态理论，[1]从社会生态系统视角出发研究疫情下我国青年就业的影响因素。由现代社会生态理论与上述系列文献可知，宏观层面，公共卫生危机对全球经济形势与就业形势产生冲击，而公共服务政策与恰当的政府干预会缓释疫情带来的冲击。

---

[1] Zastrow, C. H., Kirst-Ashman, K. K., *Understanding Human Behavior and Social Environment*, *Sixth Edition* [M]. Thomson Brooks/Cole, 2004.

但宏观层面的公共服务与公共政策可能因面向群体的不同而产生不同的效果，因而中观层面针对不同行业、不同群体的就业促进举措或可产生更为明显的效果。个体特征层面的因素对个体行为的影响同样不可忽视，必然影响个体就业行为与就业心理。黄敬宝和李蕊通过分析现有针对影响青年就业因素的研究，将影响青年就业的因素总结为综合性宏观环境因素、劳动力市场因素、政策性因素与人力资本因素、社会资本因素几类。[①]

由此，基于社会生态系统的理论分析框架，综合考虑微观系统（个人因素）、中观系统（高校、用人单位等主体提供的就业服务）和宏观系统（就业促进相关政策、复工复产政策等顶层制度设计）对青年就业行为及就业心理的影响，通过分析上述因素对青年就业状态、就业压力与未就业高校毕业生就业行为的影响，提出促进青年就业的实现路径。

首先，针对新冠疫情下影响青年就业状态的因素，建立如下 Logistic 回归模型分析青年就业群体疫情下就业状态与各因素间的关系：

$$\ln\left[\frac{p\left(Emp=1\right)}{p\left(Emp=0\right)}\right]=\beta_0+\sum\beta_{1i}Mac_i+\sum\beta_{2j}Mid_j+\sum\beta_{3k}Mic_k+\varepsilon$$

（1）

其中 Emp 代表青年群体的就业状态；Mac_i 代表宏观系统变量组，如所在省区市交通便利状况、就业歧视感、公共就业服务水平、人社服务线上办理程度等；Mid_j 代表针对不同青年就业群体的中观系统变量组（针对性政策变量组），在此模型中特指针对高校毕业生的高校服务信息化程度、就业服务供给情况、对外联系程度；Mic_k 代表个体微观层面变量，包括年龄、性别、婚姻状况、户籍、健康状况、文化程度等，样本在个体微观层面的分布情况如表 4-1 所示。

其次，针对就业心理，建立如下一般线性回归模型探讨宏观、中观、微观系统因素，对高校毕业生、青年创业者、青年农民工、平台就业青年感受到的疫情所致就业压力的影响：

[①]　黄敬宝、李蕊：《2011~2020 年中国青年就业研究述评》，《广东青年研究》2021 年第 3 期，第 95~104 页。

$$Str_y = \beta_0 + \sum \beta_{1i} Mac_i + \sum \beta_{2j} Mid_j + \sum \beta_{3k} Mic_k + \varepsilon \qquad （2）$$

其中 Str 代表不同青年群体感受到的疫情所致就业压力；Mac_i 代表宏观系统变量组，如所在省区市交通便利状况、就业歧视感、公共就业服务水平、人社部门服务线上办理程度、单位就业补贴、扩大就业补贴范围、转岗协助等；Mid_j 代表针对不同青年就业群体的中观系统变量组（针对性政策变量组），如针对高校毕业生的高校服务信息化程度、就业服务供给情况、对外联系程度、求职补贴、创业补贴等；针对平台就业青年的平台企业规范程度、举报申诉畅通程度、平台经济补贴、平台就业信息采集等；针对农民工的所在地疫情防控情况、就业单位培训等；针对青年创业者的政府部门扶持措施；Mic_k 如公式（1），代表个体微观层面变量。

最后，针对未就业高校毕业生就业意愿，建立如下 Logistic 回归模型探讨宏观、中观、微观系统因素对高校毕业生就业意愿的影响：

$$\ln\left[\frac{p\ (Int = a)}{p\ (Int = 3)}\right] = \beta_0 + \sum \beta_{1i} Mac_i + \sum \beta_{2j} Mid_j + \sum \beta_{3k} Mic_k + \varepsilon \quad （3）$$

其中 Int 代表未就业高校毕业生的就业意愿，含积极寻求就业机会、继续深造、无就业意愿三类；Mac_i 代表如公式（2）中的宏观系统变量组；Mid_j 代表如公式（2）中针对高校毕业生的中观系统变量组；Mic_k 如公式（2），代表个体微观层面变量。

此外，针对未就业高校毕业生，研究其就业准备影响因素，建立如下一般线性回归模型探讨宏观、中观、微观系统因素对高校毕业生为就业所做准备的影响：

$$Pre = \beta_0 + \sum \beta_{1i} Mac_i + \sum \beta_{2j} Mid_j + \sum \beta_{3k} Mic_k + \varepsilon \qquad （4）$$

其中 Pre 代表未就业高校毕业生的就业准备；Mac_i 代表如公式（3）中的宏观系统变量组；Mid_j 代表如公式（3）中针对高校毕业生的中观系统变量组；Mic_k 如公式（3），代表个体微观层面变量。

第三节　实证分析与研究结果

一　实证分析

（一）疫情影响下促进青年就业的影响因素分析

1. 就业环境

就业环境影响青年群体的就业行为与就业心理。一是新冠疫情对青年就业环境造成了巨大的冲击。在疫情的影响下，社会经济发展受限，2020 年第一季度 GDP 下降 6.8%，城镇调查失业率从 2020 年 1 月的 5.3% 陡升至 2020 年 2 月的 6.2%。[①] 就业总量下降，重点群体的就业状况也趋于恶化。对于未就业青年而言，对经济形势和新冠肺炎疫情形势越乐观，其积极就业的意愿越强烈，越会主动提升自身的就业竞争力，从而越可能为就业做更充分准备。二是公共交通是保证社会流动促进就业的基础条件，[②]对占就业者多数的工薪阶层尤其如此。新冠肺炎疫情直接影响了人们的正常出行，特别是疫情初期，为严格防控疫情，封闭期间人们或是处于休假状态，或是采用居家办公的模式。在解除疫情风险后，交通较为发达的地区往往能更快恢复人、财、物的流通，恢复产业运行，促进就业。具体到对个体就业行为的影响，疫情期间公共交通越发达，青年对疫情判断与就业情况判断越乐观，感受到疫情对就业带来的压力越小，因而就业可能性越大。

2. 宏观政策

为应对新冠肺炎疫情对青年就业造成的消极影响，多地针对疫情期间青年就业进行顶层设计，积极有序推动企业复工复产，促进青年就业，精

[①] 曾湘泉：《疫情冲击下的中国就业市场：短期波动与长期展望》，新华网，2020 年 9 月 28 日，http://www.xinhuanet.com/fortune/2020-09/28/c_1126550429.htm。

[②] 仇叶：《危机响应中经济恢复的地方差异性及其影响——以地方政府协同困境为中心的分析》，《公共管理学报》2021 年第 1 期，第 66~76 页。

准研判，做好全球经济衰退引致国内青年就业下行风险的政策应对准备，为促进青年就业创业创造稳定公平的经济社会环境。 各地政府为了助力帮扶企业的复工复产，稳定就业问题，依据中央指示相应出台了诸多援企稳岗的政策，为企业提供优惠扶持的服务如社保费用的减免、企业税费的减免、稳岗补贴等；通过为企业提供就业补贴鼓励企业建立见习基地，吸纳高校毕业生就业；针对中小微企业提供创业贷款与创业补贴等；针对青年农民工，通过点对点的返城返岗和就地就近就业创业，促进青年农民工成功就业。 各项政策"应出尽出"，对青年就业创业产生了积极影响，且效果显著。 从国家统计局公布的数据看，各项宏观经济指标，以及就业市场的各项指标都呈现见底回升的态势，2020 年二季度 GDP 恢复正增长，城镇调查失业率 4~8 月不断降低。[①] 宏观政策对经济的拉动促进作用，也减轻了青年就业创业的压力，同时宏观就业政策越能更好地惠及青年群体，青年群体越能抵御新冠肺炎疫情带来的冲击和影响，实现疫情期间稳定就业。

3. 公共就业服务

公共就业服务尤其是岗位信息发布与个性化服务有助于减少就业者和就业市场的信息不对称，缩短就业者就业的时间和降低心理成本，实现青年群体和就业岗位的高效匹配，从而促进青年就业，减轻青年群体的就业压力。 2020 年 4 月，人力资源和社会保障部发布了《人力资源社会保障部关于开展"人社服务快办行动"的通知》，决定 2020 年在全系统开展"人社服务快办行动"，强调集成服务、简约服务、创新服务、规范服务。[②] 新冠疫情期间，人社服务线上化、集约化有助于减少因疫情导致的企业审批等行政服务延迟，加快复工复产速度，稳定就业。 同时补贴高

---

① 曾湘泉：《疫情冲击下的中国就业市场：短期波动与长期展望》，新华网，2020 年 9 月 28 日，http://www.xinhuanet.com/fortune/2020-09/28/c_1126550429.htm。

② 《人力资源社会保障部关于开展"人社服务快办行动"的通知》，人力资源和社会保障部门户网站，2020 年 5 月 14 日，http://www.gov.cn/zhengce/zhengceku/2020-05/14/content_5512619.htm。

校毕业生及其用人单位，有利于缓解疫情期间减薪、停薪、失业对毕业生造成的收入压力，刺激用人单位保障其就业，减小其就业压力。而对于未就业青年，公共就业服务能够为青年就业群体建立良好的就业环境，有助于提升未就业青年的求职信心，从而提升其就业意愿，推动其进行充分的就业准备。

4. 针对性就业政策

疫情背景下的就业歧视作为疫情期间特殊的环境因素，会增加被歧视地区或行业青年就业者的就业压力，使就业者降低就业信心，从而对其就业形成阻力，亦负向影响其对未来就业形势的预期，降低其就业意愿。从中观系统而言，针对不同青年就业群体，各地各部门推出了一系列针对性措施或服务。在针对高校的政策方面，通过前期对各地高校促进就业政策的实地调研，总结出一系列促进就业措施，如服务信息化、增加就业服务类型、加强对外联系等。这些针对性政策有利于减少高校毕业生和就业市场的信息不对称，缩短高校毕业生就业的时间和降低心理成本，从而促进就业、减少就业压力。针对毕业生发放求职补贴和创业补贴有利于解决其毕业初期求职失败收入短缺的后顾之忧，缓解创业初期资金短缺风险，推动毕业生就业或创业，特别是提高未就业毕业生的求职意愿，以为求职做准备。在针对农民工的政策方面，所在地疫情防控政策有利于地区保持低风险状态，促进本地经济发展、就业恢复，也使当地农民工能尽快外出务工；所在单位就业培训有利于提升劳动者技能，增加薪酬，减轻就业压力。针对平台就业青年，提高平台企业规范程度与信息化程度有利于塑造疫情期间良好的就业氛围，保护就业者合法权利，同时，针对平台经济提供必要的补贴有助于平台经济良性发展，创造更多就业机会，从而有利于减轻疫情给就业者带来的压力。

（二）疫情影响下相关政策对青年就业的影响结果分析

1. 疫情影响下相关政策对青年就业状况的影响

基于上述理论模型与分析可知，青年群体就业状况受宏观就业环境、就业政策，中观针对性就业政策以及个体因素影响。就业状况为二分类变量,针对高校毕业生群体,通过 Logistic 回归,分析上述因素对高校毕业生群体就业状态的影响,得到如表4-2所示结果。 由表4-2可知,在宏观系统因素中,公共就业人才服务机构的岗位信息发布和引导服务情况,以及人社服务线上办理情况等公共服务对高校毕业生群体的就业状态并未形成正向作用。 宏观环境的交通状况与就业歧视感受也未形成显著影响。 中观针对性政策对高校毕业生的就业状态也未形成影响。 因此,假设1a、2a、3a未被证实。 就业行为的发生不仅源自外部就业环境、就业政策,与就业群体个体特征也密不可分,因此,仅靠宏观就业环境与就业政策的改变,无法直接影响个体就业状况。

个体因素中,高校毕业生的就业状况因年龄(b=1.51,p<0.01)、健康状况(b=-0.14,p<0.05)与文化程度(b=-0.34,p<0.01)不同,表现出显著的差异。 年龄越大,就业可能性越大,而文化程度越高,就业的可能性反而越小。 此外,对自我健康状况评价越不满意的高校毕业生,反而对就业持较积极态度。 通过访谈,课题组进一步了解到主要是对自身心理健康的忧虑、对未来不确定性的忧虑,以及对自己能否胜任未来工作、能否找到适合工作的忧虑,这些忧虑叠加,从而使高校毕业生对自身的健康状况尤其是心理健康状况不满意,从而更倾向于通过尽快就业的方式为未来生活提供保障。 这也从一定程度上反映出高校毕业生在疫情中感受到较大的就业压力,需要各界采取积极措施加以应对。

表4-2　高校毕业生群体就业状态影响因素回归分析结果

影响因素	变量		回归系数	标准误	OR
个人因素	年龄		1.51**	0.15	4.52
	性别	男	0.18	0.13	1.20
	婚姻状况	已婚	0.52	0.33	1.68
		离婚	-0.55	1.78	0.58
	户籍	农村	0.25	0.14	1.28
	健康状况		-0.14*	0.06	0.87
	文化程度		-0.34**	0.08	0.71

续表

影响因素	变量	回归系数	标准误	OR
宏观系统	交通状况	−0.01	0.08	0.99
	就业歧视	0.05	0.06	1.06
	公共就业服务	−0.15	0.10	0.86
	人社服务线上办理	−0.02	0.10	0.98
高校政策	服务信息化	0.10	0.09	1.11
	就业服务种类	−0.02	0.03	0.98
	对外联系程度	−0.00	0.09	1.00
常数项		−2.82	0.63	0.06
Log Likelihood		−684.26**		

注：$N=1199$；$*p<0.05$，$**p<0.01$。

虽然调查收集的数据未呈现宏观系统的就业促进措施对青年就业状况的显著作用，但从实地调研的结果来看，基于顶层设计的宏观就业促进政策与措施发挥了逆向提振政策效应，各项政策协同发力，加大对遭受严重影响的地区、行业、企业的扶持力度，扩大企业就业规模（访谈材料 20201211A、20201211C、20201214A、20201215A、20201221A、20201221B、20201222A等）。通过信息化平台帮助企业进行点对点对接（访谈材料 20201215A），协助青年申报金融创业项目，或为中小微企业提供信用贷款服务，进一步减轻企业负担（访谈材料 20201215B），增加青年就业机会（访谈材料 20210622A、20210625A等）。

2. 疫情影响下相关政策对青年就业压力的影响

根据公式（2），宏观系统就业环境与就业政策、中观层面针对性政策，以及微观层面的个体因素同样会影响青年群体感受到的疫情所带来的就业压力。通过逐步回归进行分析，结果发现在宏观系统因素中，单位就业补贴对平台经济就业青年的就业压力产生了负向影响（$b=-0.934$，$p<0.01$）。就业歧视情况对青年群体的就业压力均产生了显著的正向影响，就业歧视情况越明显，青年就业者的压力越大，这一结果同时出现在高校毕业生（$b=0.445$，$p<0.01$）、平台就业青年（$b=0.215$，$p<0.01$）与青年创

业者（b=0.193，p<0.01）三类群体。 可见，疫情特殊时期针对涉疫群体
的歧视现象对青年就业群体产生了较大影响，给其带来了较大的心理压力
（见表4-3）。

在针对性就业政策层面，政府部门及共青团等群团组织针对青年创业者
提供的扶持政策与青年创业者感受到的疫情压力正相关（b=0.075，p<
0.05），可能由于本调查使用横截面数据，感受到疫情压力大的青年创业者
更关注政府扶持政策，因而出现上述结果。 而针对高校毕业生、青年农民
工和平台就业青年的就业政策，并未对青年群体感知到的疫情就业压力产生
显著影响（p>0.05）。 因而，假设4b未被证实。

通过在实地调研中对各类青年就业人员进行访谈，发现各地为促进青年
就业、缓解疫情为青年带来的就业压力采取了众多措施。 一方面人社部门
提供贷款优惠、降税减费等补贴措施，确实减轻了一部分中小企业的负担，
对稳岗起到了一定作用；另一方面促进各行业产业数字化转型升级（访谈材
料20201211A），或帮助企业开发针对疫情的新产品新服务实现转型（访谈
材料20201211A、20201211B），挖掘新的青年就业创业增长点。 此外，通
过培训、就业指导、心理咨询等服务，缓解青年就业压力（访谈材料
20201211A）。 但调研中也发现社会不够了解这些政策（访谈材料
20201222A），导致部分政策未有效传递到青年就业者。

表4-3　青年群体感知到的疫情所致压力影响因素回归分析结果

影响因素	变量		高校毕业生		平台就业青年		青年农民工		青年创业者	
			回归系数	标准误	回归系数	标准误	回归系数	标准误	回归系数	标准误
个人因素	年龄		-0.027	0.105	0.041	0.077	0.010	0.084	-0.037	0.091
	女性		-0.180	0.112	-0.348**	0.109	-0.095	0.141	-0.096	0.133
	婚姻状况	未婚	-0.012	0.258	1.040	0.621	0.583**	0.175	-0.045	0.180
		已婚			1.073	0.611				
	非农业户籍		-0.090	0.122	0.685**	0.117	0.062	0.147	0.415**	0.127
	健康状况		0.136*	0.067	0.037	0.078	0.042	0.082	0.140*	0.069
	文化程度		-0.071	0.061	0.057	0.054	0.021	0.014	-0.017	0.056

续表

影响因素	变量	高校毕业生		平台就业青年		青年农民工		青年创业者	
		回归系数	标准误	回归系数	标准误	回归系数	标准误	回归系数	标准误
宏观系统	交通状况	0.092	0.081	0.134	0.099	0.022	0.080	0.095	0.076
	就业歧视	0.445**	0.049	0.215**	0.045	0.009	0.015	0.193**	0.054
	公共就业服务	−0.056	0.097	−0.023	0.165	0.183	0.101	0.295**	0.096
	人社服务线上办理	−0.006	0.100	0.166	0.156	0.224*	0.112	0.006	0.094
	单位就业补贴	−0.274	0.187	−0.934**	0.350	0.172	0.415	0.322	0.285
	扩大就业补贴范围	−0.166	0.209	0.273	0.354	−0.308	0.399	0.065	0.224
	转岗协助	0.013	0.180	0.156	0.409	−0.619*	0.244	0.094	0.220
高校政策	服务信息化	0.038	0.129						
	就业服务种类	0.027	0.021						
	对外联系程度	0.216	0.128						
	求职补贴	0.281	0.184						
	创业补贴	0.025	0.190						
平台经济政策	平台企业规范程度			0.253	0.150				
	举报申诉畅通			0.130	0.132				
	当地政府平台经济补贴			−0.002	0.158				
	平台就业信息采集			−0.037	0.156				
青年农民工政策	当地疫情防控					0.168	0.121		
	就业单位培训					−0.213	0.116		
创业者扶持政策	政府部门扶持措施							0.075*	0.035
常数项		1.071	0.588	−0.691	0.863	1.992**	0.61	0.484	0.587
R^2		0.649		0.382		0.384		0.413	

注：*$p<0.05$，**$p<0.01$。

3. 疫情影响下相关政策对未就业青年就业行为的影响

探究新冠肺炎疫情对青年就业的影响，探索有效促进青年就业的针对性政策，必然要探讨中宏观政策环境对未就业青年群体就业行为的影响，只有帮助未就业青年群体做好就业准备，提高其就业意愿，方可真正实现促进青年就业的目的。

针对未就业高校毕业生的就业意愿，参照公式（3）研究宏观、中观环境、政策产生的影响。因就业意愿是多分类变量，因此使用多分类 Logistic 回归分析，结果如表 4-4 所示。由表 4-4 结果可知，宏观政策中，对于有转岗需求的灵活就业人员，公共就业人才服务机构提供越多的个性化、精准化的职业指导、岗位推荐服务，高校毕业生积极寻求就业机会的意愿（b=3.12，p<0.01）与继续深造的意愿（b=3.32，p<0.01）相较无就业计划的可能性越高。转岗服务有效提升了未就业高校毕业生的就业意愿，假设 1c 得到了证实。就业歧视负面影响高校毕业生继续深造意愿（b=-0.80，p<0.05），部分证实了假设 3c。而其余宏观就业环境与就业政策对未就业高校毕业生的就业意愿并无显著影响，假设 2c 未得到验证。

高校就业政策中，高校提供的就业服务越全面，未就业高校毕业生表现出积极寻求就业机会（b=0.30，p<0.05）和继续深造（b=0.34，p<0.05）的意愿相较无就业计划表现得更为强烈。也就是说，高校提供丰富的就业服务，对青年就业具有显著的正向促进作用。此外，高校就业服务信息化（b=2.32，p<0.01）与毕业生求职补贴（b=4.07，p<0.01）同样显著提升了未就业高校毕业生的就业意愿。上述结果证实了假设 4c。

而高校对外联系程度（b=-2.95，p<0.01）与创业补贴（b=-4.89，p<0.01）对高校毕业生的就业意愿产生了负向影响，这可能源于高校广泛对外联络与提供创业补贴，提高了学生对创业的期望，从而选择暂缓就业。这与实地调研中发现的结论一致。部分青年群体存在"渴望一夜暴富"的就业心态倾向，诸多学生试图通过"做直播""当明星""搞电商"等方式一夜暴富，而此类心态也造成了其看不上基层岗位、小微企业、民营企业，无法

承受在艰苦贫困地区就业的困难和压力（访谈材料 20210624A）。

此外，值得注意的是，在个人因素中，相较无就业计划而言，年龄越大的未就业毕业生更愿积极寻求就业机会（b = 2.40，p < 0.01）。 因而，高校在为未就业毕业生提供就业服务时，可考虑其个人特征，提供个性化的就业服务。 此外，除了就业歧视对高校毕业生继续深造意愿有所影响外，其余宏观就业环境与就业政策对未就业高校毕业生的就业意愿并无显著影响。

表 4-4　未就业毕业生群体就业意愿的影响因素回归分析结果

指标	影响因素	变量	回归系数	标准误
积极寻求就业机会（相较无就业计划）	个人因素	年龄	2.40**	0.73
		性别男	-1.01	0.68
		婚姻状况已婚	16.23	1777.74
		户籍非农村	1.06	0.69
		健康状况	0.10	0.39
		文化程度	-0.03	0.30
	宏观系统	交通状况	0.66	0.47
		就业歧视	-0.48	0.32
		公共就业服务	-0.16	0.59
		人社服务线上办理	-0.30	0.55
		用人单位补贴	-2.30	1.24
		扩大就业补贴范围	-0.85	1.39
		转岗协助	3.12**	1.00
	高校政策	服务信息化	2.32**	0.74
		就业服务种类	0.30*	0.15
		对外联系程度	-2.95**	0.79
		求职补贴	4.07**	1.23
		创业补贴	-4.89**	1.46
	常数项		-1.99	3.05

续表

指标	影响因素	变量	回归系数	标准误
继续深造 （相较无就业计划）	个人因素	年龄	1.88*	0.75
		性别男	−0.38	0.70
		婚姻状况已婚	17.97	1777.74
		户籍非农村	1.41	0.72
		健康状况	0.38	0.42
		文化程度	−0.09	0.32
	宏观系统	交通状况	0.87	0.51
		就业歧视	−0.80*	0.33
		公共就业服务	−0.04	0.62
		人社服务线上办理	−0.66	0.59
		用人单位补贴	−2.50	1.32
		扩大就业补贴范围	0.35	1.50
		转岗协助	3.32**	1.13
	高校政策	服务信息化	1.34	0.70
		就业服务种类	0.34*	0.15
		对外联系程度	−2.19**	0.76
		求职补贴	2.81*	1.23
		创业补贴	−3.47*	1.48
	常数项		−1.83	3.19
Log likelihood			−132.81**	

注：$N=511$；*$p<0.05$，**$p<0.01$。

参照公式（4）了解宏观、中观就业环境与就业政策对未就业高校毕业生所做就业准备的影响，考虑到就业准备使用累计计分方式测量，近似连续变量，因而使用一般线性回归进行分析，结果如表4-5所示。由表4-5结果可知，高校提供的就业服务对未就业高校毕业生所做就业准备具有显著的正向影响作用。也就是说，在高校政策方面，高校提供就业服务越多，未就业毕业生为就业所做准备也会越多。这一结果再次证明，针对性的就业举措对促进青年就业具有显著的促进作用。而宏观系统中的就业环境与就业政策因素对未就业毕业生的就业准备无显著作用。此外，在个人因素方面，健康状况显著影响未就业毕业生所做的就业准备，在前文对于就业状态的分析中（见表4-2），课题组发现被调查的高校毕业生由于对自身健康状态信心不足，从而导致其更倾向于通过就业寻求保障。这一研究结果在表4-5中得到进一步证实，表4-5结果显示，对自身健康状况越担忧的高校毕业生，其为就业所做准备程度越高。

表4-5　未就业毕业生为就业所做准备的影响因素回归分析结果

影响因素	变量		回归系数	标准误
个人因素	年龄		−0.05	0.18
	性别		0.21	0.20
	婚姻状况	未婚	−0.02	0.45
	户籍		0.00	0.22
	健康状况		−0.31**	0.12
	文化程度		0.04	0.11
宏观系统	交通状况		0.17	0.14
	就业歧视		−0.12	0.09
	公共就业服务		−0.02	0.17
	人社服务线上办理		−0.08	0.18
高校政策	用人单位补贴		0.45	0.33
	扩大就业补贴范围		0.04	0.37
	转岗协助		−0.45	0.32
	服务信息化		0.24	0.23
	就业服务种类		0.32**	0.04
	对外联系程度		0.02	0.23
	求职补贴		−0.02	0.32
	创业补贴		−0.47	0.33
常数项			2.04	1.03
R^2			0.37	

注：$N=795$；$*p<0.05$，$**p<0.01$。

二　研究结果

新冠疫情对我国经济社会造成了全局性、系统性的冲击，复工复产率不足，新增就业岗位有所损失，青年就业环境受到影响，影响到青年就业状况与就业心理，对青年就业者带来较大的就业压力。

（一）疫情对青年就业环境造成了巨大的冲击和影响

疫情增加了青年就业环境的不确定性，复工复产率不足，新增就业岗位有所损失，青年就业受到整体影响，就业结构也随之发生巨大变化。相较来说，互联网、人工智能、云计算等相关产业迎来发展机遇，一定程度上推进了我国产业的转型升级，此次疫情也是推进我国劳动力结构优化的契机。研究发现，青年就业行为与就业心理因微观系统中的年龄、性别、健康状况、文化程度等因素呈现显著差异，实地调研的结果同样呈现宏观、中观、微观因素对青年就业的全方位影响。在宏观系统因素中，转岗服务有效提升未就业高校毕业生的就业意愿。中观层面高校提供丰富的就业服务，对青年就业具有显著的正向促进作用。在个人因素中，相较无就业计划而言，年龄越大的未就业青年群体更愿意积极寻求就业机会，而文化程度越高，就业的可能性反而越小。

（二）疫情增加了青年就业压力

问卷调查的分析结果显示，宏观系统的就业环境，特别是宏观系统中的所受就业歧视状况显著影响了青年群体的就业压力，就业歧视情况越明显，青年就业者的压力越大。同时，在所调查群体中，大多数未就业高中毕业生认为疫情所带来的最为严重的三大影响分别是"岗位缩减，竞争激烈"、"交通管制，出行不便"以及"取消现场招聘会，网上就业信息不足"。尽管众多企业采取了线上网络招聘，但招聘方式的改变也在一定程度上削弱了应聘者与被应聘者双方沟通的流畅度，对青年就业造成了一定冲击。而对已就业高校毕业生群体来说，疫情所带来的就业压力还体现在就业单位复工复产不足、职业暴露风险较大、工作场所人员较为密集和出差频率较高等方面。同时，疫情期间，创业环境趋于恶化，市场相对属于萧条状况，资金周转不足，给青年创业者带来了很大的打击。青年农民工也由于疫情而推迟返城，就业稳定性较差。在宏观系统因素中，单位就业补贴一定程度上减轻了平台经济就业青年的就业压力。

（三）国家实施针对性就业促进政策应对疫情的冲击

为应对新冠疫情对就业带来的冲击，从中央到地方政府都出台了一系列针对性的就业促进政策。各地高校、用人单位、社区也积极提供了各项就业服务，在此基础上，探究新冠肺炎疫情影响下促进青年就业的影响因素对于切实了解现有政策效果及相关主体的就业促进服务效能具有重要意义。研究发现，宏观系统的顶层制度设计与就业环境、中观系统的针对性就业举措，以及微观系统的个体差异均对青年就业群体的就业心理与就业行为产生一定影响，中观系统中高校针对性就业服务，可以有效帮助未就业高校毕业生进行充足的就业准备，并提高其就业或深造意愿。由此可见，疫情期间的针对性就业政策对于促进青年群体就业、改善"懒就业"现象具有积极的促进作用。

同时，个体层面的性别、年龄、健康状况、文化程度等因素对个体就业行为与就业意愿始终具有显著的影响作用，且因其所在就业群体不同而有所区别。由此可见，在促进青年就业政策中，既要考虑宏观就业环境的影响，更应根据所针对群体的特征提供个性化的服务与政策措施。

（四）以针对性政策和个性化服务促进青年就业创业

值得注意的是，宏观系统中促进青年就业的顶层设计，可能因所针对群体不了解相关政策，而无法直接作用于青年群体就业行为，相对而言，中观针对性的就业促进措施能够产生更为直接的就业推动作用。但这并不说明宏观系统中的就业促进顶层政策设计无效。宏观政策的顶层设计能够有效改善就业环境，促成产业升级，降低用人单位风险，稳定与促进就业机会，从而为推动青年就业提供了前提。中观针对性就业举措能够针对特定青年群体的特点，提供精准的就业服务与推动措施，从而有效作用于青年就业行为。微观系统个体差异的存在，表明未来就业促进政策在考虑顶层设计改善就业环境、中观针对性举措有效促进青年就业的同时，也要考虑个体差异，提供更为个性化的就业服务，从而更为有效地推动青年就业。

第五章　疫情影响下青年就业政策
文本分析

　　青年是整个社会力量中最积极、最有生气的力量，国家的希望在青年，民族的未来在青年。[①] 就业是民生之本，青年就业更是就业工作的重中之重，是社会稳定、和谐、健康发展的基础和保障。[②] 党的十八大以来，以习近平同志为核心的党中央高度重视青年就业创业工作，中共中央、国务院制定印发的《中长期青年发展规划（2016-2025年）》，把青年就业创业作为青年发展的十大问题之一，并明确提出要推动完善促进青年就业创业政策体系，进一步完善积极就业政策。[③] 青年的高质量就业关乎社会和谐稳定的大局，对整个经济社会的稳定与发展具有重要的理论和现实意义。

　　在新冠疫情的影响下，"就业"成为政府工作报告中出现的高频词。 2021年政府工作报告明确提出要千方百计稳定和扩大就业，实施"六稳"和"六保"的工

---

①　《纪念五四运动100周年大会在京隆重举行 习近平发表重要讲话》，中华人民共和国中央人民政府门户网站，2019年4月30日，http://www.gov.cn/xinwen/2019-04/30/content_5387961.htm。

②　王朝彬：《习近平总书记关于青年就业重要论述的时代意蕴》，《学校党建与思想教育》2020年第4期，第61~63页。

③　《中共中央 国务院印发〈中长期青年发展规划（2016-2025年）〉》，中华人民共和国中央人民政府门户网站，2017年4月13日，http://www.gov.cn/zhengce/2017-04/13/content_5185555.htm#1。

作框架,就业是"六稳"和"六保"中唯一重叠且排名居首的重点核心工作。[①]
共青团组织作为党带领青年、联系青年、服务青年、团结青年的桥梁和纽带,在疫情期间,与人社、财政、教育等职能部门协同出台发布了大量促进青年就业的政策文件,这些政策文件动员广大青年投身新冠疫情防控工作,尽可能为疫情期间青年群体就业提供帮扶、整合资源、搭建平台,在促进青年就业方面发挥了重要作用。

我国在疫情防控方面取得了巨大成就,积累了大量有益经验。 研究疫情期间促进青年就业的政策及其组合应用,对于应对未来可能发生的公共卫生危机,提升青年就业政策的有效性和针对性、避免盲目性和片面性、完善国家积极就业政策具有重要的理论和现实意义。 因此,本章分析共青团部分省级团委在疫情期间促进青年就业的政策工具的结构应用,探析其政策工具的特点和不足,以期在未来可能发生的公共卫生危机下,促进青年就业、发挥共青团组织在促进青年就业中的作用、提高共青团服务青年的能力。本章共搜集 22 个省份的共青团省级层面团委与青年就业创业相关的政策文本 53 篇,通过政策文本分析法展开研究。

第一节　文献研究和政策分析框架

一　文献研究

在 SARS 疫情销声匿迹了 17 年后,于全球范围暴发的新冠疫情再一次对我国经济社会造成严重影响。 新冠疫情的全球蔓延给世界经济带来深远的影响,尤其是在就业和经济增长方面。[②] 公共卫生危机对经济周期造成重要破坏,[③]

---

① 李涛、孙嫒、邬志辉、单娜:《新冠疫情冲击下我国高校应届毕业生就业现状实证研究》,《华东师范大学学报》(教育科学版) 2020 年第 10 期,第 110~126 页。

② 李春顶、张瀚文:《新冠疫情全球蔓延的就业和经济增长效应》,《国际经贸探索》2021 年第 7 期,第 4~19 页。

③ Gourio, F. "Disaster Risk and Business Cycles" [J]. *American Economic Review*, 2012, Vol. 102, No. 6, 2744-2766.

新冠疫情不仅冲击总需求，而且冲击总供给，[①]其冲击机制主要通过需求渠道、供给渠道和预期渠道产生作用，[②]给宏观经济带来中长期影响。 虽然我国的新冠疫情已基本得到控制，但疫情的发生令许多中小微企业生产销售受阻、成本上升、陷入经营困境、减少用工需求，进而对劳动力市场产生不利影响，大量劳动者失业，同时求职难度加剧。[③] 国内学者陈有华等在构建新冠疫情认知对就业预期影响理论模型的基础上，利用广东和湖北的问卷调研数据实证分析了疫情认知程度对就业预期的影响。[④] 沈国兵指出新冠疫情影响了全球产业链和供应链，对我国外贸和就业造成冲击，加剧了我国大量高校毕业生和农村城镇化人口的就业压力。[⑤] 侯艺探讨了关注青年就业的重要意义，从中美贸易摩擦和新冠疫情的角度分析了当前影响我国青年就业的特殊因素，并针对性提出了保障重点青年就业的政策建议。[⑥] 鲍威等深入分析 2008 年全球金融危机后美国、英国、德国、法国等 7 个发达国家的青年就业扶持政策，为疫情防控常态化背景下促进我国高校毕业生就业提出政策建议。[⑦]

疫情突发以来，全国的就业形势严峻。 据调查，2020 年 2 月中旬前企

① McKibbin, W., Fernando, R. "The Global Macroeconomic Impacts of COVID −19: Seven Scenarios" [J]. *Australian National University*, *Centre for Applied Macroeconomic Analysis Working Paper*, No. 19, 2020.

② Lee, J. W., McKibbin, W. J. "Globalization and Disease: The Case of SARS" [J]. *Asian Economic Papers*, 2004, Vol. 3, No. 1, pp. 113 − 131; Dixon, P. B., Rimmer, M., Muehlenbeck, T., Rimmer, M. Y., Rose, A., Verikios, G. *Effects on the U. S. Economy of a Serious H1N1 Epidemic: Analysis with a Quarterly CGE Model*. Centre of Policy Studies, Monash University, 2009.

③ 孟繁锦、王玉霞、王琦：《疫情期扶持中小微企业发展与保障就业研究》，《工业技术经济》2020 年第 10 期，第 15~20 页。

④ 陈有华、张壮：《新冠肺炎疫情认知对就业预期的影响》，《华南农业大学学报》(社会科学版) 2020 年第 4 期，第 105~119 页。

⑤ 沈国兵：《"新冠肺炎"疫情对我国外贸和就业的冲击及纾困举措》，《上海对外经贸大学学报》2020 年第 2 期，第 16~25 页。

⑥ 侯艺：《保就业背景下青年就业现状研究》，《中国青年研究》2020 年第 9 期，第 107~112 页。

⑦ 鲍威、陈得春、岳昌君：《青年就业扶持政策的国际比较——对后疫情时代中国高校毕业生就业政策的启示》，《教育发展研究》2020 年第 23 期，第 66~76 页。

业的复工率不足 60%，①2020 年 6 月中旬全国复工率从 3 月中旬的 63.1% 提高到 84.2%，截至 2020 年 11 月底全国复工率恢复到 89.7%，失业率从 6 月中旬的 11% 降到 4.4%，疫情影响下就业趋势呈现"V"形特征，劳动力市场在 2 月初的复工率低至 12%，随着 3 月疫情防控的有序开展，劳动力市场活力平稳恢复。② 疫情期间为稳定青年就业，各省区市出台了大量的政策举措，学界对政府应对疫情的各类举措也开展了大量研究。 郑联盛等通过劳动力矩阵和投入产出表构建多部门就业数据库，基于可计算的一般均衡（CGE）模型分析了新冠疫情对中国就业市场的冲击以及政府干预的政策效果。③ 马续补等从政策工具的视角出发，探究现阶段政府在制定突发公共卫生事件应对政策中的特点与不足，为今后相关政策制定及政策体系优化提供了重要参考。④ 代佳欣分析了我国省级地方政府针对疫情危机治理不同阶段的就业政策目标、不同类型就业对象及不同地域社会经济特征，指出地方政府既要综合发挥权威调控、经济孵化和综合型政策工具的监管、杠杆和融合调节功能，又要增强社会服务型政策工具对拉动就业的作用。⑤ 政策工具是政府推动并落实政策措施、实现政策目标的重要手段，⑥它能够反映政策体系的内部构成，帮助政府更好地制定公共政策。⑦ Michael 和 Ramesh 根据政府介入公共物品和提供公共服务的程度，将政策工具分为强制型政策

---

① 朱武祥、张平、李鹏飞、王子阳：《疫情冲击下中小微企业困境与政策效率提升——基于两次全国问卷调查的分析》，《社会科学院文摘》2020 年第 6 期，第 5~7 页。

② 蔡昉、张丹丹、刘雅玄：《新冠肺炎疫情对中国劳动力市场的影响——基于个体追踪调查的全面分析》，《经济研究》2021 年第 2 期，第 4~21 页。

③ 郑联盛、范云朋、胡滨、崔琦：《公共卫生危机对就业和工资的总量与结构影响》，《财贸经济》2021 年第 4 期，第 115~129 页。

④ 马续补、张潇宇、秦春秀：《基于政策工具视角的突发公共卫生事件应对政策研究——以新型冠状病毒肺炎疫情为例》，《情报理论与实践》2020 年第 8 期，第 29~37 页。

⑤ 代佳欣：《重大公共卫生危机治理中的就业政策工具组合——基于省级层面政策的文本分析》，《公共管理评论》2021 年第 2 期，第 86~95 页。

⑥ Salamon L. M., Elliot O. *Tools of Government: A Guide to the New Governance* [M]. Oxford University Press, 2002.

⑦ 范丽莉、唐珂：《基于政策工具的我国政府数据开放政策内容分析》，《情报杂志》2019 年第 1 期，第 148~154 页。

工具、混合型政策工具与自愿型政策工具。[1] Schneidera 等人认为政策工具分为权威型政策工具、诱因型工具、能力建设型政策工具、象征型政策工具以及学习型政策工具。[2] McDonnell 和 Elmore 提出政策工具分为命令型工具、激励型工具、能力建设型工具和系统变革型工具。[3] Rothwell 和 Zegveld 根据政策工具产生影响的着力面不同，将其分为供给型、环境型和需求型政策工具，认为只有当三种政策工具有机结合、平衡使用，才能形成政策合力，发挥出最佳的政策效应。[4] 因此，本章从政策工具的视角出发，运用"政策目标—政策工具"的整合性二维政策文本分析框架，对新冠疫情影响下共青团部分省级团委促进青年就业的政策文本进行量化统计，分析共青团部分省级团委促进青年就业的政策工具的结构，为促进青年就业的政策体系完善提供可供参考的建议，从而提高未来可能发生的公共卫生危机影响下共青团组织服务青年就业的能力和水平。

二　政策文本分析框架

为了更加科学合理地分析新冠疫情期间共青团组织落实疫情防控举措、促进青年就业的政策结构及特征，本书结合新冠疫情不同发展时期应对防控的要求，整合政策目标和政策工具，形成"政策目标—政策工具"的整合性二维政策文本分析框架，对共青团组织统筹疫情防控和青年就业的相关政策文本内容进行分析，为应对未来的公共卫生危机影响下促进青年就业的相关政策体系调整与完善提供学术借鉴（见图 5-1）。

[1] Michael, H., Ramesh, M. *Studying Public Policy: Policy Cycles and Policy Subsystems* [M]. Oxford University Press, 1995, 80-98.

[2] Schneidera, A, Ingram, H. "Behavioral Assumptions of Policy Tools" [J]. *The Journal of Politics*, 1990, Vol. 52, 510-529.

[3] McDonnell, L. M. and Elmore, R. F. "Getting the Job Done: Alternative Policy Instruments" [J]. *Educational Evaluation and Policy Analysis*, 1987, Vol. 9, 133-152.

[4] Rothwell, R. and Zegveld, W. *Industrial Innovation and Public Policy: Preparing for the 1980s and the 1990s* [M]. F. Pinter, 1981.

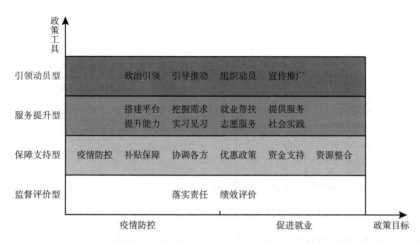

图 5-1 "政策目标—政策工具"的整合性二维政策文本分析框架

（一）政策目标维度

政策目标是决策者通过实施政策所希望达到的结果与目标，[1]它不仅指导决策者科学选择恰当的政策工具，为政策评价提供评判标准，[2]并且同一政策中的政策目标具有多样性，各个政策目标之间或相互促进，或相互约束。[3] 在新冠疫情期间，中央高度重视企业的复工复产，做好就业稳定与促进工作，强调要做好疫情防控期间有关就业的工作，并根据疫情不同阶段的发展形势及时进行政策调整。 共青团各省级团委出台的相关政策中，一是成立新冠疫情防控工作协调小组，动员广大青年立即行动起来投身新冠疫情防控工作，在疫情防控阻击战中充分发挥共青团生力军和突击队的作用；二是做好疫情冲击下共青团组织服务青年就业的工作，结合疫情防控要求，创新招聘会、各项赛事、创业项目评选等开展形式，加强"12355"青少年

---

[1] 杨巧云、乔迎迎、梁诗露：《基于政策"目标—工具"匹配视角的省级政府数字经济政策研究》，《经济体制改革》2021 年第 3 期，第 193~200 页。

[2] 范梓腾、谭海波：《地方政府大数据发展政策的文献量化研究——基于政策"目标—工具"匹配的视角》，《中国行政管理》2017 年第 12 期，第 46~53 页。

[3] 马续补、张潇宇、秦春秀：《基于政策工具视角的突发公共卫生事件应对政策研究——以新型冠状病毒肺炎疫情为例》，《情报理论与实践》2020 年第 8 期，第 29~37 页。

服务台等平台建设，组织动员青年投身志愿服务等计划，整合各项资源为青年提供就业创业相关服务。落实疫情防控和促进青年就业是共青团各省级团委在新冠疫情期间高度关注的两个重点，二者紧密联系，落实疫情防控举措为促进青年就业提供了稳定、安全的就业环境，促进青年就业的过程中必须严格遵守疫情防控要求，将疫情防控常态化贯彻到青年就业的全过程以及各个方面。

本章政策本文分析中的政策目标维度具体划分为疫情防控与促进就业两个方面。其中，疫情防控是指共青团各省级团委出台政策举措成立疫情防控工作协调小组，制定共青团组织参加疫情防控的方案，动员广大共青团员全力以赴支援疫情防控斗争第一线。促进就业是指共青团各省级团委出台政策举措，为青年就业创业提供多样化的服务，提高青年就业创业的能力，尽可能降低新冠疫情对青年就业创业造成的影响。

（二）政策工具维度

政策工具是决策者用于实现政策目标的技术与手段，[1]根据其定义、特点及分类标准，政策工具也可分为不同类型。[2] 通过大量研读共青团各省级团委的相关政策文本，结合共青团组织密切联系青年、服务青年的特点和功能定位，将政策类型划分为引领动员型、服务提升型、保障支持型、监督评价型4类，并对4类政策工具中的具体政策工具进行进一步细化和确定。

（1）引领动员型政策工具是指共青团各省级团委通过主题团日活动、"青年大学习"行动等形式加强对青年的思想政治引领，引导青年树立正确的人生观、价值观、就业观，组织动员相关部门、社会力量及青年为青年就业贡献力量，及时宣传中央及地方关于疫情期间促进青年就业的相关政策举措，主要包括政治引领、引导推动、组织动员、宣传推广4种。

---

① Hawlett. "Policy Instrument, Policy Styles, and Policy Implementation: Nation Approaches to Theories of Instrument Choice" [J]. *Policy Studies Journal*, 1991, Vol. 19, No. 02, 1-21.

② 李津石：《教育政策工具研究的发展趋势与展望》，《国家教育学院学报》2013年第5期，第45~49页。

（2）服务提升型政策工具是指共青团各省级团委积极搭建服务青年就业的相关平台，挖掘青年就业的需求并进行精准对接，为青年提供相关就业创业服务、提升就业创业能力，鼓励青年参与实习见习、社会实践和志愿服务，包括搭建平台、挖掘需求、就业帮扶、提供服务、提升能力、实习见习、志愿服务、社会实践 8 种。

（3）保障支持型政策工具是指共青团各省级团委严格落实相关政策和举措，为青年提供就业帮扶补贴、社会保障等，整合相关资源为青年创业提供优惠政策及资金支持，健全相关人员队伍，主要包括疫情防控、补贴保障、协调各方、优惠政策、资金支持、资源整合 6 种。

（4）监督评价型政策工具是指共青团各省级团委严格按照政策规定落实疫情防控和促进青年就业的相关责任，科学部署各项工作，将任务逐级分解、责任落实到人，对相关工作开展情况进行科学合理的评价考核，主要包括落实责任、绩效评价 2 种。

第二节　省级层面青年就业政策文本编码与分类统计

一　促进青年就业政策文本来源与编码

（一）促进青年就业政策文本来源

选取新冠疫情防控过程中共青团各省级团委促进青年就业的相关政策作为文本分析对象，共青团各省级团委官方网站为政策文本主要获取来源，检索时间从 2020 年初新冠疫情出现至 2021 年 7 月 5 日，使用大数据爬虫 Octopus V8 收集新冠疫情突发以来共青团各省级团委公开发布的落实疫情防控、促进青年就业的 22 个共青团省级团委相关政策 79 篇，并对收集到的政策文本进行筛选和整理，筛除内容效度差的文本，最终获得有效政策文本 22 个省份共计 53 篇。

（二）促进青年就业政策文本编码

政策文本的编码是逐层编码形成条目和类目的过程。 本研究运用 NVivo11 Plus 实现政策文本的编码和内容分析。 政策文本编码的类目主要是共青团各省级团委自新冠疫情突发以来落实疫情防控工作和促进青年就业的 4 类政策工具，即引领动员型、服务提升型、保障支持型、监督评价型。 政策文本编码的条目是 4 类政策工具下具体使用的政策内容。为保证政策文本编码的信度，本研究采取倒序编码、交叉编码和样本试点评估的方法，并在正式编码前进行了多次试编，对试编结果进行充分讨论，确定统一的编码规则。 对 4 类政策工具类目、20 个政策工具条目进行开放式编码完成后，得到政策工具共计 779 条，部分编码过程见表 5-1。

表 5-1　本研究的部分三级数据结构

序号	一阶编码 文本内容	二阶编码条目	三阶编码类目
1	坚持党管青年的政治方向。 从党和国家事业薪火相传、后继有人的战略高度，坚持各级党委对青年工作的集中统一领导，将推动青年发展逐步纳入政府事务。 把思想政治引领融入服务青年之中，让广大青年切实感受到党和政府的关心关怀，增强"四个意识"、坚定"四个自信"、做到"两个维护"，坚定全面建设社会主义现代化国家的信念和决心。［共青团中央印发《关于"十四五"时期推动〈中长期青年发展规划（2016—2025 年））纵深实施的意见》的通知］		
2	通过安全、有效、便捷的形式，迅速组织机关系统党员干部认真学习习近平总书记关于疫情防控工作的重要讲话、重要指示精神及省委常委会、省委专题会议精神，把思想和行动切实统一到习近平总书记重要讲话和重要指示精神上来，统一到党中央、国务院的决策部署上来，统一到省委、省政府的要求上来，深刻认识做好疫情防控工作的重要性、严峻性、紧迫性，以增强"四个意识"、坚定"四个自信"、做到"两个维护"的政治自觉，以把人民群众生命安全和身体健康放在第一位的坚决态度，全力以赴、科学有效做好疫情防控各项工作，在打赢疫情防控阻击战中践行初心使命，体现责任担当。（晋团办发〔2020〕3 号《关于印发〈共青团山西省委机关系统疫情防控工作方案〉的通知》）	政治引领	引领动员型

续表

序号	一阶编码 文本内容	二阶编码条目	三阶编码类目
3	坚持围绕中心服务大局，让推动疫情期间企业有序复工复产成为全市各级团组织的共同行动。在助力企业复工复产同时，要加强安全防护，为团干部和志愿者做好安全培训和示范引导。（《天津共青团助力我市疫情防控期间企业有序复工复产工作制定实施方案》）		
4	引导广大青年坚定理想信念、站稳人民立场、练就过硬本领、投身强国伟业，激励广大青年走技能成才、技能报国之路，推动河南省青年技能运动进一步普及和发展，引导河南省青年转变成才观念、就业观念，积极培养知识型、技能型、创新型青年技能人才。（豫青办联字〔2020〕5号《关于举办2020年全国行业职业技能竞赛——第十六届"振兴杯"全国青年职业技能大赛》）	引导推动	引领动员型
5	引导外出务工青年形成正确的自护意识，各地团组织和人社部门要在增强外出务工青年自护意识上下功夫，根据转移就业主要输入地的实际情况，形成有针对性的疫情防控提示。特别是要做好务工途中的自护宣传工作，引导青年正确使用口罩、消毒用品等防疫物品，养成勤洗手、勤通风等良好卫生习惯，注意好疫情期间卫生安全。（云青联〔2020〕2号《关于做好疫情期间农村青年劳动力转移就业工作的通知》）		
6	积极引导创业青年建言献策、参与社会治理，为北京国际科技创新中心建设发挥作用。（京团发〔2021〕3号《共青团北京市委员会关于印发〈"青创北京"品牌工作方案〉的通知》）		
7	各地市团委要统筹安排好本地区服务青年就业工作，主动对接各相关职能部门，指导所属各级团组织，充分发挥共青团组织动员优势，主办或协办各类服务青年就业服务活动，可根据各地实际开展地区人才、脱贫攻坚专场招聘活动。（《关于做好疫情冲击下广东共青团服务青年就业工作的通知》）	组织动员	引领动员型
8	团省委、省学联负责项目统筹、协调、宣传、推进督导、平台建设等工作；协调各主办单位，做好岗位开发、学生发动等工作；制定各部门和各级团组织岗位开发任务指标，指导推动各级团组织开展"展翅计划"工作。（团粤联发〔2021〕19号《关于印发〈2021年"展翅计划"广东大学生就业创业能力提升行动方案〉的通知》）		

序号	一阶编码 文本内容	二阶编码条目	三阶编码类目
9	成立大赛组委会,组委会由主办单位成员组成,负责大赛的组织领导、统筹协调等工作。 组委会下设办公室,办公室设在省人力资源开发局,具体负责大赛方案设计、组织实施、社会宣传、奖项评定、后勤保障、经费支出、通知印发等工作。 鼓励有条件的市县、大中专院校(含技校)设立赛区组委会,做好赛区宣传动员、报名审核、初赛组织、项目报送、赛事协调、项目宣传、跟踪扶持等工作。(琼人社发〔2020〕98号《海南省人力资源和社会保障厅等六部门关于举办2020年海南自贸港创业大赛的通知》)		
10	加强组织领导,提高工作水平。 为加强大赛的组织领导,团省委、省人力资源和社会保障厅成立大赛组委会,组委会下设办公室(设在团省委青年发展部)负责日常工作。 进一步扩大竞赛覆盖面,鼓励有条件的省辖市举办选拔赛。(豫青办联字〔2020〕5号《关于举办2020年全国行业职业技能竞赛——第十六届"振兴杯"全国青年职业技能大赛》)		
11	结合疫情防控实际和青年特点,广泛动员基层团支部发挥教育职责,在线上线下深入开展"青年大学习"行动,持续完善"导学、讲学、研学、比学、践学、督学"的学习体系。 组织广大青年深入学习领会习近平总书记关于疫情防控工作的系列重要讲话和指示批示精神,特别是习近平总书记给北京大学援鄂医疗队全体"90后"党员的回信精神,着力提升理论学习的思想性、亲和力和渗透度。 组织动员各级青年志愿者组织和志愿者,按照本地化、社区化、组织化、安全第一原则,严格落实自身安全防护和上岗培训,积极参与入境人员疫情监测、排查预警等工作,持续在医疗支持、社区防控、便民服务、复工复产、政策解读、心理疏导、群众帮扶等方面提供务实有效的志愿服务,让广大青年在志愿奉献中切实感受制度优势、进一步坚定制度自信。(豫青字〔2020〕10号《共青团河南省委关于在五四期间组织开展"绽放战疫青春·坚定制度自信"主题宣传教育实践活动的通知》)	组织动员	引领动员型
12	1. 组织化动员。 依托共青团组织体系和团属新媒体、"12355"热线等平台,向基层团组织、团员青年、青联委员、青年企业家等推广两个公益项目,动员广大团员青年在自愿基础上积极参与。 2. 社会化动员。 争取集团客户、企业伙伴支持,同时优化公众捐款渠道,积极争取社会公众参与。 条件成熟时,开通相关网络众筹项目。(鄂青基〔2020〕16号《关于开展"同舟共济 青春偕进"——湖北希望工程关爱抗疫一线医务人员子女及因疫致困青少年特别行动的通知》)		

120

续表

序号	一阶编码 文本内容	二阶编码条目	三阶编码类目
13	围绕政策普及落实，当好企业复工政策"宣传员"。 加强中央和市委、市政府关于疫情防控的一系列重大决策宣传，特别是对"天津市惠企21条措施"内容的宣传，收集汇总全市相关委办局、各区政府及相关单位制定的落实"天津市惠企21条措施"的实施细则和政策措施，落实扶持政策"最后一公里"的问题，为企业纾困助力、排忧解难。(《天津共青团助力我市疫情防控期间企业有序复工复产工作制定实施方案》)		
14	结合青创工作四个方面不同主体、不同流程，把握好时间节点做好选题策划，统筹线上线下、团内团外各种媒体资源，进行品牌推广、成果展示等全链条宣传。 同时通过冠名、赞助、参与等形式与社会相关企业进行合作，拓宽宣传渠道，合理利用相关资源，对合作的企业、参与的企业及品牌项目进行宣传，同时提升活动的影响力。(《共青团北京市委员会关于印发〈"青创北京"品牌工作方案〉的通知》)		
15	强化宣传，扩大影响。 各级团组织要充分利用宣传活动阵地，充分发挥好组织优势，对服务青年促就业工作开展形式多样的宣传报道，充分发挥团属新媒体主阵地作用，畅通信息渠道，让活动信息及时有效传达到位，让每一位有需求的青年学生都能充分了解并参与活动，同时做好对工作典型的宣传报道。(共青团广东省委员会《关于做好疫情冲击下广东共青团服务青年就业工作的通知》)	宣传推广	引领动员型
16	各区各单位要利用电视台、广播、报纸等传统媒体以及微信、微博、短视频平台等新媒体，广泛宣传共青团助力企业复工复产的典型事例和创新做法。 在团内评优评先项目中向参与此项工作的优秀青年典型倾斜，选树一批在天津市疫情防控期间助力企业复工复产中奋勇争先、贡献青春智慧和力量的先进典型。(《天津共青团助力我市疫情防控期间企业有序复工复产工作制定实施方案》)		
17	强化宣传，扩大影响。 各单位、各地市、高校要协同相关部门，充分利用宣传活动阵地和广播、电视、报刊、网络等新闻媒体，深入青年聚集的高校、乡镇、街道等，对"展翅计划"开展形式多样的宣传报道，营造大学生积极参与社会实践的良好氛围，让每一位有实(见)习需求的大学生了解"展翅计划"。(团粤联发〔2020〕1号《关于开展2020年"展翅计划"广东大学生就业创业能力提升行动的通知》)		

续表

序号	一阶编码 文本内容	二阶编 码条目	三阶编 码类目
18	进一步为全省企业和大学生构建双向选择的平台，促进大学生留琼就业，共青团海南省委将以线上线下相结合的形式，举办 2020 年"千校万岗"海南省高校就业实习招聘会。（《关于举办 2020 年"千校万岗"海南省大学生就业实习招聘会的通知》）		
19	搭建线上线下创业"超市"平台，在提供普惠制公共就业服务基础上，按"政府主导、市场运作、公益为主、多方共赢"原则，开展项目对接活动（国外、省外对接），引导社会资源与创新创业项目有效对接，搭建一个各方参与的创新型平台。（琼人社发〔2020〕98 号《海南省人力资源和社会保障厅等六部门关于举办 2020 年海南自贸港创业大赛的通知》）		
20	实施千名青年返乡"春雁行动"。支持返乡青年创业，建立"春雁行动·返乡青年大数据平台"。加强与省内涉农大中专院校、科研院所、农林类产业园、涉农企业等对接，建设 30 家培训基地。积极举荐优秀青年科技人才参加国际性、全国性科技竞赛、评选活动，搭建青年科技人才成长平台。（豫青字〔2020〕6 号《关于印发〈中原出彩河南共青团青春建功"万象"工程实施方案〉的通知》）	搭建平台	服务提升型
21	搭建信息宣传平台。用好团属新闻阵地，同步开展相关采编、采写工作并主动收集整理宣传素材，提供新闻线索；加强与各主流媒体、主要网站的联系协调，持续开展相关报道；利用团属新媒体，围绕省委省政府关于加强复工复产的具体要求，以发布就业岗位为主，融合相关文件解读的内容，积极发布正面信息，帮助广大企业家提振战胜困难的信心。搭建青年就业服务平台。构建网络招聘平台。联合"智联招聘""智招网""创青春"等招聘平台举办线上专场网络招聘会，采用在线视频面试模式，发动符合要求的企业参与专场招聘。（晋团发〔2020〕1 号《关于印发〈在助力全省企业复工复产中充分发挥共青团生力军和突击队作用的实施意见〉的通知》）		
22	建好用好各级网上平台，发挥青联、青科协组织在青年创新引领、招才引智等方面作用，持续办好人才交流会、成果转化会、科技走基层等活动，努力为青年创新人才发挥干才对接资源、搭建平台。开展电商直播季活动，建设运营好青年电商直播选品中心，构建青年电商直播全产业链条。发挥"吉团团帮就业"青年就业信息服务平台作用，提供在线就业服务。（《吉林共青团 2021 年工作要点》）		

续表

序号	一阶编码 文本内容	二阶编码条目	三阶编码类目
23	围绕创新驱动发展，聚焦创新、创业、创意、创效，推动"产学研"深度融合，打造"青创北京"工作品牌，搭建青少年成长平台，培育青少年创新意识，营造社会创新氛围，服务北京"四个中心"功能建设，提升北京共青团的大局贡献度。 通过"三大创意平台、三大创意领域、三大创意成果"，打造"青立方 众创意"青少年创意体系。 活动过程重点打造"三大创意平台"，即青少年创意思想交流平台、青少年创意作品展示平台、青少年创意成果转化平台。 打通政府、高校、企业、社会的融通渠道，形成品牌、资源、平台、人才合力，打造面向北京市青少年的综合性服务平台、资源对接平台和成长成才平台。（京团发〔2021〕3号《共青团北京市委员会关于印发〈"青创北京"品牌工作方案〉的通知》）	搭建平台	服务提升型
24	了解企业受疫情影响情况及金融需求，各级金融团组织及时录制并发布各金融行业支持小微企业和创业青年的政策解读视频和"政策包"，推动融资供需精准匹配。（晋团发〔2020〕1号《关于印发〈在助力全省企业复工复产中充分发挥共青团生力军和突击队作用的实施意见〉的通知》）		
25	"青创北京"将根据不同群体需求做好支持对接工作。 在创新方面聚焦专利申请与成果落地，在创业方面聚焦政策支持与资金帮扶，在创意方面聚焦社会认可度与影响力，在创效方面聚焦荣誉感与获得感。 通过精准需求对接，打造面向各类青年群体的支持、服务平台。（京团发〔2021〕3号《共青团北京市委员会关于印发〈"青创北京"品牌工作方案〉的通知》）		
26	各地市团委需深入各类单位开展调研工作，切实了解用人单位的实际需求，挖掘符合学生需求的多元优质岗位，严禁弄虚作假，虚报岗位。（团粤联发〔2020〕1号《关于开展2020年"展翅计划"广东大学生就业创业能力提升行动的通知》）	挖掘需求	
27	针对当下青年的最迫切需求，突出抓好岗位信息提供和对接工作，并及时梳理、解读、传递党政有关稳就业政策。（共青团广东省委员会《关于做好疫情冲击下广东共青团服务青年就业工作的通知》）		
28	需求为主、适当调控。 根据青年创业需求和市场发展方向，结合项目成熟度和可持续性，适当控制贷款额度和期限。（鄂青联发〔2021〕7号《关于印发〈湖北"青创贷"金融扶持项目实施意见〉的通知》		
29	积极引导有用工需求的企业和有求职需要的劳动者通过互联网实现供需对接，积极发动青联、青企协、青农协会员企业广泛参与，帮助有需求的企业解决用工需求。 了解企业受疫情影响情况及金融需求，各级金融团组织及时录制并发布各金融行业支持小微企业和创业青年的政策解读视频与"政策包"，推动融资供需精准匹配。（晋团发〔2020〕1号《关于印发〈在助力全省企业复工复产中充分发挥共青团生力军和突击队作用的实施意见〉的通知》）		

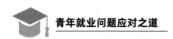

续表

序号	一阶编码 文本内容	二阶编码条目	三阶编码类目
30	加强项目跟踪管理。 各市（州）创业办要认真开展项目管理工作，对已扶持的项目要加强动态追踪，关注创业青年的创业进程和困难需求。［川青办［2020］2号《关于2020年度四川青年创业促进计划（青创计划）工作安排的通知》］	挖掘 需求	
31	畅通青企协信息互助共享交流渠道，持续跟进各级青联、青企协会员企业单位复产经营状况及发展需求，建立网上联系渠道，随时了解、收集、汇总企业和创业青年融资需求，争取天津市金融机构大力支持。（《天津共青团助力我市疫情防控期间企业有序复工复产工作制定实施方案》）		
32	深化共青团服务青年就业工作，特别是针对受疫情影响的高校毕业生求职就业的紧迫需求，精心组织开展"百校千岗"线上就业服务季五四特别行动，通过举办线上专场招聘会、做好国家就业政策解读辅导、开展就业指导和技能培训等举措，为毕业生提供有针对性的就业服务。（豫青字［2020］10号《共青团河南省委关于在五四期间组织开展"绽放战疫青春·坚定制度自信"主题宣传教育实践活动的通知》）		服务 提升型
33	加强就业服务体系建设。 加强就业服务品牌打造，吸引更多团内外资源，搭建各类青年就业服务项目，有效形成完整就业服务闭环，为青年提供一站式就业服务，完善创业青年就业服务体系建设，为帮扶对象提供有针对性的就业服务，将就业信息及时"点对点"通知到帮扶对象。（共青团广东省委员会《关于做好疫情冲击下广东共青团服务青年就业工作的通知》）		
34	建立一个全新的创业服务供给模式，为各类劳动者特别是高校毕业生、返乡创业人员、退役军人等重点就业群体，提供创业咨询、开业指导、项目推介、创业培训、创业担保贷款、孵化基地推介、投资机构对接、市场资源推广等创业服务。（琼人社发［2020］98号《海南省人力资源和社会保障厅等六部门关于举办2020年海南自贸港创业大赛的通知》）	提供 服务	
35	为不同专业技能的选手提供创业帮扶，对接风投资金，让专项人才各展所长，实现更大价值。 针对特别优秀的创业项目，可推介入驻吉林青年新媒体创业园，并享受免收房租、代办代缴、人才招聘、专业咨询、法律咨询等特色服务。（吉团联字［2020］17号《第二届吉林省青年新媒体创意创业大赛活动通知》）		
36	深化青年创业服务工作，加强吉林青年创业园建设，以清单化、图表化、手册化、模板化、机制化方式持续推动完善"青字号"创业孵化体系。深化共青团服务青年就业工作。 深化"千校万岗"就业精准帮扶行动。（《吉林共青团2021年工作要点》）		

续表

序号	一阶编码 文本内容	二阶编码条目	三阶编码类目
37	全年举办"山西共青团助力复工复产大型网络招聘会",并为山西省农村青年提供"一对一"就业指导,开通 11 市分会场,切实做好助力复工复产就业服务工作,推动在全省建立县级农村青年创新创业联盟,支持、扶助 1000 名青年下乡创业。(晋团联发〔2020〕4 号《关于印发〈山西共青团推进"双争双兴"工程 2020 年行动计划〉的通知》)		
38	要强化落实创业担保贷款、税费减免等扶持政策,提供创业咨询指导、创业孵化、融资、法律咨询和事务代理等全方位服务,健全创业培训、创业扶持和创业服务"三位一体"的工作体系。(人社部发〔2020〕59 号《人力资源和社会保障部、财政部、共青团中央关于印发百万青年技能培训行动方案的通知》)		
39	开展天津市青年技能培训行动,以高校毕业生和其他青年群体为培训对象、以提升青年就业创业能力为核心,大规模开展青年职业技能培训,提高青年就业率和创业成功率,扩大和稳定青年就业。(《天津市青年技能培训行动实施方案》)	提供服务	服务提升型
40	结合推进"广东技工""粤菜师傅""南粤家政"培训工程等重点工作,根据需求针对性开展技能培训、岗位推荐以及人岗对接等,转移就业一批、本地就业一批,努力帮助其稳定就业、高质量就业。 开展在线培训。 通过"易学堂"广东大学生职考在线培训平台等专业信息服务平台,为毕业生提供公务员、教师、专插本等职业考试和技能提升培训,助其提升就业能力。(共青团广东省委员会《关于做好疫情冲击下广东共青团服务青年就业工作的通知》)		
41	推荐 5000 名创业青年入驻"创青春"云平台,开展培训 20000 人次,聚焦原始能力提升和关键核心技术攻关,举办青年企业家成长营、青年科技创新学习营,学习匈牙利及中国上海、广东等发达国家和国内沿海地区的前沿科技和创新成果,帮助 1000 名青年企业家和科技工作者提升创新能力。(豫青字〔2020〕6 号《关于印发〈中原出彩河南共青团青春建功"万象"工程实施方案〉的通知》)		
42	切实提升吉林省青年新媒体应用和创新能力,培养创新创业生力军,储备和扶持新媒体创意创业项目,打造省内新媒体创新创业新局面。(吉团联字〔2020〕17 号《第二届吉林省青年新媒体创意创业大赛活动通知》)		
43	发动 3 万名大中专学生参与"挑战杯"系列赛事,提高竞赛的学术性、科技性、普遍性,帮助青年在科创实践中学习科学方法、培养科学精神。开展大学生实习"扬帆计划",帮助青年学生积累职业经验,提升就业能力。(《吉林共青团 2021 年工作要点》)		

续表

序号	一阶编码 文本内容	二阶编 码条目	三阶编 码类目
44	组织企业新招用高校毕业生或在职青年职工等参加1年以上的企业新型学徒制培训。运用企业与技工院校、职业院校、职业培训机构、企业培训中心等企校双师带徒、工学交替培养模式进行。通过企校合作，重点培训与企业岗位相关的理论知识、操作技能、安全生产规范、职业素养等，强化有针对性的理论知识学习和岗位技能训练，把高校毕业生等青年培养成为适合企业发展和岗位需要的高技能人才。组织企业在职青年到技能大师工作室或技工院校进行职业技能研修和实训，强化实际操作技能训练和综合职业素养培养，提升岗位工作能力。加大青年创业支持力度，面向有创业意愿和培训需求的城乡青年，开展有针对性的创业培训。加强创业意识教育、创业项目指导和网络创业等培训，提高创业能力和创业成功率。（人社部发〔2020〕59号《人力资源和社会保障部、财政部、共青团中央关于印发百万青年技能培训行动方案的通知》）		
45	通过四川省青年创业促进会平台，组织导师赴国内外一流高校集中学习、考察、参观等活动，不断提高理论基础，强化自身工作能力及职业素养。定期开展项目巡诊。各市（州）创业办应建立项目巡诊工作常态化机制，定期组织导师进行项目巡诊、会诊，通过导师们群策群力，及时发现、解决创业青年项目运行中出现的问题，提升创业项目质量。（川青办〔2020〕2号《关于2020年度四川青年创业促进计划（青创计划）工作安排的通知》）	提供 服务	服务 提升型
46	2020年"展翅计划"工作以为大学生提供县（区）级以上党政机关、基层一线实习岗位为重点，同时大力开发事业单位、大型企业等优质实（见）习岗位；结合乡村振兴战略，开设"农村基层服务"专题，开发农村、乡镇基层公共服务实（见）习岗位，鼓励动员大学生到农村实习锻炼；结合服务粤港澳大湾区建设总体要求，积极引导港澳台侨在内地高校就读的大学生参加实（见）习，并提供专门服务和实时跟进工作，吸引更多港澳台侨大学生参与广东社会实践，融入粤港澳大湾区发展大局。（团粤联发〔2020〕1号《关于开展2020年"展翅计划"广东大学生就业创业能力提升行动的通知》）		
47	开设"青年见习专区"，积极实施"三年百万青年见习计划""青年就业启航计划"，建立一批青年就业见习基地，开发高质量见习岗位，帮助有灵活就业意向的未就业高校毕业生就业见习，顺利度过择业困难期。根据疫情防控形势，分区域分阶段实施"展翅计划"暑期实习，组织全省大中专院校在校学生到机关、企事业单位和基层实习。（共青团广东省委员会《关于做好疫情冲击下广东共青团服务青年就业工作的通知》）		

续表

序号	一阶编码 文本内容	二阶编码条目	三阶编码类目
48	开展大学生实习"扬帆计划",将符合条件的见习人员和用人企业纳入"三年百万青年见习计划",持续建设大学生就业实习基地、青年就业见习基地。(《吉林共青团2021年工作要点》)		
49	双选成功后,学生与用人单位提前做好沟通,及时了解学生健康状况等信息,双方达成最终实习意向后,实习学生方能持有效身份证件及"健康码"等疫情防控所需材料到实习单位上岗实习,并与实习单位签订实习协议。(川青联发〔2020〕11号《关于开展2020年"逐梦计划"——四川大学生社会实践活动的通知》)	实习见习	服务提升型
50	开展豫籍大学生"返家乡"社会实践活动,建立在外高校学子与家乡团组织联系的制度化渠道,每年组织500名大学生利用假期返乡开展乡土调查、法治宣传、移风易俗等活动,服务家乡建设发展,为家乡振兴做贡献。(豫青字〔2020〕6号《关于印发〈中原出彩河南共青团青春建功"万象"工程实施方案〉的通知》)		
51	结合大学生暑假"三下乡"社会实践,组织生态环保类专业大学生,以水质检测、文明劝导等为重点,开展生态理念宣讲、环保技术服务、巡河护河等活动。(豫青联字〔2020〕20号《关于印发〈关于共同开展百万青年沿黄生态产业发展协作行动的意见〉的通知》)	社会实践	
52	迅速成立疫情防控机构。 根据团中央统一部署,团省委成立了共青团山西省委疫情防控工作协调小组。 各团市委高度重视,迅速成立疫情防控机构,切实做好组织准备和工作准备。 各级团组织主要负责同志要靠前指挥,守土有责、守土尽责,主动与所在地疫情防控指挥部对接,在当地党委和政府统一指挥下有序参与疫情防控工作。(晋团办发〔2020〕2号《共青团山西省委关于各级团组织立即行动起来投身我省新型冠状病毒感染肺炎疫情防控工作的通知》)	疫情防控	保障支持型
53	立足防疫实际,周密安排部署。 各级团组织要结合本地新冠肺炎疫情防控形势,切实加强组织领导和统筹指导,因地制宜抓好疫情防控和主题宣传教育工作,充分发挥各自优势,形成全团集中行动、青少年踊跃参与的生动局面。 要严格落实本地党委、政府对疫情防控工作的有关要求,具备开展线下活动条件的地区要积极部署开展线下活动,制定完善的活动防疫预案,严格控制人数规模,认真做好活动报备、人员排查、体温检测、现场防护等保障工作;不具备开展线下活动条件的地区,要依托网络新媒体积极开展在线学习交流、网上主题团课、网络话题讨论等线上活动。(豫青字〔2020〕10号《共青团河南省委关于在五四期间组织开展"绽放战疫青春·坚定制度自信"主题宣传教育实践活动的通知》)		

续表

序号	一阶编码 文本内容	二阶编 码条目	三阶编 码类目
54	围绕"十四五"时期党和国家重大战略部署,找准共青团工作的结合点着力点,整合拓展中国青年志愿者行动、保护母亲河行动、青年突击队、青年文明号、青年岗位能手、振兴杯等团内品牌工作的时代内涵,切实服务青年实践教育、就业创业和职业发展等需求,团结引领广大青年在贯彻新发展理念、构建新发展格局、实现高质量发展进程中积极作为、贡献力量,继续助力做好疫情防控各项工作。(《吉林共青团2021年工作要点》)	疫情 防控	
55	各级赛事举办中要严格落实疫情防控要求,确保赛事安全、有序进行。(川青联发〔2020〕19号《关于举办第七届"创青春"四川青年创新创业大赛暨第十一届高校毕业生创业大赛的通知》)		
56	各区各单位要坚持围绕中心服务大局,让推动疫情期间企业有序复工复产成为全市各级团组织的共同行动。(《天津共青团助力我市疫情防控期间企业有序复工复产工作制定实施方案》)		保障 支持型
57	2020~2021年,对组织高校毕业生等开展企业新型学徒制培训的,分别按照中级、高级、技师(高级技师)标准,每人每年给予企业5000元、6000元、8000元企业职业培训补贴。(《天津市青年技能培训行动实施方案》)		
58	中国光华科技基金会为此次参加"返家乡"社会实践活动的大学生提供全额的团体意外伤害保险,包含人身意外险、人身寿险、急性病治疗、交通工具意外险等全面保险保障。(《关于开展大学生"返家乡"社会实践活动有关具体事宜的通知》)	补贴 保障	
59	2020~2021年,对组织高校毕业生等开展企业新型学徒制培训的,给予企业每人每年5000元以上的职业培训补贴,培训耗材较高的职业(工种),可提高补贴标准。(人社部发〔2020〕59号《人力资源和社会保障部、财政部、共青团中央关于印发百万青年技能培训行动方案的通知》)		
60	双选成功后,学生应履行相关承诺和实习义务,用人单位应为实习学生提供必要的工作生活保障,有条件的可给予一定的实习津贴或食宿、交通补助。(川青联发〔2020〕11号《关于开展2020年"逐梦计划"——四川大学生社会实践活动的通知》)		

续表

序号	一阶编码 文本内容	二阶编码条目	三阶编码类目
61	组建政策咨询团队。 由省青年文明号组委会成员单位市场监管、税务、海关、财政、人社、国资、卫健、银保监等部门组建"山西青年文明号助力复工复产政策咨询团"。(晋团发〔2020〕1号《关于印发〈在助力全省企业复工复产中充分发挥共青团生力军和突击队作用的实施意见〉的通知》)		
62	实施千名农村青年致富带头人"领头雁"计划。 建立涵盖种植、养殖、农产品加工、农业生产服务、观光休闲农业等领域的农村青年致富人才库。(豫青字〔2020〕6号《关于印发〈中原出彩河南共青团青春建功"万象"工程实施方案〉的通知》)		
63	推进"吉林青年讲师团"计划。 建立完善吉林青年讲师团的管理、考核、使用机制,举办吉林青年讲师团培训班,开展新一轮青年讲师遴选培训,省级青年讲师团不少于100人,各市(州)级青年讲师团不少于50人,每名讲师团成员面向青少年开展分众化宣传阐释不少于5次。 建设县域青年创业组织,依托协会组织,重点开展青年农村电商人才培育、农村青年致富带头人培养。 充分发挥联席会议专家组"智库"作用。(《吉林共青团2021年工作要点》)	协调各方	
64	深入实施青年讲师团、红领巾宣讲团计划。 坚持高标准选拔扩充、高质量培养使用,制作推广慕课、开学第一堂团课等产品,常态化组织讲师团成员深入基层一线、走进青年身边面对面宣讲党的理论和主张。 完善青年讲师团集中备课和管理制度,持续开展"青年讲师团进中学""团干部上讲台"制度。(川青发〔2020〕1号《关于印发〈四川共青团2020年工作要点〉的通知》)		保障支持型
65	各地团组织和人社部门要以外出务工青年优秀典型为主体,组建一支外出务工青年分享交流团队。(云青联〔2020〕2号《关于做好疫情期间农村青年劳动力转移就业工作的通知》)		
66	通过对接机关部门、高校、国有企业、高新科技企业及相关科技园区,对共青团挖掘项目给予优惠支持。(京团发〔2021〕3号《共青团北京市委员会关于印发〈"青创北京"品牌工作方案〉的通知》)	优惠政策	
67	湖北省委网信办负责协调指导新媒体平台、网络直播平台为直播带货提供公益支持;省农业农村厅、省商务厅、省扶贫办负责推荐优质农副产品名录,为直播带货活动开展、企业产品产销衔接、营销渠道拓宽推广等方面提供政策扶持。(《关于组织开展"青春为家乡代言"湖北青年投身疫后经济发展战专项活动的通知》)		

序号	一阶编码 文本内容	二阶编码条目	三阶编码类目
68	为湖北省加快疫后重振、实现高质量发展贡献青春力量，团省委联合省人力资源和社会保障厅、省财政厅、中国人民银行武汉分行等部门，并与相关商业银行合作，继续为在湖北省内创业的青年及小微企业提供湖北"青创贷"金融扶持项目支持。（鄂青联发〔2021〕7号《关于印发〈湖北"青创贷"金融扶持项目实施意见〉的通知》）	优惠政策	保障支持型
69	指导市县为优秀项目落实人力资源和社会保障部门、农业农村部门、退役军人事务部门、扶贫部门等相关扶持创业优惠政策。（琼人社发〔2020〕98号《海南省人力资源和社会保障厅等六部门关于举办2020年海南自贸港创业大赛的通知》）		
70	有需求的项目优先推荐入驻"川渝青年创新创业基地"等创业园区，享受优质创业扶持政策和孵化服务。（川青联发〔2020〕19号《关于举办第七届"创青春"四川青年创新创业大赛暨第十一届高校毕业生创业大赛的通知》）		
71	积极争取各委办局财政资金支持，夯实品牌基础；与社会相关企业进行合作，通过冠名、赞助、参与等形式给予回馈，拓宽资金来源渠道；用好沙龙品牌，拓展定向交流活动，组织企业家与青年面对面交流沟通，实现企业与项目的资金对接。（京团发〔2021〕3号《共青团北京市委员会关于印发〈"青创北京"品牌工作方案〉的通知》）	资金支持	
72	对个人创业担保贷款额度最高不超过20万元；对合伙创业项目，按符合条件个人贷款总额度1.1倍确定贴息贷款额度，上限为200万元；对小微企业创业担保贷款额度不超过300万元。（鄂青联发〔2021〕7号《关于印发〈湖北"青创贷"金融扶持项目实施意见〉的通知》）		
73	适当放宽创业担保贷款条件给予信贷支持，协助对接银行和风险投资机构，提供投融资服务。（琼人社发〔2020〕98号《海南省人力资源和社会保障厅等六部门关于举办2020年海南自贸港创业大赛的通知》）		
74	落实经费保障和相关补贴政策。对参加培训行动的各类青年，按规定给予补贴，所需资金可从职业技能提升行动专账资金中列支。对创办企业成功且经营稳定的，按规定给予创业补贴和优先贷款支持。（人社部发〔2020〕59号《人力资源和社会保障部、财政部、共青团中央关于印发百万青年技能培训行动方案的通知》）		
75	根据青创计划项目实施五年以来，各市（州）创业办公室工作开展情况，结合还款率、评估认证结果及2020年青创计划全省创业扶持资金整体考虑，对2020年相关市（州）配备不同额度的基础创业扶持资金，扶持资金分为A、B、C三类，其中A类300万元，B类100万元，C类50万元。〔川青办〔2020〕2号《关于2020年度四川青年创业促进计划（青创计划）工作安排的通知》〕		

续表

序号	一阶编码 文本内容	二阶编 码条目	三阶编 码类目
76	加大创业担保贷款支持力度。 在津创业青年可申请最高30万元创业担保贷款，贷款期限最长3年，在规定贷款额度、利率和贴息期限内予以贴息。（《天津市青年技能训练行动实施方案》）	资金 支持	保障 支持型
77	汇聚工作资源，统一行动。 注重与青联、青企、青农会等各级团属社会组织的统筹协调，延伸团的工作手臂，促进资源共享、工作互补。 注重整合各类信息化服务平台等社会资源，同一品牌、统一行动，形成示范带动效应。（共青团广东省委员会《关于做好疫情冲击下广东共青团服务青年就业工作的通知》）	资源 整合	
78	通过"青创北京"品牌，整合团市委创新、创业、创意、创效四个领域的品牌活动资源，打通政府、高校、企业、社会的融通渠道。（京团发〔2021〕3号《共青团北京市委员会关于印发〈"青创北京"品牌工作方案〉的通知》）		
79	各级团组织要积极整合资源，大赛组织期间，全力动用全省共青团系统网站、微博、微信等新媒体。（晋团联发〔2020〕8号《关于举办第七届"创青春"山西青年创新创业大赛的通知》）		
80	要有效整合团属各类组织及联系服务的企业、青联委员、青企协会员的资源、信息优势，开发一批工作岗位，在各级团属媒体及各地就业门户网站实时发布。（云南省共青团委《关于做好疫情期间青年就业帮扶工作的提示》）		
81	各市、县团委志愿服务工作相关部室要充分重视，积极行动起来，做好应急预案，按照当地党政的统一指挥和团组织的统筹协调，依法有序开展疫情防控应急志愿服务。（共青团湖南省委办公室《关于开展新型冠状病毒感染肺炎疫情防控应急志愿服务工作的通知》）		监督 评价型
82	各级团组织要周密制定方案，认真研判形势和大学生实习需求，科学部署安排各项工作，安排专人负责日常业务落实，将任务逐级分解、责任落实到人，确保"展翅计划"各项工作有序稳步推进。（团粤联发〔2020〕1号《关于开展2020年"展翅计划"广东大学生就业创业能力提升行动的通知》）	落实 责任	
83	各市县、各单位要按照大赛总体方案的统一要求，结合本地区、本单位实际，推进大赛有序规范实施。 要精心筹划、周密组织，按照规定的时间节点扎实做好大赛各阶段工作。（琼人社发〔2020〕98号《海南省人力资源和社会保障厅等六部门关于举办2020年海南自贸港创业大赛的通知》）		

序号	一阶编码 文本内容	二阶编码条目	三阶编码类目
84	严格把关、快捷办理。 严把各类项目贷款申报的"进口关",确保项目质量;优化审核流程,创新审核方式,确保"应贷尽贷"。(鄂青联发〔2021〕7号《关于印发〈湖北"青创贷"金融扶持项目实施意见〉的通知》)		
85	高度重视,加强领导。 各级团组织要高度重视,切实加强组织领导,紧密结合实际,认真研究部署,指定专人负责,把重点领域、关键环节、突出岗位、工作扎实、善打硬仗的团员和青年组建起来,确保疫情防控工作扎实深入开展。(晋团发〔2020〕1号《关于印发〈在助力全省企业复工复产中充分发挥共青团生力军和突击队作用的实施意见〉的通知》)	落实责任	
86	各级团委书记要作为此项工作的第一责任人,提高政治站位,细化工作措施,健全工作机制,充实工作队伍,统筹做好团委、人社部门的工作对接和协同配合。 各地人社部门要充分履行有组织农村劳动力转移输出工作职责,及时为供需双方搭建对接平台,协调相关部门打通转移输出关口环节,确保顺利组织平安输送。(云青联〔2020〕2号《关于做好疫情期间农村青年劳动力转移就业工作的通知》)		监督评价型
87	团省委将以岗位开发指标完成率、简历处理率、大学生建档率、简历投递率等指标为参考,对各地市、高校开展"展翅计划"工作情况进行通报。(团粤联发〔2020〕1号《关于开展2020年"展翅计划"广东大学生就业创业能力提升行动的通知》)		
88	务求实际效果。 沿黄河九省(区)团委要突出工作亮点,坚持效果导向,有重点地落实项目内容,充分结合现有工作项目和平台载体,充分考虑项目运行的实际特点,做到出实招、做实事。(豫青联字〔2020〕20号《关于印发〈关于共同开展百万青年沿黄生态产业发展协作行动的意见〉的通知》)	绩效评价	
89	将各部门(单位)疫情防控工作开展情况纳入2020年度部门(单位)考核指标内容。 个人表现作为组织部门考察识别干部的重要依据。(晋团办发〔2020〕3号《关于印发〈共青团山西省委机关系统疫情防控工作方案〉的通知》)		

资料来源:根据编码分析过程整理所得。

二 促进青年就业政策文本分类统计

促进青年就业的过程中,共青团各省级团委不同类别政策工具的使用情况差异较大。　从图 5-2 来看，服务提升型政策工具使用频数最高，形成了搭建平台、挖掘需求、就业帮扶等 8 项，共计 321 次；其次是引领动员型政策工具，包括政治引领、引导推动等 4 项，使用频数为 249 次；保障支持型政策工具，包括疫情防控、补贴保障、协调各方等 6 项，使用频数 160 次；监督评价型政策工具使用频数最少，主要是落实责任和绩效评价，使用频数仅有 49次。　这反映了共青团各省级团委对于服务提升型政策工具和引领动员型政策工具使用较为频繁，在新冠疫情的影响下，通过出台大量政策举措，发挥共青团组织对于青年群体就业创业工作的引领统合作用，动员青年积极投身疫情防控工作的同时，协调整合社会各界资源，为青年的就业创业提供机会和扶持等服务。　与此同时，共青团组织也注重促进青年就业过程中的一系列保障措施，保证共青团组织开展服务青年就业创业一系列工作的顺利进行。

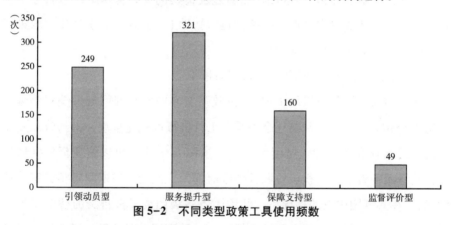

图 5-2　不同类型政策工具使用频数

资料来源：根据编码结果整理所得。

第三节　青年就业政策文本目标—工具分析

一　促进青年就业政策目标维度分析

（一）促进青年就业政策目标演进趋势分析

在疫情的不同发展阶段，随着时间的推移和疫情发展态势，共青团各省级团委不断调整政策手段，以适应不同时期的要求，政策的目标也会随之发生变化。在新冠疫情的影响下，共青团各省级团委在落实中央疫情防控要求的同时，促进青年就业创业。

总体而言，在新冠疫情期间，疫情防控政策工具的使用总频次与其余政策工具使用总频次相差较大。从政策工具使用趋势上来看，疫情防控政策工具的使用大致呈下降趋势，在疫情突发扩散期，共青团各省级团委使用较多的疫情防控政策工具严格落实疫情防控要求，此后疫情逐步有效控制，疫情防控政策工具的使用逐渐减少；其余政策工具的使用频次总体呈上升趋势，疫情初期共青团各省级团委高度重视疫情对青年就业造成的影响，随着疫情逐渐得到控制，共青团组织使用了大量的政策工具缓解疫情给青年就业创业带来的影响和压力。这反映在新冠疫情期间，共青团组织将服务青年摆在首位，在落实好中央疫情防控措施的基础上，运用大量多样化的政策工具保障疫情期间青年稳定就业创业。

（二）促进青年就业政策发布部门分析

通过对共青团各省级团委的53份政策文本的发布部门进行编码整理，运用 NVivo11 Plus 的"网络社会关系"工具进行可视化呈现，得到政策发布部门的网络社会关系图（见图5-3）。从图5-3中，可以发现新冠疫情期间，共青团各省级团委积极协调各个政府部门，促进疫情期间青年稳定就业创业。在共青团中央的指导下，共青团各省级团委发挥自身的桥梁纽带作用，联合了各省级人力资源和社会保障厅、教育厅、财政厅、民政厅、科学技术厅等部门，整合服务资源，搭建平台，宣传推广相关就业信息，通过举办创业大赛、技能大赛、技能培训等方式提升青年的就业创业能力；联合省国资委、发改委、商务厅、工商业联合会、省属企业团工委、金融团工委助力疫情期间行业和企业尽快复工复产，从而保障劳动力市场对青年就业群体的需求；联合各省级农业农村厅、扶贫工作办公室、学生联合会、退役军人事务厅关注农村青年、高校毕业生、退役军人青年等重点群体的就业创业工作。

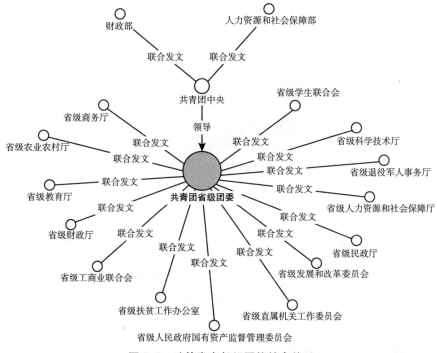

图 5-3　政策发布部门网络社会关系

资料来源：根据编码结果整理所得。

二　不同类型促进青年就业政策工具使用比例分析

（一）各类工具的使用占比

通过对共青团各省级团委相关政策文本的政策工具使用频数进行统计，得到图 5-4 不同类型政策工具的使用占比。从图 5-4 中可以发现，在新冠疫情期间，共青团各省级团委促进青年就业的政策以服务提升型和引领动员型政策工具为主，辅以保障支持型政策工具，同时通过监督评价型政策工具对相关工作开展状况加以评价监督。这也反映出共青团组织在促进青年就业中的功能和角色定位。新冠疫情影响下在促进青年就业中，共青团组织发挥枢纽作用，引领青年积极就业创业，动员整合多方力量为青年就业创业提供帮扶，提升青年就业创业能力，尽可能给予青年

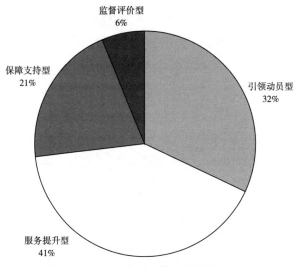

图 5-4　不同类型政策工具使用占比

资料来源：根据编码结果整理所得。

全面多样的政策保障和补贴。

（二）各类工具中次级工具的使用占比

1. 引领动员型政策工具的使用

在新冠疫情期间，共青团各省级团委充分发挥自身的引领动员、宣传推广的作用。动员青年积极支援疫情防控、参与社会治理，引导广大青年坚定理想信念、站稳人民立场、练就过硬本领、投身强国伟业，引导本省（区市）青年转变成才观念、就业观念，积极培养知识型、技能型、创新型青年技能人才。首先，组织动员约占引领动员型政策工具的36%，这主要是由于此次新冠疫情对青年造成一定程度上的心理恐慌和焦虑情绪，共青团组织需要对青年开展组织动员，凝聚青年力量，消除恐慌情绪；其次是宣传推广和引导推动分别占引领动员型政策工具的29% 和 28%，这体现了共青团组织在疫情期间宣传推广促进青年就业的相关政策、信息等，提高青年对于疫情期间防控要求、就业形势、就业信息的了解程度，避免由于信息不对称加大青年的就业压力和阻碍；同时共青团组织还加强对于青年的政治引领，通过推进"青年大学习"行动等方式，加强青年对思想政治理论知识的学习，引导青年深入学习习近平新时代中国特色社会主义思想，把引导青少年坚定制度自信作为重中之重（见图5-5）。

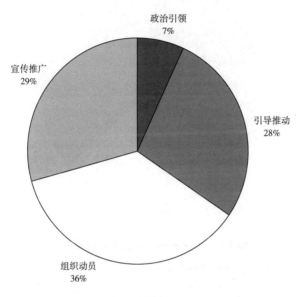

图5-5　引领动员型政策工具使用占比

资料来源：根据编码结果整理所得。

2. 服务提升型政策工具的使用

服务提升型政策工具为疫情期间青年就业创业提供了大量就业帮扶，减轻了青年就业创业面临的压力。从对新冠疫情期间共青团各省级团委的服务提升型政策工具的统计（见图5-6）来看，疫情期间，共青团组织通过提供服务、搭建平台为青年就业创业提供相应服务，二者分别占服务提升型政策工具的28%和22%；共青团组织还十分重视青年就业创业能力的提升，在服务提升型政策工具中，提升能力约占16%；再次，共青团组织充分挖掘青年就业创业、企业复工复产的需求，并给予精准对接，同时鼓励青年投身志愿服务活动，挖掘需求、志愿服务政策工具均占服务提升型政策工具的

11%；最后，共青团组织全面摸排青年就业创业情况，采取措施鼓励青年参与实习见习和社会实践活动。

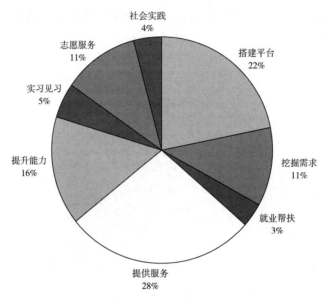

图 5-6　服务提升型政策工具使用占比

资料来源：根据编码结果整理所得。

3. 保障支持型政策工具的使用

保障支持型政策工具是共青团各省级团委为保障疫情期间促进青年就业创业工作顺利开展而采取的一系列措施。通过对新冠疫情期间共青团各省级团委的保障支持型政策工具的统计（见图 5-7），可以发现疫情期间协调各方占保障支持型政策工具的 31%，共青团各省级团委非常注重健全青年人才库，夯实青年人才队伍，一方面培养青年"带头人"，建立青年人才库，通过"带头人"和优秀人才带动广大青年共同发展成长，另一方面全面梳理导师库信息，为青年就业创业提供咨询服务；另外，疫情防控占保障支持型政策工具的 19%，资源整合占保障支持型政策工具的 16%，资金支持占保障支持型政策工具的 16%，补贴保障占保障支持型政策工具的 12%，而优惠政策占比较少，仅占保障支持型政策工具的 6%。

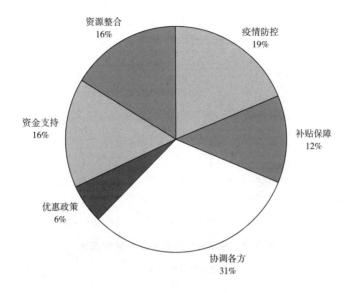

资源整合
16%

疫情防控
19%

补贴保障
12%

协调各方
31%

优惠政策
6%

资金支持
16%

图 5-7　保障支持型政策工具使用占比

资料来源：根据编码结果整理所得。

4. 监督评价型政策工具的使用

监督评价型政策工具有助于落实疫情期间促进青年就业的各方责任，提高工作的效率和质量。新冠疫情期间，共青团各省级团委的监督评价型政策工具主要包括落实责任和绩效评价，通过对两种监督评价型政策工具的统计（见图5-8），可以发现落实责任占监督评价型政策工具的63%，共青团各省级团委多次强调各地各单位要高度重视疫情期间促进青年就业创业工作，完善相关工作的组织领导，明确工作任务和分工，加强工作部署，将责任落实到个人；绩效评价占监督评价型政策工具的37%，在明确相关工作责任后，要对工作开展情况进行科学合理的评价监督，建立年度评估、中期调整机制，总结进展情况，梳理经验做法、困难障碍，并适时调整优化工作路径、任务目标。

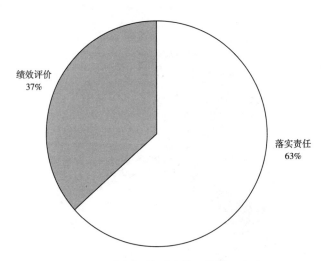

图 5-8　监督评价型政策工具使用占比

资料来源：根据编码结果整理所得。

第四节　青年就业政策工具组合应用

一　疫情不同阶段的促进青年就业政策工具组合

针对疫情不同阶段的政策目标，共青团各省级团委的政策工具呈现不同的组合形态。

在疫情突发扩散期，疫情大范围扩散，导致企业停工停产甚至面临破产倒闭的风险，这对青年就业造成了巨大的压力和心理恐慌。在这一阶段，共青团各省级团委集中制定了综合以"引""帮""保"为支撑的政策工具组合，使用的工具手段中，引领动员型政策工具最多，达到 34 条，其次是服务提升型政策工具 28 条，保障支持型政策工具 27 条，监督评价型政策工具 10 条。一方面，共青团组织要稳定好青年的情绪，引导青年积极应对突如其来的新冠疫情，整合青年的力量支援疫情防控工作；另一方面，共青团组织要整合各方资源帮助企业尽快复工复产，稳定青年就业。例如疫情初期，广东省人力资源和社会保障厅、广东省教育厅、广东省财政厅、广东省交通运输厅、广东省卫生健康委联合发布了《关于做好疫情防控期间有关就业工作的通知》，要求全力确保重点企业复产用工，引导企业和劳动者有序复工，关心关爱受疫情影响劳动者，支持各类企业稳定岗位，完善高校毕业生就业举措，全天候全覆盖开展线上就业服务。共青团山西省委立刻发出《共青团山西省委关于各级团组织立即行动起来投身我省新型冠状病毒感染肺炎疫情防控工作的通知》和《关于印发〈共青团山西省委机关系统疫情防控工作方案〉的通知》，落实中央应对疫情工作领导小组的有关政策，制定支援疫情防控的工作方案，要求各级团组织做好宣传和舆论引导工作，及时准确地发布权威信息，组织应急志愿服务力量。共青团湖南省委发布《关于开展新型冠状病毒感染肺炎疫情防控应急志愿服务工作的通知》，要求各市、县团委志愿服务工作相关部室要充分重视，积极行动起来，做好应急预案，配合当地党政和团组织，依法有序组织应急志愿服务。

在疫情防控处理期，全国各地采取严格的疫情防控举措，经过两个多月的努力，全国疫情得到了初步控制。在这一阶段，共青团各省级团委使用的政策工具手段以"帮"为主，辅以"引+保"的政策工具，其中，服务提升型政策工具大幅增加，达到120条，其次是引领动员型政策工具66条，保障支持型政策工具50条，监督评价型政策工具10条。在落实疫情防控措施的同时，共青团组织采取了大量政策工具缓解此次疫情对青年就业创业带来的冲击。例如广东省人民政府印发了《广东省进一步稳定和促进就业若干政策措施》，要求统筹做好新冠疫情防控和经济社会发展工作，以更大力度实施好就业优先政策，多措并举促进各类群体就业，支持企业稳定岗位，开发更多就业岗位，促进劳动者多渠道就业，进一步鼓励创业带动就业，向高校毕业生等重点就业群体提供基层就业补贴、小微企业社会保险补贴等，同时提升劳动者技术技能水平，加大困难人员托底帮扶力度，强化就业服务供给。共青团广东省委发布了《关于做好疫情冲击下广东共青团服务青年就业工作的通知》，抓好"展翅计划"广东共青团促进高校毕业生就业专项行动、贫困家庭青年就业促进行动、"展翅计划"广东大学生就业创业能力提升行动三个就业服务专项，加强青年就业信息服务平台、就业见习实习基地和就业信息工作机制的建设。 共青团山西省委出台《在助力全省企业复工复产中充分发挥共青团生力军和突击队作用的实施意见》，积极对接人社就业部门，发动各级青联委员企业、青企协会员单位、青农协会员单位、青创联盟成员单位等"青"字号组织和国有大型骨干企业、驻晋央企开发更多就业用工岗位，就近就地招录农村青年就业，拓展高校毕业生择业渠道。 共青团云南省委发布了《关于做好疫情期间青年就业帮扶工作的提示》，运用能力提升型政策工具、保障支持型政策工具，持续推进"千校万岗"大中专学生就业精准帮扶行动，以"梦在远方，路在脚下——共青团与你同行"系列活动和"千校万岗"大中专学生就业精准帮扶行动为平台，征集就业岗位，帮助大学生实现就业。

在疫情恢复消减期，全国各省份新冠疫情病例逐渐清零，这一阶段共青团各省级团委发布政策文件较少，为尽可能缓解此次疫情对于青年就业的冲击，各省区市在此前发布的政策基础上，进一步完善青年就业的相关就业政策。 例如海南省人力资源和社会保障厅、海南省教育厅、海南省农业农村厅、海南省退役军人事务厅、海南省扶贫工作办公室、共青团海南省委联合发布了《关于举办 2020 年海南自贸港创业大赛的通知》，综合运用引领动员型政策工具、服务提升型政策工具、保障支持型政策工具以及监督评价型政策工具，发挥海南省创业大赛品牌效应，激发创业创新热情，引导更多创业人才服务海南自由贸易港建设，引领新业态促进产业升级，推动创业带动就业；北京市人力资源和社会保障局、北京市教育委员会、北京市财政局联合发布了《关于做好 2020 届北京地区高校毕业生求职创业补贴发放工作的补充通知》，将北京地区院校有求职创业意愿的湖北籍 2020 届高校毕业生全部纳入求职创业补贴发放范围。

在疫情波动散发期，全国新冠疫情基本得到控制，疫苗研发成功并广泛接种，但全球疫情形势依然严峻，疫情境外输入风险较高，疫情防控稍有不慎便会发生局部反弹，疫情防控常态化融入我国经济社会发展的方方面面。这一阶段，共青团各省级团委的政策工具使用逐渐演变为"引"和"帮"双管齐下，以"保"和"督"为支持的政策工具组合，从而促进共青团各省级团委相关政策有效落地。 服务提升型政策工具达到 170 条，其次是引领动员型政策工具 143 条，保障支持型政策工具 80 条，监督评价型政策工具 28 条。 共青团各省级团委发布政策的目标逐渐转变为在疫情防控常态化背景下努力促进青年有序就业创业。 例如《共青团北京市委员会关于印发〈"青创北京"品牌工作方案〉的通知》，围绕创新驱动发展，聚焦创新、创业、创意、创效，推动"产学研"深度融合，打造"青创北京"工作品牌，搭建青少年成长平台，培育青少年创新意识，营造社会创新氛围。 北京市人力资源和社会保障局、北京市财政局联合发布了《关于深入推进职业技能提升行动"互联网+职业技能培训"工作的通知》，要求深入推进"互联网+职业技能培训计划"，发挥职业技能提升行动在援企稳岗工作中的关键作用，切实增强培训针对性实效性，加强新职业人才培养。 湖北省为加快疫后重振、实现高质量发展贡献青春力量，共青团湖北省委联合省人力资源和社会保障厅、省财政厅等部门联合发布了《湖北"青创贷"金融扶持项目实施意见》，与相关商业银行合作，为在湖北省内创业的青年及小微企业提供湖北"青创贷"金融扶持项目支持。

二　疫情期间不同省份的青年就业政策工具组合

通过对各省份 4 类青年就业政策工具进行统计整理，可以发现各省份青年就业的政策工具呈现不同的结构（见图 5-9）。 22 个省、自治区、直辖市采取的监督评价型政策工具均占比较少，其余三类政策工具的组合应用各有不同。 吉林省、云南省、广东省、山东省以服务提升型政策工具为主，服务提升型政策工具占比超过 40%；河北省、天津市、湖北省、北京市、西藏自治区、内蒙古自治区以服务提升型和保障支持型政策工具为主；广西壮族自治区、辽宁省、浙江省、陕西省、四川省、山西省的引领动员型、服务提升型、保障支持型政策工具的占比较为均衡；河南省、宁夏回族自治区以引领动员型和服务提升型政策工具为主，两种政策工具占比之和超过 70%；江苏省、海南省以保障支持型政策工具为主，保障支持型政策工具占比超过40%；黑龙江省和湖南省的服务提升型政策工具占比最少，服务提升型政策工具占比不到10%，以引领动员型和保障支持型政策工具为主。

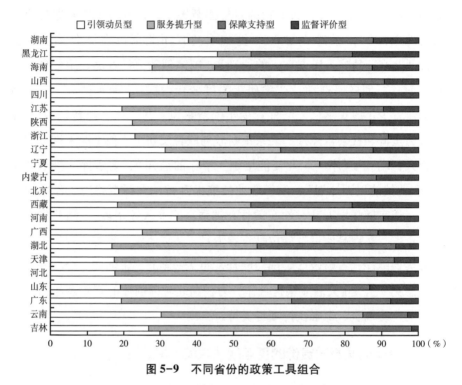

图5-9 不同省份的政策工具组合

资料来源：根据编码结果整理所得。

三 疫情期间不同施策对象的青年就业政策工具组合

通过对共青团各省级团委的相关政策文本进行编码整理，发现新冠肺炎疫情下，共青团各省级团委政策工具的对象主要包括高校毕业生、青年创业者、青年农民工，高校、企业、银行及风险投资机构。新冠疫情对不同群体的影响具有差异性，共青团各省级团委针对不同对象，运用了不同的政策工具组合，进行分类施策（见表5-2）。

表 5-2 不同政策对象的政策工具组合

政策对象	政策工具	政策工具组合
高校毕业生	开展高校毕业生需求调研 就业岗位募集和对接 开展高校毕业生就业指导 开展高校毕业生在线培训 助力高校毕业生实习见习 传递就业创业政策及信息 引导高校毕业生形成就业观	引领动员型 服务提升型 保障支持型
青年创业者	为创业青年提供政策指导 加强资金支持 提供创业导师指导等帮扶 举办创业大赛	引领动员型 服务提升型 保障支持型
青年农民工	举办专场招聘会 开展跨区域人岗对接 开展职业技能培训 促进就近就业创业 提供关爱帮扶	引领动员型 服务提升型 保障支持型
高校	开展校内宣传活动 指导学生遴选岗位、投递简历 收集学生需求 做好学生上岗实习的跟踪服务工作	引领动员型 保障支持型 监督评价型
企业	与社会相关企业合作宣传 开发高质量实习见习岗位 面对面交流活动实现资源匹配 举办校企岗位对接会	引领动员型 保障支持型 监督评价型
银行及风险投资机构	协助对接提供投融资服务 为创业青年及小微企业提供金融扶持项目支持	引领动员型 保障支持型 监督评价型

对于高校毕业生、青年创业者、青年农民工等青年就业主体,共青团各省级团委综合运用"引领动员型+服务提升型+保障支持型"的政策工具组合。 共青团针对高校毕业生群体开展毕业生就业创业需求调研,积极募集就业岗位并进行精准对接,及时开展高校毕业生的就业指导培训和咨询工作,结合疫情防控要求为高校毕业生提供在线培训服务,鼓励高校毕业生参

加实习见习，传递就业创业政策及信息，引导高校毕业生形成正确的择业观、就业观。针对青年创业者，为其提供相关的创业政策指导，组建创业导师团队为青年创业者提供培训、问诊、咨询等帮扶活动，加强对于青年创业的创业资金扶持工作，通过举办创业大赛激发青年的创新精神，对于大赛的获胜者提供优惠政策服务和融资支持并纳入当地青年创业孵化基地。针对青年农民工，举办青年农民工专场招聘会，开展跨区域人岗对接，开展相关职业技能提升培训，鼓励返乡农民工就近就业创业，并为其提供一对一、点对点的关爱帮扶。

高校、企业、银行及风险投资机构是促进青年就业的重要桥梁，共青团各省级团委综合运用"引领动员型+保障支持型+监督评价型"的政策工具组合。对于高校，共青团各省级团委要求高校积极开展疫情期间促进就业的校内宣传活动，并指导学生遴选岗位、投递简历，及时收集学生的就业创业需求，对于成功签订劳动合同的学生做好诚信等方面的岗前培训，做好学生上岗实习的跟踪服务工作。对于企业，共青团各省级团委积极与社会相关企业合作，加强政策和服务宣传，鼓励引导企业开发高质量的实习见习岗位，联合企业举办针对青年的面对面交流活动，从而实现资源、供需的精准匹配和对接，举办校企岗位对接会。对于银行及风险投资机构，共青团各省级团委对接相关机构为青年创业者提供融资服务，以总额滚动、分期实施、需求为主、适当调控、严格把关、快捷办理的原则为创业青年及小微企业提供金融扶持项目支持，从而加快疫后重振，实现高质量发展。

第五节 研究发现

本章通过政策文本分析法，运用 NVivo11 Plus 软件，对新冠疫情影响下共青团各省级团委为促进青年就业所采取的政策文本和政策工具进行量化统计分析，经过研究发现，共青团各省级团委在促进青年就业的政策制定中有其自身的特点。第一，共青团各省级团委在政策制定和落实过程中的枢纽协调作用较为明显。疫情期间，共青团各省级团委充分发挥自身联系青年的作用，与多个部门联合发布政策，开展促进青年就业创业的相关行动。第二，在疫情期间，共青团各省级团委较少直接发布疫情防控的相关政策文件。 共青团各省级团委更多通过将疫情防控举措融入促进就业的相关政策中等方式落实中央的疫情防控要求，例如将线下活动转为线上等。 第三，共青团各省级团委在促进青年就业的过程中积极发挥作用，引导青年树立正确的就业观，疏解疫情期间青年对就业产生的恐慌感，提升青年就业者的专业技能，保障青年就业环境稳定。 在新冠疫情的影响下，共青团各省级团委共采取了 249 条引领动员型政策工具和 321 条服务提升型政策工具，引导青年有序就业，动员并整合各方力量为青年就业提供帮扶。

第二篇

实践对策篇

第六章　疫情下促进青年就业的广东实践

近年来，广东省不断出实招、新招支持新业态、新模式蓬勃发展，是吸纳青年劳动力就业的大省，并且面对新冠疫情，广东省是全国复工复产最快的省份之一。疫情期间，广东省依托"战疫应援招聘专区""共享员工计划"等项目为医护物资生产企业以及零售餐饮类的企业提供平台招聘支持，促进企业复工复产，为青年就业创业营造良好稳定的环境；搭建"云校招live"平台响应共青团中央的"千校万岗，就业有未来"计划，联合"易展翅""南方人才网""兼职猫""智联招聘""国聘行动""百度百聘"等社会化合作平台开展"展翅计划"专区招聘，精准对接青年就业创业需求和企业用工需求，拓宽青年就业创业的渠道。

自 1989 年起，广东省的地区生产总值连续居全国第一位，成为中国第一经济大省，经济总量占全国的 1/8。广东省内有珠江三角洲，有具全球影响力的先进制造业基地和现代服务业基地，是全国科技创新与技术研发基地以及全国经济发展的重要引擎，也是中国人口集聚最多、创新能力最强、综合实力最强的三大城市群之一。广东省深圳市更是中国经济改革和对外开放的"试验场"，率先建立起了比较完善的社会主义市场经济体制，创造了世界工业化、城市化、现代化史上的奇迹，是中国改革开放 40 余年辉煌成就的精彩缩影。2019 年 8 月 9 日，中共中央、国务院发布了《关于支持深圳建设中国特色社会主义先行示范区的意见》，计划到 2025 年深圳经济实力、发展质量跻身全球城市前列，到 2035 年深圳高质量发展成为全国典范，城市综合经济竞争力世界领先，成为我国建设社会主义现代化强国的城市范例，深圳又迎来新的发展机遇。

因此，课题组选择了广东省作为"新冠肺炎疫情影响下促进青年就业的实现路径与政策建议"课题调研的目的地之一，梳理广东省促进青年就业的政策、举措，从而为政府及学界提供实践方面的参考借鉴。

第一节　疫情下广东省青年就业的现状

一　研究设计

（一）研究对象

为了对研究对象和研究问题形成更清晰明确的认识，本书对研究对象进行了限定。根据《中长期青年发展规划（2016-2025 年）》，青年的年龄范围是 14~35 岁。[①] 根据《中华人民共和国劳动法》，"就业"是指具有劳动能力的公民在法定劳动年龄内，依法从事某种有报酬或劳动收入的社会活动。[②] 因此，结合《中长期青年发展规划（2016-2025 年）》和《中华人民共和国劳动法》中的相关定义和规定，课题所研究的青年就业是指法定劳动年龄 16~35 周岁，具备劳动能力和劳动愿望的劳动人口所从事的为获取报酬或收入进行的活动，主要研究对象包括广东省就业创业的高校毕业生、青年创业者、青年农民工以及平台经济就业青年。其中，高校毕业生是指完成法定学习程序，已具备毕业条件，且具备一定劳动能力的高校毕业生；青年创业者是指年龄范围在 16~35 周岁，某一创业活动、创业项目的发起

[①] 《中共中央 国务院印发〈中长期青年发展规划（2016-2025 年）〉》，中华人民共和国中央人民政府门户网站，2017 年 4 月 13 日，http://www.gov.cn/zhengce/2017-04/13/content_5185555.htm#1。

[②] 《〈中华人民共和国劳动法〉注释本》，法律出版社，2019，第 14 页。

者，或活跃于企业创立活动成长阶段的经营者；青年农民工是指年龄范围在16~35 周岁，常住地在城市，户籍地在乡村，进城从事非农业生产的青年劳动力；平台经济就业青年是指年龄范围在 16~35 周岁，在平台上充当"商品和服务独立提供商"的青年。

各省份研究对象均同此，之后不再赘述。

（二）研究方法

本研究使用质性研究方法，在自然情境下采用文本法、访谈法、调研法等多种资料收集方法，通过与研究对象互动对社会现象进行探讨，使用归纳法分析资料。[①] 通过以上研究方法，本研究意在全面了解新冠疫情影响下广东省在促进青年就业方面推出的政策举措，深入探究广东省青年就业创业的现实状况、面临的困境及其原因，运用归纳法逐步提炼资料的核心观点。

在资料收集方面，结合新冠疫情的防控过程，课题组对企业复工复产及促进青年就业情况进行工作梳理和关键环节的精准调研。 2020 年 12 月11~15 日，课题组赴广州市、深圳市开展重点调研，由于当时疫情仍未结束，因此调研采取线上与线下相结合的方式进行。 课题组分别在共青团广东省委员会以及共青团深圳市委员会开展了座谈会，广东省青年创业就业促进中心主任参与了座谈会，同时参会的还有共青团深圳市委员会工作人员；广东省青少年事业研究与发展中心的研究实习员；广东 ZXXXKJ 有限责任公司、广州 JWXXKJ 有限公司、HJXSPJX 有限公司、广州 WXHLWKJ 有限公司、ZXCT、深圳市 XZD 公益基金会等企业及社会组织的负责人及职工；广东水利电力职业技术学院、香港中文大学等高校的学生代表以及青年创业代表。 课题组对共青团以及政府相关部门工作人员、青年企业家及职工、高校在读学生及应届毕业生学生代表等进行了访谈，并实地走访了广东 BDLKJ有限公司、广州市 RXWLKJ 有限公司、ZGJY 广东总部、XS 公司、LFH 孵化器、STDJQR 有限公司等企业，共得到了 14 份一手访谈调研资料（见表 6-1）

---

① 陈向明：《质的研究方法与社会科学研究》，教育科学出版社，2000，第 12 页。

表 6-1　广东省促进青年就业调研情况

调研时间	调研主体	调研部门	受访者职位	访谈内容	受访人数	受访人次	访谈时间	录音字数	调研材料
2020年12月11日	共青团广东省委	广东省青年创业就业促进中心	主任朱某	1. 疫情背景下共青团组织及政府为复工复产出台的政策及采取的措施；2. 疫情影响下共青团组织及政府为促进青年就业创业出台的政策及采取的措施；3. 目前政策及措施的不足之处	8人	19人次	225分钟	5.2万字	访谈材料20201211A
		广东省青少年事业研究与发展中心	研究实习员黄某	1. 青年就业创业存在的问题；2. 疫情影响下未来促进青年就业创业的建议					
	广东ZXXXKJ有限责任公司		总裁喻某	1. 企业经营状况；2. 疫情对原本招聘计划的影响；3. 对于国家及地方优惠政策的了解及受享程度；4. 为适应疫情及市场变化，企业的转型策略					
	广州JWXXKJ有限公司	公共事务部	经理方某	1. 企业经营状况；2. 疫情对原本招聘计划的影响；3. 对于国家及地方优惠政策的了解及享受程度					
	HJXSPJX有限公司		CEO李某	1. 企业经营状况；2. 疫情对原本招聘计划的影响；3. 对于国家及地方优惠政策的了解及受享程度					

续表

调研时间	调研主体	调研部门	受访者职位	访谈内容	受访人数	受访人次	访谈时间	录音字数	调研材料
	广州 WXHLWKJ 有限公司	人力资源部	经理梁某	1. 疫情对原本招聘计划的影响；2. 对于国家及地方优惠政策的了解及享受程度	8人	19人次	225分钟	5.2万字	访谈材料20201211A
		员工	家政师刘某	1. 选择当前行业的原因；2. 疫情对就业/工作的影响；3. 疫情期间工资收入情况；4. 疫情期间的心理状况					
2020年12月11日	广东水利电力职业技术学院	学生	应届毕业生刘某	1. 疫情对原本就业计划的影响；2. 疫情期间就业压力状况；3. 对国家及地方相关政策的了解程度；4. 对当前的就业服务及政策的满意程度；5. 就业或实习过程中需要哪些帮助					
	广东 BDLKJ 有限公司	负责人 A		1. 企业经营状况；2. 创业的行业、时间及原因；3. 企业应对疫情防控的举措	2人	7人次	71分钟	0.9万字	访谈材料20201211B
		负责人 B		1. 疫情期间企业核心业务情况；2. 对于国家及地方优惠政策的了解及享受程度；3. 为适应疫情及市场变化，企业的转型策略					

续表

调研时间	调研主体	调研部门	受访者职位	访谈内容	受访人数	受访人次	访谈时间	录音字数	调研材料
2020年12月11日	广州市RXWLKJ有限公司	CEO	李某	1. 企业经营发展状况; 2. 疫情对原本招聘计划的影响; 3. 对于国家及地方优惠政策的了解及享受程度	2人	8人次	77分钟	1.6万字	访谈材料20201211C
		咨询专线	负责人白某	1. 企业在疫情期间服务青年就业群体的举措; 2. 青年在就业创业过程中存在的短板; 3. 帮助青年就业创业的方法					
	ZGJY广东总部	CEO	张某	1. 企业经营发展状况; 2. 企业在疫情期间的业务开展情况; 3. 为适应疫情市场变化,企业的转型策略	2人	6人次	89分钟	1.5万字	访谈材料20201211D
		人力资源部门	负责人A	1. 疫情期间员工状况及招聘途径; 2. 对于国家及地方优惠政策的了解及享受程度					
	共青团深圳市委		莫某	1. 疫情背景下共青团组织及政府为复工复产出台的政策及采取的措施; 2. 疫情影响下共青团组织及政府为促进青年就业创业出台的政策及采取的措施; 3. 目前政策及措施的不足之处	5人	15人次	143分钟	2.1万字	访谈材料20201214A
2020年12月14日	ZXCT		总监朱某	1. 企业经营发展历程; 2. 疫情期间企业复工复产状况; 3. 对于国家及地方优惠政策的了解及享受程度; 4. 企业在疫情期间扶持青年就业创业的举措; 5. 青年创业者普遍面临的挑战					

续表

调研时间	调研主体	调研部门	受访者职位	访谈内容	受访人数	受访人次	访谈时间	录音字数	调研材料
2020年12月14日	香港中文大学	供应链和物流管理专业	在校学生林某	1. 疫情对原本就业计划的影响; 2. 疫情期间就业压力状况; 3. 对国家及地方相关政策的了解程度; 4. 就业或实习过程中需要哪些帮助	5人	15人次	143分钟	2.1万字	访谈材料20201214A
	青年创业者代表		金融专业在读博士林某	1. 创业的行业、时间及原因; 2. 当前创业项目的开展情况; 3. 疫情对原本创业计划的影响; 4. 对国家及地方相关政策的了解及享受程度; 5. 创业过程中需要哪些帮助					
2020年12月15日	深圳市XZD公益基金会		秘书长赵某	1. 基金会运营发展历程; 2. 疫情期间复工状况; 3. 社会组织如何促进青年就业创业; 4. 对于国家及地方优惠政策的了解及享受受程度	5人	12人次	111分钟	1.4万字	访谈材料20201215A
	XS公司		创始人陈某 负责人A 负责人B 负责人C 员工D	1. 企业经营发展历程; 2. 疫情期间复工复产情况; 3. 员工流动及招聘情况; 4. 对于国家及地方优惠政策的了解及享受程度; 5. 疫情对公司及员工造成的影响					

续表

调研时间	调研主体	调研部门	受访者职位	访谈内容	受访人数	受访人次	访谈时间	录音字数	调研材料
2020年12月15日	LFH 孵化器		负责人 A 负责人 B 负责人 C	1. 孵化器的发展历程； 2. 疫情期间孵化器的运营情况； 3. 孵化器扶持青年创业的举措； 4. 青年创业者普遍存在的短板； 5. 未来孵化青年创业的举措	3 人	8 人次	89 分钟	1.1 万字	访谈材料 20201215B
	STDJQR 有限公司		负责人 A 负责人 B	1. 企业经营状况； 2. 疫情对原本招聘计划的影响； 3. 对于国家及地方优惠政策的了解及享受程度； 4. 为适应疫情及市场变化，企业的转型策略	2 人	7 人次	96 分钟	1.2 万字	访谈材料 20201215C

资料来源：课题组根据 2020 年 12 月 11～15 日在广东省的调研整理所得。

及政策文档材料（见表6-2），从而把握新冠疫情下广东省企业复工复产的现实情况及挑战，深入了解疫情期间青年就业的状况以及遇到的困难，梳理共青团及政府相关部门促进青年就业发布的政策文件，了解政府在疫情期间对于企业补贴政策的落实情况。

表6-2　疫情下广东省促进青年就业政策及工作文件

序号	政策文件	解决问题	针对人群	相关部门	编号
1	《关于推进2020年广东省普通高校毕业生就业工作的若干政策措施》	贯彻落实《教育部关于应对新冠肺炎疫情做好2020届全国普通高等学校毕业生就业创业工作的通知》（教学〔2020〕2号），做好2020年广东省普通高校毕业生就业工作	2020年广东省普通高校毕业生	广东省教育厅广东省人力资源和社会保障厅广东省科技厅广东省卫生健康委广东省国资委共青团广东省委员会广东省征兵办	文档材料20201211A
2	《关于做好疫情冲击下广东共青团服务青年就业工作的通知》	贯彻中央、省委关于稳就业和脱贫攻坚的决策部署，落实团中央关于做好疫情冲击下青年就业工作的有关要求	广东省青年劳动力	共青团广东省委员会	文档材料20201211B
3	《2020届广东省高校毕业生就业攻坚行动方案》	拓展高校毕业生就业渠道，努力实现高校毕业生就业总体稳定，力争广东省2020届高校毕业生就业率8月底达到70%以上，年底前达到90%左右	2020届广东省高校毕业生	广东省就业工作领导小组办公室（广东省人力资源和社会保障厅）	文档材料20201211C
4	《关于实施"展翅计划"服务广东青年就业情况的报告》	以"展翅计划"为依托，高质量开展大学生实习活动，多措并举助力青年促就业，开展毕业生职业技能培训	广东省青年劳动力	共青团广东省委员会	文档材料20201211D

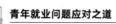

续表

序号	政策文件	解决问题	针对人群	相关部门	编号
5	《关于开展2020年"展翅计划"广东大学生就业创业能力提升行动的通知》	全面深化"展翅计划"广东大学生就业创业能力提升行动，全年在党政机关、事业单位、大型企业、基层一线等单位中开发不少于10万个高质量实（见）习岗位，为大学生广泛参与社会实践、提升就业创业能力搭建广阔平台	广东省大学生	共青团广东省委员会 中共广东省直属机关工作委员会 广东省教育厅 广东省人力资源和社会保障厅 广东省科学技术厅 广东省民政厅 广东省人民政府国有资产监督管理委员会 广东省工商业联合会 广东省学生联合会	团粤联发〔2020〕1号
6	《关于印发〈2021年"展翅计划"广东大学生就业创业能力提升行动方案〉的通知》	全年通过组织动员和社会化、市场化相结合的方式，募集不少于10万个各类型实习见习重点岗位。以在职干部（职工）或一、二级企业员工总人数的10%为参考比例提供大学生实习岗位	广东省大学生	共青团广东省委员会 广东省教育厅 广东省人力资源和社会保障厅 广东省科学技术厅 广东省民政厅 广东省人民政府国有资产监督管理委员会 广东省工商业联合会 广东省学生联合会	团粤联发〔2021〕19号
7	《广东省人民政府关于印发广东省进一步稳定和促进就业若干政策措施的通知》	统筹做好新冠肺炎疫情防控和经济社会发展工作，以更大力度实施好就业优先政策，多措并举促进各类群体就业，确保全省就业大局稳定和经济社会持续健康发展	青年就业创业者	广东省人民政府	粤府〔2020〕12号
8	《广东省人民政府关于印发广东省进一步稳定和扩大就业若干政策措施的通知》	扎实做好"稳就业"工作、全面落实"保居民就业"任务，强化就业优先政策，推动实现更加充分更高质量就业，确保全省就业大局稳定和经济社会持续健康发展	青年就业创业者	广东省人民政府	粤府〔2021〕13号

续表

序号	政策文件	解决问题	针对人群	相关部门	编号
9	《关于做好疫情防控期间有关就业工作的通知》	根据《人力资源社会保障部 教育部 财政部 交通运输部 国家卫生健康委关于做好疫情防控期间有关就业工作的通知》（人社部明电〔2020〕2号）精神，切实做好疫情防控期间有关就业工作	青年就业创业者	广东省人力资源和社会保障厅 广东省教育厅 广东省财政厅 广东省交通运输厅 广东省卫生健康委	文档材料20201211E
10	《关于做好高校毕业生和急需紧缺人才网络招聘工作的通知》	切实做好广东省疫情防控期间高校毕业生和急需紧缺人才网络招聘工作，有效满足疫情防控保障、公共事业运行、群众生活必需及其他涉及重要国计民生的事业单位对人才的迫切需求	高校毕业生急需紧缺人才	广东省人才服务局	粤人才服〔2020〕8号
11	《2021年广东省高校毕业生就业创业十大行动方案》	坚持把高校毕业生就业作为就业工作重中之重，坚持市场就业和政府推动相结合、区域发展和人才成长相协调，精准施策、多方发力、畅通匹配，千方百计加大高校毕业生就业岗位供给，拓展高校毕业生就业渠道，引导高校毕业生更多向基层、向粤东粤西粤北地区流动，力争广东省应届高校毕业生就业率7月底达70%以上、年底前达90%以上，确保高校毕业生就业总体稳定	广东省高校毕业生	广东省就业工作领导小组	文档材料20201211F

资料来源：根据课题组2020年12月11~15日在广东省的调研整理所得。

二 疫情下青年就业的状况

（一）严格科学防控疫情，有序推进复工复产

企业科学有序复工复产是促进青年就业的前提和保障。新冠疫情突发后，广东省密切关注周边省市的疫情防控状况，及时研判、准确决策。2020 年 1 月 23 日，广东省启动广东省重大突发公共卫生事件一级响应，[①]及时做出封闭隔离的决策，为疫情防控争取到宝贵的时间，有效控制住疫情在广东省扩散的趋势，从而为企业复工复产提供有力保障。在防控新冠疫情的同时，为稳定劳动关系，尽可能降低失业率，广东省人力资源和社会保障厅发布了《关于积极应对新型冠状病毒感染肺炎疫情做好劳动关系相关工作的通知》，要求全力维护劳动关系稳定，保障职工工资报酬权益，合理安排未返粤复工职工休息休假，保障企业正常生产经营秩序，保障职工停工停产期间待遇。[②] 2020 年 2 月 6 日，广东省政府正式印发《关于应对新型冠状病毒感染的肺炎疫情支持企业复工复产促进经济稳定运行的若干政策措施》，进一步加大保障企业复工复产工作力度，降低企业用工成本，减轻企业经营负担，加大财政金融支持，优化政府服务，全力支持和推动受疫情影响的各类企业复工复产。[③] 2020 年 2 月 26 日南方电网广东电网公司公布的电力监测大数据显示，疫情突发后广东省复工复产半个月以来，广东企业复工率已超过 80%。[④] 广东省委、省政府印发了《关于统筹推进新冠肺炎疫情防控和经济社会发展工作的若干措施》，强调要精准稳妥推进复工复产，依托"粤商通""粤政易"等平台，建立企业诉求快速响应机制，开展

---

① 《广东省决定启动重大突发公共卫生事件一级响应》，广东省卫生健康委员会网站，2020 年 1 月 23 日，http://wsjkw. gd. gov. cn/zwyw_gzdt/content/post_2878900. html。

② 《广东省人力资源和社会保障厅关于积极应对新型冠状病毒感染肺炎疫情做好劳动关系相关工作的通知》，广东省人力资源和社会保障厅门户网站，2020 年 1 月 31 日，http://www. gd. gov. cn/gdywdt/zwzt/yqfk/gdzc/content/post_2930806. html。

③ 《来了！广东推出应对疫情支持企业复工复产 20 条！》，广东省人民政府门户网站，2020 年 2 月 6 日，http://www. gd. gov. cn/zwgk/zcjd/mtjd/content/post_2886263. html。

④ 《电力大数据：广东复工率复产率强势提升》，新华网，2020 年 2 月 26 日，http://www. xinhuanet. com/2020-02/26/c_1125630215. htm。

全链条网上政务服务，提高复工复产服务便利度，进一步稳定和促进就业。① 同时，广东省为精准推进复工复产，科学防控疫情，针对医疗机构、社区（乡镇、村）、办公场所和公共场所、工业企业和建筑施工企业、商场服务区、托幼机构、客运站场及交通运输工具、中小学校、大专院校、养老机构、儿童福利院、园区等行业和领域分别制定了新冠疫情防控工作指引和疫情防控技术方案，根据疫情防控的发展及时更新相关内容并通过官方渠道公布，从而实现科学精准防控新冠疫情，推进行业安全有序复工复产。

2020 年 3 月 10 日，广东省 18 个地市、97.6% 的县区已连续 14 天无新增确诊病例，13 个地市实现确诊病例动态清零，广东省全力推动行业协会商会帮助企业科学精准防疫、有序复工复产。② 2020 年 5 月 9 日零时起广东省新冠疫情防控应急响应级别调整为三级响应。③ 2020 年 5 月 13 日，广东省人民政府新闻办举行发布会指出，根据税务部门提供的数据，2020 年 4 月广东经济运行总体上已恢复到上年同期水平，广东全省 21 个市开票销售收入超上年同期水平的有 19 个，比 3 月增加 15 个，各市复工复产进度迈上新台阶，前期复产较慢的部分传统优势制造业在 4 月也有了较大提升。④ 同时，广东省新型冠状病毒肺炎疫情防控指挥部发布了《关于做好新冠肺炎疫情常态化防控工作的实施意见》，坚持预防为主、分类指导、快速响应、落实责任的常态化防控原则，推动经济社会秩序全面恢复，为做好"六稳"

---

① 《省委省政府印发〈关于统筹推进新冠肺炎疫情防控和经济社会发展工作的若干措施〉》，广东省人民政府门户网站，2020 年 2 月 27 日，http://www. gd. gov. cn/gdywdt/gdyw/content/post_2909589. html。

② 《广东 18 地市连续 14 天无新增 13 地市动态清零》，新华网，2020 年 3 月 11 日，http://www. gd. xinhuanet. com/newscenter/2020-03/11/c_1125695027. htm。

③ 《广东省新冠肺炎疫情防控应急响应级别调整为三级响应》，新华网，2020 年 5 月 8 日，http://www. xinhuanet. com/2020-05/08/c_1125957273. htm。

④ 《税收数据折射广东复工复产新态势：4 月份总体上已恢复至去年同期水平》，新华网，2020 年 5 月 13 日，http://www. xinhuanet. com/fortune/2020-05/13/c_1125981595. htm。

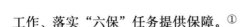

工作、落实"六保"任务提供保障。①

疫情进入常态化防控阶段后，国外疫情输入风险较大，国内局部疫情散发。2021 年 5 月 25 日，广东省新增本土确诊病例 1 例，新增本土无症状感染者 3 例。② 广东省委常委会暨省新冠肺炎防控领导小组（指挥部）立刻召开会议，要求科学防治精准施策全力以赴做好应对处置工作，坚决防止疫情扩散蔓延，进一步筑牢联防联控、群防群控严密防线，统筹推进疫情防控和经济社会发展各项工作，③千方百计稳定物资供应，做好防控物资和生活必需品双保障，引导企业做好防疫物资生产。

（二）政府及共青团组织发力促进青年就业

2020 年 2 月 13 日，广东省委常委会暨省新冠肺炎防控领导小组（指挥部）迅速召开会议，审议《广东省进一步稳定和促进就业若干政策措施》，研究部署广东省稳就业的各项工作，强调要高度关注疫情给就业带来的影响，在疫情防控中抓好就业优先政策落实，加大援企稳岗力度，全省各级党委政府要切实履行稳就业主体责任，推动稳定和促进就业若干政策措施尽快落地见效。④ 广东省人力资源和社会保障厅为促进各类市场主体尽快复工复产，不断深挖与开发新岗位，围绕推进"六稳""六保"重点工作落实、扩大有效投资、更好地保障和改善民生，紧紧围绕"战疫情、保就业、惠民生、促发展"主题，着力推动稳定就业，组织各类人力资源服务机构开展战"疫"公益联盟行动，积极搭建网上招聘、在线面试服务等平台，为企业用

---

① 《广东省新型冠状病毒肺炎疫情防控指挥部关于做好新冠肺炎疫情常态化防控工作的实施意见》，广东省人民政府门户网站，2020 年 5 月 13 日，http://www.gd.gov.cn/gdywdt/zwzt/yqfk/gdzxd/content/post_2994035.html。

② 《2021 年 5 月 26 日广东省新冠肺炎疫情情况》，广东省人民政府门户网站，2021 年 5 月 26 日，http://www.gd.gov.cn/gdywdt/zwzt/yqfk/qktb/content/post_3290959.html。

③ 《省委常委会暨省新冠肺炎防控领导小组（指挥部）召开会议 科学防治精准施策全力以赴做好应对处置工作 坚决防止疫情扩散蔓延 李希主持会议》，广东省人民政府门户网站，2021 年 5 月 27 日，http://www.gd.gov.cn/gdywdt/zwzt/yqfk/gdzxd/content/post_3292181.html。

④ 《省委常委会暨省新冠肺炎防控领导小组（指挥部）召开会议审议〈广东省进一步稳定和促进就业若干政策措施〉李希主持会议》，广东省人民政府门户网站，2020 年 2 月 16 日，http://www.gd.gov.cn/gdywdt/zwzt/yqfk/gdzxd/content/post_2897710.html。

工提供免费供需对接、人员招聘、线上培训等专业化人力资源服务。① 广东省教育厅、广东省人力资源和社会保障厅、广东省科技厅、广东省卫生健康委、广东省国资委、共青团广东省委员会、广东省征兵办印发了《关于推进 2020 年广东省普通高校毕业生就业工作若干政策措施的通知》，要求拓宽高校毕业生就业渠道，推进高校毕业生实习见习计划，助力开展大规模招聘活动，加强就业指导和困难帮扶，加大高校毕业生就业扶持力度，鼓励高校毕业生自主创业，实施部分职业资格"先上岗、再考证"阶段性措施，并优化高校毕业生就业服务政策。 2020 年 3 月，广州市政府推出进一步稳定和促进就业政策措施，千方百计稳定物资供应，做好防控物资和生活必需品双保障，引导企业做好防疫物资生产。 疫情发生以来，广东省各级政府相关部门多措并举促进青年就业，2020 年 1~8 月，广东省实现城镇新增就业 83.38 万人，完成年度目标任务 120 万人的 69.5%；二季度城镇登记失业率 2.43%，控制在年度目标 3.5%以内。②

2021 年 8 月，广州市"稳定和扩大就业"政策再升级，在贯彻落实国家和省政策的同时，结合广州市实际提出了八条政策措施，灵活就业社保补贴等 7 项补贴"提标扩面"或延长期限，新增 9 项促进就业创业补贴。 另外，广东省全面拓宽了灵活就业人员参保渠道，取消了参保门槛，同时还取消了外省籍和本省跨市流动的灵活就业人员在就业地参加企业养老保险的参保年限等限制条件，为异地户籍灵活就业人员打开了参保的方便之门。③ 佛山市人力资源公共服务中心系统从就业扶持政策、创业扶持政策、综合扶

---

① 《广东多措并举"稳就业" 今年前 8 个月实现城镇新增就业 83.38 万人》，广东省人民政府门户网站，2020 年 9 月 15 日，http://www.gd.gov.cn/gdywdt/zwzt/yqfk/gdzxd/content/post _3085729.html。

② 《广东多措并举"稳就业" 今年前 8 个月实现城镇新增就业 83.38 万人》，广东省人民政府门户网站，2020 年 9 月 15 日，http://www.gd.gov.cn/gdywdt/zwzt/yqfk/gdzxd/content/post _3085729.html。

③ 《多方共同发力，维护新就业形态劳动者权益》，广东省人力资源和社会保障厅门户网站，2021 年 9 月 13 日，http://hrss.gd.gov.cn/dsxxjy/bss/content/post_3517247.html。

持政策三个方面梳理了广东省高校毕业生就业创业扶持政策清单，[1]并及时通过官方渠道发布，加大疫情期间就业创业政策的宣传力度，帮助青年就业创业者用好、用足政策。2021年广东省全省城镇新增就业140.33万人，完成年度任务127.6%，接近恢复往年同期水平。[2]

此外，共青团广东省委员会也发布了《关于做好疫情冲击下广东共青团服务青年就业工作的通知》，提出要重点抓好三个就业服务专项：一是深入实施"展翅计划"广东共青团促进高校毕业生就业专项行动，继续开展"千校万岗"大中专学生就业帮扶行动；二是扎实开展贫困家庭青年就业促进行动，聚焦未脱贫人口，根据需求针对性开展技能培训、岗位推荐以及人岗对接等；三是继续深化"展翅计划"广东大学生就业创业能力提升行动，引导暂未就业的毕业生通过"展翅计划"实现就业或开展见习（文档材料20201211B）。

（三）企业积极响应政府及共青团组织号召促进青年就业

疫情期间，在共青团广东省委员会及政府相关部门促进青年就业的同时，广东省的企业也尽力为促进青年就业奉献自己的力量。2020年8月上旬，有58家国企参与了广东省举行的"就业攻坚专项行动"，为促进高校毕业生顺利就业，2020年广东省国有企业扩大招聘规模，有超过4万个岗位面向高校毕业生。[3]另外，广东省还引导每家规上民营企业拿出1个以上岗位吸纳广东高校或广东籍高校毕业生就业。[4]广东省科技、培训领域的

---

① 《广东省高校毕业生就业创业扶持政策清单》，佛山市政府人才网，2021年9月7日，https://www.fsrlzy.cn/article/1711？typeId=zcfg&topic=jycy。
② 《省人社厅召开就业工作新闻发布会》，广东省人力资源和社会保障厅微信平台，2022年1月17日，https://mp.weixin.qq.com/s/2wcFUC7oih6jRP26LVYIAA。
③ 《广东多措并举"稳就业" 今年前8个月实现城镇新增就业83.38万人》，广东省人民政府门户网站，2020年9月15日，http://www.gd.gov.cn/gdywdt/zwzt/yqfk/gdzxd/content/post_3085729.html。
④ 《广东省人民政府关于印发〈广东省进一步稳定和扩大就业若干政策措施〉的通知》，广东省人民政府门户网站，2021年3月14日，http://www.gd.gov.cn/gkmlpt/content/3/3242/post_3242111.html#7。

企业也积极发力，通过搭建线上招聘平台、提供线上就业创业技能培训等方式助力青年就业。

例如疫情期间广州 JWXXKJ 有限公司在共青团广东省委员会的指导下先后推出了"战疫应援招聘专区""共享员工计划"等项目为医护物资生产企业以及零售餐饮类的企业提供平台招聘支持，"战疫应援招聘专区"在疫情时协助全国 237 家企业实现复工复产，"共享员工计划"在上线一个月内帮助全国 4000 名员工实现共享（访谈材料 20201211A）。

为帮扶疫情期间应届毕业生就业，2020 年 4 月广州 JWXXKJ 有限公司推出了"云校招 live"平台，自上线以来积极响应团中央的"千校万岗，就业有未来"计划，在共青团广东省委和广东省学联的指导下，开展了"展翅计划"专区招聘活动，助力了超过 10000 名毕业生线上就业（访谈材料 20201211A）。

广州市 RXWLKJ 有限公司在疫情期间开发心理热线，通过线上热线的形式为公众提供心理服务，抓住复工复产的契机，受疫情影响虽然招聘增量未能达到预期，但与 2019 年相比招聘人数仍然增加了 15%（访谈材料 20201211C）。

ZGJY 广东总部则通过线下培训向线上培训的转型，快速抓住了大量青年学员的培训需求，不裁员、不降薪、增招聘、还加薪，2020 年 ZGJY 广东总部招聘人数增加了 20%（访谈材料 20201211D）。

第二节　疫情下广东省青年就业存在的问题及原因分析

一　疫情的反复波动影响青年就业环境

广东省在新冠疫情突发初期采取了有效的防控措施，是全国复工复产最快的省份之一，2020 年 2 月 10 日广东省正式复工以来，除了全力服务推进企业复工复产外，也在大力协调上下游产业链企业复工复产，①南方电网广东电网公司 2020 年 2 月 26 日公布的电力监测大数据显示，复工复产半个月来，广东企业复工率已超过 80%，并且复工率、复产率都强势提升。② 在全球疫情开始暴发后，国内转为常态化疫情防控，"内防扩散、外防输入"，广东省出现局部疫情的散发，疫情的反复波动和疫情防控常态化导致企业难以迅速恢复到疫情前的生产力和生产秩序，对青年就业的环境造成影响。

广东 BDLKJ 有限公司的负责人讲道，作为大数据分析行业的小微企业，在疫情期间研发智能测温仪，在反复测算达到上线要求后，由于疫情期间测温芯片等硬件难以大规模生产，智能测温仪的项目只能搁置，浪费了较多的人力、物力，直到 2020 年 4 月才逐渐走出低谷，而其他一些小微企业就没能走出低谷，很多都没能扛过这次疫情（访谈材料 20201211B）。

二 高校毕业生就业压力较大

2021 年广东省应届高校毕业生人数再创新高，达到 64.2 万人，加上往年未就业和外省来粤就业毕业生，就业市场求职规模预计超过 85 万人。③ 新冠疫情突发初期，《广东省人民政府关于企业复工和学校开学时间的通知》发布，规定除涉及保障城乡运行必需、疫情防控必需、群众生活必需和其他涉及重要国计民生、供港供澳及特殊情况亟须复工的相关企业外，行政

---

① 《广东复工率超过半数 重点企业复工率明显提速》，新华网，2020 年 2 月 22 日，http://www. xinhuanet. com/2020-02/22/c_1125612007. htm。

② 《电力大数据：广东复工率复产率强势提升》，新华网，2020 年 2 月 26 日，http://www. xinhuanet. com/fortune/2020-02/26/c_1125630215. htm。

③ 《〈2021 年广东省高校毕业生就业创业十大行动方案〉新闻发布会》，南方网，2021 年 4 月 30 日，https://gdio. southcn. com/node_12c3fd58e7/39c12a77fd. shtml。

区域内各类企业复工时间不早于 2020 年 2 月 9 日 24 时。① 2021 年 7 月 22 日广东省中山市发现新冠疫情病例,出现疫情反弹,将火炬开发区部分区域划定为管控区域,受此影响,管控区域内不少企业暂停生产。② 疫情的反复波动导致企业难以快速恢复原有生产力,用人需求减少,广东省高校毕业生就业压力依然很大。

广东省青少年事业研究与发展中心研究实习员介绍,此次新冠疫情直接影响最大的就是毕业生的初次就业率,根据 2020 年 8 月的数据,毕业生的初次就业率为 82.71%,往年基本稳定在 94%~95%,2020 年广东省高校应届毕业生有 60.3 万人,按照 2020 年 8 月的初次就业率算,还有 10 万左右的应届毕业生尚未就业,进而加入 2021 届的就业大军中,再加上 2020 年硕士扩招,两年后毕业的人数更多,应届毕业生就业的"雪球"越滚越大,"滚雪球"问题是迫切需要解决的(访谈材料 20201211A)。

三 高校毕业生存在就业焦虑及"慢就业"现象

在疫情的影响下,对职业生涯的迷茫以及对前途的担忧使高校毕业生陷入焦虑情绪。 高校毕业生缺少对于自己未来职业生涯的规划,未有效提升自身的就业竞争力,导致在就业时出现职业选择迷茫、就业竞争力不足等问题,进而出现就业焦虑的情绪。 同时,受到新冠疫情的影响,一些高校毕业生既不选择立刻就业,也不选择继续深造,而是采取"慢就业"的方式,对就业持观望态度。 选择"慢就业"就要抵住压力、不断提升能力,以时间换空间,而许多高校毕业生在这一过程中未能有效排解压力、提升自身的

---

① 《广东省人民政府关于企业复工和学校开学时间的通知》,广东省人民政府门户网站,2020 年 1 月 28 日,http://www.gd.gov.cn/gdywdt/zwzt/yqfk/gdzc/content/post_2930804.html。
② 《中山管控区域企业有序复工 此前 7 轮全员核酸检测均为阴性》,广东省人民政府门户网站,2021 年 8 月 2 日,http://www.gd.gov.cn/gdywdt/zwzt/yqfk/gdzxd/content/post_3449452.html。

能力，进而由"慢就业"产生"懒就业""不就业"的消极态度。

广东ZXXXKJ有限责任公司总裁在开展"展翅计划"的过程中发现"展翅计划"的招聘会中求职诊所专区总是人满为患，目前毕业生的职业迷茫普遍较为严重，职业认知混乱，对未来职业规划不清晰，缺少正确的择业观、就业观（访谈材料20201211A）。

广东水利电力职业技术学院应届毕业生代表以及HJXSPJX有限公司的CEO也表示部分毕业生在求职过程中存在不同程度的迷茫，不知道应该找什么样的工作，学校层面的就业指导辅导不够完善，在指导过程中学生难以感受到就业的氛围，缺乏思考和参与感（访谈材料20201211A）。

四　青年创业者创业环境恶化

疫情使经济环境面临下行压力，小微企业、个体工商户、灵活就业人员等抵御风险能力较差，停工歇业意味着短期失业，小微企业和个体工商户还面临破产倒闭的风险，如何在疫情中继续经营下去，渡过这一难关成为青年创业者面临的艰巨考验。在新冠疫情突发初期，大多数企业停工停产，无形中拉长了广东省青年创业企业的项目完成周期和回款周期，导致大量青年创业者面临现金流的压力，同时由于疫情给全社会带来了较多的不确定性，青年创业者难以精准把握市场的需求和发展方向。在创业初期，青年创业者需要大量的人才资源，而受到疫情影响，企业招人也成为一大困难。

某创业孵化器总监介绍，在为创业企业服务的过程中发现2020年教育培训、零售、餐饮等行业受到疫情影响较大。另外一些初创企业，特别是科技型初创企业在融资方面相对中等规模以上的企业有较大的困难，制约了企业招人扩张（访谈材料20201214A）。

广东 BDLKJ 有限公司负责人介绍，疫情期间企业虽然第一时间做出了反应，但是由于生产物资供应不上，同时产品与市场需求不匹配，停工停产使得许多业务无法开通，订单无法交付，在 2020 年 5 月之前企业没有获得什么营收，无论是公司管理层还是投资者都面临巨大的压力（访谈材料 20201211B）。

青年创业者代表提到，疫情期间创业公司招人更难，本来初创公司就缺乏号召力，加上资金有限，疫情期间招聘工作十分困难（访谈材料 20201214A）。

五　青年员工返城受阻，短期就业冲击较大

疫情导致广东省外返乡的员工返城推迟，用工企业面临停工、歇业甚至破产风险。在防控常态化条件下，部分员工的就业决策会受到影响，可能选择留在本地就业或短期内不外出。疫情影响下，员工就业稳定性较差，劳动时间减少也对员工收入产生较大影响。

广东 BDLKJ 有限公司的负责人介绍，公司负责业务的员工受到疫情影响较大，由于疫情原因员工无法像过去那样跑业务，绩效工资大幅下降，因此业务部的员工流动较大，近一半的员工有所变动（访谈材料 20201211B）。

广州市 RXWLKJ 有限公司的咨询专线负责人介绍，疫情期间公司在招新方面遇到一些问题，有些求职者已经接到公司的录用通知了，但由于担心疫情决定留在家乡工作而放弃入职（访谈材料 20201211C）。

六　青年就业呈现冷热不均特点

与疫情防控紧密相关的产业如口罩、防护服、消毒产品的生产等，由于国内疫情突发与国际疫情暴发存在时间差，在国内疫情防控常态化下，国内

需求逐渐边际递减至稳定的需求量的同时，国外需求边际递增，因此，与疫情防控相关产业的总体需求增加，对相关专业人才的需求量增加。与疫情防控相关性小的产业，如批发零售、住宿餐饮、制造业等几乎停止运行，难以快速复工复产，面临破产倒闭的风险，青年就业压力较大。另外，由于广东省人工智能、大数据等新兴技术发展较快，因此对于相关专业的人才需求较多，但随着华东地区人工智能产业的迅速发展，对于人工智能专业的人才需求也向华东转移了一部分。

ZXCT 总监介绍受疫情影响，2020 年应急产业的相关订单相较于以前有一定的增长，特别是向欧美供给的生产设备（访谈材料 20201214A）。

香港中文大学供应链和物流管理专业的一位本科生也讲到此次疫情确实为企业供应链创造了一些这方面的人才需求，比如防疫物资运送、疫苗运输等（访谈材料 20201214A）。

LFH 孵化器的负责人提到疫情期间很多地方的防疫物资生产企业十分缺人（访谈材料 20201215B）。

第三节 疫情下广东省促进青年就业的实践举措

面对此次新冠疫情，广东省不断出实招、新招促进企业有序复工复产，促进青年就业，为青年就业创业营造良好稳定的环境，共青团广东省委及广东省政府相关部门积极发力，加强顶层设计，支持防疫相关产业发展，促进各产业转型升级，支持平台经济、共享经济等新业态、新模式吸纳就业，并对青年就业创业者提供技能培训及补贴，倾斜就业创业服务。

一 完善顶层设计，扩大需求，促进青年就业

共青团广东省委员会会同广东省政府相关部门进行顶层设计，积极有序

推进广东省复工复产，促进青年就业，精准研判做好全球经济衰退引致国内青年就业下行风险的政策应对准备，从而为促进青年就业创业创造稳定公平的经济社会环境。一是根据中共中央、国务院印发的《粤港澳大湾区发展规划纲要》拓展广东省就业创业空间，完善广东省区域公共就业服务体系，支持港澳青年和中小微企业在内地发展，推进深港青年创新创业基地、中山粤港澳青年创新创业合作平台建设，优化广东省青年就业创业环境。[①] 二是积极运用人工智能、大数据等新兴技术助力企业复工复产，稳定企业用人需求，通过扩内需、稳外需、培育新动能、支持创业带动就业等途径拓展就业空间，支持企业通过开展线上招聘等方式做好招聘工作，为青年就业创业营造稳定的环境。

疫情突发后，广东省在迅速开展疫情防控工作、促进经济恢复发展的同时，政府相关部门出台了一系列的税收、社保等补贴或减免政策，充分发挥社保"蓄水池""减震阀""助推器"作用，助力企业复工复产。2020年2~6月，阶段性减免社保费政策已为广东省270多万户企业减免、延缴社保费946.2亿元，其中，减免758.4亿元、延缴187.8亿元，广东省全年将减免养老保险、失业保险、工伤保险三项社保费1500多亿元。[②] 同时，广东省出台3.0版"促进就业九条"，加大稳岗返还补贴、以工代训补贴、吸纳就业补贴等扶持政策落实力度，通过稳市场主体实现稳就业岗位，2021年全年帮助企业减负758亿元，加大创业贷款发放力度，2021年全年发放创业担保贷款73.69亿元。[③]

---

① 《中共中央 国务院印发〈粤港澳大湾区发展规划纲要〉》，中华人民共和国中央人民政府门户网站，2019年2月18日，http://www.gov.cn/gongbao/content/2019/content_5370836.htm。

② 《我省2~6月为270多万户企业减免、延缴社保费：近千亿！》，广东省人民政府门户网站，2020年8月1日，www.gd.gov.cn/gdywdt/zwzt/yqfk/gdzxd/content/post_3057055.html。

③ 《广东省人民政府关于印发〈广东省进一步稳定和扩大就业若干政策措施〉的通知》，广东省人民政府门户网站，2021年3月14日，http://www.gd.gov.cn/gkmlpt/content/3/3242/post_3242111.html#7。

企业纷纷表示国家的社保减免政策确实帮助企业节省了很大一笔成本，疫情期间为企业员工每个月减免 600 元的社保，使企业能够节省这部分成本用于生产经营从而度过此次疫情（访谈材料 20201211A、访谈材料 20201211C、访谈材料 20201214A、访谈材料 20201215A）。

政府还出台了以工代训的补贴，给予企业中工作不满两年的员工一定的补贴，企业录用应届毕业生也会得到一定的就业补偿金（访谈材料 20201211C）。

共青团深圳市委员会还联合了 X-Space 成立了青科协，引入较为优秀的金融创业项目，也针对粤港澳大湾区设立配套板块进行点对点的交流对接（访谈材料 20201215A）。

在疫情期间，深圳市政府推出了一系列为企业纾困的综合性稳就业的工具包，针对降低企业成本，深圳市政府推出了例如房租减免等优惠政策；从金融角度，央行提出为中小企业纾困，鼓励银行推行普惠金融，加大对于中小微企业扶持力度；针对疫情，深圳市也推出了抗疫人才贷，由中国银行定向针对如生产防疫物资等与疫情相关的企业提供信用贷款，尽量减轻企业负担（访谈材料 20201215B）。

二 支持防疫相关产业发展，促进各产业转型升级

新冠疫情对不同产业发展产生了不同程度的影响，餐饮、旅游、培训等以线下经营为主要营业模式的行业受到重创，企业需要尽快实现线上线下相结合的转型，而应急产业相关行业、大数据、人工智能、互联网等行业迎来了巨大的发展契机。广东省支持防疫相关产业发展，对生产、配送防控物资企业新招用员工的，给予一次性补贴，进而带动其他产业恢复生产秩序，降低青年失业风险，同时促进各行业产业数字化转型升级，挖掘新的青年就业创业增长点，支持平台经济、共享经济等新业态吸纳就业，放宽灵活就业人员参加社会保险条件。2020 年 2 月 1 日，广东省税务局发布关于加强落实税务支持政策措施、坚决打赢疫情防控阻击战的十项措施，全力支持疫情

防控物资生产企业生产、支持医疗机构开展疫情防治工作、支持医护人员一线抗疫，切实做到"能免就免、能减就减、能扣除就扣除"。① 同时，广东省积极利用知识产权推动防疫行业发展，组织市、县两级知识产权管理部门、知识产权行业协会、知识产权专业服务机构等开展疫情防控重点行业专利导航，提供疫情防控专利援助服务，研究制定区域行业创新发展及专利布局策略，导航和支撑区域行业提质增效和高质量发展，并成立"抗击新冠病毒专利服务志愿者团队"，为中小型企业、科研机构等在抗新冠病毒研发过程中碰到的专利相关问题提供专业咨询服务。②

广东 ZXXXKJ 有限责任公司在疫情期间上线了很多服务产品，抓住行业刚需，疫情以前人才行业仍是以 B 端为主的市场，服务模式以 B 端付费为中心，疫情后就业压力严重，企业招聘需求剧减，广东 ZXXXKJ 有限责任公司抓住机遇、快速转型，以 C 端为中心，即以青年用户为中心打造服务生态，实现了 2020 年注册用户新增 760 万（访谈材料 20201211A）。

广州 WXHLWKJ 有限公司的人力资源部经理介绍，疫情期间，公司平常的家政工作无法正常开展，公司便研发了一项消毒产品，连夜对员工进行培训，为一些复工复产的企业进行消杀处理，同时联合卫健委进行入户消杀（访谈材料 20201211A）。

广东 BDLKJ 有限公司扎根新基建领域，一方面通过平台和硬件的结合实现对整个楼宇的管控，另一方面运用大数据、物联网、人工智能等技术，开发智慧城市系列产品，例如智慧交通等，进而延伸出更多新的经济增长点，带动就业需求（访谈材料 20201211B）。

---

① 《国家税务总局广东省税务局关于强化落实税务政策坚决打赢疫情防控阻击战的通知》，国家税务总局广东省税务局门户网站，2020 年 2 月 1 日，http://guangdong. chinatax. gov. cn/gdsw/yqzt_ssyh/2020-02/01/content_8f31495c516b4f7a930fac4893aff246. shtml。
② 《广东省积极利用知识产权推动防疫行业发展》，广东省市场监督管理局门户网站，2020 年 2 月 14 日，http://amr. gd. cn/gkmlpt/content/2/2896/post_2896445. html#2963。

三 完善就业服务供给，多渠道开发就业岗位

根据《2021 年广东省高校毕业生就业创业十大行动方案》，以市场就业为导向，积极引导广东省人才流动，拓展高校毕业生就业渠道，完善广东省就业服务供给。[①] 一是增加高校毕业生就业创业服务的供给和提高质量。疫情发生以来，广东通过开展线上线下双选会、建设在线职考培训平台、开展职业技能提升培训、搭建青年见习专区等方式，多渠道多方式为青年提供就业信息对接和培训服务，引导高校毕业生提前做好职业生涯规划，充分发挥人力资源服务机构的作用，依托"互联网+"平台跨区域协同，线上线下同时做好促就业的对接工作，促进高校毕业生与企业岗位精准对接。 二是政府及相关部门给予高校毕业生就业创业支持，为高校毕业生就业创业提供资金扶持、场地支持等，向高校毕业生倾斜创业服务资源，增加应届高校毕业生基层就业岗位，加大国有企业吸纳高校毕业生就业力度，加大对小微企业吸纳高校毕业生就业的支持，补充基层公共管理和社会服务岗位急需紧缺的人才，扩大基层医疗、社会服务等岗位招募规模，多渠道拓展高校毕业生就业岗位。 三是依托"粤菜师傅""广东技工""南粤家政"三项工程，通过一次性创业资助、租金补贴、贴息贷款等优惠方式，鼓励"粤菜师傅"创业，推进技工院校加大涉农专业建设，拓宽高校毕业生就业路径。[②]

疫情期间广东省开展"展翅计划"，线上线下同时做好促就业的对接工作，联合"易展翅""南方人才网""兼职猫""智联招聘""国聘行动""百度百聘"等社会化合作平台，开展空中双选会和线下专场招聘会，疫情期间累计开展就业招聘活动 413 场，吸引了近 2 万家企业累计

[①] 《关于印发〈2021 年广东省高校毕业生就业创业十大行动方案〉的通知》，广东省人力资源和社会保障厅门户网站，2021 年 4 月 30 日，http://hrss.gd.gov.cn/zcfg/content/post_3273758.html。

[②] 《亮点多多！ 广州 3.0 版新政这样稳就业、保民生》，广东省人力资源和社会保障厅微信平台，2021 年 8 月 16 日，https://mp.weixin.qq.com/s/awU4FFpo6s1fkI5t3sOQsA。

发布 42.3 万个岗位，推动 7.3 万名高校毕业生就业（文档材料
20201211B）。

同时多渠道开发灵活就业岗位，将大学生志愿服务"西部（山区）
计划"扩招至 1949 人，开展支教、支农等志愿服务，并联合"兼职
猫"平台开设"青年见习专区"，累计发布 13547 个高质量见习岗位和
灵活兼职岗位，帮助 1879 名青年学生实现灵活就业（文档材料
20201211D）。

另外，广东省还开发了 1000 个基层就业创业服务岗位，吸纳毕业
2 年内的高校毕业生就业，优先招募困难家庭高校毕业生，并加强高校
征兵宣传，扩大应届高校毕业生参军入伍征集比例（文档材料
20201211A）。

四　为青年就业创业者提供补贴及技能培训

广东省通过支付吸纳就业补贴鼓励各企业提供就业岗位、吸纳部分青
年劳动力就业，加大对青年创业者的精准扶持力度，发挥创业带动就业的
积极作用。同时，广东省为青年劳动力提供就业创业能力培训服务，开展
百万工人培养计划，提升青年劳动力特别是高校毕业生的就业创业能力，
从而缓解青年的就业焦虑情绪。广东省规定创业带动 5 人以上就业的创业
担保贷款借款人，个人最高贷款额度可提高至 50 万元。广州市鼓励创业
带动就业，规定被评为市级创业孵化基地的机构，可享 30 万元一次性补
贴，通过复评达到优秀等级还有 10 万元补贴；"赢在广州"创业大赛的优
秀项目落地广州，享 5 万~20 万元一次性资助。① 同时，广东省围绕省十
大战略性支柱产业集群和十大战略性新兴产业集群发展需求，开展企业员
工职业技能培训，并且通过现代学徒制、订单式培养、校企共建等产教深

---

① 《亮点多多！广州 3.0 版新政这样稳就业、保民生》，广东省人力资源和社会保障厅微信
平台，2021 年 8 月 16 日，https://mp.weixin.qq.com/s/awU4FFpo6s1fkI5t3sOQsA。

度融合方式促进高校毕业生就业。通过"24365校园网络招聘""木棉花暖""一企一岗""大中城市联合招聘高校毕业生专场"等招聘活动，①推广"直播带岗""隔空送岗""在线视频面试"等新型面试模式，促进毕业生与招聘岗位便捷、精准对接，并且为青年创业者提供场地支持和资金扶持，倾斜创业服务资源。

广东ZXXXKJ有限责任公司总裁也介绍，举办招聘会和双选会的同时，在会场内专门设置了求职诊所的专区，邀请公司人力资源总监为求职大学生提供简历优化、面试指导和心理咨询等服务（访谈材料20201211A）。

ZGJY广东总部也在疫情期间，加快产品转型，由"一块黑板"向"双师"转型，通过线上培训，为青年提供公务员考试、研究生入学考试、各类职业资格考试以及求职就业的培训课程（访谈材料20201211D）。

ZXCT为促进青年创业，通过科技板块和房地产板块双轮驱动，推出了500~600个项目，为4000多个企业提供面向青年的基金，为企业提供与投资机构、团省委对接的平台，帮助其按公司化运作，并提供一些金融工具支持（访谈材料20201214A）。

深圳市XZD公益基金会则开展了青年学者支持计划，该计划自设立以来资助全国各个高校的人文社科青年学者共40人，由学术委员会做专家推荐制，每年评选出10位青年学者，给予每人3万元的资助，从而促进人文学科的发展（访谈材料20201214A）。

五　提升高校毕业生的就业创业能力

疫情发生以来，不少大学生滞留在家，实习受阻。广东通过全媒体平

---

① 《省人社厅召开就业工作新闻发布会》，广东省人力资源和社会保障厅微信平台，2022年1月17日，https://mp.weixin.qq.com/s/2wcFUC7oih6jRP26LVYIAA。

台开设就业指导课、发布就业招聘服务信息、开展在线技能培训，帮助高校毕业生树立正确就业观。 实施高校毕业生就业创业十大行动，以"展翅计划"为依托，通过开展大学生实习计划高质量提升大学生就业能力，提升就业竞争力，助力高校毕业生就业创业。 一是组建省、市、高校三级职业导师队伍，依托"12355"热线和青年之声平台开设"职聊室"职业咨询专区，引导高校毕业生进行科学合理的职业规划和职业选择，将就业辅导工作的时间前置。 二是开展高校毕业生就业需求调研。 深入调查高校毕业生就业需求，积极与就业服务部门对接，实现就业需求和岗位资源的精准匹配。三是依托在线学习平台，开展在线就业培训和指导服务，创建青年创业就业培训基地，举办职业技能培训，为高校毕业生提供就业技能提升培训服务的同时，传递相关就业政策，帮助高校毕业生提升就业创业能力、了解和享受相关政策。

　　广东省通过开展"展翅计划"，要求各地市结合地方复工复产秩序要求，按任务分配需求，挖掘机关企事业单位等优质岗位，服务大学生的实习需求，推动 38000 多名大学生利用未返校的"空档期"上岗实习锻炼（文档材料 20201211B、文档材料 20201211D）。

　　共青团广东省委员会前移就业服务，在全媒体平台宣传就业政策、开设就业指导课、开辟"就业汇"就业信息专栏，累计发布就业服务信息 338 篇，总阅读量超过 328 万人次，线上咨询服务 20 万人次，依托"易学堂"在线培训平台，2020 年全年累计吸引逾 18.2 万人次进行在线学习，帮助近 2.8 万人完成职业规划测评，定向精准匹配推送岗位信息（文档材料 20201211D）。

　　广东省还加强就业指导和困难帮扶，开通心理咨询和就业帮扶热线，依托"12355"青少年综合服务平台，指定专人为就业困难的学生提供跟踪就业指导服务，积极为青年学生提供心理辅导、成长指导等咨询服务，共计逾千人次（文档材料 20201211A）。

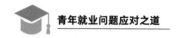

六　搭建综合服务平台，定向服务青年创业

疫情期间，广东省优化就业创业服务，动员社会各界力量为创业就业服务工作搭建综合、实效、多元、个性的服务平台，大力推行线上线下相结合的培训方式，实行"线上学习、线下实训"融合发展，针对各类青年创业者定向开展以培养创业愿望和提升创业能力为主要内容的创业技能培训，为劳动者提供职业指导、岗前综合教育、就业失业登记、就业困难人员认定、补贴申领等全流程就业创业服务，实行就业服务专员动态配置。 广东省加大政策宣传力度，通过降费减税等方式为青年创业者提供创业补贴、融资贷款等优惠，针对受疫情影响严重的中小微企业提供信贷支持，指导帮助企业准确理解把握政策、用足用好政策，切实稳定企业和市场信心。 同时，积极鼓励高校毕业生灵活就业、自主创业。

据共青团广东省委和广东省人力资源和社会保障部介绍，广东省在疫情期间举办了面向湖北省高校毕业生及湖北籍毕业生网上招聘活动，招聘有意向到广东就业的全国高校湖北籍 2020 届毕业生和湖北省高校 2020 届毕业生，并向在广东省普通高等学校、职业院校、技工院校就读的湖北籍 2020 届毕业生，按照每人 2000 元标准及时发放求职创业补贴，同时对部分职业，例如中小学、幼儿园、中等职业学校教师、护士、渔业船员等，实施"先上岗、再考证"的阶段性措施（文档材料 20201211A）。

同时，广东省大力支持高校毕业生自主创业、灵活就业，在校及毕业 5 年内的高校毕业生创办初创企业可按规定申请 10000 元的一次性创业资助，毕业 2 年内高校毕业生灵活就业，以个人身份缴纳社会保险费的可按规定给予社会保险补贴（文档材料 20201211C）。

另外，针对贫困家庭青年，广东省紧紧围绕脱贫攻坚任务要求，共青团广东省委员会协同扶贫办、人社等部门扎实开展贫困家庭青年就业促进行动，开展就业需求摸查调研，聚焦未脱贫人口，扎实开展贴合本地实际和青年需求的就业服务项目，针对建档立卡家庭青年开展脱贫攻坚专场就业帮扶活动（文档材料 20201211B）。

七　点对点促进青年就业者返岗就业

一是劝导符合复工条件的企业职工按时返岗。通过提供交通补贴、包船包车等方式鼓励青年职工配合政府集中返企返岗，为青年职工精准推送岗位，点对点帮助青年就业者返工。二是鼓励青年员工就地就近就业。疏通线上招聘渠道，将当地失业青年纳入职业教育和技能培训体系中，征集企业用人需求，及时发布岗位招聘信息，举办专场招聘会，促进青年多转岗、少下岗，多就业、少失业。三是做好务工人员有序返粤返岗和规范人力资源市场秩序。根据企业复工生产计划，组织开通务工人员返粤返岗专车专列，降低人员流动带来的疫情传播风险，依托 App、微信公众号等平台发布信息，开展线上线下对接工作。

在复工复产的同时，广东省成立了防疫小组，每天定时定点进行体温检测，也督促企业员工做好个人卫生防护措施（访谈材料20201211D）。

广州市 RXWLKJ 有限公司的负责人介绍，疫情期间企业通过在线办公的方式，或将电脑寄回给员工，或将文件数据拷贝给员工，或通过远程操作的方式，尽快实现复工复产，在疫情期间为社会公众，特别是防疫一线的医护人员提供心理咨询和心理疏解服务（访谈材料20201211C）。

共青团广东省委员会在疫情期间通过"展翅计划"对大学生实习工作作出调整，帮助大量受疫情影响滞留在家、实习受阻的大学生破解实习难题，开发各类党政机关、大型国企、民办非企业等单位公益实习岗位 4208 个，2 万余家各类优质私营企业实习岗位 16 万个（文档材料20201211D）。

八　抓住数字经济发展机遇，促进青年就业创业

2020 年广东省数字经济增加值规模约 5.2 万亿元，占广东省 GDP 的 46.8%，规模居全国第一；同比增长 6.6%，增速比广东省 GDP 快 4.3 个百分点。① 2021 年 7 月 30 日颁布了《广东省数字经济促进条例》，鼓励依托数字经济创造更多灵活就业机会，完善平台经济、共享经济等新业态从业人员在工作时间、报酬支付、保险保障等方面政策规定。② 在疫情防控常态化背景下，一方面，要抓住数字经济发展的机遇，发展新技术、新产业、新业态、新模式，为青年就业创业营造新的增长点和新的就业岗位；另一方面，积极运用互联网、云计算、大数据等数字技术手段，为青年就业创业者提供数字化、个性化、便捷化的就业创业服务，鼓励青年积极提升就业技能，以适应数字经济发展的需要。

广东省承办了第六届中国国际"互联网+"大学生创新创业大赛，举办第四届粤港澳大湾区创新创业项目对接洽谈活动，举办广东"众创杯""创青春""挑战杯"等创新创业大赛活动，支持"双创"示范基地、孵化器等发展，加快推动大学科技园发展，鼓励现有的国家级、省级大学科技园在疫情期间安排至少 500 平方米场地或者 50 个创业工位，免费向高校毕业生开放（文档材料 20201211A）。

广东省还针对跨境电商新兴行业的青年人才需求，面向应届毕业生、离校未就业毕业生、二次择业大学生，进行"理论培训+岗位实习"系统培训，累计为新兴产业培养 2030 名应用型人才（文档材料 20201211D）。

---

① 《广东数字经济规模约 5.2 万亿领跑全国，占 GDP 比重近一半》，广东省工业和信息化厅门户网站，2021 年 8 月 24 日，http://www.xinhuanet.com/fortune/2020 – 02/26/c_1125630215. htm。
② 《广东省第十三届人民代表大会常务委员会公告（第 85 号）》，广东省人民代表大会常务委员会门户网站，2021 年 8 月 3 日，http://www.rd.gd.cn/zyfb/ggtz/202108/t20210803_184533.html。

第七章　疫情下促进青年就业的海南实践

　　海南省作为我国最大的经济特区，一直矗立在改革开放的潮头，建省30多年来积累了大量的促进青年就业的宝贵经验。另外，海南省澄迈县依托重点园区，积极培育高新技术企业，其互联网产业保持全省领先。疫情突发后，共青团组织和政府相关部门快速采取措施，加强顶层设计，促进企业复工复产，不同产业以大带小，抱团度过困境。为促进青年就业创业，海南省运用多种就业补贴政策支持青年就业创业，并搭建"振兴杯"技能竞赛澄迈赛区、"创青春"海南青年农产品品牌打造系列活动、海南省志愿服务项目大赛、海南自贸港创业大赛项目扶贫专项赛、"千企万岗助力复工复产"大型线上招聘会、大学生实习"扬帆计划"、青年就业创业见习基地等平台，提升青年就业创业的技能和能力。

　　海南省于1988年建省，是我国最大的经济特区。2020年6月1日，中共中央、国务院印发了《海南自由贸易港建设总体方案》，海南再一次迎来发展的大好契机。海南省澄迈县高新技术企业累计达58家，科技型中小企业达39家，数量均排名全省第二。澄迈县的互联网产业也保持全省领先，其海南生态软件园是海南省发展互联网产业的龙头园区，经过10多年的建设和发展，入选国家首批数字服务出口基地。海南省对于吸引人才出台了大量的政策、制度，对此进行梳理将对课题研究有较好的支撑作用。

因此，本研究选择海南省作为"新冠肺炎疫情影响下促进青年就业的实现路径与政策建议"调研的目的地之一，梳理海南省促进青年，特别是青年科技人才的就业政策、举措，从而为政府及学界提供实践方面的参考借鉴。

第一节　疫情下海南省青年就业的现状

一　研究方法

本研究使用质性研究方法，在自然情境下采用文本法、访谈法、调研法等多种资料收集方法，通过与研究对象互动对社会现象进行探讨，使用归纳法分析资料。[①] 通过以上研究方法，本研究意在全面了解新冠疫情影响下海南省在促进青年就业方面推出的政策举措，深入探究海南省青年就业创业的现实状况、面临的困境及其原因，运用归纳法逐步提炼资料中的核心观点。

在资料收集方面，结合新冠疫情的防控过程，课题组对企业复工复产及促进青年就业情况进行工作梳理和关键环节的精准调研。2020 年 12 月 21~22 日，课题组赴海口市、澄迈县开展重点调研，由于当时疫情仍未结束，因此调研采取线上与线下相结合的方式进行，分别在海南省青少年事业发展中心和海南老城经济开发区工委开展了座谈会，共青团海南省委员会权益部部长参与了座谈会，同时参会的还有共青团海南省委员会、共青团海口市委员会及共青团澄迈县委员会工作人员；人社局、税务局、民政局等相关政府部门工作人员；海南 YLWCDTAZ 有限公司、海南 HZSWKJ 有限公司、海南 CYMXCYTZGL 有限公司、海南 FZYYTZGL 有限公司、海南 JRKG 股份有限公司、海南 XLWHFZ 有限公司、海口市青年创业就业促进会、海口市 NCQNZFDTR 协会、海口 GGGCYGL 有限公司、海南 YZHTWHCM 有限公司、中国 JZDBGCJ 有限公司海南分公司、海南 NGRLZYKF 有限公司、海南 HDSYGL 有限公司、DMKJJT 有限公司、澄迈县青年创业协会、澄迈

---

① 陈向明：《质的研究方法与社会科学研究》，教育科学出版社，2000，第 12 页。

HWWLKJ 公司、澄迈县 XMXT、海南 ZYSC 有限公司、海南 JCWL 有限公司等企业及社会组织的负责人及职工；海南经贸职业技术学院教师、辅导员，海南省技师学院团委书记；希望办爱心企业负责人。在调研过程中，课题组对共青团以及政府相关部门工作人员、青年企业家及职工、高校在读学生及应届毕业生学生代表等进行了访谈，并实地走访了海南 HYJYKJ 股份有限公司、海南 XTYY 股份有限公司、海南 XLWF 股份有限公司和海南 STRJY 等企业及园区，共得到了 26 份一手访谈调研资料（见表 7-1）及政策文档材料（见表 7-2），从而把握新冠疫情下海南省企业复工复产的现实情况及挑战，深入了解疫情期间青年就业的状况以及遇到的困难，梳理共青团组织及政府相关部门为促进青年就业发布的政策文件，了解政府在疫情期间对于企业的补贴政策的落实情况。

二　疫情下青年就业的状况

（一）分区分级精准防控，有序推进复工复产

企业科学有序复工复产是促进青年就业的前提和保障。新冠疫情突发后，海南省密切关注周边省市的疫情防控状况，及时研判、准确决策。2020 年 1 月 25 日海南省政府发布通知，决定启动海南省重大突发公共卫生事件一级响应，[①]加强进岛人员和社会面管控，严格落实信息报告制度，广泛开展社会动员，群防群控，采取有效措施防止疫情蔓延，为企业复工复产争取宝贵的时间。2020 年 2 月 20 日，海南省安全生产委员会办公室和省应急管理厅印发了《关于服务企业复工复产七条措施的通知》，[②]要求全省各市县安全生产、应急管理等部门进一步强化防控责任、严格防控措施，扎实有效做好疫情防控期间企业复工复产各项工作，各有关部门要主动对接服务

---

① 《海南省人民政府关于启动海南省突发公共卫生事件 I 级响应的通知》，海南省人民政府网站，2020 年 1 月 25 日，https://www.hainan.gov.cn/hainan/ldhd/202001/3bcc8f11e8e74261b6fe44bb3a760ae1.shtml。

② 《海南省安委办和省应急管理厅出台服务企业复工复产七条措施》，新华网，2020 年 2 月 21 日，http://www.xinhuanet.com/yingjijiuyuan/2020-02/21/c_1210483934.html。

表7-1 海南省促进青年就业调研情况

调研时间	调研主体	调研部门	受访者职位	访谈内容	受访人数	受访人次	访谈时间	录音字数	调研材料
2020年12月21日	共青团海南省委	权益部	部长陈某	1. 疫情背景下共青团组织及政府为复工复产出台的政策及采取的措施; 2. 疫情影响下共青团组织及政府为促进青年就业创业出台的政策及措施; 3. 目前政策及措施的不足之处	24人	71人次	196分钟	3.4万字	访谈材料20201221A 文档材料20201221A 20201221B 20201221C 20201221D 20201221E 20201221F 20201221G
	共青团海南省委	青发部	四级调研员符某	1. 疫情背景下共青团组织及政府为复工复产出台的政策及采取的措施; 2. 疫情影响下共青团组织及政府为促进青年就业创业出台的政策及措施; 3. 目前政策及措施的不足之处					
	海南YLWCDTAZ有限公司		总经理王某	1. 企业经营状况; 2. 疫情对原本招聘计划的影响; 3. 对于国家及地方优惠政策的了解及享受程度; 4. 为适应疫情及市场变化,企业的转型策略;					
	海南HZSWKJ有限公司	办公室	主任孟某	1. 疫情对原本招聘计划的影响; 2. 对于国家及地方优惠政策的了解及享受程度;					
	海南CYMXCYTZGL有限公司		CEO杨某	1. 企业经营状况; 2. 疫情对原本招聘计划的影响; 3. 对于国家及地方优惠政策的了解及享受程度; 4. 为适应疫情及市场变化,企业的转型策略;					
	海口市总工会		四级调研员杨某	1. 青年创业就业的基本情况; 2. 推动青年就业创业遇到的困难和建议					

续表

调研时间	调研主体	调研部门	受访者职位	访谈内容	受访人数	受访人次	访谈时间	录音字数	调研材料
	海南 FZYYTZGL 有限公司		区域总经理傅某	1. 企业经营状况；2. 疫情对原本招聘计划的影响；3. 对于国家及地方优惠政策的了解及享受程度；4. 为适应疫情及市场变化，企业的转型策略					访谈材料 20201221A
	海南 JRKG 股份有限公司	党委总支	委员欧某	1. 企业经营状况；2. 疫情期间企业复工复产情况	24 人	71 人次	196 分钟	3.4 万字	文档材料 20201221A 20201221B 20201221C 20201221D 20201221E 20201221F 20201221G
2020 年 12 月 21 日	共青团海口市委员会	青年发展部	负责人林某	1. 疫情对原本招聘计划的影响；2. 对于国家和各级地方政府部门出台的各项就业创业相关政策与鼓励措施的了解情况；3. 疫情常态化背景下对该行业发展前景的看法；4. 为了适应疫情背景下市场的变化所做的转型与调整；5. 疫情期间招聘计划和岗位需求状况；6. 目前政策及措施的不足之处					
	海南 XLWHFZ 有限公司 海口市创业就业协会		总经理、秘书长张某	1. 企业经营状况；2. 疫情对原本招聘计划的影响；3. 对于国家及地方优惠政策的了解及享受程度；4. 为适应疫情及市场变化，企业的转型策略					
	海口市青年创业就业促进会		秘书长吴某	疫情期间关于促进青年就业创业的举措和政策					

187

青年就业问题应对之道

续表

调研时间	调研主体	调研部门	受访者职位	访谈内容	受访人数	受访人次	访谈时间	录音字数	调研材料
2020年12月21日	海口市 NCQNZFDTR 协会		秘书长徐某	1. 企业经营状况; 2. 疫情对原本招聘计划的影响; 3. 对于国家及地方优惠政策的了解及享受程度; 4. 为适应疫情及市场变化,企业的转型策略					访谈材料 20201221A
	海口 GGGCYGL 有限公司		总经理王某	1. 企业经营状况; 2. 疫情对原本招聘计划的影响; 3. 对于国家及地方优惠政策的了解及享受程度; 4. 为适应疫情及市场变化,企业的转型策略	24 人	71 人次	196 分钟	3.4 万字	文档材料 20201221A 20201221B 20201221C 20201221D 20201221E 20201221F 20201221G
	海南 YZHTWHCM 有限公司		总经理助理蓬某	1. 企业经营状况; 2. 对于国家及地方优惠政策的了解及享受程度; 3. 为适应疫情及市场变化,企业的转型策略					
	中国 ZJDBGCJ 有限公司海南分公司		邵某	1. 企业经营状况; 2. 疫情对原本招聘计划的影响					
	海南 NGRLZYKF 有限公司		人事经理林某	疫情对原本招聘计划的影响					
	海南 HDSYGL 有限公司		副总经理陈某	1. 企业经营状况; 2. 对于国家及地方优惠政策的了解及享受程度; 3. 为适应疫情及市场变化,企业的转型策略					
	DMKJT 有限公司		总经理周某	1. 企业经营状况; 2. 对于国家及地方优惠政策的了解及享受程度; 3. 为适应疫情及市场变化,企业的转型策略					

188

续表

调研时间	调研主体	调研部门	受访者职位	访谈内容	受访人数	受访人次	访谈时间	录音字数	调研材料
2020年12月21日		海南经贸职业技术学院	教师史付某	学校针对学生就业创业采取的措施	24人	71人次	196分钟	3.4万字	访谈材料20201221A 文档材料20201221A 20201221B 20201221C 20201221D 20201221E 20201221F 20201221G
			辅导员孔某	学校针对学生就业创业采取的措施					
	2018届毕业退伍学生、青年创业家		李某	1. 创业原因以及对创业的看法； 2. 疫情期间创业项目的情况					
	海南省青联委员、海南省留守儿童关爱爱志愿者协会副会长、GSCFKKJT、SDZXFW有限公司海口分公司总经理		丁某	1. 企业经营状况； 2. 疫情对原本招聘计划的影响； 3. 对于国家及地方优惠政策的了解及享受程度； 4. 为适应疫情及市场变化，企业的转型策略					
	海南省四川商会副会长、海南省LSEYGA志愿者协会副会长、海口XYCDYZMSCCF总经理		齐某	1. 企业经营状况； 2. 疫情对原本招聘计划的影响； 3. 对于国家及地方优惠政策的了解及享受程度； 4. 为适应疫情及市场变化，企业的转型策略					
	海口市青联委员、海南省DZCYFW协会副会长、海南省LSYA志愿者协会副理事长、海南YKDNJYPX有限公司总经理		向某	1. 企业经营状况； 2. 疫情对原本招聘计划的影响； 3. 对于国家及地方优惠政策的了解及享受程度； 4. 为适应疫情及市场变化，企业的转型策略					

续表

调研时间	调研主体	调研部门	受访者职位	访谈内容	受访人数	受访人次	访谈时间	录音字数	调研材料
2020年12月21日	海南HYJYKJ股份有限公司		负责人A 负责人B	1. 疫情初期企业复工复产情况；2. 疫情期间企业经营状况；3. 疫情对员工招聘计划的影响；4. 对于国家及地方优惠政策的了解及享受程度；5. 企业发展历程	2人	37人次	40分钟	0.8万字	访谈材料20201221B
	海南XTYY股份有限公司		负责人A	1. 疫情期间企业经营情况；2. 为适应疫情及市场变化，企业的转型策略	1人	17人次	30分钟	0.3万字	访谈材料20201221C
2020年12月22日	共青团海南省委	权益部	部长陈某	1. 疫情背景下共青团组织及政府为复工复产出台的政策及采取的措施；2. 疫情影响下共青团组织及政府为促进青年就业创业采取的措施；3. 目前政策及措施的不足之处	19人	23人次	127分钟	4.5万字	访谈材料20201222A 文档材料20201222A 20201222B 20201222C 20201222D 20201222E 20201222F 20201222G 20201222H 20201222I 20201222J 20201222K 20201222L
	共青团澄迈县委		书记曹某 副书记黄某	1. 青年创业就业的基本情况；2. 促进青年就业创业的做法和成效；3. 推动青年创业就业、复工复产遇到的困难和改进建议					
	澄迈县县妇联		副主席吴某	1. 疫情期间为复工复产开展的工作；2. 关于妇女就业创业主要开展的工作；3. 妇女就业创业存在的问题					
	澄迈县劳动人事争议仲裁院		院长蒲某	1. 复工复产出台政策及效果；2. 青年就业存在的问题；3. 对未来青年就业创业工作的建议					

续表

调研时间	调研主体	调研部门	受访者职位	访谈内容	受访人数	受访人次	访谈时间	录音字数	调研材料
2020年12月22日	澄迈县民政局社会慈善岗		负责人邱某	疫情背景下的慈善工作措施	19人	23人次	127分钟	4.5万字	访谈材料20201222A
	澄迈县税务局		一级行政执法员杨某	疫情背景下税收收方面的政策					文档材料20201222A
	老城经济开发区社会事务局		局长李某	疫情期间推动企业复工复产的举措					20201222B
	澄迈县仁兴镇政府	党建办	主任李某	1. 推动青年就业所做举措； 2. 目前政策及措施的不足之处					20201222C
	澄迈县农商行办公室		副经理石某	1. 疫情期间向青年提供的贷款支持； 2. 支持青年创业者的案例分享					20201222D
	澄迈县人民医院	临床外科	副主任黄某	医院复工复产状况					20201222E
	澄迈县青年创业协会		副会长王某	1. 创业原因和对创业的看法； 2. 创业项目情况					20201222F
			秘书长曾某	促进青年就业创业的举措					20201222G
	澄迈HWWLKJ公司		经理陈某	1. 企业发展历程； 2. 创业期间所受政府的政策支持					20201222H
	澄迈县XMXT		创始人马某	1. 创业的行业、时间及原因； 2. 当前创业项目的开展情况； 3. 疫情对原本创业计划的影响； 4. 对国家及地方相关政策的了解及受程度； 5. 创业过程中需要哪些帮助					20201222I 20201222J 20201222K 20201222L

续表

调研时间	调研主体	调研部门	受访者职位	访谈内容	受访人数	受访人次	访谈时间	录音字数	调研材料
	2020年应届毕业生		张某	毕业后实习就业情况					访谈材料 20201222A
	海南省技师学院团委		书记吕某	1. 疫情期间学生实习情况； 2. 为推动青年就业创业所做的举措					文档材料 20201222A 20201222B 20201222C
	海南 ZYSC 有限公司		副总经理张某	1. 企业发展历程； 2. 创业期间所受的政府政策支持	19 人	23 人次	127 分钟	4.5 万字	20201222D 20201222E 20201222F 20201222G
	海南 JCWL 有限公司	行政部	主任韦某	疫情对企业招聘计划的影响					20201222H 20201222I 20201222J 20201222K 20201222L
2020年12月22日	海南 XTYY 股份有限公司		负责人 A	企业经营状况	1 人	3 人次	30 分钟	0.1 万字	访谈材料 20201222B
	海南 XLWF 股份有限公司		负责人 A	1. 企业经营状况； 2. 疫情对原本招聘计划的影响	1 人	5 人次	34 分钟	0.2 万字	访谈材料 20201222C
	海南 STRJY		负责人 A	1. 企业经营状况； 2. 对国家及地方相关政策的了解及享受程度	1 人	10 人次	39 分钟	0.5 万字	访谈材料 20201222D

资料来源：根据课题组 2020 年 12 月 21~22 日在海南省的调研整理所得。

表 7-2　疫情下海南省促进青年就业政策及工作文件

序号	政策文件	解决问题	针对人群及对象	相关部门	政策编号
1	《海南省人民政府关于印发海南省应对新型冠状病毒感染的肺炎疫情支持中小企业共渡难关八条措施的通知》	缓缴社保费用、援企稳岗补贴	企业、灵活就业人员	海南省人民政府	琼府〔2020〕11号
2	《澄迈县支持企业积极应对新型冠状病毒肺炎疫情的政策措施》	缓缴社保费用、援企稳岗补贴	企业、灵活就业人员	澄迈县人民政府	澄府〔2020〕8号
3	《关于做好疫情防控期间有关就业工作的通知》	援企稳岗补贴创业、公益岗在岗培训	中小企业、困难企业、农民工	人力资源和社会保障部教育部财政部交通运输部国家卫生健康委	人社部明电〔2020〕2号
4	《关于印发海南省严格做好疫情防控帮助企业复工复产七条措施的通知》	隔离期间给予生活补助	省重点项目、重点企业	海南省人民政府	琼府〔2020〕12号
5	《关于做好省重点项目重点企业返琼务工人员隔离期间生活补助发放工作的通知》	隔离期间给予生活补助、在岗培训	省重点项目、重点企业	海南省人力资源和社会保障厅	琼人社发〔2020〕25号
6	《关于澄迈县部分复工复产企业返琼务工人员隔离期间生活补助和省内务工人员交通补助工作的通知》	返琼务工人员隔离期间生活补助和省内务工人员交通补助	省、县重点项目，51家规模企业，10家生产物资企业	澄迈县人社局澄迈县财政局	澄财字〔2020〕4号
7	《关于做好"点对点"服务农民工离琼返岗和支持省重点项目重点企业务工人员返琼的通知》	交通补助	省重点项目、重点企业	海南省人民政府办公厅	琼府办〔2020〕15号

续表

序号	政策文件	解决问题	针对人群及对象	相关部门	政策编号
8	《关于积极应对新冠肺炎疫情影响 加强财政专项扶贫资金项目管理工作的通知》	务工奖补、企业用工奖补	贫困劳动力、企业、合作社	海南省扶贫开发领导小组办公室	琼开办发〔2020〕6号
9	《关于做好疫情防控期间农民工到省重点项目、重点工程务工的十条措施》	招工补助、务工补助、推荐补助、技能培训	省重点企业、务工人员、经营性人力资源服务机构、培训机构	中共海南省委海南省政府	琼厅字〔2020〕8号
10	《关于落实新型冠状病毒感染肺炎疫情防控有关经费保障政策的通知》	临时性工作补助	直接参加新型冠状病毒感染肺炎疫情防控工作的人员	澄迈县财政局澄迈县卫生健康委员会澄迈县人力资源和社会保障局	澄财社〔2020〕7号
11	《关于落实疫情防控相关企业一次性吸纳就业补贴的通知》	一次性吸纳奖补	海南XLWF股份有限公司、海南WHYLQX有限公司、海南YLXXJS有限公司	海南省人力资源和社会保障厅海南省发展和改革委员会、海南省财政厅	琼人社发〔2020〕24号
12	《关于贯彻落实〈海南省抗疫情、保增收、防返贫十五条措施〉的通知》	企业用工奖补	企业、合作社	澄迈县新型冠状病毒感染肺炎疫情防控工作领导小组澄迈县扶贫开发领导小组	澄扶发〔2020〕3号
13	《关于大力促进贫困家庭劳动力就业的通知》	企业用工奖补	企业及生产经营主体	海南省人力资源和社会保障厅海南省财政厅海南省扶贫工作办公室	琼人社发〔2018〕174号

资料来源：根据课题组2020年12月21~22日在海南省的调研整理所得。

企业，提前了解本辖区企业生产条件、缺工数量、防控物资、防控措施，实时掌握复产复工企业名单，各行业主管部门要及时帮助企业解决用工、原材料短缺等问题。 2020 年 2 月 26 日，海南省新冠肺炎防控领导小组决定自26 日 17 时起，将新冠疫情防控应急响应级别由省重大突发公共卫生事件一级响应调整为三级响应。① 截至 2020 年 7 月 20 日，海南省食品生产企业复工复产率 86.3%，药品生产企业复工复产率 97.4%，农（集）贸市场复工复产率近 100%，正常经营的医疗器械生产企业复工复产率 100%，319 家药品批发企业和 36 家药品零售连锁总部全部复工。

（二）政府相关部门力促企业复工复产，保障青年就业

新冠疫情突发后，人力资源和社会保障部、教育部、财政部、交通运输部、国家卫生健康委发布了《关于做好疫情防控期间有关就业工作的通知》。 为贯彻执行相关要求，海南省及澄迈县相关政府部门纷纷响应。 海南省人民政府发布了《海南省人民政府关于印发海南省应对新型冠状病毒感染的肺炎疫情支持中小企业共渡难关八条措施的通知》②（琼府〔2020〕11号），实施援企稳岗，缓缴社保费用。 规定 2020 年 1 月至疫情解除当月期间的参保登记、缴费基数申报和保险费缴纳等业务办理期限延长至疫情结束后 3 个月。 在疫情结束后 3 个月内办理上述期间相关业务的，不影响参保人员个人权益记录，不收取滞纳金。 灵活就业人员 2020 年缴纳社会保险费时限相应放宽，未能及时办理参保缴费的，允许在疫情解除后 3 个月内办理缴费业务。 受疫情影响生产经营困难的中小企业，可以通过与职工协商一致，采取调整薪酬、轮岗轮休、缩短工时、待岗等方式稳定工作岗位，尽量不裁员或者少裁员。 对不裁员或少裁员的参保中小企业，返还单位及其职工上年度实际缴纳失业保险费总额的 50%。 对面临暂时性生产经营困难且恢复有望、坚持不裁员或少裁员的参保中小企业，返还标准按 6 个月的全省

---

① 《海南将重大突发公共卫生事件一级响应调整为三级响应》，中华人民共和国中央人民政府门户网站，2020 年 2 月 26 日，http://www.gov.cn/xinwen/2020-02/26/content_5483666.html。

② 《关于印发海南省应对新型冠状病毒感染的肺炎疫情支持中小企业共渡难关八条措施的通知》，海南省人民政府网站，2020 年 2 月 5 日，https://www.hainan.gov.cn/data/zfgb/2020/03/8595/。

上年度月人均失业保险金和参保职工人数确定，降低企业运营成本，缓解企业运行压力。对承租国有（含集体）资产类经营用房的中小企业减免 2020 年一季度租金；对中小企业生产经营所需的用电、用水、用气，自本通知印发之日起可缓缴 3 个月费用，缓缴期间实行"欠费不停供"措施，并免收滞纳金；对中小企业可连续 6 个月按 3% 的标准缴纳住房公积金。强化金融支持。对全国性疫情防控重点保障企业 2020 年新增贷款，在人民银行专项再贷款支持金融机构提供优惠利率信贷的基础上，中央和省级财政分别按照人民银行专项再贷款利率的 50% 和 30% 给予贴息；对海南省支持疫情防控工作贡献突出的卫生防疫、医药产品、医用器材重点企业 2020 年新增贷款，省级财政按照贷款合同签订日贷款基础利率的 30% 给予贴息。《关于印发海南省严格做好疫情防控帮助企业复工复产七条措施的通知》①（琼府〔2020〕12 号），要求正确处理好疫情防控和企业复工复产的关系，以疫情防控和安全为前提，落实企业防控疫情和复工复产的主体责任，促进企业复工复产；做好支持企业复工复产相关工作。因疫情防控需要，工人抵琼后需集中观察或隔离 14 天，全省各级政府、各部门要根据企业需要最大限度提供支持，做好帮助企业解决工人开工前观察或隔离场所等企业难以自行解决的问题；加强工人短期培训；确保复工复产原材料供应，加强复工复产企业疫情防控物资保障，强化复工复产企业现场防疫指导；对工人隔离期间给予生活补助。返琼务工人员在集中观察或隔离期间，省财政厅、省人力资源和社会保障厅要牵头会同企业所属地政府，区分不同工种给予企业一定补助，补助资金由各级财政统筹解决。《关于做好"点对点"服务农民工离琼返岗和支持省重点项目重点企业务工人员返琼的通知》（琼府办〔2020〕15 号）、《澄迈县支持企业积极应对新型冠状病毒肺炎疫情的政策措施》（澄府〔2020〕8 号）等政策文件，允许缓缴社保费用，并提供援企稳岗补贴。海南省人力资源和社会保障厅发布了《关于做好省重点项目重点企业返琼务工

---

① 《关于印发海南省严格做好疫情防控帮助企业复工复产七条措施的通知》，海南省人民政府门户网站，2020 年 2 月 9 日，https://www.hainan.gov.cn/data/zfgb/2020/03/8597/。

人员隔离期间生活补助发放工作的通知》（琼人社发〔2020〕25号），组织返琼务工人员集中隔离，按每招用1人给予用工企业一次性生活补助200元/天，补助期限不超过14天。《关于落实疫情防控相关企业一次性吸纳就业补贴的通知》（琼人社发〔2020〕24号）对海南省内春节期间（截至2020年2月9日）开工生产、配送疫情防控急需物资的企业，按照实际在岗参保职工人数，以每人1000元的标准，给予企业一次性吸纳就业补贴，单个企业最高补贴不超过50万元。　隔离期间为青年劳动者提供生活补助，给予疫情防控相关企业一次性吸纳奖补。　澄迈县人社局、澄迈县财政局发布了《关于澄迈县部分复工复产企业返琼务工人员隔离期间生活补助和省内务工人员交通补助工作的通知》（澄财字〔2020〕4号），为返琼务工人员隔离期间提供生活补助和为省内务工人员提供交通补助。

（三）企业、社会组织及高校积极响应号召推进复工复产，促进青年就业

在共青团海南省委员会及政府相关部门促进青年就业的同时，海南省的企业、高校也尽力为疫情防控、复工复产、促进就业奉献自己的力量。

海南XLWF股份有限公司在疫情突发后，春节不停机，持续生产医疗卫生防护产品，2020年2月3日拿到了第三方检测机构认证的DF99以上质量标准的认证，大批量供货给医院系统，由于疫情期间物流停运，公司协调自己内部的交通运输部，联合防疫指挥站，将原材料运输进来加工，再将成品运往全国各地（访谈材料20201222C）。

海口市青年创业就业促进会、海口市创业就业协会在疫情期间坚持汇聚成功人士为创业就业者提供志愿服务的理念，致力于动员社会各界力量为创业就业服务工作搭建综合、实效、多元、个性的服务平台，建设立体化的海口市青年创业就业服务阵地，大力推行线上线下相结合的培训方式，实行线上学习线下实训融合发展，协助政府推动创业就业工作（文档材料20201221F、文档材料20201221G）。

疫情期间海南省技师学院发出倡议，动员学生积极支持海南省重点项目和重点企业复工复产工作，特别是与原企业签订协议的学生，根据企业复工需要，积极配合企业的用工安排，在防控措施保证的基础上，做好上岗复工工作，截至 2020 年 3 月 17 日，原在省内实习学生 1577 名，复工 683 名，原在省外实习学生 340 名，复工 196 名，为支援生产口罩的企业，积极联系走访了海南欣龙无纺、海南康芝、海南新世通、海南皇隆制药有限公司，根据企业在人员的需求上做好人员的安排等工作（文档材料 20201222F）。

第二节　疫情下海南省青年就业存在的问题及原因分析

一　疫情导致复工复产不足，青年就业面临下行压力风险

新冠疫情导致大量企业停工停产甚至破产，疫情防控常态化条件下，企业难以迅速恢复原有生产力和生产秩序，同时疫情在全球范围内的暴发导致外需大幅下降，全球供应链受阻；企业因疫情影响用工需求量大幅减少。海南省以服务业为主，受疫情影响许多企业都在裁员以节流支出。 不同于某些服务业和高新技术产业可以采取居家线上办公的方式维持企业运营，加工制造型企业需要员工前往一线生产车间进行工作，疫情影响这类企业的复工复产，这些都给之后几个季度的青年就业带来巨大压力。

海南 ZYSC 有限公司副总经理表示 2020 年 2 月全国疫情仍然比较严重，海南省的公交、班车全部停运的情况下，员工到岗问题是企业头疼的一件大事（访谈材料 20201222A）。

海南 HYJYKJ 股份有限公司的负责人介绍，2020 年 2 月 17 日、2 月 18 日要复工时，员工基本没有回来，即使是海南当地的员工，村委会基本上不让他们上班，员工也不敢出门，管控十分严格（访谈材料 20201221B）。

DMKJJT 有限公司总经理提到："生产类企业的一线员工没办法居家办公，销售人员还可以在家进行邮件沟通，这是跟传统的服务业，尤其

互联网企业不太一样的地方；另外一个就是，疫情影响国外市场的贸易，尤其是对于出口型企业，美元贬值，物流成本上升，出口型企业又开始面临运费上升问题，严重影响企业的复工复产。"（访谈材料 20201221A）

二　高校毕业生就业创业压力较大

2020 届全国普通高校毕业生规模达 874 万人，同比增长 40 万人。高校毕业生求职择业的关键时期遭遇疫情，增加了毕业生求职和企业招聘的难度。此次疫情也对国际人才流动造成阻碍，出国留学作为高校毕业生毕业去向的重要渠道也受到挤压。

> 2020 年海南省高校毕业生约 5.3 万人，疫情影响下大学生就业形势更为严峻，稳定性的就业岗位减少（文档材料 20201221G）。
>
> 海南经贸职业技术学院辅导员谈道，疫情期间很多企业顶不住疫情带来的影响，规模缩小甚至倒闭，给高校毕业生就业带来很大的困难与阻力（访谈材料 20201221A、文档材料 20201221A）。
>
> 海口市创业就业协会通过调研发现，海南大学生选择创业的占比不到 3%，创业成功的占比又不到 3%。这主要是由于：第一，政策补贴和后续服务没跟进到位；第二，创业培训和创业指导欠缺，大学生创业存在认知错误，不少学生选择开店、轻信网络推介项目等，市场抗风险能力较弱；第三，现有的创业政策贷款未对在校大学生开放（访谈材料 20201221A、文档材料 20201221G）。

三　青年劳动力缺乏创新创业理念，自身综合素质与就业创业需求不匹配

社会整体创业氛围不足，学校、家庭缺乏对青年创新创业的理念教育和创业实践的培训指导，导致青年缺乏创新创业的热情；加之部分青年劳动力

思想观念较为落后，视野和格局不够广阔，导致青年劳动力就业创业存在误区，存在人岗不匹配、"有业难就"等问题，就业矛盾突出，自身综合素质与企业需求不匹配。海南整体的教学质量和水平与内地相比有很大差距，毕业后的学生素质达不到企业要求。

海口市创业就业协会介绍，海南专科院校较多，学生质量不高，学生迫于压力初次就业选择信用卡、保险等销售行业和店面服务行业，一段时间后又因为眼高手低等不适应原因离职待业（访谈材料20201221A、文档材料20201221G）。

澄迈县人社局负责人指出澄迈县农业人口较多，就业能力直接影响就业水平，且大部分劳动力不愿外出，新兴产业技术人才严重短缺，低端市场就业吸引力不足，企业对普通岗位的用人需求逐年减少，而技能劳动力的年龄偏大、技能单一，劳动者就业转岗的难度非常大，"有业难就"的现象非常普遍，结构性矛盾比较突出（访谈材料20201222A）。

澄迈县劳动人事争议仲裁院院长提到："青年创业和就业中主要存在的问题，在创业方面，整个社会氛围不够，我们出台了很多政策，但青年群体对政策不够了解，同时缺乏创新创业的热情。在就业方面，一是技能水平较低，因为我们这边农业人口比较多，就业水平低直接影响就业能力。二是思想观念比较落后，部分劳动力不愿意外出，对就业也有非常大的影响。"（访谈材料20201222A）

澄迈县劳动人事争议仲裁院院长提到："对于青年就业创业问题，乡镇青年的视野和眼界以及格局可能需要进一步扩大。他们有一点偏安一隅的思想，认为在我这个区域干好我自己的事情就好。"（访谈材料20201222A）

四 青年创业者创业环境恶化，青年创业就业服务水平有待进一步提升

疫情使经济环境面临下行压力，小微企业、个体工商户、灵活就业人员

等抵御风险能力较差，停工歇业意味着短期失业，小微企业和个体工商户还面临破产倒闭的风险，如何在疫情中继续经营下去、渡过这一难关成为青年创业者面临的艰巨考验。

澄迈县劳动人事争议仲裁院院长讲道，目前整个社会的创业氛围不够，即使出台了很多政策，例如贷款贴息等，但社会不够了解这些政策（访谈材料20201222A）。

澄迈县XMXT的创始人表示受疫情影响，整个市场都属于萧条状况，经济萎靡，资金周转不足，虽然国家给予了中小企业一些相关的减少税收、降低社保费率等方面的扶持，减轻了中小企业负担，但还是希望能加强对于民营企业的保障，尤其是法律和贷款担保上能给予更多支持（文档材料20201222C、访谈材料20201222A）。

共青团海口市委员会青年发展部负责人在访谈时提到："青年创业就业服务水平有待进一步提升。 开展青年创业就业系列活动时，注重活动的创新性、接地气和宣传影响，但在创业就业导师、农技人员等专家选择，政府资源和青年需求对接，创业就业资源整合等方面的服务水平和力度不够。 这主要是由于市、区、镇三级创业就业信息共享渠道不够开阔，政府政策资源与青年创业就业需求对接不够通畅，与相关部门就青年创业就业问题研究不够系统全面。 同时，创业就业类的青年社会组织建设未覆盖区、镇一级，未打通信息资源整合的"最后一公里"（文档材料20201221D）。

五　青年员工返城受阻，短期就业受冲击较大

疫情导致员工返城推迟，用工企业面临停工、歇业甚至破产风险。 在防控常态化条件下，部分员工的就业决策会受到影响，可能选择留在本地就业或短期内不外出。 员工就业稳定性较差，就业质量仍有待提高，劳动时间减少也对员工收入产生较大影响。

海口市总工会调研员指出疫情突发后，很多工人回老家后就不再回来了，海南工程领域涉及的技术员工大部分来自内地，湖北、湖南、四川的员工无法返回工作岗位，还有部分能回来的员工也因为疫情影响不愿意回来（访谈材料20201221A）。

另外，澄迈县民政局和澄迈县人力资源和社会保障局的工作人员都表示青年就业创业中无学历、无技术、无经验的"三无"人员较多，本就缺乏正确的就业观，对技能和业务求知上进的热情不大，缺乏创业心，不愿意出远门务工，此次疫情更加剧了部分青年劳动力"只想在家门口就业"的思想（文档材料20201222J、文档材料20201222K）。

六 青年就业呈现冷热不均特点

与疫情防控紧密相关的产业如口罩、防护服、消毒产品的生产等，由于国内疫情突发与国际疫情暴发不同步，在国内疫情防控常态化下，国内需求递减而国外需求递增，因此，与疫情防控相关产业的总体需求增加，对相关专业人才的需求量增加。与防控相关性小的产业例如批发零售、住宿餐饮、制造业等几乎停止运行，难以快速复工复产，面临破产倒闭的风险，青年就业压力较大。

海口GGGCYGL有限公司总经理表示在此次疫情期间受到巨大的影响，2019年公司5家店用工100多人，2020年受疫情影响只有2家店，员工只有20多人，长达4个月不能营业，营收、消费缩减剧烈（访谈材料20201221A）。

海口市总工会调研员介绍，在餐饮、旅游、零售等行业受到重创的同时，海南医药行业在疫情突发前后，甚至到2020年底基本都是满负荷运转，加班加点生产个人防护设备、防护设施、医药用品等（访谈材料20201221A）。

第三节　疫情下海南省促进青年就业的实践举措

一　共青团组织及政策相关部门加强顶层设计，促进青年就业

共青团海南省委员会会同海南省政府相关部门进行顶层设计，积极有序推进海南省复工复产，促进青年就业，精准研判，做好全球经济衰退引致国内青年就业下行风险的政策应对准备，从而为促进青年就业创业创造稳定公平的经济社会环境。海南省人力资源和社会保障厅发布《海南省人力资源和社会保障厅等五部门关于做好新型冠状病毒肺炎疫情防控期间稳定劳动关系支持企业复工复产的实施意见》，①确保劳动关系总体和谐稳定，灵活处理疫情防控期间的劳动用工问题，充分发挥中国特色和谐劳动关系的制度优势，坚定信心、积极作为，为打赢疫情防控阻击战做出积极贡献。要求充分发挥三方机制在保企业、保就业、保稳定中的独特作用，深入分析当前劳动关系形势，结合实际帮助企业制定复工复产的措施，联合企业主管部门、行业主管部门等各方力量共同行动，加大对特殊时期企业劳动关系处理的指导服务力度。

首先，通过鼓励协商解决复工前的用工问题、鼓励灵活安排工作时间、指导规范用工管理的方式，来灵活处理疫情防控期间的劳动用工问题。一是对因受疫情影响职工不能按期到岗或企业不能开工生产的，要指导企业主动与职工沟通，有条件的企业可安排职工通过电话、网络等灵活的工作方式在家上班完成工作任务；对不具备远程办公条件的企业，与职工协商优先使用带薪年休假、企业自设福利假等各类假期。要指导企业工会积极动员职工与企业同舟共济，在兼顾企业和劳动者双方合法权益的基础上，帮助企业尽可能减少疫情带来的损失。二是在疫情防控期间，为减少人员聚集，鼓

---

① 《海南省人力资源和社会保障厅等五部门关于做好新型冠状病毒肺炎疫情防控期间稳定劳动关系支持企业复工复产的实施意见》，海南省人力资源和社会保障厅网站，2020 年 2 月 18 日，hrss. hainan. gov. cn/hrss/0503/202002/2953b7319bd544b0a183872035eb9272. shtml。

励符合规定的复工企业实施灵活用工措施，与职工协商采取错时上下班、弹性上下班等方式灵活安排工作时间。 对承担政府疫情防控保障任务需要紧急加班的企业，在保障劳动者身体健康和劳动安全的前提下，指导企业与工会和职工协商，可适当延长工作时间应对紧急生产任务，依法不受延长工作时间的限制。 三是在疫情防控期间，指导企业全面了解职工被实施隔离措施或政府采取的紧急措施情况，要求企业不得在此期间解除（终止）受相关措施影响不能提供正常劳动的职工的劳动合同或退回被派遣劳动者。 对符合规定的复工企业，要指导企业提供必要的防疫保护和劳动保护措施，积极动员职工返岗。 对不愿复工的职工，要指导企业工会及时宣讲疫情防控政策要求和企业复工的重要性，主动劝导职工及时返岗。 对经劝导无效或以其他非正当理由拒绝返岗的，指导企业依法予以处理。 鼓励企业积极探索稳定劳动关系的途径和方法，对采取相应措施后仍需要裁员的企业，要指导企业制定裁员方案，依法履行相关程序，妥善处理劳动关系，维护企业正常生产经营秩序。

其次，协商处理疫情防控期间的工资待遇问题。 一是支持协商未返岗期间的工资待遇。 在受疫情影响的延迟复工或未返岗期间，对用完各类休假仍不能提供正常劳动或其他不能提供正常劳动的职工，指导企业参照国家关于停工、停产期间工资支付相关规定与职工协商，在一个工资支付周期内的按照劳动合同规定的标准支付工资；超过一个工资支付周期的按有关规定发放生活费。 二是支持困难企业协商工资待遇。 对受疫情影响企业生产经营困难的，鼓励企业通过协商民主程序与职工协商采取调整薪酬、轮岗轮休、缩短工时、待岗等方式稳定工作岗位；对暂无工资支付能力的，要引导企业与工会或职工代表协商延期支付，帮助企业减轻资金周转压力。 三是保障职工工资待遇权益。 对因依法被隔离导致不能提供正常劳动的职工，要指导企业按正常劳动支付其工资；隔离期结束后，对仍需停止工作进行治疗的职工，按医疗期有关规定支付工资。 对在春节假期延长假期间因疫情防控不能休假的职工，指导企业应先安排补休，对不能安排补休的，依法支付加班工资。

再次，采取多种措施减轻企业负担。 一是帮助企业减少招聘成本。 要加大线上招聘服务工作力度，打造线上春风行动，大力推广远程面试，提高招聘企业与劳动者"点对点"直接对接率。 规范人力资源服务收费，坚决打击恶意哄抬劳动力价格行为。 对受疫情影响缺工较大的企业或者承担政府保障任务企业，鼓励人力资源服务机构减免费用提供招聘服务。 二是合理分担企业稳岗成本。 用好失业保险稳岗返还政策，对受疫情影响不裁员或少裁员的中小微企业，可放宽裁员率标准，让更多企业受益。 用好培训费补贴政策，对受疫情影响的企业，在确保防疫安全情况下，在停工期、恢复期组织职工参加各类线上或线下职业培训的，可按规定纳入补贴类培训范围。 用好小微企业工会经费支持政策，对受疫情影响符合条件的小微企业工会经费全额返还。 用好企业组织会费，对受疫情影响符合条件的困难企业实行一定比例的企业会费返还。 用好工会防疫专项资金，加大对防疫一线职工的慰问，充分调动职工参与防控疫情的积极性。 三是组织开展在线职业培训。 指导企业，特别是受疫情影响企业开展职工技能培训和困难企业职工转岗培训，利用"工业和信息化技术技能人才网上学习平台"、"技能强国——全国产业工人技能学习平台"、"学习强国"技能频道、"中国职业培训在线"、"中国国家人事人才培训网"等线上技能培训平台，组织职工参加线上免费职业培训。

最后，统筹各方力量加大指导服务力度。 一是加强劳动用工指导服务。 各级人力资源和社会保障部门要做好协调劳动关系三方牵头工作，加强组织协调，及时研究和解决疫情防控期间劳动关系领域中的重大问题，主动回应社会关切，制定有针对性的措施，准确解读和宣传相关政策，帮助企业解决发展中的困难。 各级工会做好团结、动员广大职工工作，引导职工关心企业的生存与发展，依法理性表达诉求；动员职工大力发扬劳动精神、劳模精神、工匠精神，为企业长远发展贡献力量；为困难职工提供必要的帮扶救助和心理危机干预疏导。 各级国资委（局、办）、各级工商联和企联组织要梳理评估企业的实际困难并积极向有关部门提出针对性帮扶支持政策建议和指导服务，鼓励企业承担社会责任，通过技术创新等提高竞争力。 引导受疫情影响生产经营困难的企业，完善企业内部协商民主机制，畅通与职工对话渠道，通过多种方式稳定劳动关系和工作岗位。 引导企业关心关爱职工健康，帮助解决职工实际困难，切实保障职工权益。 充分发挥行业协会积极作用，通过减免租金等形式减轻企业经营负担，引导同行业或上下游企业互帮互助、抱团取暖。 二是主动化解劳动关系矛盾。 要力争把风险隐患化解在萌芽状态，着力提升基层预防化解劳动争议能力，推动企业建立健全内部劳动争议协商解决机制。 大力加强专业性劳动争议调解工作，创新仲裁办案方式，加强争议处理指导监督，发挥多元机制合力，大力推广"互联网+调解仲裁"，切实提高争议处理效能。 进一步畅通举报投诉渠道，加大劳动保障监察执法力度，依法查处违法行为。 三是做好表彰先进典型工作。 各级协调劳动关系三方要深入开展和谐劳动关系创建活动，主动宣传在防控疫情中真正实现有事好商量、遇事多商量、有难题共同解决的企业，要在和谐劳动关系创建活动评比、劳动模范评选、五一劳动奖章、奖状等荣誉授予中优先考虑疫情防控期间对稳定劳动关系作出突出贡献的企业和个人，激励引导广大企业家和职工在疫情防控工作中主动履职、担当作为。

澄迈县劳动人事争议仲裁院院长介绍，疫情期间人社局梳理了 23 项政策文件，从中央、省到县出台的文件，落实贫困劳动力公共交通补贴、社保补贴等政策，其中已经拨付了 11150 人次的贫困劳动力外出项目，总金额 2425.31 万元；5149 人次的贫困劳动力交通补贴，共 150.78 万元；6414 人次的扶贫专项岗位补贴，共 729.67 万元；3548 人次贫困人员参加培训交通伙食费，共 302.43 万元（访谈材料 20201222A）。

企业纷纷表示国家的社保减免缓缴、租金减免等政策确实帮助企业节省了很大一笔成本，使企业能够节省这部分成本用于生产经营从而度过此次疫情（访谈材料 20201221A、访谈材料 20201221B、访谈材料 20201222A）。

另外，为促进复工复产，海南省人民政府发布了《关于做好"点对点"服务农民工离琼返岗和支持省重点项目重点企业务工人员返琼的通知》（琼府办〔2020〕15号），给予省重点项目重点企业返琼务工农民工（含新招用人员）一次性交通补贴，2月10~29日返琼的，按照每人800元标准给予企业一次性补贴；3月1~15日返琼的，按照每人600元标准给予企业一次性补贴。为鼓励农民工外出务工，海南省扶贫开发领导小组办公室发布了《关于积极应对新冠肺炎疫情影响 加强财政专项扶贫资金项目管理工作的通知》（琼开办发〔2020〕6号），疫情防控期间外出务工的贫困劳动力，可在享受省人社厅、省财政厅、省扶贫办《关于落实九条特殊措施进一步做好就业扶贫工作的通知》（琼人社发〔2018〕113号）有关政策的基础上，通过省级财政专项扶贫资金获得每人每月200元的额外交通和生活费补助。

二　各类主体积极发挥协同作用，推动青年就业创业

新冠疫情对不同产业发展产生了不同程度的影响，餐饮、旅游、培训等以线下经营为主要营业模式的行业受到较大影响而应急产业相关行业、大数据、人工智能、互联网等行业迎来了巨大的发展契机。共青团组织通过举办各种创新创业大赛、组建创业青年就业服务队等方式，积极组织青年参与创新创业活动，助力构建"青年就业创业服务体系"，推动青年就业创业。

共青团澄迈县委员会联合县人社局、县文旅局等单位，以"振兴杯"技能竞赛澄迈赛区、"创青春"海南青年农产品品牌打造系列活动、海南省志愿服务项目大赛、海南自贸港创业大赛项目扶贫专项赛等为契机，积极组织创业青年参与，通过比赛促进不同领域人员的技术、思想相互交融并进，促进人脉积累，并邀请不同行业专家对参赛的选手进行一对一指导，增强青年创业意识，进一步夯实创业就业专业知识（文档材料20201222A、访谈材料20201222A）。

共青团澄迈县委员会搭建创业青年志愿服务队，在助力脱贫攻坚、疫情防控等方面开展系列志愿服务活动提高社会建设参与率，不定期组

织会员到全县各镇贫困村及挂点村送物资、送技术、送慰问至帮扶贫困户，截至 2020 年底已有 20 名会员企业加入产业帮扶行动中，累计帮扶 60 余户贫困户发展产业，实现产业促脱贫（文档材料 20201222A）。

DMKJJT 有限公司总经理提到："我们跟中国海洋大学签订框架协议，为研究生提供实习平台，同时学校会给学生一些补贴。健康管理学院给我十几个学生，在我这学 10 个月，但还是主要在学校读书，三年大专其中有一年就在我这个工厂里面实习，实现校企合作。"（访谈材料 20201221A）

海口市青年创业就业促进会加大对青年创业就业的支持力度，整合各级政府职能部门的扶持政策，建设以技能培训、政策落地和创业就业服务为主要内容的"海口市青年创业就业服务体系"，发挥共青团服务青年的职能，打造海口市青年创业就业志愿服务品牌，并在政策宣传、政策咨询和培训落地等服务全流程上引入社会各界的志愿者和专业服务人员，为青年创业就业提供系统性的志愿服务和专业商务服务。强化落实创业担保贷款、税费减免等扶持政策，提供创业咨询指导、创业孵化、融资、法律咨询和事务代理等全方位服务，特别是要积极引入商务咨询公司、律师事务所、会计师事务所等专业商务服务机构，建立"公益志愿服务+有偿专业服务"相结合的创业服务模式，健全创业培训、创业扶持和创业服务"三位一体"的青创工作体系，力求实现政府引导、市场主导、社会组织协调、市场主体积极参与的"海口青年创业服务模式"。立足青年特点，面向新职业、新技能和新就业形态，重点开展人工智能、大数据、云计算等新技术培训，媒体运营、网络营销、电子竞技、健康照护等新职业培训，以及网络平台就业创业等新业态培训。大力推行线上线下相结合的培训方式，实行线上学习线下实训融合发展。鼓励各类平台机构将培训与推荐就业紧密衔接。开发青创"公益志愿服务"项目，发动全社会各界青年积极参与。围绕海口市青年创业就业服务体系的有效落地，发挥海口市青年创业就业促进会的社会组织新职能，结合各级职能部门的创业扶持政策，将各部门的培训政策、补贴政策、税收减免政策和贷款贴息政策等内容整合为"海口市青年创业就业政策包"，以志愿服务的形式，协调海口市市场监管局支持，在海口市各市场主体设立窗口开展政策宣传。并定期举办"青字头"的创业政策宣讲活动，邀请专家、导师和职能部门负责人走进社区、院校、园区和商圈，针对青年提出的政策落地问题答疑解惑，让青年更进一步了解政策和积极申请政策扶持，提升青年干事创业的热情和坚定青年未来发展的信心。建设共青团创业就业服务阵地，引入"有偿商业服务"资源服务青年创业。依托海口市青年创业创新孵化基地的培训、服务等孵化职能，发动海口市各区各级团组织共同参与，建设立体化的海口市青年创业就业服务阵地。由共青团海口市委员会指导，各区共青团组织牵头，全市一盘棋统筹阵地的建设和服务职能，每个阵地要充分利用各级团组织、新时代文明实践站所和青少年活动中心等资源，做到服务职能进入、服务制度上墙、服务内容落地，把政策宣传的单页、政策宣讲的计划、政策咨询的人员和培训落地的场地等服务要素在服务阵地逐一落实。并积极引入商务咨询公司、律师事务所、会计师事务所等专业商务服务机构，为孵化基地的入驻企业提供创业服务，为有政策落实需求的创业青年提供咨询服务（文档材料20201221F）。

三　为青年就业创业者提供补贴及技能培训

海南省通过支付吸纳就业补贴鼓励各企业提供就业岗位，吸纳部分青年劳动力就业，加大对青年创业者的精准扶持力度，发挥创业带动就业的积极作用。同时，海南省还为青年劳动力提供就业创业能力培训服务，提升青年劳动力特别是高校毕业生的就业创业能力，提高青年自身素质与企业需求的匹配度。

海南经贸职业技术学院应共青团海南省委员会的要求，落实"千校

"万岗"就业指导,其国际教育学院采取"2+1"的培养模式,2021届(在外实习)建档立卡学生的就业实习率达到了100%,学院团总支对建档立卡学生进行了就业跟踪,定期对其工作满意度进行调查,对其就业的心理以及就业的困境进行疏导与帮扶,同时对学生创业给予大力扶持,开展大学生创业孵化基地入驻申请工作,鼓励大学生开展创业项目,并投入100万元作为创业扶持基金(文档材料20201221A、访谈材料20201221A)。

海南JRKG股份有限公司表示在疫情期间为了支持所投资企业尽快复工复产,鉴于疫情属不可抗力且影响广泛,为发挥财政资金对企业的长期支持作用,南华基金根据实际情况与被投企业协商,在保障财政资金安全的前提下根据项目实际情况调整投资期限,减轻企业的股权回购资金压力,护航企业复工复产(文档材料20201221E、访谈材料20201221A)。

澄迈县农商银行办公室副经理提到:"在银行支持青年创业方面,近两年,我行支持20多户返乡大学生创业,发放了大概有1000余万元的贷款。 我们也会根据创业者实际情况发放不同形式的贷款,帮助创业者评估创业前景,逐步放贷,对于重点创业者,我们还会派遣信贷员驻点办公,及时帮助他解决创业道路上的一些资金问题。"(访谈材料20201222A)

四 拓宽高校毕业生就业创业渠道

疫情期间,海南省建设"互联网+就业"平台,并对招用高校毕业生的企业给予吸纳就业补贴,同时发挥社会力量,宣传就业创业相关政策,营造良好的自主就业创业的社会氛围。

疫情期间,共青团海口市委员会积极响应共青团海南省委员会关于2020年海南共青团"千企万岗助力复工复产"大型线上招聘会的工作部署：第一，广泛发动全市企业结合实际提供招聘岗位信息，累计邀约用工企业24家，岗位需求1200余个；第二，开展大学生实习"扬帆计划"，发动全市机关、企（事）业单位团组织协调提供实习岗位148个，帮助35名高校学子开展实习活动；第三，充分利用海口市青年创业创新/青年社会组织孵化基地，开展2020年孵化基地招募路演活动，招募三批共46家青年创业团队、青年企业和青年社会组织路演，并有28家青年创业团队、青年企业和青年社会组织成功入驻，经过一年多的孵化，入驻单位总产值超过3000万元；第四，积极发动创业青年参加2020年海南青年创新创业大赛，遴选推荐农业农村组、互联网、工商组共100余个项目团队参加省级青年创新创业大赛，海口项目获一等奖1个、二等奖2个、优秀奖4个；第五，积极响应团省委《关于进一步推进就业见习工作的通知》要求，广泛征集各企业用工需求，积极动员各单位申报海南省高校毕业生就业见习基地，共有15家企业申报（文档材料20201221D）。

共青团澄迈县委员会发挥澄迈县青年创业协会人员类型多、覆盖面广的组织优势，向广大创业青年宣传澄迈县返乡大学生自主创业扶持政策，有效促进培育澄迈"本土人才"创新创业，返乡大学生自主创业氛围显著增强（文档材料20201222A、访谈材料20201222A）。

五 提升高校毕业生的就业创业能力

为提高高校毕业生的自身素质，海南省加强对高校毕业生的就业辅导工作，引导高校毕业生进行科学合理的职业规划和职业选择，完善青年就业创业服务体系，促使学生提前学习相关就业创业技能，做好就业的准备。

在共青团海口市委员会的指导下，海口市青年创业就业促进会联系各级政府部门，不断强化创业就业服务体系建设，发挥共青团服务青年的职能，打造"青字头"创业就业志愿服务品牌（文档材料

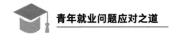

20201221F）。

共青团澄迈县委员会书记指出未来应设计一套可操作性强、系统全面的创业教育课程和建设一支专业化的创业教育师资队伍，加大培训扶持，鼓励社会力量参与创业培训，并给予相应的创业培训补贴（文档材料 20201222A）。

六　精准扶持青年就业创业者

海南省针对遭受严重冲击的行业、地区和群体给予定向精准扶持，加强对信誉良好的中小微企业的融资信贷支持，加大降费减税力度，降低经营负担，同时为消费前期积压后期反弹和生产"抢工"补救做好准备。

共青团澄迈县委员会书记认为应依托企业、机关事业单位、青联委员、青年企业家协会以及青年文明号集体，建立一批新时代共青团"青年就业创业见习基地"，落实有关政策规定，为青年提供就业见习岗位，重点为家庭经济困难的青年和澄迈籍大学毕业生提供见习锻炼机会（文档材料 20201222A）。

海口市青年创业就业促进会结合海口市人力资源和社会保障局、海口市农业局和海口市商务局等职能部门的培训政策，开展创业培训、新型职业农民培训和电商培训等针对性培训项目（文档材料 20201221F）。

2020 年 1 月 1 日至 11 月底，澄迈农商银行发放了农村青年（18~35 岁）创业贷款 1237 户，共 1653 笔，发放金额 1.36 亿元，余额 1.24 亿元，贷款用于种养殖及个体经营，大力支持农村青年创业及解决其融资难问题（文档材料 20201222C）。

七　有序促进青年员工返岗就业

海南省科学防控疫情，推动员工有序返城返岗就业的同时，促进返乡留乡员工就地就近就业创业。依托社区、职业学院、培训中心、普通高校等平台，将滞留失业的青年人员纳入本地教育和技能培训体系中提升其职业技能。

共青团澄迈县委员会在疫情期间迅速组建应急志愿者队伍，陆续成立县人民医院青年突击队、罗浮大学生志愿者青年突击队、福山蓝山湖小区志愿者突击队等 5 支突击队，同时组织引导全县各级团组织、县青年创业协会等按照县疫情防控统一部署，立足岗位实际，大力开展人员管控、执勤点检查各类疫情防控助力工作（文档材料 20201222A）。

海南省人力资源和社会保障厅等三部门发布了《关于做好省重点项目重点企业返琼务工人员隔离期间生活补助发放工作的通知》（琼人社发〔2020〕25 号），对省重点项目重点企业返琼务工人员，隔离期间给予每人每天 200 元生活补助，隔离期最长不超过 14 天。海南省委办公厅、海南省政府办公厅印发了《关于做好疫情防控期间农民工到省重点项目、重点工程务工的十条措施》（琼厅字〔2020〕8 号），组织海南省有培训意愿、有务工需求的农村劳动力参加线下或线上职业技能培训，全面提升农村劳动力素质和就业能力，鼓励省重点企业联合培训机构开展技能培训，鼓励企业以"师带徒""传帮带"方式，促进农民工边干边学，既提高技术能力，又在一定程度上解决用工缺口问题。

八　运用互联网、人工智能等新技术挖掘青年就业创业的新增长点

在防控常态化的背景下，海南省以国内外市场为导向搭建疫情防控相关产业全球供应链，鼓励相关企业转产或增添生产线，发展疫后经济，提高专业人才的技能水平，建立平战灵活转换的生产机制，带动相关行业产业发展。同时，探索推广"互联网+"、人工智能、区块链等先进技术的运用，加快培育数字经济产业，促进各行业、各领域数字化转型，培育更多经济和就业增长点。

　　海口市青年创业就业促进会面向新职业、新技能和新就业形态，重点开展人工智能、大数据、云计算等新技术培训，媒体运营、网络营销、电子竞技、健康照护等新职业培训，以及网络平台就业创业等新业态培训（文档材料20201221F）。

第八章　疫情下促进青年就业的河北实践

　　河北省依托京津冀协同发展区的区位优势和战略优势，依靠当地高新区、科技园、企业孵化园等深入开展"双创双服"，扎实推进产业转型升级，正在向着加速建设现代化工业体系迈进。 疫情期间，共青团河北省委员会及政府相关部门为企业提供优惠扶持的服务如社保费用的减免、企业税费的减免、稳岗补贴，快速推进企业复工复产。 企业积极响应疫情期间的宏观政策，为返乡留乡青年农民工提供就地就近就业创业的机会。 河北省通过政企合作不仅促进企业的发展，也吸纳"就业难"的青年群体，还依托"创启未来·国际青年科技创业大赛""北领·科技产业未来领袖计划""北领online·在线培训""北领知转·技术经纪""北极星计划"等平台鼓励和助力青年群体的创业梦想。

　　被称为"燕赵之地"的河北省是我国近代工业的摇篮，新中国成立后，河北省初步构建了以煤炭、钢铁、纺织、原料药为基础的工业体系。 近年来，河北经济快速发展，逐步形成了以装备制造、钢铁、石化、食品、医药、建材、纺织服装等七大产业为主导并涵盖40个工业行业大类的较为完备的产业体系，新一代信息技术、高端装备制造、生物医药健康、新能源、新材料等新兴领域形成局部优势。 同时河北省依托京津冀协同发展区的区位优势和战略优势，强力推动全省工业经济高质量发展，依靠当地高新区、科技园、企业孵化园等深入开展"双创双服"，扎实推进产业转型升级，全省经济实现了"稳中有进、稳中向好、稳中趋优",并正在向现代化工业体系加快迈进。2017 年 4 月 1 日,中共中央、国务院印发通知,决定设立河北雄安新区,雄安新区的设立对于河北省而言迎来继京津冀协同发展国家重大战略后的又一历史机遇。

因此,本研究选择河北省作为"新冠肺炎疫情影响下促进青年就业的实现路径与政策建议"调研的目的地之一,梳理河北省促进青年就业的政策、举措,从而为政府及学界提供实践方面的参考借鉴。

第一节　疫情下河北省青年就业现状

一　研究方法

本研究使用质性研究方法,在自然情境下采用文本法、访谈法、调研法等多种资料收集方法,通过与研究对象互动对社会现象进行探讨,使用归纳法分析资料。[①] 通过以上研究方法,意在全面了解新冠疫情影响下河北省在促进青年就业方面推出的政策举措,深入探究河北省青年就业创业的现实状况、面临的困境及其原因,运用归纳法逐步提炼资料中呈现的核心观点。

在资料收集方面,结合新冠疫情的防控过程,对企业复工复产情况及促进青年就业工作进行梳理和关键环节的精准调研。2021 年 6 月 22~25 日,赴石家庄市、保定市以及雄安新区开展重点调研,分别在共青团河北省委会、共青团石家庄市委员会、共青团保定市委员会、雄安新区党群工作部召开了座谈会,诸多相关部门的领导干部参与其中,同时参会的还有相关企业代表如河北 LTJT 集团、河北 GK 公司、JDWL 河北分部、河北 STKD 有限公司、ZCSJZCL 有限公司、石家庄 BAFW 集团、石家庄 YMJYKJ 有限公司、河北省 WGRLZY 股份有限公司、河北 QNWHCM 公司、FF 有限责任公司、河北 JSJT、河北 BLDZSW 有限公司、XHYY、河北 SFSY 有限公司保定分公司、JTSD 保定网点;学校代表如石家庄学院、石家庄旅游学院、河北雄安

---

① 陈向明:《质的研究方法与社会科学研究》,教育科学出版社,2000,第 12 页。

新区 HXZYPXXX 和一些来自河北科技大学、唐山师范学院、保定学院、河北大学等高校的学生代表。此外，在调研过程中实地走访了河北 STKD 有限公司、雄安 XSFZ 有限公司、BLBH 便利超市等多家企业；石家庄北大科技园、中国青年创新创业板（京津冀）区域中心、保定国家大学科技园等孵化园以及石家庄工业职业技术大学、保定职业技术学院等职业高校，共得到了 32 份一手访谈调研资料（见表 8-1）及政策文件材料（见表 8-2），从而把握新冠疫情下河北省企业复工复产的现实情况及挑战，深入了解疫情期间青年就业的状况以及遇到的困难，梳理共青团、政府等相关部门为促进青年就业发布的政策文件，了解政府在疫情期间助力企业复工复产的政策落实情况。

二　疫情下青年就业的状况

（一）多项举措防控新冠疫情，助力企业复工复产

企业科学有序复工复产是促进青年就业的前提和保障。新冠疫情突发后，河北省密切关注周边省市的疫情防控状况，及时研判、准确决策。2020 年 1 月 24 日结合河北省的疫情防控形势，河北省政府决定启动河北省重大突发公共卫生事件一级响应，加强对常住人口和流动人口的监管，确保医疗物资的充足，严格落实信息报告制度，采取有效措施防止疫情蔓延，为企业复工复产助力。2020 年 2 月 4 日，河北省人民政府印发《关于打好新型冠状病毒感染的肺炎疫情防控阻击战促进经济社会平稳健康发展的若干措施》（冀政办字［2020］14 号）①的通知，要求全力推动支持服务企业复工复产的政策措施落地落实，千方百计帮助各类企业特别是中小微企业渡过难关，努力把疫情耽误的时间追回来、造成的损失抢回来，奋力夺取疫情防控和经济社会发展双胜利。截至 2020 年 3 月 8 日，全省 1000 多个重点项目已开工，规模以上工业企业复工 12365 家，复工率达到 96.1%；复工返岗人员 195.1 万人，返岗率达到 76.4%。2020 年 6 月 6 日，河北省卫

---

① 《河北省全力支持服务企业复工复产》，共产党员网，2020 年 5 月 20 日，https://www.12371.cn/2020/05/20/ARTI15899670480133317.shtml。

表 8-1 河北省促进青年就业调研情况

调研时间	调研主体	调研部门	受访者职位	访谈内容	受访人数	受访人次	访谈时间	录音字数	调研材料
2021年6月22日	共青团河北省委		副书记孙某	1. 疫情背景下共青团及政府为复工复产出台的政策及采取的措施; 2. 疫情影响下共青团及政府为促进青年就业创业出台的政策及措施; 3. 目前政策及措施的不足之处	13人	71人次	197分钟	3万字	访谈材料 20210622A
	共青团河北省委	青发部	部长马某 干部赵某	1. 疫情背景下共青团及政府为复工复产出台的政策及采取的措施; 2. 疫情影响下共青团及政府为促进青年就业创业出台的政策及措施; 3. 目前政策及措施的不足之处					文档材料 20210622A 20210622B 20210622C 20210622D
		学校部	干部宋某	高校毕业生就业实习情况					
	省人社厅就业中心	职介部	三级调研员吕某	疫情影响下共青团及政府为促进青年就业创业出台的政策及措施					
	省教育厅就业创业指导中心		副主任魏某	1. 青年创业就业的基本情况; 2. 促进青年就业创业的做法和成效; 3. 推动青年创业就业、复工复产遇到的困难和改进建议					访谈材料 20210622B
	河北 LTJT 集团	人资部	副部长张某	1. 疫情对原本招聘计划的影响; 2. 对于国家及地方优惠政策的了解及享受程度					
	河北 GK 公司	人资部	部长助理商某	1. 疫情对原本招聘计划的影响; 2. 对于国家及地方优惠政策的了解及享受程度					

续表

调研时间	调研主体	调研部门	受访者职位	访谈内容	受访人数	受访人次	访谈时间	录音字数	调研材料
2021年6月22日	JDWL河北分部		负责人韩某	1. 企业经营状况；2. 疫情对原本招聘计划的影响；3. 对于国家及地方优惠政策的了解及享受程度；4. 为适应疫情及市场变化，企业的转型策略	13人	71人次	197分钟	3万字	访谈材料20210622A
	河北STKD有限公司		人事经理张某	1. 疫情对原本招聘计划的影响；2. 对于国家及地方优惠政策的了解及享受程度					文档材料20210622A 20210622B 20210622C 20210622D
	河北科技大学		学生赵某	毕业后实习就业情况					
	唐山师范学院		学生张某	毕业后实习就业情况					
	石家庄工业职业技术大学		负责人A	1. 毕业后实习就业情况；2. 促进青年就业创业的举措					访谈材料20210622B
	河北STKD有限公司		负责人A 负责人B 负责人C 负责人D	1. 企业经营状况；2. 疫情对原本招聘计划的影响；3. 对于国家及地方优惠政策的了解及享受程度；4. 为适应疫情及市场变化，企业的转型策略	4人	48人次	52分钟	0.7万字	访谈材料20210622C
2021年6月23日	共青团石家庄市委	青年发展与维护权益部	部长申某	1. 疫情背景下共青团及政府为复工复产产出台的政策及采取的措施；2. 疫情影响下共青团及政府为促进青年就业创业出台的政策及采取的措施；3. 目前政策及措施的不足之处	15人	86人次	179分钟	3.2万字	访谈材料20210623A 文档材料20210623A 20210623B 20210623C 20210623D

续表

调研时间	调研主体	调研部门	受访者职位	访谈内容	受访人数	受访人次	访谈时间	录音字数	调研材料
2021年6月23日	共青团河北省委	青年发展部	干部赵某	1. 疫情背景下共青团及政府为复工复产出台的政策及采取的措施； 2. 疫情影响下共青团及政府为促进青年就业创业出台的政策及采取的措施； 3. 目前政策及措施的不足之处	15人	86人次	179分钟	3.2万字	访谈材料20210623A 文档材料20210623E20210623F20210623G20210623H20210623I20210623J
	石家庄市少先队		总辅导员李某	1. 疫情背景下共青团及政府为复工复产出台的政策及采取的措施； 2. 疫情影响下共青团及政府为促进青年就业创业出台的政策及采取的措施； 3. 目前政策及措施的不足之处					
	石家庄市人社局劳动力市场	办公室	主任许某	1. 疫情背景下共青团及政府为复工复产出台的政策及采取的措施； 2. 疫情影响下共青团及政府为促进青年就业创业出台的政策及采取的措施； 3. 目前政策及措施的不足之处					
	石家庄市教育局		四级主任科员韦某	1. 疫情背景下共青团及政府为复工复产出台的政策及采取的措施； 2. 疫情影响下共青团及政府为促进青年就业创业出台的政策及采取的措施； 3. 目前政策及措施的不足之处					

续表

调研时间	调研主体	调研部门	受访者职位	访谈内容	受访人数	受访人次	访谈时间	录音字数	调研材料
	ZCSJZCL 有限公司	人力资源部	王某	1. 企业经营状况； 2. 疫情期间心理状况； 3. 疫情对原本招聘计划的影响					访谈材料 20210623A
	SBJT 人事部负责人、SBJTGHAB 公司负责人		魏某	1. 疫情对原本招聘计划的影响； 2. 对于国家及地方优惠政策的了解及享受程度					
	石家庄学院	学生工作部	魏某	学校针对学生就业创业采取的措施					
	石家庄旅游学院	招生就业处	主任左某	学校针对学生就业创业采取的措施					
2021年6月23日	石家庄学院道明创业学院、创业店长		荀某	1. 疫情对就业/工作的影响； 2. 疫情期间工资收入情况； 3. 对国家及地方相关政策的了解程度； 4. 就业或实习过程中需要哪些帮助	15 人	86 人次	179 分钟	3.2 万字	文档材料 20210623E 20210623F 20210623G 20210623H 20210623I 20210623J
	石家庄旅游学院烹饪专业		毕业生赵某	1. 疫情对原本就业计划的影响； 2. 疫情期间就业压力状况； 3. 对国家及地方相关政策的了解程度； 4. 就业或实习过程中需要哪些帮助					
	石家庄 YMJYKJ 有限公司		总经理张某	1. 企业经营状况； 2. 对国家及地方优惠政策的了解及享受程度； 3. 员工流动及招聘情况					

续表

调研时间	调研主体	调研部门	受访者职位	访谈内容	受访人数	受访人次	访谈时间	录音字数	调研材料
2021年6月23日	河北省 WGRLZY 股份有限公司		董事长李某	1. 企业经营发展历程; 2. 疫情期间复工复产情况; 3. 疫情对公司及员工造成的影响	15 人	86 人次	179 分钟	3.2 万字	访谈材料 20210623A
	河北 QNWHCM 公司		总经理肖某	1. 企业经营发展历程; 2. 疫情期间复工复产情况; 3. 员工流动及招聘情况; 4. 疫情对青年就业造成的影响					文档材料 20210623E 20210623F 20210623G 20210623H 20210623I 20210623J
	河北 QNWHCM 公司		平台对接人起某	1. 企业经营发展历程; 2. 疫情期间复工复产情况; 3. 疫情对公司及员工造成的影响					
	石家庄北大科技园		负责人 A 负责人 B 负责人 C	1. 企业经营状况; 2. 疫情对原本招聘计划的影响; 3. 对于国家及地方优惠政策的了解及享受程度; 4. 为应对疫情及市场变化,企业的转型策略; 5. 疫情期间工资收入状况; 6. 疫情期间心理状况; 7. 目前政策及措施的不足之处	3 人	40 人次	101 分钟	1.2 万字	访谈材料 20210623B 20210623C 文档材料 20210623K
	中国青年创新创业板(京津冀)区域中心		负责人 A 负责人 B	1. 复工复产出台政策及效果; 2. 青年就业创业存在的问题; 3. 对未来青年就业创业工作的建议	2 人	18 人次	48 分钟	0.6 万字	访谈材料 20210623D

续表

调研时间	调研主体	调研部门	受访者职位	访谈内容	受访人数	受访人次	访谈时间	录音字数	调研材料
2021年6月24日	共青团保定市委		副书记方某	1. 疫情对原本招聘计划的影响; 2. 对于国家和各级地方政府部门出台的各项就业创业相关政策与鼓励措施的了解情况; 3. 疫情常态化情景下对该行业发展前景的看法; 4. 为了适应疫情背景下市场的变化所做的转型与调整; 5. 疫情期间招聘计划和岗位需求状况; 6. 目前政策及措施的不足之处	15 人	28 人次	183 分钟	2.4 万字	访谈材料20210624A
	共青团河北省委	青年发展部	干部赵某						
	共青团保定市委	学少部	负责人李某	1. 疫情背景下共青团及政府为复工复产出台的政策及采取的措施; 2. 疫情影响下共青团及政府为促进青年就业创业出台的政策及采取的措施; 3. 目前出台的政策及措施的不足之处					
	共青团保定市委	青发部	负责人赵某						
	共青团保定市委	社联部	副部长赵某						
	保定市人社局	就业促进处	副处长佟某						
	FF有限责任公司	党群部	副部长吴某	1. 企业经营状况; 2. 疫情对原本招聘计划的影响; 3. 对于国家及地方优惠政策的了解及受程度; 4. 为适应疫情及市场变化, 企业的转型及策略					

续表

调研时间	调研主体	调研部门	受访者职位	访谈内容	受访人数	受访人次	访谈时间	录音字数	调研材料
2021年6月24日	河北JSJT	团委	书记陈某	1. 疫情背景下共青团及政府为复工复产出台的政策及采取的措施； 2. 疫情影响下共青团及政府为促进青年就业创业出台的政策及采取的措施； 3. 目前政策及措施的不足之处	15人	28人次	183分钟	2.4万字	访谈材料20210624A
	河北JSJT	人事处	负责人李某	1. 企业经营状况； 2. 疫情期间工资收入情况； 3. 疫情期间心理状况					
	河北大学保定学院		2021届毕业生戚某	毕业后实习就业情况					
			学生朱某	毕业后实习就业情况					
	中国青年创业导师、河北BLDZSW有限公司创始人		张某	1. 企业经营发展历程； 2. 疫情期间企业复工复产状况； 3. 对于国家及地方优惠政策的了解及享受程度					
	顺平县工商联主席、XHYY院长		尤某	1. 疫情期间向青年所提供的贷款支持； 2. 支持青年创业者的案例分享					
	河北SFSY有限公司保定分公司		负责人田某	1. 企业经营发展历程； 2. 疫情期间企业复工复产状况； 3. 对于国家及地方优惠政策的了解及享受程度					
	JTSD保定网点		经理王某	1. 企业经营状况； 2. 疫情期间工资收入情况； 3. 疫情期间心理状况					

续表

调研时间	调研主体	调研部门	受访者职位	访谈内容	受访人数	受访人次	访谈时间	录音字数	调研材料
2021年6月24日	保定职业技术学院		负责人A	1. 青年就业创业存在的问题；2. 疫情影响下未来促进青年就业创业的建议	1人	7人次	10分钟	0.6万字	访谈材料20210624B 20210624C
	保定国家大学科技园		负责人A 负责人B 负责人C	1. 创业的行业、时间及原因；2. 当前创业项目的开展情况；3. 疫情对原本创业计划的影响；4. 对国家及地方相关政策的了解及享受程度；5. 创业过程中需要哪些帮助	3人	25人次	128分钟	1.6万字	访谈材料20210624D 20210624E
2021年6月25日	共青团河北省委	青发部	部长马某 副部长李某 干部赵某 干部安某	1. 疫情背景下共青团及政府为复工复产出台的促进青年就业创业政策及采取的措施；2. 疫情影响下共青团及政府为促进青年就业创业出台的政策及采取的措施；3. 目前政策及措施的不足之处	26人	39人次	109分钟	1.6万字	访谈材料20210625A
	雄安新区党群工作部		副部长高某	1. 疫情背景下共青团及政府为复工复产出台的促进青年就业创业政策及采取的措施；2. 疫情影响下共青团及政府为促进青年就业创业出台的政策及采取的措施；3. 目前政策及措施的不足之处					
	雄安新区公共服务局（就业）		干部付某	1. 青年创业就业的基本情况；2. 促进青年就业创业的做法和成效；3. 推动青年创业就业、复工复产遇到的困难和改进建议					
	雄安新区公共服务局（教育）		干部杨某						

续表

调研时间	调研主体	调研部门	受访者职位	访谈内容	受访人数	受访人次	访谈时间	录音字数	调研材料
2021年6月25日	容城县团委		副书记王某	1. 青年创业就业的基本情况；2. 促进青年就业创业的做法和成效；3. 推动青年创业就业、复工复产遇到的困难和改进建议	26人	39人次	109分钟	1.6万字	访谈材料20210625A
	安新团县委		科员范某						
	雄县青创会		会长翟某						
	容城县就业局		副局长安某、干部高某	1. 青年创业就业的基本情况；2. 促进青年就业创业的做法和成效；3. 推动青年创业就业、复工复产遇到的困难和改进建议					
	雄县就业局		干部张某						
	安新县就业局		干部周某						
	安新县教育局		副局长张某	1. 青年创业就业的基本情况；2. 促进青年就业创业的做法和成效；3. 推动青年创业就业、复工复产遇到的困难和改进建议					
	容城县教育局	人事办公室	主任刘某	1. 疫情背景下共青团及政府为复工复产出台的政策及采取的措施；2. 疫情影响下共青团及政府为促进青年就业创业出台的政策及采取的措施；3. 目前政策及措施的不足之处					
	雄县教育局	教师办公室	副主任梁某						
	容城县平王乡党建办		科员化某						
	容城县大河镇党政办		科员肖某						
	容城县小里镇征正办		主任孙某						
	容城县贾光乡党政办		科员赵某						
	容城县晾马台党政办		科员甄某						
	容城县南张镇党政办		科员邢某						
	容城县城关镇党政办		主任刘某						
	容城县八于乡党政办		主任颜某						

续表

调研时间	调研主体	调研部门	受访者职位	访谈内容	受访人数	受访人次	访谈时间	录音字数	调研材料
2021年6月25日	河北雄安新区 HXZYPXXX		负责人曰某	1. 企业经营状况； 2. 疫情对原本招聘计划的影响； 3. 对于国家及地方优惠政策的了解及享受程度； 4. 为适应疫情及市场变化，企业的转型策略	26人	39人次	109分钟	1.6万字	访谈材料20210625A
	雄安 XSFZ 有限公司		负责人A 负责人B 负责人C	1. 企业经营状况； 2. 疫情对原本招聘计划的影响； 3. 对于国家及地方优惠政策的了解及享受程度； 4. 为适应疫情及市场变化，企业的转型策略	3人	66人次	63分钟	0.8万字	访谈材料20210625B
	BLBH 便利超市		负责人A	1. 企业经营状况； 2. 疫情对原本招聘计划的影响	1人	15人次	23分钟	0.6万字	访谈材料20210625C 文档材料20210625A 20210625B

资料来源：根据课题组2021年6月22~25日在河北省的调研整理所得。

表8-2 疫情下河北省促进青年就业政策及工作文件

序号	政策文件	解决问题	针对人群及对象	相关部门	政策编号
1	《河北省就业工作领导小组关于促进2020届河北省高校毕业生就业创业的若干政策措施》	深入贯彻落实习近平总书记系列重要指示批示精神和党中央、国务院决策部署，做好河北省2020届高校毕业生就业创业工作	2020届河北省高校毕业生	河北省就业工作领导小组	冀就字〔2020〕2号
2	《关于进一步征集重点项目企业招聘信息拓宽高校毕业生等就业渠道的通知》	进一步拓展用人单位招聘用工和劳动者求职就业供求信息对接渠道，加强人岗供需匹配服务，促进高校毕业生等各类群体就业	河北省高校毕业生	河北省发展与改革委员会 河北省人力资源和社会保障厅 河北省教育厅	冀发改就业〔2021〕187号
3	《关于上线"高校毕业生就业服务平台"的实施方案》	为高校毕业生就业提供常态化不间断就业服务，帮助其尽快实现就业	河北省高校毕业生	河北省人力资源和社会保障厅	冀人社字〔2020〕277号
4	《关于引导和鼓励高校毕业生到城乡社区就业创业的通知》	拓宽高校毕业生就业渠道，提升城乡社区治理能力和服务水平	河北省高校毕业生	中共河北省委组织部 河北省人力资源和社会保障厅 河北省民政厅 河北省精神文明建设委员会办公室 河北省教育厅 河北省财政厅 河北省卫生健康委员会	冀人社发〔2020〕24号

续表

序号	政策文件	解决问题	针对人群及对象	相关部门	政策编号
5	《关于实施高校毕业生就业创业推进行动的通知》	促进未就业高校毕业生实现就业创业	河北省高校毕业生	中共河北省委组织部 河北省人力资源和社会保障厅 河北省民政厅 河北省科技厅 河北省教育厅 河北省财政厅 共青团河北省委	冀人社发〔2020〕30号
6	《河北省人民政府关于进一步做好稳就业工作的实施意见》	健全有利于更充分更高质量就业的促进机制，坚持就业政策与经济政策联动，坚持创造岗位和稳定岗位并重，积极应对新冠疫情，突出重点、统筹推进、精准施策，全力防范化解规模性失业风险，全力确保就业大局稳定	河北省劳动者	河北省人民政府	冀政发〔2020〕3号
7	《关于支持高校毕业生和技能人才在保就业创业的若干措施》	支持和鼓励高校毕业生和技能人才在保定市就业创业	保定市高校毕业生 保定市技术人才	保定市人民政府 保定市人力资源和社会保障局 保定市教育局	保政发〔2020〕74号
8	《石家庄市关于进一步做好稳就业工作的实施意见》	坚持创造更多就业岗位和稳定现有就业岗位并重，坚持更加积极的就业政策，健全稳就业工作促进机制，突出重点、统筹推进、精准施策，防范化解规模性失业风险，确保就业形势总体稳定	石家庄市劳动者	石家庄市人民政府	石政函〔2020〕32号

续表

序号	政策文件	解决问题	针对人群及对象	相关部门	政策编号
9	《关于开展 2021 年河北省"保主体稳就业"政策性金融支持专项活动的通知》	重点支持用工较多的劳动密集型企业,助力创业就业稳定	河北省企业	河北省发展与改革委员会 河北省人力资源和社会保障厅 中国农业发展银行河北省分行	冀发改就业〔2021〕284 号
10	《关于打好新型冠状病毒感染的肺炎疫情防控阻击战促进经济社会平稳健康发展的若干措施》	持续推动防控工作升级加力,坚决打好新冠疫情防控阻击战,推进全省经济社会平稳健康发展	河北省企业	河北省人民政府办公厅	冀政办字〔2020〕14 号
11	《关于切实做好企业复工复产工作的通知》	切实保障企业复工复产复市	河北省企业	河北省应对新型冠状病毒感染肺炎疫情工作领导小组办公室	冀防领办〔2020〕38 号
12	《关于应对新冠肺炎疫情支持中小企业共渡难关的若干措施》	推动中小企业疫情防控和复工复产,两手抓、两不误,全力支持企业共渡难关,支撑河北省经济高质量发展	河北省中小企业	河北省民营经济领导小组	冀民经〔2020〕1 号
13	《关于全面落实支持服务各类企业复工复产政策的实施意见》	推动支持服务企业复工复产政策措施落地落实,抓紧解决复工复产面临的困难和问题,力争把疫情造成的损失降到最低限度	河北省企业	河北省人民政府办公厅 中共河北省委办公厅	冀办〔2020〕15 号

续表

序号	政策文件	解决问题	针对人群及对象	相关部门	政策编号
14	《关于提升"双创"示范基地作用进一步促改革稳就业强动能的若干措施》	发挥河北省"双创"示范基地促改革稳就业强动能积极作用，进一步释放市场活力和社会创造力，促进全省创新创业高质量发展，带动经济运行稳步回升和经济社会持续健康发展	河北省企业河北省创业者	河北省人民政府办公厅	冀政办字〔2020〕169号
15	《关于统筹疫情防控和经济社会发展 加快复工复产的通知》	为有效应对疫情冲击，最大限度地减少疫情损失，尽快启动复工复产，有序恢复正常生产生活秩序，着力稳定经济运行，确保实现首季良好开局	河北省企业	河北省人民政府办公厅	冀政办字〔2021〕11号
16	《关于加快推进企业复工复产的若干措施》	加快复工复产复商复市，实现全年经济开好局、起好步	河北省企业	河北省人民政府办公厅	冀政办字〔2021〕18号
17	《关于应用新一代信息技术服务疫情防控和复工复产工作的通知》	应用新一代信息技术服务疫情防控和复工复产，减少疫情损失，助力企业稳产增产，支撑工业经济稳定运行	河北省企业	河北省工业与信息化厅	冀工信两化函〔2021〕60号

资料来源：根据课题组2021年6月22~25日在河北省的调研整理所得。

健委决定自即日起，将全省突发公共卫生事件应急响应级别由二级调整为三级。① 然而面对"多点散发、此起彼伏"的疫情态势，2021 年 1 月 2 日河北省再次暴发新冠疫情，第二波疫情的程度显然更加严重，但是已有足够应对经验的河北省通过紧急部署、科学防控，及时确保企业和人民生活免遭二次冲击，在此过程中河北省政府再次出台《关于统筹疫情防控和经济社会发展加快复工复产的通知》（冀政办字〔2021〕11 号）、《关于加快推进企业复工复产的若干措施》（冀政办字〔2021〕18 号）等多项举措助力企业复工复产，后续利用大数据、互联网技术、云平台等诸多信息化手段为企业的良好发展奠定基础。

（二）政府及相关部门共同发力，保障青年就业

新冠疫情突发的背景下，支持青年群体的就业创业工作成为党和政府的重点工作。 为了深入贯彻中央的相关指示，河北省政府针对 2020 届高校毕业生出台了诸多政策以支持其就业和创业的工作，例如《河北省就业工作领导小组关于促进 2020 届河北省高校毕业生就业创业的若干政策措施》（冀就字〔2020〕2 号）、《关于引导和鼓励高校毕业生到城乡社区就业创业的通知》（冀人社发〔2020〕24 号）、《关于实施高校毕业生就业创业推进行动的通知》（冀人社发〔2020〕30 号）等，以上文件指出三大工作重点：一是拓宽高校毕业生的就业升学渠道；二是持续为高校毕业生做好就业指导和服务工作；三是加强对高校毕业生就业工作的责任担当。 同时除高校毕业生以外，针对其他青年群体，河北省政府及相关部门也在制定落实诸多举措，2020 年 3 月 12 日河北省人民政府颁布《河北省人民政府关于进一步做好稳就业工作的实施意见》（冀政发〔2020〕3 号），意见强调了重点促进青年群体就业和创业的工作。 此外，各地市也相应制定了人才发展的政策，例如保定市于 2020 年 11 月 6 日制定《关于支持高校毕业生和技能人才在保就业创业的若干措施》（保政发〔2020〕74 号）；雄安新区制定了《河北雄安新

---

① 《河北精准施策推进复工复产》，新华网，2020 年 3 月 10 日，https://baijiahao.baidu.com/s? id＝1660703989814093232&wfr＝spider&for＝pc。

区就业创业扶持政策》《河北雄安新区提升就业创业十大行动计划》等，此类政策中包含了诸多引导落实青年群体就业和创业的优惠政策和帮扶措施。

石家庄市委、市政府共同打造石家庄市职业教育园区项目，通过内涵整合重组为 10 所中等职业学校，分批搬迁进入职教园区，重点打造信息技术学校、财经商贸学校、文化传媒学校、交通运输学校、装备制造学校、旅游服务学校、城市建设学校、现代农业学校、学前教育学校、特殊教育学校 10 所现代中等职业学校。同时在职教园区规划建设公共实训基地和技能鉴定中心、双创科技园、图书信息中心、体育馆、艺术馆等共享设施。10 所学校设置专业 115 个，在校生规模 3.5 万人，教职工 3200 人。围绕石家庄市经济发展总体布局，以"服务主导产业、专业特色明显、师资结构合理、硬件设施精良，办学机制灵活、产教深度融合"为导向，坚持产教融合主线，进一步调整优化专业结构，提升学校办学层次，创新办学体制机制，深化人才培养模式改革等，在办学规模、办学层次、硬件设施、产教融合等方面，切实把职教园区打造成为全省一流、全国有位的职业教育品牌。职教园区的建成投用，彻底解决了石家庄市主城区公办中职学校"布局散、规模小、条件差"等结构性问题，学校面貌和办学条件得到了极大改善，在石家庄市职业教育发展史上具有里程碑性的重大意义（文档材料20210623F）。

（三）企业、社会组织及高校积极响应号召，促进青年创业就业

在共青团河北省委员会及政府相关部门促进青年就业的同时，河北省的企业、社会组织以及高校也尽力为疫情防控、复工复产、促进就业奉献自己的力量。首先，大型企业、国有企业等利用自身的优势助力青年就业工作。

例如 ZCSJZCL 有限公司人力资源部负责人表示尽管疫情严重肆

虐，但是他们出于社会责任丝毫没有减少招聘岗位的数量，尽力为高校毕业生、青年农民工等群体解决就业的燃眉之急（访谈材料20210623A）。

JDWL 河北分部负责人也介绍到：公司针对高校大学生推出"新锐之星"的创业计划，引导、协助、支持大学生在校创业工作（访谈材料20210622A）。

其次，近年来发展迅速的社会组织也用自己的方式支持青年群体的就业创业工作。

容城县教育局的负责人表示容城县结合团省委牵线的社会组织、创业组织等为青年群体举办了许多就业创业活动，其中他们通过对接一家互联网创业的社会团体为青年就业创业工作新增了就业岗位（访谈材料20210625A）。

最后，高校通过举办相关招聘活动、落实相关就业政策以及推送企业招聘信息等方式，促进青年就业创业。

新冠疫情突如其来，石家庄学院党委高度重视毕业生就业工作，先后三次召开党委常委会，研究就业工作举措，切实落实就业工作"一把手工程"；制定《石家庄学院疫情防控期间就业创业服务工作方案》，压实二级学院、辅导员及就业导师各方责任；及时发布了《致 2020 届毕业生及各用人单位的一封信》，告知学校就业工作总体安排；联合云研科技第三方专业机构，开展用人单位调查，研判疫情就业形势；开通云就业平台线上"云双选"及"云宣讲"功能，将线下招聘活动全部改为线上进行；摸查毕业生就业去向，全面了解就业现状，制定就业台账周报制度，督促就业工作开展；适时召开就业工作推进会，进一步督导就业工作有序展开等。采取超常举措，确保毕业生充分高质量就业，与二级学院书记、院长及教研室主任签订责任书，层层压实责任，保证各项工作落到实处，实行就业周报、月报制度，周周有排名，月月有考核，全力推动就业工作。广泛实施就业导师制，为毕业生分配就业导师，平均每7名学生能拥有一个就业导师。为毕业生提供针对性的指导与帮扶，提高学生就业成功率。得益于全校教师的共同努力，采取的措施及时、得当。截至2020年底，该校总体就业率95.94%，圆满完成各项工作任务（文档材料20210623H）。

石家庄工业职业技术大学一方面在2020年3月为高校毕业生举办了多场线上招聘会，从而稳定学生们的焦急情绪，另一方面利用校园内的媒体平台、相关应用等及时推送相关就业信息，助力该校学生的就业工作（访谈材料20210622B）。

河北科技大学的学生代表表示学校除了举办网络招聘会、发布就业信息等，也会为有需要的学生提供职业生涯规划、就业政策咨询、就业心理咨询、求职择业技巧咨询等服务（访谈材料20210622A）。

2020年，新冠疫情袭来，各行各业都不同程度地受了影响。面对疫情防控与复工复产的双重压力，ZCSJZCL有限公司通过开发员工疫情防控系统、做好专项培训等措施，扎实开展复工复产相关工作。同时，履行中央企业的社会责任，落实国务院国资委、中国中车关于疫情期间稳就业的要求，不减少大学生招聘数量，保障疫情期间大学生就业的稳定。疫情期间政府推出的各项政策为企业的复工复产提供了很大帮助：一是对社会保险的减免缓政策、对员工就业的稳岗就业补贴等政策都为企业切切实实地减轻了负担；二是近几年来，市、区推行的人才吸引政策在校园招聘中具有十分重要的作用，如对"双一流"院校毕业生的人才绿卡政策，为企业引进优秀人才提供了政策支持。ZCSJZCL有限公司十分重视对青年人才的培养工作，制定了《关于加强青年人才培养的十条措施》等相关制度。一是大学生入职后，公司制定了入职1~5年青年人才的培养措施，通过"基层锻炼+综合培养"相结合的方式，帮助大学生沿着"企业人—专业人—事业人"的路径逐步成长；二是为管理技术人才设计了职业生涯发展通道，为青年人才的专业成长提供发展路径；三是选拔优秀青年人才进入中层后备人才资源池，进行系统培养管理，通过"3E-721"培养模式，促使其尽快成长成才；四是在领导干部选拔任用中，注重对35岁以下优秀青年人才的选拔培养使用，当前中层干部35岁以下占比为17%（文档材料20210623I）。

第二节　疫情下河北省青年就业存在的问题及原因分析

一　疫情导致复工复产不足，青年就业面临下行压力

新冠疫情导致大量企业停工停产甚至破产，疫情防控常态化条件下，企业难以迅速恢复原有生产力和生产秩序，同时疫情在全球范围内的暴发导致外需大幅下降，全球供应链受阻，这些都给之后几个季度的青年就业带来巨大压力。由于经济运行中供给侧结构性矛盾，河北省中小城市经济发展不均衡，与经济发达地区相比差距较大，尤其是省内中小城市就业岗位少、薪酬待遇低，吸纳毕业生就业能力弱，地区间就业不均衡，部分地市三年来接收毕业生人数不足本市生源的50%。一方面，此次疫情的冲击对部分行业的影响非常大。

例如河北LTJT的负责人表示疫情对旅游行业以及酒店经营的冲击还是非常大的，另外疫情也使得与其合作院校的学生无法正常到企参与实习（访谈材料20210622A）。

石家庄旅游学院招生就业处负责人也表示受疫情影响，学校导游专业的学生全部选择了升学（访谈材料20210623A）。

另一方面，对各大企业的校园招聘也有所影响，尽管企业按照国家规定普遍采取了线上网络招聘，但是此种形式反而造成了学生与招聘方的信息不

对称、双方对彼此的期待不符合现实等问题。

例如 FF 有限责任公司的负责人表示尽管通过线上工作完成了招聘任务，但是当学生们来到公司后会发现与自己的预期有差距，从而选择了离岗和辞职，反之企业也慢慢发现部分学生的表现并不符合企业要求，也会出现相应的问题（访谈材料 20210624A）。

二　促进就业创业政策不够完善，地方政府的作用亟待加强

部分地方政府对吸纳高校毕业生就业创业、促进区域经济发展的重要作用认识不高，重视不够，出台促进毕业生就业创业的政策措施不多，就业岗位挖掘力度不大。

在推进高校毕业生就业创业工作过程中，部分地方政府还没有建立起完善的促进毕业生就业创业的责任体系和工作机制，尤其是政府、行业、企业、高校的多方联动工作机制没有完全建立起来，社会需求与人才供给没有形成有效对接，导致人才需求信息不能快速、有效地传递到高校和毕业生，就业工作的信息共享渠道还不够畅通（文档材料20210622B）。

河北省教育厅的负责人认为造成上述后果有三点原因，一是地方政府促进毕业生就业创业工作的重视程度亟待加强；二是第三产业、新兴产业对毕业生的吸纳能力不足；三是河北省促进毕业生在河北就业创业的政策不够完善（访谈材料 20210622A）。

石家庄旅游学院的老师也表示和以往的就业情况相比，今年受到严重影响，岗位的选择面相对而言变窄了（访谈材料 20210623A）。

同时，在此背景下高校毕业生选择创业也逐渐减少。

一是"初出茅庐"的高校毕业生在创业经验、社会竞争力、资金等方面并不占优势，二是高校毕业生自身也存在一些畏难的情绪（访谈材料20210624A）。

同时，促进毕业生在冀就业的政策不够完善，力度不足。

河北省各级政府、行业部门对吸纳高校毕业生在冀就业的优惠政策力度不够，特别是与其他省市相比存在较大差距。例如，武汉市设立大学生创业贷款担保基金，担保贷款额度最高可达200万元。长沙市对新落户并工作的博士、硕士、本科等全日制高校毕业生，两年内分别发放每年1.5万元、1万元、0.6万元租房和生活补贴，博士、硕士毕业生在职工作并首次购房的，分别给予6万元、3万元购房补贴。而河北省的实际情况是吸纳在冀就业创业的优惠政策力度不够，企业提供的岗位普遍薪资待遇不高，对毕业生吸引力不强（文档材料20210622B）。

三　青年群体就业观的畸变，有从"慢就业"向"懒就业"转变趋势

首先，青年的就业观念逐渐从"慢就业"趋向"懒就业"。

根据河北省教育厅负责人的介绍，当今的青年群体存在"慢就业""缓就业"的现象，这和如今的经济发展存在一定的关联，而这类现象也正在向"懒就业"恶化发展，这将成为社会不稳定的因素之一（访谈材料20210622A）。

其次，现在的年轻人普遍追求"钱多事少离家近"的工作，而不愿意下基层、不愿意去中小微企业，眼高手低的问题造成了人岗不匹配，就业矛盾突出。

FF 有限责任公司的负责人表示现在招聘的学生对企业的要求十分高，同时只关心到手的薪资是多少。保定学院的应届毕业生代表也谈到了自己身边的同学确实存在"眼高手低"的心态（访谈材料20210624A）。

最后，当今的青年群体存在"渴望一夜暴富"的就业心态倾向，诸多学生试图通过"做直播""当明星""搞电商"等方式一夜暴富，而此类心态也造成了其看不上基层岗位、小微企业、民营企业，无法承受艰苦贫困地区就业的困难和压力。

例如河北 JSJT 的代表介绍现在的青年由于就职岗位要求下工地、做项目，所以主动放弃此岗位，转头选择更为"轻松"和"体面"的公务员等工作（访谈材料20210624A）。

河北省教育厅汇报提纲中提到：毕业生有业不就、"慢就业"、"缓就业"现象有所增多。一些高校毕业生就业期望值过高，不愿意到基层艰苦地区、中小城市、民营企业、中小微企业及生产一线岗位就业，在校不急于签约、离校不急于就业，导致"就业困难"与"有业不就"现象并存（文档材料20210622B）。

四　青年创业者创业环境恶化

疫情使经济环境面临下行压力，小微企业、个体工商户、灵活就业人员等抵御风险能力较差，停工歇业意味着短期失业，小微企业和个体工商户还面临破产倒闭的风险，如何在疫情中继续经营下去、渡过这一难关成为青年创业者面临的艰巨考验。

根据中国青年创新创业板（京津冀）区域中心工作人员的介绍，疫情期间创业项目的路演已经由线下转为线上举办，但是相比之下线上路演因沟通的间接性以及对项目缺乏具体直观的认识而达成合作的成功率更低一些（访谈材料20210623D）。

石家庄YMJYKJ有限公司表示公司主营的幼教产品受到疫情巨大的冲击，而这也导致不能依靠此产品继续维持公司运行，尽管如今公司的产业有所转型但是依旧存在"创业难"的现象（访谈材料20210623A）。

高层次人才呈现流失趋势。从博士、硕士研究生就业情况看，低于本专科毕业生在冀就业比例。硕士以上毕业生对薪资待遇、个人发展、生活品质、城市环境都有更高期待，河北省与经济发达地区相比，省内用人单位提供薪酬待遇普遍偏低，同类别岗位工资差异较大，因此高层次人才出省就业意愿较强（文档材料20210622B）。

五 青年员工返城受阻，短期就业冲击较大

疫情导致员工返城推迟，用工企业面临停工、歇业甚至破产风险。在防控常态化条件下，部分员工的就业决策会受到影响，可能选择留在本地就业或短期内不外出。员工就业稳定性较差，就业质量仍有待提高，劳动时间减少也对员工收入产生较大影响。

河北STKD有限公司的负责人表示公司受疫情影响，许多过年回家的员工都无法正常返岗，甚至有部分员工选择了辞职，这也导致2020年河北省ST快递员的用工缺口非常大（访谈材料20210622A）。

2020年虽然大部分单位上半年处于停产状态，但是SBJT依旧要为全市2300多家客户单位提供安保服务，然而疫情导致的人员流失、返城受阻等问题进一步加大了人员缺口（文档材料20210623E）。

石家庄北大科技园的负责人介绍，疫情期间一些公司的员工被封闭

在武汉，无法正常参与工作，这对公司产生了不小的影响（访谈材料20210623C）。

六　青年就业呈现冷热不均特点

由于国内疫情突发与国际疫情暴发存在时间差，在国内疫情处于防控常态化下，国内需求递减的同时，国外需求递增，因此，一方面，与疫情防控相关的应急产业的总体需求增加，对相关专业人才的需求量增加，而第三产业和新兴产业对毕业生的吸纳能力不足。

近年来，随着科学技术的发展，尤其是互联网、移动互联网技术的发展，电子商务、现代物流等新产业、新业态发展迅猛，而基于河北省产业调整与转型升级的现实需要，第三产业的发展空间很大。在做大、做强河北新经济、新产业、新业态的同时，需要大量的高校毕业生作为补充与支撑，但目前吸引力明显不足，吸纳能力有待进一步加强（文档材料20210622B）。

河北QNWHCM公司表示疫情常态化的背景下，公司主营的社区团购板块销售额快速增长（访谈材料20210623A）。

另一方面，与防控相关性小的产业例如批发零售、住宿餐饮、制造业、教育等几乎停止运行，难以快速复工复产，面临破产倒闭的风险，青年就业压力较大。

雄安XSFZ有限公司的负责人讲到疫情对房地产行业的影响十分恶劣，甚至导致一部分小企业关门倒闭（访谈材料20210625B）。

JTSD保定网点的代表以及八零电商的负责人也表示了疫情影响物流行业的转运和派送，这也导致大量的快递件积压于保定，造成了巨大的压力（访谈材料20210624A）。

第三节　疫情下河北省促进青年就业的实践举措

一　政府部门积极发力援企稳岗，助力企业发展

河北省相关部门依据中央指示为企业提供优惠扶持的服务如社保费用的减免、企业税费的减免、稳岗补贴等，加大对遭受严重影响的地区、行业、企业的扶持力度，运用互联网、云计算等手段推进复工复产，促进经济增长，扩大就业需求，降低失业风险。新冠疫情突发后，中央迅速出台了一系列政策意见，要求做好疫情下青年就业工作。为响应中央号召，落实中央相关政策措施，河北省也出台了一系列配套政策。

据河北省人社厅的负责人介绍 2020 年全年社保费用减免共计达到 385.8 亿元，发放稳就业资金 25.6 亿元（访谈材料 20210622A，文档材料 20210622D）。

诸多企业也表示各级政府的扶持政策确实帮助他们度过了此次疫情，例如 SBJT 的负责人讲道，石家庄市人社局对社保费用的减免，使得企业节省了近 1000 万元（访谈材料 20210623A）。

河北省还针对中小微企业提供有力的支持，为中小微企业的创业提供专设的创业贷款，引导中小企业加入孵化园并为其提供一定的优惠服务。

河北省 WGRLZY 股份有限公司表示其公司通过团工委的推荐加入了高新区的产业孵化园，入驻的费用也有所减免（访谈材料 20210623A）。

另外，政府出台具有针对性、聚焦性的政策，如《关于应对新冠肺炎疫情支持中小企业共渡难关的若干措施》（冀民经〔2020〕1 号）。河北省人

社系统坚持把稳就业、保居民就业作为重大政治责任，闻令而动、迅速响应，坚持抗疫情、促就业两手抓，密集出台 30 余项保障支持政策，以空前力度全面强化工作举措，全年城镇新增就业 85.9 万人，超额完成既定 85 万人目标任务，实现了就业局势总体稳定、好于预期。

河北省围绕保障企业复工复产用工，建立企业用工保障和农民工返岗复工"点对点"服务机制，为 3770 家涉及疫情和民生重点企业解决用工需求 6.2 万人。 围绕稳定重点群体就业，出台促进高校毕业生就业创业 30 条政策，高校毕业生就业率达到 95.65%，为历年最高。 促进 1253.5 万农民工实现就业创业。 实施失业保险保障扩围政策，及时发放失业补助金 1.9 亿元、失业保险金 9 亿元、代缴医保费 2.7 亿元。 围绕稳定企业岗位，全面落实阶段性减免社保费和援企稳岗政策，共为企业减轻三项社保费 385.8 亿元、发放稳就业资金 25.6 亿元。 围绕提高供需匹配度，建立就业情况、求职需求、岗位供给、供需对接清单，举办线上招聘会 1719 场，实行线上招聘服务"不打烊"。 围绕创业带动就业，成功举办"三创四建"展示交流活动，优化升级创业就业孵化基地 150 家，创建河北创业大学 10 家，发放创业担保贷款 32.9 亿元。加强抗疫一线人员支持保障，先后出台工资福利、工伤保险、职称评聘、紧急补充医务人员等一系列政策措施（文档材料 20210622D）。

二 政府相关部门出台政策鼓励高校毕业生就业创业

共青团河北省委员会会同河北省政府相关部门进行顶层设计，积极有序地推进河北省企业复工复产，促进青年就业，精准研判，做好全球经济衰退引致国内青年就业下行风险的政策应对准备，从而为促进青年就业创业创造稳定公平的经济社会环境。

为促进河北省青年群体就业创业工作的进行，河北省各部门共同发力鼓励高校毕业生就业创业，拓宽高校毕业生就业渠道。 一是各级政府和行业部门在毕业生就业工作中积极发挥作用。 各级政府根据区域经济发展和行业产业发展需求，认真做好人才需求规划，实现毕业生就业与经济发展深度对接。 大力发展新兴产业，引导行业企业放眼长远，提前布局，增加人才储备，进一步增强吸纳毕业生的能力。 在河北工资水平普遍偏低的大环境下，各级政府和行业主管部门出台住房补贴、生活补贴、人才公寓、户籍管理、创业扶持等一系列优惠政策，给毕业生留在河北就业创业真正提供实惠和便利。 一方面通过"易展翅"平台开展各类招聘活动。 据河北省人社厅统计，2020年河北省举办线上招聘会共1719场，实行线上招聘服务"不打烊"；另一方面积极开发基层公共管理和社会服务岗位，积极做好基层就业项目。 二是高校有效落实就业主体责任。 河北省依托校企联盟、校地研究院等抓手，主动对接地区经济发展需求，加大学科专业布局调整力度，统筹推进"双一流"建设，进一步改革人才培养模式，做好联合培养、订单定制培养等各项改革工作。 充分利用实训培训基地、创新创业孵化基地等平台，进一步提升毕业生的实践能力和就业创业能力，全面提升高校服务地方经济发展的能力和水平。 三是充分发挥校企联盟、科研和创业基地促就业的作用。 高校积极主动对接区域经济和行业发展，探索建立河北校企、校产、校地合作机制，实现河北区域经济和行业企业发展与高校人才培养的有效联动。 加强产业、行业及职业发展趋势预测，依托校企联盟等资源和平台，建立相关专业毕业生就业创业大数据库，合理测算毕业生的需求数量和质量规格，及时调整专业设置，改革人才培养模式，提升毕业生质量。 发挥高校科技优势带动毕业生创新创业和就业。 鼓励教师通过科研项目带学生，引导学生参加科研项目，通过科研提升就业创业能力。 四是更加关注、吸引高层次人才在冀就业。 硕士及以上层次的毕业生是河北振兴的关键人才，特别是一些学科优势明显的高校，其硕士及以上毕业生拥有更高水平的研发能力和更具核心竞争力的科研成果，这是河北振兴发展的宝贵财富。 政府出台针对这部分毕业生的特殊政策，促进其科技成果转化，加大留住人才、引进人才的力度，使河北振兴发展更具核心竞争力（文档材料20210622B）。

河北省政府为促进高校毕业生的就业工作，落实吸纳就业创业补贴的政策，积极鼓励企业组织认定见习基地，促进青年见习工作，为企业提供相应的见习补贴，同时为吸纳高校毕业生作为员工的企业提供一定福利补贴（访谈材料20210622A）。

河北省教育厅同有关部门在千方百计拓展市场性就业岗位的同时，全力开发落实政策性就业岗位，以政策性岗位的吸纳作用来稳固高校毕业生的就业基本盘，例如基层项目招聘、中小学幼儿园教师的招聘、党政机关国有企事业单位的招聘、高校科研助理岗位以及大学生应征入伍等（访谈材料20210622A）。

安新县团委负责人也介绍，疫情期间安新县团委开发设立了诸多公益性岗位和见习岗位，支持高校毕业生的就业工作（访谈材料20210625A）。

此外，雄安新区公共服务局的代表还介绍政府积极落实了如大学生一次性创业补贴、创业担保贷款等措施（访谈材料20210625A）。

河北省出台了一系列支持和服务高校毕业生就业创业的普惠政策，特别是2020年疫情发生以来，出台了促进高校毕业生就业创业的30条专项政策措施。这些政策措施具有很强的针对性、创新性和可操作性，并不是临时的，而是一贯的、长期的。该政策措施共分3部分30条政策举措，核心内容概括为"五扩、三增、三帮、一延"。"五扩"：一是扩大企业就业规模；二是扩大基层就业规模；三是扩大自主就业创业规模；四是扩大招生入伍规模；五是扩大见习岗位就业。"三增"：一是增加临时公益性岗位；二是增加高校科研助理岗位；三是增加公办幼儿园幼教岗位。"三帮"：一是帮助毕业生求职择业；二是帮助毕业生办理就业手续；三是帮助毕业生尽快实现就业。"一延"：对延迟离校的毕业生，相应延长报到接收、档案转递、落户办理时限。对离校

时未落实工作单位的高校毕业生，可按规定将户口、档案在学校保留两年，并为落实单位的毕业生按应届毕业生及时办理就业手续（文档材料20210622B）。

三　拓宽青年就业创业渠道

为稳定青年就业，共青团及政府相关部门不断恢复和完善职业培训和就业服务，与此同时，企业积极响应宏观政策，为返乡留乡青年农民工提供就地就近就业创业的机会。河北省通过政企合作不仅促进企业的发展，同时吸纳"就业难"的青年群体。

例如 SBJT 即将和共青团河北省委开展一个名为"小青虎"的品牌合作，主要是吸纳贫困地区的农民工群体，通过后期的培训使其担任保安的岗位职责（访谈材料 20210623A）。

疫情期间为稳定高校毕业生就业，根据石家庄团市委的负责人介绍，疫情期间石家庄市通过"易展翅"平台发动 22 个县市区，发布了 1000 多个安防岗位，通过和人社部门、就业部门的合作注册成立了 100 家企业，发布见习岗位 1843 个，同时整合人社部门、科技部门、工信部门等信息资源全面开展了"阳光自强"就业支持活动，一共征集到 1614 个用工岗位，用工总量达到 9529 人，另外利用一些新媒体手段面向全市有需求的青年提供线上的招聘信息（访谈材料 20210623A）。

四　提升青年就业群体的就业创业能力

河北省积极为青年劳动力提供就业创业能力培训服务，提升青年劳动力的就业创业能力，从而满足劳动力市场变化的现实需求。

石家庄市通过与人社局、科技局、高新区的合作开展了线上创业圆桌会、创业就业训练营等，在此类活动中青年创业者可以面对面和创业导师交流，也可以为青年创业者提供全方位的培训和指导。通过一系列活动，石家庄市推送了83个青年创业项目甚至部分项目在中国青年创新创业板进行了展示（访谈材料20210623A）。

保定市为满足企业用工需求，深入实施技能人才提升行动，采取了一系列的举措，全市组织各类技能培训达10万人次，发放培训补贴1.1亿元，具体做法如下。

一是开展企业职工技能提升和转岗转业培训行动，二是开展职业技能提升培训和创业培训的行动，主要面向新生代的农民工、下岗失业人员、退役军人、就业困难群体等开展免费的职业技能培训和创业培训（访谈材料20210624A）。

此外，河北省十分注重对高校毕业生的就业辅导工作，引导高校毕业生进行科学合理的职业规划和职业选择，完善青年就业创业服务体系，培养高校毕业生的就业创业能力。各政府部门及社会组织共同配合协作，做好促进青年创业服务工作。

政府持续出台并落实吸引毕业生和人才的政策措施；行业部门激发行业潜能，形成横向联动机制；社会企业肩负起社会责任，积极吸引人才；高等学校落实就业主体责任，千方百计为毕业生就业服务；毕业生的家庭和个人树立正确的求职观，在提高就业能力的同时脚踏实地地求职和创业（文档材料20210622B）。

河北省充分利用实训培训基地、创新创业孵化基地等平台，进一步提升毕业生的实践能力和就业创业能力，全面提升高校服务地方经济发展的能力和水平，同时发挥高校科技优势带动毕业生创业就业，鼓励教师引导学生参加科研项目，继而提升其就业创业能力（文档材料

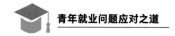

20210622B）。

石家庄市通过邀请青年创业导师、企业家等开展一系列就业创业指导活动，提升了高校毕业生的就业创业能力（访谈资料20210623A）。

据雄安新区团委负责人介绍，当地的共青团会联合群团组织如妇联、残联等部门针对弱势群体或者青年群体开展相关技能培训活动，例如2020年曾联合妇联针对青年女性开设了技能培训班，共计参加200人（访谈材料20210625A）。

五　有序促进青年员工返岗就业

推动员工有序返城返岗就业的同时，促进返乡留乡员工就地就近就业创业。依托社区、职业学院、培训中心、普通高校等平台，将滞留失业的青年群体纳入本地教育和技能培训体系中提升其职业技能。河北省人社厅印发《推进"迎新春送温暖、稳岗留工"专项行动工作实施方案》，方案要求：一是在做好疫情防控的基础上，组织丰富多彩的"送温暖"活动，鼓励引导农民工等务工人员留在就业地安心生活、舒心过年，同时鼓励引导企业采取以岗留人、以薪留工，吸引外地员工尽量就地过年；二是明确实施职业技能提升行动，开展"互联网+职业技能培训"计划，支持鼓励务工人员参与线上职业技能培训，推进疫情防控与职业技能提升"两不误、双促进"；三是做好返乡返岗服务保障，开展农民工"点对点、一站式"返岗复工服务，及时收集发布用工信息，加强输出地和输入地信息对接与劳务协作，引导有序外出就业；四是鼓励返乡农民工就地创业就业，结合乡村振兴和县域经济发展，拓宽返乡农民工就业渠道。

六　精准扶持青年就业创业者

针对遭受严重冲击的行业、地区和群体给予定向精准扶持，加强对信誉良好的中小微企业的融资信贷支持，加大降费减税力度，降低经营负担，同时为消费前期积压后期反弹和生产"抢工"补救做好准备。

　　河北省政府依托北大科技园、保定大学科技园、中国青年创新创业板等为青年创业者提供精准有力的政策扶持、资金扶持和技术扶持，相关部门会同北大科技园也举办相关的创新创业大赛如"创启未来·国际青年科技创业大赛""北领·科技产业未来领袖计划""北领online·在线培训""北领知转·技术经纪""北极星计划"等，从而鼓励和助力青年群体的创业梦想（文档材料20210623K）。

　　雄安新区公共服务局的负责人也表示疫情期间新区政府针对青年创业者及中小微企业出台了相应的创业补贴和创业贷款，企业通过信用贷款的方式可以获取不超过20万元的贷款。2020年到现在（6月）共发放了1000多万元贷款，大力支持青年创业及解决其融资难问题（访谈材料20210625A）。

　　依据石家庄市人社局、石家庄市财政局《关于印发石家庄市就业见习实施办法的通知》（石人社字〔2019〕38号）规定，石家庄人社局对毕业2年内的高校毕业生或16~24岁失业青年，对接收见习人员参加就业见习并按不低于当地最低工资标准足额发放基本生活费的单位，按照每接收一人给予最低工资标准50%的就业见习补贴。2019年10月至2020年9月，共有见习单位115家，提供见习岗位3661个，参加见习人员1574人，符合条件申领见习补贴1440人，拨付见习补贴1181.53万元，已全部拨付；2020年10月至2021年9月，共有见习单位144家，提供见习岗位4571个，参加见习人员1885人，符合条件申领见习补贴1439人，已拨付见习补贴649.51万元，拨付至2021年3月。按照石家庄市人社局等七部门《关于进一步做好青年就业见习工作的通知》（石人社字〔2020〕15号）要求，疫情期间，对见习期未满与见习人员签订劳动合同的，给予见习单位剩余期限见习补贴，剩余期限按照见习协议规定期限为基础进行计算。2021年4月1日，见习单位7名见习人员符合条件，拨付见习补贴5.225万元（文档材料20210623D）。

七 鼓励青年树立正确的就业创业观，合理调整就业预期

河北省通过就业指导、就业经验分享、职业生涯规划等形式帮助青年群体树立正确的就业创业观。

一要树立正确就业观。 大学生就业，不能仅从个人利益考虑，还要从服务国家、服务社会和服务人民角度考虑，到祖国和人民需要的地方去建功立业，在中华民族实现伟大复兴的进程中，实现个人的价值。二要合理调整就业预期。 每年都会有一部分高校毕业生未能就业，客观来说，这与他们就业预期过高有很大关系，一些毕业生不愿到基层或中小企业就业，总想着找份"钱多、事少、离家近"的工作，这是不现实的。 尤其是在当前受疫情影响、很多企业生产经营困难的大环境下，过高的就业预期是很不切实际的。 我们要引导毕业生树立"三百六十行，行行出状元"的理念，及时转变就业观念，合理调整就业预期，做到"既仰望星空又脚踏实地"。 三要推动毕业生尽早就业。 有学校反映：每到毕业季时，是"老师着急，学生不急"。 近几年毕业生出现的"慢就业""懒就业"现象，需要引起高度重视。"慢就业"现象的出现，说明社会发展到一定程度了，家庭经济条件允许，父母支持，停一停，想清楚再前行，无可厚非。 但需要警惕的是，"慢就业"很可能转化为"懒就业"，这就严重了，不仅是人才的损失，更是家庭的"痛"。 理性分析"慢就业"，百弊无一利，具体表现为：助长了惰性、脱离了社会、耽误了青春、为难了家长、积聚了矛盾。 所以，"鼓励青春创业奋斗，设法减少慢就业"也是高校毕业生就业形势教育中一项不可忽视的内容。 通过加强就业形势教育，我们要引导大学生树立正确的成才观、职业观、就业观，结合建党一百周年等重大历史节点，引导毕业生自觉把个人理想追求融入服务党和国家事业发展中、融入国家现代化建设新征程中，主动投身国家重大工程、重大项目、重要领域以及国家急需人才的西部、基层、艰苦边远地区就业（文档材料

20210622B）。

河北科技大学的学生代表介绍了学校开设相关的课程，并且邀请资深的职业指导专家进行授课（访谈材料20210622A）。

同时雄安新区青创会的负责人也表示协会内部会定期开设青创沙龙的活动，邀请相关就业指导老师、创业导师等分享一些经验，从而促进大家的成长提高以及树立正确的就业创业观念（访谈材料20210625A）。

八　运用互联网、人工智能等新技术挖掘青年就业创业的新增长点

在防控常态化的背景下，以国内外市场为导向搭建疫情防控相关产业全球供应链，鼓励相关企业转产或增添生产线，发展疫后经济，提高专业人才的技能水平，建立平战灵活转换的生产机制，带动相关行业产业发展。同时，探索推广"互联网+"、人工智能、区块链等先进技术的运用，加快培育数字经济产业，促进各行业、各领域数字化转型，培育更多经济和就业增长点。

河北STKD有限公司的负责人介绍，现在快递行业整体和人工智能、互联网等新兴技术联系较为密切，从初始的分配发包再到之后的运输派送都基本实现了自动化，所以未来的招聘方向会偏向于高学历、高层次、高技术的人才（访谈材料20210622C）。

这也提醒了当今的青年就业创业者需要去提升和培养适应时代需求的技术和素质。

河北省依托北大科技园、保定大学科技园等孵化基地进行科技成果转化、高新企业孵化、创新创业人才培养、高科技产业化发展（文档材料20210623K）。

　　根据保定大学科技园工作人员介绍，截至 2020 年底，科技园累计孵化创业团队 536 支、组织双创活动 453 次、获得相关奖项 206 个，同时累计培育了国家级、省级科技型中小企业 304 家、高新技术企业 107 家、挂牌上市的企业 7 家，保定大学科技园荣获国家级小型、微型企业创新创业示范基地的称号，已经成为河北省乃至全国知名的科技企业孵化器（访谈材料 20210624D）。

第九章　疫情下促进青年就业的四川实践

四川省是国家系统推进全面创新改革试验的八个区域之一，也是全国三大动力设备制造基地和四大电子信息产业基地之一，是推动成渝地区双城经济圈建设的重要动力。疫情突发后，共青团四川省委员会会同政府相关部门共同发力，进行顶层设计，有序推进复工复产，为促进青年就业创业创造稳定公平的经济社会环境，通过"大数据+就业创业服务"的模式，依托"天府新青年"微信公众号"青春汇"平台等板块，开展"双城青才计划"、实施"蜀青邮贷"帮扶项目、"逐梦计划"等青年就业创业服务行动，打造青年人才驿站，提升青年就业创业技能，优化就业创业公共服务，营造有利于选人、留人、用人的生态环境。

四川省位于中国西南部，地处长江上游，素有"天府之国"的美誉。2020年末，四川省全省家庭户人口7709.3万人、常住人口8367.5万人，其中少数民族人口568.8万人。① 根据地区生产总值统一核算初步结果，2020年四川省地区生产总值（GDP）48598.8亿元，按可比价格计算，比上年增长3.8%，其中第一产业增加值5556.6亿元，增长5.2%；第二产业增加值17571.1亿元，增长3.8%；第三产业增加值25471.1亿元，增长3.4%。②

① 《四川概况》，四川省人民政府门户网站，2021年6月7日，http://www.sc.gov.cn/10462/10778/10876/2021/6/7/3fb2c20b47e14ede9b62e28a6c1f8f4d.shtml。

② 《2020年四川省国民经济和社会发展统计公报》，四川省人民政府门户网站，2021年3月15日，http://www.sc.gov.cn/10462/10464/10465/10574/2021/3/15/199bb4028ba84d5580d3403ad49bafe1.shtml。

三次产业对经济增长的贡献率分别为 14.1%、43.4% 和 42.5%。三次产业结构由上年的 10.4:37.1:52.5 调整为 11.4:36.2:52.4，创新动能加快释放，高新技术企业超 8000 家，高新技术产业营业收入近 2 万亿元，科技对经济增长贡献率达 60%。① 四川省科教实力雄厚，是国家系统推进全面创新改革试验的八个区域之一，拥有中国（四川）自由贸易试验区、成都国家自主创新示范区、天府新区、绵阳科技城、攀西战略性资源创新开发试验区等多个重大区域创新平台。四川省也是全国三大动力设备制造基地和四大电子信息产业基地之一。2020 年全年电子信息、装备制造、食品饮料、先进材料、能源化工等五大支柱产业营业收入 4.03 万亿元，增长 9.6%，数字经济总量超 1.4 万亿元。截至 2021 年，四川省已组建 30 余个智能制造、5G、区块链、工业互联网、超高清视频等产业联盟，1299 家省级及以上企业技术中心、78 家省级及以上技术创新示范企业，核电装备、重型燃机、工业级无人机等产品研制跻身全国乃至世界前列。同时，四川省也是推动成渝地区双城经济圈建设的重要动力。

因此，本研究选择四川省作为"新冠肺炎疫情影响下促进青年就业的实现路径与政策建议"调研的目的地之一，梳理四川省促进青年就业的政策、举措，从而为政府及学界提供实践方面的参考借鉴。

第一节　疫情下四川省青年就业的现状

一　研究方法

本研究使用质性研究方法，在自然情境下采用文本法、访谈法、调研法等多种资料收集方法，通过与研究对象互动对社会现象进行探讨，使用归纳

---

① 《2021 年四川省人民政府工作报告》，四川省人民政府门户网站，2021 年 2 月 5 日，http:// www.sc.gov.cn/10462/c105962/2021/2/5/7124b99320b0457f98d 83a30ef61199.shtml。

法分析资料。① 通过以上研究方法，意在全面了解新冠疫情影响下四川省在促进青年就业方面的政策举措，深入探究广东省青年就业创业的现实状况、面临的困境及其原因，运用归纳法逐步提炼资料中呈现的核心观点。

　　在资料收集方面，结合新冠疫情的防控过程，对企业复工复产情况及促进青年就业进行工作梳理和关键环节的精准调研。2021 年 7 月 12～14 日，赴四川省成都市、德阳市、绵阳市开展重点调研，由于当时疫情仍未结束，因此调研采取线上与线下相结合的方式进行，分别在共青团四川省委员会、共青团成都市委员会、共青团德阳市委员会以及共青团绵阳市委员会召开了座谈会，参与座谈的政府部门工作人员有共青团四川省委权益部、共青团成都市委青年发展部、共青团绵阳市委、共青团绵阳市委学少青发部、绵阳市经信局企业科、绵阳市教体局高教科、绵阳市人社局就业促进与失业保险科、绵阳市商务局综合信息科、绵阳市金融工作局金融协调科、绵阳市税务局法制科；同时参会的还有绵阳市创业促进会、四川 JZTZ 控股集团有限公司、CHDZ 控股集团有限公司、JDFKJ 集团股份有限公司、CDCWPJ 商城、四川 SFYNYKJ 有限公司、四川 MDDZSW 有限公司、绵阳 YMKJ 有限公司等企业及社会组织的负责人及职工；西南科技大学、清华大学、西南政法大学、成都理工大学等高校的学生代表以及青年创业者。在调研过程中，课题组对共青团以及政府相关部门工作人员、青年企业家及职工、高校在读学生及应届毕业生学生代表等进行了访谈，并实地走访了绵阳市创业促进会、RX 孵化产业园、绵阳 JDFKJ 集团股份有限公司、HXHLG 基地、XRGNJTQY、广汉市 SBSCYZ 专业合作社、锦江区青年人才驿站、成都 MXKJ 有限责任公司等企业及社会组织，共得到了 34 份一手访谈调研资料（见表 9-1）及政策文档材料（见表 9-2），从而把握新冠疫情下四川省企业复工复产的现实情况及挑战，深入了解疫情期间青年就业的状况以及遇到的困难，梳理共青团及政府相关部门为促进青年就业发布的政策文件，了解政府在疫情期间对于助力企业复工复产、稳定青年就业的政策落实情况。

---

① 陈向明：《质的研究方法与社会科学研究》，教育科学出版社，2000，第 12 页。

表 9-1　四川省促进青年就业调研情况

调研时间	调研主体	调研部门	受访者职位	访谈内容	受访人数	受访人次	访谈时间	录音字数	调研材料
2021年7月12日	共青团四川省委	权益部	杨某	1. 疫情背景下共青团及政府为复工复产出台的政策及采取的措施； 2. 疫情影响下共青团及政府为促进青年就业创业出台的政策及措施； 3. 目前政策及措施的不足之处	16人	39人次	173分钟	3.9万字	访谈材料 20210712A 文档材料 20210712A 20210712B 20210712C 20210712D 20210712E 20210712F 20210712G 20210712H 20210712I 20210712J 20210712K 20210712L
	共青团绵阳市委		副书记马某	1. 疫情背景下共青团及政府为复工复产出台的政策及采取的措施； 2. 疫情影响下共青团及政府为促进青年就业创业出台的政策及措施； 3. 目前政策及措施的不足之处					
	共青团绵阳市委	学少青发部	向某	1. 疫情背景下共青团及政府为复工复产出台的政策及采取的措施； 2. 疫情影响下共青团及政府为促进青年就业创业出台的政策及措施； 3. 目前政策及措施的不足之处					
	绵阳市经信局	企业科	副科长曾某	1. 疫情背景下政府为复工复产出台的政策及采取的措施； 2. 目前政策及措施的不足之处					
	绵阳市教体局	高教科	副科长李某	1. 复工复产出台的政策及效果； 2. 青年就业创业存在的问题； 3. 对未来青年就业创业工作的建议					

续表

调研时间	调研主体	调研部门	受访者职位	访谈内容	受访人数	受访人次	访谈时间	录音字数	调研材料
2021年7月12日	绵阳市人社局	就业促进与失业保险科	副科长左某	疫情背景下共青团及政府为复工复产出台的政策及采取的措施					访谈材料20210712A
	绵阳市商务局	综合信息科	科长何某	疫情背景下商务局的政策					文档材料20210712A 20210712B
	绵阳市金融工作局	金融协调科	副科长周某	疫情背景下有关企业贷款的政策					20210712C
	绵阳市税务局	法制科	干部李某	疫情背景下税收方面的政策	16人	39人次	173分钟	3.9万字	20210712D
	四川 JZTZ 控股集团有限公司党群工作部副部长、团委书记		寇某	1. 企业发展历程; 2. 创业期间所受政府的政策支持					20210712E 20210712F 20210712G
	CHDZ 控股集团有限公司思想实验室主任、团委书记		李某	1. 疫情初期企业复工复产情况; 2. 疫情期间企业经营状况; 3. 疫情对员工招聘计划的影响; 4. 对于国家及地方优惠政策的了解及享受程度; 5. 企业发展历程					20210712H 20210712I 20210712J
	JDFKJ 集团股份有限公司		员工代表杨某	1. 企业经营状况; 2. 对国家及地方相关政策的了解及享受程度					20210712K 20210712L

257

续表

调研时间	调研主体	调研部门	受访者职位	访谈内容	受访人数	受访人次	访谈时间	录音字数	调研材料
2021年7月12日	CDCWPJ商城		总经理王某	1. 企业经营状况； 2. 疫情对原本招聘计划的影响； 3. 对于国家及地方优惠政策的了解及享受程度； 4. 为适应疫情及市场变化，企业的转型策略	16人	39人次	173分钟	3.9万字	访谈材料20210712A 文档材料20210712A 20210712B 20210712C 20210712D 20210712E 20210712F 20210712G 20210712H 20210712I 20210712J 20210712K 20210712L
	四川SFYNYKJ有限公司		总经理苏某	1. 企业经营状况； 2. 对于国家及地方优惠政策的了解及享受程度； 3. 为适应疫情及市场变化，企业的转型策略					
	四川MDDZSW有限公司、绵阳YMKJ有限公司总经理		向某	1. 疫情初期企业复工复产情况； 2. 疫情期间企业经营状况； 3. 疫情对员工招聘计划的影响； 4. 对于国家及地方优惠政策的了解及享受程度； 5. 企业发展历程					
	西南科技大学法学院		2020届毕业生邓某	毕业后实习就业情况					
	绵阳市创业促进会		负责人A	1. 创业原因和对创业的看法； 2. 创业项目情况	1人	12人次	29分钟	0.5万字	访谈材料20210712B 文档材料20210712M
	RX孵化产业园		负责人A 负责人B	1. 孵化器的发展历程； 2. 疫情期间孵化器的运营情况	4人	19人次	63分钟	0.9万字	访谈材料20210712C

续表

调研时间	调研主体	调研部门	受访者职位	访谈内容	受访人数	受访人次	访谈时间	录音字数	调研材料
2021年7月12日	RX孵化产业园		负责人C 负责人D	3. 孵化器扶持青年创业的举措; 4. 青年创业者普遍存在的短板; 5. 未来孵化青年创业的举措	4人	19人次	63分钟	0.9万字	访谈材料20210712C
	绵阳JDFKJ集团股份有限公司		负责人A 负责人B 负责人C	1. 企业经营状况; 2. 创业的行业、时间及原因; 3. 企业应对疫情防控的举措	3人	55人次	49分钟	1.4万字	访谈材料20210712D 文档材料20210712N
	HXHLG基地		负责人A 负责人B 负责人C	1. 企业经营状况; 2. 企业主营产品介绍; 3. 疫情期间用工需求变化	3人	24人次	38分钟	0.6万字	访谈材料20210713A
2021年7月13日	XRGNTQY		负责人A 负责人B	1. 对于国家及地方优惠政策的了解及享受程度; 2. 疫情期间复工复产情况; 3. 疫情对原本招聘计划的影响	2人	12人次	26分钟	0.4万字	访谈材料20210713B
	广汉市SBSCYZ专业合作社		负责人A 负责人B 负责人C 负责人D	1. 企业经营状况; 2. 企业主营产品介绍; 3. 疫情期间用工需求变化	4人	16人次	28分钟	0.4万字	访谈材料20210713C
2021年7月14日	共青团四川省	权益部	杨某	1. 疫情背景下共青团及政府为复工复产出台的政策及采取的措施; 2. 疫情影响下共青团及政府为促进青年就业创业出台的政策及采取的措施; 3. 目前政策及措施的不足之处	10人	59人次	152分钟	2.7万字	访谈材料20210714A 文档材料20210714K

续表

调研时间	调研主体	调研部门	受访者职位	访谈内容	受访人数	受访人次	访谈时间	录音字数	调研材料
2021年7月14日	共青团成都市委	青年发展部	部长颜某；锦江区青年人才驿站负责人、副部长关某；一级主任科员刘某	1. 疫情背景下共青团及政府为复工复产出台的政策及采取的措施； 2. 疫情影响下共青团及政府为促进青年就业创业出台的政策及措施； 3. 目前政策及措施的不足之处	10人	59人次	152分钟	2.7万字	访谈材料20210714K
	清华大学毕业生、锦江区投促局		陈某						
	清华大学毕业生、春熙路时尚话力区管委会	锦江区	曹某						
	清华大学毕业生、锦江区新科局	锦江区	游某						
	锦江区社会组织发展基金会实习生、西南政法大学在校生		陈某	1. 毕业后实习就业情况； 2. 对于国家及地方优惠政策的了解及享受程度					
	锦江区社会组织发展基金会实习生、成都理工大学在校生		朱某						
			岳某						

续表

调研时间	调研主体	调研部门	受访者职位	访谈内容	受访人数	受访人次	访谈时间	录音字数	调研材料
2021年7月14日	成都MXKJ有限责任公司		负责人A 负责人B 负责人C 负责人D 负责人E	1. 创业的行业、时间及原因； 2. 当前创业项目的开展情况； 3. 疫情对原本创业计划的影响； 4. 对国家及地方相关政策的了解及享受程度； 5. 创业过程中需要哪些帮助	5人	32人次	89分钟	1.6万字	访谈材料20210714B

资料来源：根据课题组 2021 年 7 月 12~14 日在四川省的调研整理所得。

表 9-2　疫情下四川省促进青年就业政策及工作文件

序号	政策文件	解决问题	针对人群	相关部门	编号
1	《关于 2020 年度四川青年创业促进计划（青创计划）工作安排的通知》	"导师服务年"以梳理导师建设工作为切入点，调动青创计划市（州）创业办公室、创业导师工作服务积极性，有效服务创业青年，跟踪创业项目，有力推进青创计划项目的实施	青年创业者	共青团四川省委	文档材料20210714A
2	《关于举办 2020 年四川省青年职业技能大赛的通知》	激励、引导广大青年坚定理想信念、站稳人民立场、练就过硬本领、投身强国伟业，走技能成才、技能报国之路	年龄在 35 周岁（含）以下的青年	共青团四川省委四川省人力资源和社会保障厅	文档材料20210714B
3	《关于举办第七届"创青春"四川青年创新创业大赛暨第十一届高校毕业生创业大赛的通知》	鼓励支持广大青年走在大众创业、万众创新前列，助力决胜全面小康和全省经济社会发展，积极融入成渝地区双城经济圈建设	年龄不超过 35 周岁（含）的青年	中共四川省委组织部 中共四川省委网络安全和信息化委员会办公室 四川省经济和信息化厅 四川省教育厅 四川省科学技术厅 四川省人力资源和社会保障厅 四川省农业农村厅 共青团四川省委 四川省科学技术协会 四川省学生联合会	文档材料20210714C

续表

序号	政策文件	解决问题	针对人群	相关部门	编号
4	《关于开展2020年"逐梦计划"——四川大学生社会实践活动的通知》	深入贯彻落实党中央、国务院和省委、省政府关于扎实做好"稳就业"工作的部署要求，进一步引导在校大学生积极参与岗位实习和社会实践，提升就业创业能力	川内高校就读学生及未开学的川籍省内外高校就读学生	共青团四川省委 中共四川省直属机关工作委员会 四川省教育厅 四川省人力资源和社会保障厅 四川省农业农村厅 四川省政府国有资产监督管理委员会 中国人民银行成都分行 中国银行保险监督管理委员会四川监管局 四川省学生联合会	文档材料 20210714D
5	《关于2021年度四川青年创业促进计划（青创计划）工作安排的通知》	"青年创业者服务跟踪年"以梳理导师建设工作为切入点，调动青创计划市（州）创业办公室、创业导师工作服务积极性，有效服务创业青年，跟踪创业项目，有力推进青创计划项目在四川省的实施	青年创业者	共青团四川省委	文档材料 20210714E
6	《市委组织部 市人社局 市财政局关于引导和鼓励高校毕业生到机关事业单位就业见习的通知》	帮助高校毕业生提高职业技能和就业能力，拓宽高校毕业生就业渠道，引导和鼓励高校毕业生到全市各级机关事业单位就业见习	全国2020年应届高校毕业生或毕业后2年择业期内未落实工作单位的2018届、2019届高校毕业生	中共成都市委组织部 成都市人力资源和社会保障局 成都市财政局	文档材料 20210714F

续表

序号	政策文件	解决问题	针对人群	相关部门	编号
7	《2020年高校应届毕业生春季云招聘实施方案》	贯彻落实中央和省、市关于做好高校毕业生稳就业工作的决策部署，吸引高校应届毕业生来蓉留蓉就业	2020年高校应届毕业生	中共成都市委组织部	文档材料20210714G
8	《成都市促进2020年高校毕业生就业创业十条措施》	深入贯彻落实习近平总书记关于"抓好重点行业、重点人群就业工作，把高校毕业生就业作为重中之重"的重要指示精神，按照党中央、国务院和省委、省政府与市委、市政府关于全力做好高校毕业生就业工作的部署要求制定措施	高校毕业生	中共成都市委组织部 成都市人力资源和社会保障局 成都市财政局	文档材料20210714H
9	《成都市促进2020年高校毕业生就业创业十条措施责任分工方案》	结合成都市人力资源和社会保障局的实际，认真抓好贯彻落实《成都市促进2020年高校毕业生就业创业十条措施》	高校毕业生	成都市人力资源和社会保障局	文档材料20210714I

续表

序号	政策文件	解决问题	针对人群	相关部门	编号
10	《成都市做好2021年高校毕业生就业促进工作责任清单》	进一步贯彻落实《人力资源社会保障部关于做好2021年全国高校毕业生就业创业工作的通知》和《四川省就业工作领导小组办公室关于印发〈做好2021年高校毕业生就业促进工作责任清单〉的通知》精神，协同做好2021年高校毕业生就业促进工作	高校毕业生	成都市人力资源和社会保障局	文档材料20210714J

资料来源：根据课题组2021年7月12～14日在四川省的调研整理所得。

二　疫情下青年就业的状况

（一）严格科学防控疫情，有序推进复工复产

企业科学有序复工复产是促进青年就业的前提和保障。 新冠疫情突发后，四川省密切关注周边省区市的疫情防控状况，及时研判、准确决策。2020年1月24日，四川省启动重大突发公共卫生事件一级响应，[①]2020年1月25日，四川省人民政府办公厅发布了《关于印发应对新型冠状病毒感染的肺炎疫情Ⅰ级响应措施的通知》，要求全面落实响应要求，全面落实传染源管理，全面落实医疗救治，全面实施公共场所监测检测，全面开展宣传

---

① 《四川、山东、福建、贵州、广西启动重大突发公共卫生事件一级响应》，新华网，2020年1月25日，http://www.xinhuanet.com/politics/2020-01-25/c_1125500411.htm。

教育和培训，全面及时发布信息，全面落实物资保障储备，全面实施联防联控。① 截至 2020 年 3 月 1 日，全省 14560 户规模以上工业企业，累计复工 13888 户，复工率达 95.4%，从用工人数看，全省规模以上工业企业复工人数 178.8 万人，占正常情况用工人数的 66.7%。② 2020 年 3 月 2 日，四川省人民政府办公厅印发实施《四川省应对新冠肺炎疫情分区分级差异化防控工作指南（第二版）》，要求各地各部门（单位）要准确把握疫情和经济社会发展形势，进一步落实分区分级差异化防控策略，统筹推进疫情防控和经济社会发展，确保打赢疫情防控的人民战争、总体战、阻击战。③ 3 月 9 日，经济和信息化厅、财政厅、人力资源和社会保障厅、省税务局、人行成都分行联合通报："13 条措施"中 33 项具体工作已全面展开，通过积极主动帮助企业解决防疫物资、人流、物流、资金流、产业链等问题，全省企业复工复产进展良好，截至 2020 年 3 月 10 日，四川全省工业中小企业复工率达 97.32%，职工复岗率达 75.95%。④ 截至 2020 年 3 月 24 日 24 时，四川省 21 个市（州）实现了本土确诊住院病例"清零"，全省连续 20 天无本土新增确诊病例，连续 34 天无本土聚集性疫情和社区传播，全省 183 个县（市、区）全部为低风险区。⑤ 四川省应急委员会决定自 2020 年 3 月 25 日零时起，将疫情防控应急响应级别由突发公共卫生事件二级应急响应调整为

---

① 《四川省人民政府办公厅关于印发应对新型冠状病毒感染的肺炎疫情 I 级响应措施的通知》，四川省人民政府门户网站，2020 年 1 月 25 日，http://www.sc.gov.cn/10462/c103042/2020/1/25/5006b709a9fe42ad83ff955e52f95b34.shtml。

② 《全省 13888 户规上工业企业已复工 复工率达 95.4%》，四川省人民政府门户网站，2020 年 3 月 4 日，http://www.sc.gov.cn/10462/12771/2020/3/4/f4ed4600e0744eeeb506fdc57f52ae4e.shtml。

③ 《四川省人民政府办公厅关于印发实施〈四川省应对新冠肺炎疫情分区分级差异化防控工作指南（第二版）〉的通知》，四川省卫生健康委员会门户网站，2020 年 3 月 3 日，http://wsjkw.sc.gov.cn/scwsjkw/swszfbs/2020/3/3/d3e3a74a128a473f825bfd645f97a076.shtml。

④ 《全省工业中小企业复工率超 97% 职工复岗率超七成》，四川省人民政府门户网站，2020 年 3 月 10 日，http://www.sc.gov.cn/10462/12771/2020/3/10/0cdc49720f9c49c588587b1f66b1b117.shtml。

⑤ 《四川省新型冠状病毒肺炎疫情防控工作新闻发布会（第十九场）》，四川省卫生健康委员会门户网站，2020 年 3 月 26 日，http://wsjkw.sc.gov.cn/scwsjkw/tpxw/2020/3/26/6b94a2f096004b72a6cf7808ea14e25d.shtml。

三级应急响应。① 2020 年 3 月 25 日，四川省人民政府办公厅印发实施《四川省全面恢复正常生产生活秩序工作指南》，全面落实统筹推进疫情防控和经济社会发展各项要求，在全面恢复正常生产生活秩序的同时，把外防输入、内防反弹作为重点任务，精准做好各项防控工作，加快建立同疫情防控相适应的经济社会运行秩序。②

（二）政府及共青团发力促进青年就业

新冠疫情突发后，教育部发布了《关于应对新冠肺炎疫情做好 2020 届全国普通高等学校毕业生就业创业工作的通知》。

为贯彻执行教育部相关要求，四川省人社厅、四川省委组织部、共青团四川省委等 7 部门联合印发《进一步促进高校毕业生就业十条措施》③，要求切实做好高校毕业生就业工作，一、挖掘国有企业招聘潜力。 省属、地方国有企业积极挖掘潜力，合理安排调整用工资源，鼓励支持中央在川企业扩大对四川省高校毕业生的招聘规模。 二、发挥中小微企业吸纳作用。 大力挖掘卫生防疫、医疗健康、生活服务等领域就业岗位潜力，对中小微企业和社会组织招用毕业年度高校毕业生并签订 1 年以上劳动合同的，按 1000 元/人的标准给予一次性吸纳就业补贴。 三、扩大基层项目招募规模。 2020 年，招募"三支一扶"计划1500 人、"大学生志愿服务西部计划" 3000 人；招录农村"特岗计划"教师 2300 人；招聘中小学、幼儿园教师 24500 人，对中小学、幼儿

---

① 《四川省应急委员会关于将新冠肺炎疫情防控二级应急响应调整为三级应急响应的决定》，四川省人民政府门户网站，2020 年 3 月 24 日，http://www.sc.gov.cn/10462/10464/10684/12419/2020/3/24/332fac743caa4854a76f33c31c33fb69.shtml。

② 《四川省人民政府办公厅关于印发实施〈四川省全面恢复正常生产生活秩序工作指南〉的通知》，四川省人民政府门户网站，2020 年 3 月 25 日，http://www.sc.gov.cn/10462/c103046/2020/3/25/e345d4686b8b443399373ba6823bceb6.shtml。

③ 《进一步促进高校毕业生就业十条措施》，四川省人民政府门户网站，2020 年 5 月 15 日，ttps://www.sc.gov.cn/10462/c102278/2020/5/25/ad88905370f04f22b3030fc01a7c2443.shtml。

园、中等职业学校教师资格实施"先上岗、再考证"阶段性措施。 鼓励各地以政府购买服务方式开发一批城乡社区等基层公共管理和社会服务岗位，招用高校毕业生。 四、加大机关事业单位招录（聘）力度。在公务员招录中，根据编制限额和职位空缺情况，进一步提高面向应届高校毕业生招录比例，增加招录人数。 加大事业单位尤其是县级及以下基层事业单位在核准的空缺岗位内面向高校毕业生公开招聘力度，省属、市属事业单位可结合岗位特点和实际，公开招聘无基层工作经历的高校毕业生，聘用后5年内须安排到基层锻炼2年。 民族地区、艰苦边远地区、贫困县和革命老区的县、乡事业单位引进专业技术人员，可根据《四川省鼓励引导人才向基层流动十条措施》（川委办〔2019〕3号）规定，分别面向本科、专科学历的高校毕业生考核招聘。 对在四川省参加"三支一扶"计划、"大学生志愿服务西部计划"等基层项目的高校毕业生，符合条件的可按规定直接考核聘用到服务所在地有关事业单位。 五、扩大招生入伍规模。 扩大2020年硕士研究生和普通高校"专升本"招生规模，硕士研究生招生计划增加到20000名，普通高校"专升本"计划增加到32000名。 扩大大学生应征入伍规模，健全落实参军入伍激励政策，鼓励有条件的地区提高一次性入伍奖励金标准，退役大学生士兵"专升本"录取比例扩大至60%。 六、鼓励高校毕业生自主创业。 大学生在校期间创业经历可作为实习经历，并可折算为实习学分。 高校毕业生申办个体工商户、民营企业，按规定享受注册登记改革、创业担保贷款、创业补贴、税收优惠、创业培训、创业孵化等专项政策扶持，符合条件的可申请相关科技项目。 对符合条件的高校毕业生申请个人创业担保贷款的，免除反担保要求。 鼓励和引导高校毕业生返乡下乡领办、创办农业企业，发展电子商务。 支持多渠道灵活就业，对离校2年内未就业高校毕业生灵活就业后缴纳社会保险费的，按规定给予一定的社会保险补贴。 七、扩大就业见习规模。支持企业、政府投资项目、科研项目设立见习岗位，2020年就业见习规模扩大至13000人。 对因疫情影响见习暂时中断的，相应延长见习单位补贴期限。 对见习期未满与高校毕业生签订劳动合同的，给予见习单位剩余期限见习补贴。 实施"双城青才计划"，持续开展"逐梦计划"四川大学生社会实践活动。 八、加大就业帮扶力度。 2020年，将家庭经济困难和就业困难高校毕业生的帮扶规模扩大至30000人，按600元/人的标准给予帮扶补贴。 一次性求职创业补贴标准提高为1500元/人，并将湖北籍2020届高校毕业生纳入发放范围。 九、改进就业手续办理方式。 2020年高校毕业生就业试行网上签约，支持毕业生与用人单位主要通过网络渠道办理就业协议签备手续。 毕业生办理《就业报到证》变更手续，试行网络化服务。 禁止任何形式的就业歧视，为毕业生提供平等就业机会。 严密防范招聘陷阱、就业欺诈、"培训贷"等不法行为，并予以严厉打击。 十、适当延迟录用接收。 引导用人单位推迟面试体检和签约录取时间。 对延迟离校的应届毕业生，相应延长报到接收、档案转递、落户办理时限。 离校未就业毕业生可根据本人意愿，将户口、档案在学校保留2年或转入生源地公共就业人才服务机构，以应届毕业生身份参加用人单位考试、录用，落实工作单位后参照应届毕业生办理相关手续。 四川省教育厅、四川省人社厅联合举办四川省高校毕业生春季网络专场招聘会、"蜀中有你"2020届四川高校毕业生就业云聘会，团省委开展"双城青才计划"、实施"蜀青邮贷"帮扶项目，省教育厅开展建档立卡贫困户就业创业帮扶"双百行动"，四川省人社厅举办"关爱特殊群体助力脱贫攻坚"高校毕业生网络专场招聘会、"百日千万"高校毕业生网络专场招聘会（文档材料20210714K）。

各类招聘会的举办、相关政策的出台对促进高校毕业生就业起到了积极作用。

（三）企业及社会组织积极响应号召稳定青年就业

在共青团四川省委员会及政府相关部门促进青年就业的同时，四川省的企业及社会组织也尽力为促进青年就业奉献自己的力量。

例如绵阳市就业创业促进中心首先成立了稳就业专班，增加了线上人力资源供需平台。 首先，由市就业创业促进中心牵头，市级相关部门参与，人社部门有关科室成立了稳就业专班，专项做好稳就业、保就业各项工作。 组织开展网上招聘；随着疫情防控形势的改变，又组织了会招、异地招、集镇招等多种形式的线下招聘活动。 其次，建立了人社专员制度。 为了保障重点企业用工，各地人社部门安排人社专员与重点企业"一对一"对接，向重点企业宣传各项稳就业政策，了解企业用工需求，组织企业到人力资源富集地区开展招聘。 此外，稳定企业用工，强化重点群体就业创业。 帮助企业缓解困难、支持中小企业开展线上线下在岗职业培训、发放创业担保贷款、减免场地租金、落实暂时经营困难企业稳岗补贴等；加强毕业生线上就业指导服务，完善高校毕业生就业举措，引导高校毕业生单位就业、灵活就业等多渠道就业；同时，加大创业孵化载体建设，为重点群体创业提供场地、创业服务等，以创业带动就业。 发放失业补助金，保障劳动者生产生活。 并且积极督促各项稳就业政策落实。 稳就业专班建立就业需求台账和企业用工需求台账，强化用工调度，收集县市区、园区政策落实、工作开展情况相关数据报表，并开展工作督促，提供防控吸纳补贴、吸纳就业补贴、就业创业补助、失业保险稳岗返岗补贴等优待政策（文档材料20210712G）。

疫情期间，绵阳 JDFKJ 集团股份有限公司紧紧围绕公司发展稳定大局，把维护职工队伍稳定作为围绕中心、履行职责、服务大局的首要任务，牢牢抓住影响职工队伍稳定的突出问题，开辟了空中宣讲和网络招聘等线上渠道，公司内部开展"内推"活动做好复工复产的人力保障，保证公司口罩等防疫物资定时发放、公司每日洁净消毒、建立疫情监控与管理系统、进出人员排查等工作，针对在岗职工、重点疫区未返岗员工、志愿者及外协单位等一线员工进行多次暖心慰问，并开展多次心理健康教育，缓解疫情期间员工的恐慌情绪，积极化解矛盾，有效地维护了职工队伍的稳定（文档材料20210712N）。

绵阳市创业促进会在疫情期间积极响应相关文件，2020 年 3 月底正式复工后在共青团绵阳市委的牵头组织下，参加推动"绵阳青年企业家暨中小企业政银企视频对接会""绵阳市务工青年就地就近就业创业视频对接会"两场线上视频对接会议，通过会议全力做到疫情期间的政策解读到位、岗位对接到位、防控辅导到位，前后共邀请 20 余名创业导师坐镇线上为青年答疑解惑，通过"创业绵阳"微信公众号及时发布疫情相关报道和优惠政策近 20 篇，帮助创业青年企业尽快走出困境、渡过难关，全力助推复工复产（文档材料 20210712M）。

疫情期间，这些政策和举措为绵阳市企业复工复产提供了人力资源保障，企业用工短缺较正常年度有所减弱；就业困难人员、高校毕业生等重点群体就业虽然较正常年度难度有所增加，但是总体情况可控，城镇登记失业率上升不明显；通过向暂时经营困难企业提供稳岗补贴等政策，企业用工保持了稳定，基本未发生规模性失业现象，全市就业局势保持了总体稳定。

第二节　疫情下四川省青年就业存在的问题及原因分析

一　疫情导致复工复产不足，青年就业面临下行压力风险

新冠疫情导致大量企业停工停产甚至破产，疫情防控常态化条件下，企业又难以迅速恢复原有生产力和生产秩序，同时疫情在全球范围内的暴发导致外需大幅下降，全球供应链受阻，这些都给未来几个季度的青年就业带来下行压力。一方面，疫情防控对产业链的影响，造成就业需求变化。另一方面，疫情防控对劳动力流动性的影响，造成区域性劳动力供给变化。

2020 年 2~4 月，因疫情防控，部分企业停产停工减少用工需求；2020 年下半年以来，国外疫情暴发，部分国外订单回流，增加了国内企业用工需求。2020 年初，因疫情防控，一部分转移就业农民工无法

外出，就地就近寻找工作机会，增加了绵阳市内劳动力供给；而 2020 年末，政府鼓励农民工就地过年，回乡农民工数量减少 50% 以上，造成 2021 年初，绵阳市内企业招工符合要求的劳动力数量减少，用工难较以前更加突出（文档材料 20210712G）。

四川 SFYNYKJ 有限公司总经理讲道，席卷全球的新冠疫情对果品行业造成了重大影响，疫情期间由于交通管制，水果成熟却无法出货，必须紧急转换销售渠道（访谈材料 20210712A）。

CHDZ 控股集团有限公司思想实验室主任、团委书记提到疫情突发初期工厂无法开工，为了企业成功复工复产、恢复经营，企业必须帮助上游的供应商、下游的经销商与分销商，包括一些物流服务商一起协同抗疫，确保整个产业体系和生态体系的防疫工作有序开展，疫情复产用工以及全产业链的疫情防控对企业整个用工招聘造成了较大的压力（文档材料 20210712A）。

四川 JZTZ 控股集团有限公司讲道，疫情的突发影响了公司原本的招聘计划，2020 年高校线下招聘无法正常进行，为了支持各产业发展，公司必须利用线上渠道广纳人才（文档材料 20210712H）。

二 青年就业观念发生转变，社会舆论影响青年就业

随着经济社会发展，青年生活环境得到较大改善，部分青年人不存在生存性就业压力，就业意愿有所降低，缓就业、慢就业、不就业现象增多，劳动参与率逐步下降，比如一些女性回归家庭，一些失地农民不再愿意从事收入较低的体力工作，一些高校毕业生没有找到满意的工作就放弃就业等。青年人职业生涯规划知识不足，对于自身适合什么样的职业、职业薪酬待遇标准没有清楚的认识，导致求职方向不明确、职业定位不准确、薪酬待遇要求不合适、容易产生就业挫败感和增加就业压力等，从而降低青年就业意愿。另外，社会舆论对就业引导存在偏差，在宣传报道中将白领、蓝领区分高低，误导蓝领在收入待遇、职业发展方面存在不足。

从事体力劳动的青年比从事脑力劳动的青年在职业发展、工资收入方面的"天花板"存在天壤之别；同等收入的蓝领职业比白领职业社会认可度更低，工作环境更差，导致了青年就业更愿意选择白领工作，一些青年即使找不到满意的白领工作，也不愿意从事蓝领工作（文档材料20210712G）。

三 高校毕业生存在就业迷茫及焦虑的问题

随着中国经济进入新常态，以及中国人口结构变化，人力资源供需关系发生了变化。青年劳动者对就业的选择需要政府进行科学引导，对中学、大学，以及未升学初高中毕业生就业开展职业生涯规划指导越来越重要，通过科学的测试、访谈等方式，让其能够对自身的特点、能力等有比较清楚的认识，为其求职提供科学建议指导十分必要。共青团四川省委从全省五大经济区126所高校中选取13所高校，从全省高校应届毕业生中选取4800名未就业应届毕业生、1200名已就业应届毕业生作为调查样本，在内江资中县、遂宁射洪市开展了为期一个月的蹲点走访，就当前高校毕业生就业情况进行专题调研。

调研数据显示，高校毕业生慢就业、缓就业现象尤为突出，10.9%的受访者表示不着急就业，23.6%的受访者表示有其他打算，并且高校毕业生对岗位期待过高，追求高收入待遇，同时疫情的突发引起了高校毕业生的心理恐慌，高校毕业生担心增加感染风险，不敢外出找工作，96.23%的受访者希望在川内就业（文档材料20210714K）。

四 青年创业者经验不足，创业能力有待提升

疫情使经济环境处于下行压力，小微企业、个体工商户、灵活就业人员等抵御风险能力较差，小微企业和个体工商户还面临破产倒闭的风险，如何

在疫情中继续经营下去、渡过难关成为青年创业者面临的艰巨考验。当时，青年对于创业的认识存在误区。

绵阳市税务局、绵阳市商务局、绵阳市人社局的工作人员均讲道，部分青年选择创业的原因是自主自由，不受固定单位束缚，而对于创业中的艰辛、风险压力估计不足。学校教育与社会实践的融合不足，可能导致青年在就业市场中竞争力不足，疫情的影响下就业市场竞争加大，大环境下企业普遍反映融资难、融资贵的问题，而青年创业者因无可担保财产，更是融资困难（文档材料20210712D、文档材料20210712F）。

青年创业者普遍经验不足，对创业需要的资金、创业项目信息资源等积累不足，有一部分青年是生存性创业（找不到自己满意的工作机会而选择创业），缺少应对创业过程中出现问题的能力。

由于对创业资金需求、市场营销知识、产业发展信息、企业经营管理等了解掌握不足，创业很容易就陷入失败。据一些调查了解，创业项目能成活3~5年的不足40%（文档材料20210712G）。

五 青年员工返城受阻，短期就业冲击较大

疫情导致员工返城推迟，用工企业面临停工、歇业甚至破产风险。在防控常态化背景下，部分员工的就业决策会受到影响，可能选择留在本地就业或短期内不外出。员工就业稳定性较差，就业质量仍有待提高，劳动时间减少也对员工收入产生较大影响。

CHDZ控股集团有限公司的负责人介绍，疫情初期，全国上下受到非常严重的影响，制造业遇到最大的困难就是用工问题。正值春节放

假，外地农民工大部分都回家了，疫情突发后异地员工完全无法到岗，导致集团 5 个制造基地同时出现用工荒（访谈材料 20210712A）。

六 青年就业促进政策存在不足，政策落实水平有待提高

各部门各行业根据自身职责或工作情况制定相应的促进青年就业创业的政策措施，未能形成就业前、就业中、就业后关于青年就业能力培养、劳动关系建立、劳动权益维护的全流程机制体制，以及有关政策的无缝衔接。公共就业创业服务有待丰富，促进青年就业部门合力不足，促进青年就业信息化能力不足，符合青年特点的政策宣传不足。

绵阳在青年就业方面更注重人才引进，而绵阳所确定的人才政策并不包含普通高校毕业生。同时，国家青年就业创业促进政策力度较小，比如中小微企业吸纳毕业年度高校毕业生给予 1000 元吸纳补贴，但是中小微企业招聘人员较少，很多就招聘 1~2 人，对申报补贴根本没有积极性；还有就是就业见习政策，见习人员没有社保、生活补贴较低，导致愿意见习的人员非常少。绵阳市人力资源和社会保障局的工作人员讲道，目前绵阳市县级公共就业服务机构人员与适龄劳动者配备一般在 1∶10 万左右，难以大规模开展专业的职业生涯规划指导。同时，公共就业服务机构创业服务人员配备不足，仅有少部分进入孵化基地的创业者可以享受到比较专业的指导服务，而更广大的创业者无法获得服务。促进青年就业的信息共享平台缺失，教育部门的高校毕业生信息、共青团青年劳动者信息、人社部门青年劳动者就业供需信息、公安系统青年人口信息等没有实现互联互通，同时新媒体开展相关宣传的形式和内容依然较少。（文档材料 20210712G）。

人社部门目前仍未实现通过大数据比对主动识别符合政策对象，因此无法实现对青年就业创业的精准信息推荐。虽然采取了多种途径宣传青年就业创业促进政策，但运用抖音、快手、B 站等年轻人喜欢的新

媒体开展相关宣传的形式和内容依然较少，导致部分青年对国家就业创业扶持政策了解掌握不够，对如何申报办理相关扶持政策也是一知半解，导致"知道的用不上、用得上的不知道"（文档材料 20210712G）。

绵阳市商务局的工作人员讲道，目前缺乏对于青年就业创业支持资源的统筹整合，应进一步增强对青年就业创业工作支持政策的针对性（文档材料 20210712F）。

七　企业未能留住青年就业者，人力资源管理能力有待提升

企业人力资源管理发展与人力资源供求变化不相适应，一些企业仍然沿用传统人力资源管理模式，在人性化、工作环境、劳动者权益保障等方面存在不足，导致青年进入企业以后，对企业制度、职业发展、薪酬待遇等不适应。

在绵阳调研中了解道，个别企业人力资源管理人性化，允许带小孩的母亲将孩子带进企业，统一看管，企业员工的稳定性明显提升；个别企业对高校毕业生进入企业就一对一制定职业生涯规划，帮助毕业生融入企业，也保持了较高的稳定性。而一些企业因订单变化随意降低员工薪酬、辞退员工，另一些工作时间长、单位薪酬较低、工作环境较差的企业，年人员离职和招用比达到 1 以上（文档材料 20210712G）。

第三节　疫情下四川省促进青年就业的实践举措

一　共青团及政府相关部门加强顶层设计，促进青年就业

共青团四川省委员会会同四川省政府相关部门进行顶层设计，积极有序推进四川省复工复产，促进青年就业，精准研判，做好全球经济衰退引致国内青年就业下行风险的政策应对准备，从而为促进青年就业创业创造稳定公

平的经济社会环境。 青年就业创业是一项系统工程，需要发改、经信、商务、工商、税务、财政等部门在青年就业岗位创造开发、创业支持方面给予配合；需要培训机构、媒体、金融机构等行业和组织对青年就业能力开发、就业创业观念引导、融资等方面给予支持。 疫情突发后，四川省在迅速开展疫情防控工作促进经济恢复发展的同时，政府相关部门出台了一系列的税收、社保等补贴或减免政策。 共青团系统牵头会同政府相关部门进行顶层设计，有序推进复工复产，促进青年就业。

共青团绵阳市委员会会同政府相关部门进行顶层设计，成立了绵阳共青团系统疫情防控工作领导小组，下设综合保障组、志愿服务组、宣传舆论组，靠前系统谋划、靠前摸底需求、靠前梳理政策，建立应急救援预案、防疫工作制度，统筹指导全市共青团参与疫情防控工作（文档材料 20210712A）。

疫情突发后，为响应中央号召，落实中央相关政策措施，共青团四川省委员会发布了《关于 2020 年度四川青年创业促进计划（青创计划）工作安排的通知》（文档材料 20210714A）。

中共成都市委组织部、成都市人力资源和社会保障局、成都市财政局联合印发了《成都市促进 2020 年高校毕业生就业创业十条措施》，编制发布成都就业创业"机会清单"，扩大机关事业单位和国有企业招录（聘）规模，扩大高校毕业生服务基层人数，扩充公益性岗位，鼓励支持企业招用应届高校毕业生，增加就业见习岗位，支持高校毕业生自主创业，提升高校毕业生就业能力，优化高校毕业生招聘服务，保障困难家庭毕业生就业。 针对这一政策文件，成都市人力资源和社会保障局进一步印发了《成都市促进 2020 年高校毕业生就业创业十条措施责任分工方案》，将促进高校毕业生就业创业工作细化落实到各个相关单位和部门（文档材料 20210714H、文档材料 20210714I）。

共青团绵阳市委员会围绕企业复工复产和青年就地就近就业创业，实时梳理涵盖国省市 3 级帮扶政策汇编 21 篇、金融机构特色政策汇编及便利措施 37 项，并向全市企业推送，同时组建青年应急志愿服务队、疫情防控青年突击队、线上青年突击队、"团团爱心专车"车队 4 支突击队伍，开展了疫情防控培训、绵阳市青年企业家暨中小企业政银企视频对接会、绵阳市务工青年就地就近就业创业视频对接会、青年之家线上系列活动等 5 项主题活动，积极有序推进四川省复工复产，促进青年就业（文档材料 20210712C）。

二　支持防疫相关产业发展，促进各产业转型升级

新冠疫情对不同产业发展产生了不同程度的影响，餐饮、旅游、培训等以线下营业为主要营业模式的行业受到重创，企业需要尽快实现线上线下相结合的转型，而应急产业相关行业、大数据、人工智能、互联网等行业迎来了巨大的发展契机。疫情突发后，四川省全面落实党中央、国务院关于做好应对疫情稳就业的重要指示精神。

2020 年为全面落实党中央、国务院"防疫情抓经济，两手都要抓、两手都要硬"的精神，绵阳市税务总局和省税务局立足税收职能，出台了一系列支持企业疫情防控和企业复工复产的税费优惠政策，包括支持防护救治、支持物资供应、鼓励公益捐赠、支持复工复产、稳外贸扩内需等 5 个方面共 25 条税费优惠政策。其中在支持复工复产上，主要有降低增值税征收率（3%减按 1%），降低个体户代开发票个税预征率（1%），受疫情影响较大四大困难行业 2020 年度亏损结转最长年限由 5 年延长至 8 年，四川省内生产经营困难的中小企业可申请免征疫情期间房土两税，阶段性减免企业基本养老保险、失业保险、工伤保险三项社会保险以及阶段性减征职工基本医疗保险费等 10 项税费优惠政策。2020 年，为继续支持社会经济发展，税务总局出台举措对部分应急、疫情保障重点物资生产企业的新购设备允许一次性计入当期成本费用在企业所得税前扣除。绵阳市税务局将落实减税降费政策、支持企

业复工复产作为一项必须落实的重大政治任务。 一是强化组织领导，统筹抓好各项工作，完善服务经济社会发展税费优惠政策落实工作长效机制，通过健全组织机制、建立收入影响测算机制、落实情况反馈机制和风险应对分析机制，细化责任分工，确保责任到岗、任务到人，确保各项措施有效落地。 二是抓好政策宣传。 以推进落实和优化对小微企业和个体工商户的减税降费政策为抓手，深入企业问需问计，在了解企业经营状况、需求及困难的情况下，精准宣传辅导税费优惠政策。 通过微信、QQ、短信、征纳互动平台、"纳税人讲坛"等渠道，开展"惠苗政策进万家"减税降费政策百日宣传活动，以生动有趣、联系实际的授课方式宣传政策，持续提升纳税人缴费人的课堂参与感和获得感。三是提升服务质效。 拓展便利化办税渠道，科学统筹服务资源，依托办税服务厅、"12366"、税费服务支持中心、征纳互动平台四大渠道，通过线上在线答疑、线下实地辅导等方式为纳税人带来更优体验。 及时响应纳税人诉求，减轻小微企业负担，根据企业经营状况制定个性化辅导服务。 深化税邮合作，持续推行发票免费寄递（文档材料20210712D）。

绵阳市人社局等5部门出台了《关于疫情防控期间稳定就业十六条措施的通知》，针对科学组织劳动者有序返岗、保障重点企业用工、支持中小微企业稳定就业、鼓励返乡创业、促进重点群体就业五大方面制定了十六条具体政策（文档材料20210712G）。

绵阳市商务局联合绵阳市金融工作局、中国人民银行绵阳市中心支行、中国银保监会绵阳监管分局出台《关于加强金融支持我市餐饮企业疫情防控及复工复产工作的通知》，鼓励餐饮企业复工营业（文档材料20210712B）。

为返乡留乡青年农民工提供就地就近就业创业的机会。

例如共青团绵阳市委员会联合绵阳市人社局、绵阳市疾控中心召开了绵阳市务工青年就地就近就业创业视频对接会，创新运用"大数据+就业创业服务"模式，吸引农民工、创业青年及相关企业10.67万人线上参加，有效推动供需双方"不见面"情境下的"无缝"对接，切实拉开大数据助力绵阳青年就地就近就业创业活动帷幕（文档材料20210712B）。

拓宽高校毕业生就业创业渠道，通过岗位供给保就业、政策平台稳就业、创新创业促就业。

疫情期间，共青团四川省委员会深入开展"创青春""挑战杯"等创新创业大赛，为大学生创新创业搭建交流展示平台，加强大学生创业帮扶，实施"青创计划"大学生专项，同等条件下优先为高校毕业生提供创业资金支持、创业导师辅导（文档材料20210714K）。

共青团成都市委员会、成都市人力资源和社会保障局募集了5000个见习岗位、1万个实习岗位，通过"求职团团帮"这一品牌，紧急搭建线上网站平台，助力大学生实习见习，汇聚全社会的资源服务大学生就业（访谈材料20210714A）。

成都MXKJ有限责任公司在2020年2~4月快速进行线下产品线上化，举办线上宣讲会、线上招聘会等，推出招聘面试系统，为高校毕业生搭建线上就业平台，同时提出"E To E"战略，链接学生、高校及企业三端，形成有效闭合（访谈材料20210714B）。

恢复和完善青年群体特别是高校毕业生的就业服务。

成都市人力资源和社会保障局对符合条件的高校毕业生创业团队给予最高50万元"创业贷"和最长三年的全额贴息，创业项目入驻市级及以上青年（大学生）创业园，享受最长3年的租金减免（文档材料20210714K）。

成都市锦江区青年人才驿站为毕业三年内来蓉求职的外地毕业生提供就业指导、7 天免费住宿等服务，若 7 天内求职者未成功就业，可以申请续住，人才驿站也将继续为其提供就业岗位信息等（访谈材料20210714A）。

绵阳市商务局的市场运行与消费促进科出台专项扶持政策，充分挖掘消费潜力。会同市财政局印发《绵阳市商务局 绵阳市财政局关于支持餐饮企业"渡难关、促发展"的通知》《绵阳市商务局 绵阳市财政局关于支持汽车销售企业"渡难关、促发展"的通知》，从 2020 年市级财政商贸发展资金中列支 200 万元专项经费，支持汽车和餐饮行业开展各类消费促进活动、做大做强、加快发展等，大力促进汽车和餐饮消费。印发《关于做好激发消费潜力稳定经济增长工作的通知》，出台涉及六个方面共计 24 条措施，全力释放受疫情抑制的消费活力。印发《关于印发加快发展流通促进商业消费重点工作任务清单的通知》，要求各县市区人民政府、园区管委会、市级相关部门对照任务清单，全力完成各自促进商业消费重点工作。共兑现电费、物流费补贴 800 余万元，其中物流补贴 157.94 万元。帮助 516 户企业减免房租、申请补贴和减免税费共 798 万元（文档材料 20210712F）。

三　为青年就业创业者提供补贴及技能培训

四川省通过支付吸纳就业补贴鼓励各企业提供就业岗位，吸纳部分青年劳动力就业，加大对青年创业者的精准扶持力度，发挥创业带动就业的积极作用。企业贯彻人力资本投资的理念，鼓励员工树立终身学习的观念，加强对于青年员工的培训。

例如 CHDZ 控股集团有限公司十分重视人才培养和发展，结合公司的发展情况、业务需求开展定期与不定期的技能培训，通过创新发展、了解企业文化、参观展厅与工厂等方式帮助员工完成角色的转变，迅速掌握工作必备技能，建立正确的职场观，树立责任、形象和心态意识，提高自我管理能力（文档材料20210712I）。

疫情背景下，对于未来促进青年就业工作，共青团绵阳市委提出以下两点建议：一是健全创业就业服务体系。促进青年就业创业所涉及的部门多，可以设立专门的协调机构，负责开展此项工作。同时，完善政策支撑，梳理目前已出台的财政、税收、融资等政策措施，并针对未出台和需求较大的方面进行完善和修改。二是营造良好创新创业氛围。加大青年创业社会宣传力度，充分利用媒体宣传创业典型案例。依托高校、社团，有针对性地对青年进行就业和创业意识教育（文档材料20210712D）。

青年群体主动增强劳动技能与水平，满足劳动力市场变化的现实需求。

清华大学、西南科技大学、成都理工大学的在校生及应届毕业生在学校职业发展中心的牵头下，在成都市天府新区、高新区、锦江区、金牛区的投资促进局、新经济和科技局、春熙路管委会等相关市直单位参加实习，从实践中了解疫情期间及疫情防控常态化下各个部门的相关工作和职能，实地了解疫情给经济社会发展带来的变化的同时，为将来的就业积累工作经验和实践经历（访谈材料20210714A）。

共青团绵阳市委关爱创业青年，将青创计划向青年志愿者倾斜，提供3万~10万元免息、免担保的创业启动资金贷款（文档材料20210712C）。

共青团绵阳市委联合市金融工作局组织召开了绵阳市青年企业家暨中小企业政银企视频对接会，参会规模2.6万余人（其中电信主会场15人、会易通在线95人、西蜀网直播观看2.6万余人），聚焦大学毕业生、退役军人、农民工等青年群体，充分发挥青年小额贴息贷款、四川青年创业促进计划等项目带动示范效应，促进青年在绵创新创业。联合人社等涉企招工部门，对接企业用工需求，线上发布企业招聘信息，让更多的青年留绵就近就业，促进青年投身绵阳经济事业发展。团市委协调 7 家在绵金融机构，梳理线上便利服务及特色支持政策，全力提升"短平快"的金融服务质效。 同时，组建"政企银对接"微信群，全体参会人员入群，企业负责人动态反馈问题，金融机构实时答疑解惑，以"指尖上"的银企对话代替"面对面"直接对接，构建起了常态化的银企沟通对接平台长效机制。 切实为企业解决复工复产前的金融保障问题搭好台、服好务，有效助推绵阳打赢疫情防控阻击战和实现经济社会持续健康发展（文档材料 20210712A）。

四　拓宽高校毕业生就业渠道

一是建设"互联网+就业"平台，并对招用毕业生的企业给予吸纳就业补贴。

　　共青团四川省委聚焦大学生职业技能提升，以"逐梦计划"全省大学生社会实践平台为支撑，广泛动员机关企事业单位、民营企业和社会力量，构建全省统一的大学生实习见习平台。 常态化提供一批实习见习岗位，积极营造支持大学生开展实习见习的良好环境，不断提升其职业素养和社会实践经验（文档材料 20210714K）。

二是开发基层公共管理和社会服务岗位，积极做好基层就业项目。

　　共青团四川省委围绕成渝地区双城经济圈建设，大力实施"双城青才计划"、川渝两地"千校万岗"大学生就业服务计划，加大省内国有企业动员力度，推动连续扩大高校应届毕业生招聘计划；落实一次性吸纳就业补贴、社保补贴等优惠政策，鼓励中小微企业积极吸纳高校毕业生就业；适时开发一批城乡社区等基层公共管理和社会服务岗位，适当扩大"三支一扶""西部计划"等服务基层项目数量（文档材料

20210714K）。

共青团绵阳市委召开绵阳市务工青年就地就近就业创业视频对接会，13万人线上参会，创新运用"大数据+就业创业服务"模式，创新开发"农民工就业创业""疫情下在绵就业创业及时雨"招聘平台，精准对接供需需求，实现政策查询、健康申报、创业指导"一网通办"，共入驻企业7000余家，提供岗位6.5万余个，投递简历62万余次，访问量突破200万人次（文档材料20210712C）。

五　提升高校毕业生的就业创业能力

为解决高校毕业生就业迷茫、缓解毕业生的就业焦虑问题，应加强对高校毕业生的就业辅导工作，引导高校毕业生进行科学合理的职业规划和职业选择，将就业辅导工作的时间前置，促使学生提前学习相关就业创业技能，提前做好就业的准备。

共青团四川省委深入开展"创青春""挑战杯"等创新创业大赛，为大学生创新创业搭建交流展示平台，加强大学生创业帮扶，实施"青创计划"大学生专项，同等条件下优先为高校毕业生提供创业资金支持、创业导师辅导（文档材料20210714K）。

同时，共青团四川省委还开展了2020年"逐梦计划"，疫情期间面向已开学的川内高校就读学生及未开学的川籍省内外高校就读学生，依托"天府新青年"微信公众号"青春汇"平台"逐梦计划"板块，组织在校全日制大学生开展以进机关、进企业、进金融机构、进科研院所、进社会组织、进基层、进乡村岗位实习为主要内容的社会实践活动，提供全省各级各类实习岗位，进一步引导学生通过参与社会实践和职业体验增强就业创业能力（文档材料20210712D）。

共青团绵阳市委搭建创新平台，开展精准化便利化服务，优化务工服务，优化招聘服务，优化平台功能。严格落实疫情防控要求，创新开辟线上平台，免费为务工人员求职和企业招聘提供优质、高效、精准的"不见面"服务，让供需双方"不出门"即可享受便捷智能的求职招聘服务。平台细化岗位类别，简化操作流程，自动推送理想岗位，实行线上帮扶管理，定期精选招聘信息和链接，第一时间送达企业最新招聘信息，帮助务工人员实现需求与岗位的速配。平台自动匹配"企业专员"，"一对一"开展企业入驻指导、资格认证及职位发布等服务，人性化配置企业介绍页，系统集成企业招聘信息，有效帮助企业精准对接用工需求，切实提高企业招聘效率。结合疫情防控需要，在完善招聘功能的基础上，赋予平台更多服务功能，设置了政策解读栏、健康证明栏、青创计划专栏，为青年朋友提供扶持政策查询、健康申报、创业指导等全方位的服务（文档材料20210712B）。

六　精准扶持青年就业创业者

针对遭受严重冲击的行业、地区和群体给予定向精准扶持，加强对信誉良好的中小微企业的融资信贷支持，加大降费减税力度，降低经营负担，同时为消费前期积压后期反弹和生产"抢工"补救做好准备。

为推动绵阳市高校开展毕业生就业创业工作，绵阳市教育和体育局分三个阶段进行相关工作。第一阶段（2019年9至2020年1月）压实责任、畅通渠道。做好就业精准服务，加强供求匹配，初步实现较好较高的就业率，该阶段在绵高校平均就业率为12.22%。第二阶段（2020年2~4月）科学谋划、广开门路。统筹做好疫情防控和高校毕业生就业创业工作，及时引导高校开展线上毕业生就业工作，有效促进高校毕业生就业，该阶段在绵高校平均就业率升到43.6%。第三阶段（2020年5月至7月底）资源整合，强化保障。抢抓学生离校前的关键期，开展"百日冲刺"行动，强化就业管理、服务和指导，多方协同，打好促进就业工作的"组合拳"，着力解决高校毕业生就业中的重点、难点和突出问题，就业率得到了大幅提升。该阶段在绵高校平均就业率提升至89.21%（文档材料20210712D）。

绵阳市人社局帮助企业缓解困难，支持中小企业开展线上线下在岗职业培训，发放创业担保贷款，减免场地租金，落实暂时经营困难企业稳岗补贴等（文档材料20210712G）。

共青团绵阳市委员会持续加力加劲，开展常态化长效化服务，服务企业复工复产，服务青年便利就业，服务青年创新创业。团市委按照"供需对接、就地就近、分类指导、精准服务"的总体要求，在服务企业生产发展和务工青年就地就近就业创业上持续发力，切实将共青团的组织力、引领力、服务力转化为服务经济发展的实效。充分发挥青年志愿者先锋作用，开展驻企服务，配合企业进行体温检测、场地消毒、心理疏导等工作。充分发挥行政窗口单位"号、手、岗、队"先锋作用，助力企业便利复工复产。深入实施"四川青年创业促进计划"，延伸做好创业孵化、创业扶持等工作。联合金融机构实施农村青年创业最低基准利率贷款项目，系统实施青年小额贴息贷款项目，帮助青年就地就近创业（文档材料20210712B）。

七　有序促进青年员工返岗就业

推动员工有序返城返岗就业的同时，促进返乡留乡员工就地就近就业创业，通过省内跨县区的合作解决疫情期间企业"用工难"的困境。

共青团绵阳市委员会持续优化"疫情下在绵就业创业及时雨"大数据网络招聘平台，开通外出务工服务功能，切实用好绵阳驻外团工委联系的10000余个就业岗位，帮助外出务工人员尽快返企就业（文档材料20210712B）。

四川省绵阳市就业促进中心牵头，相关部门参与成立了稳就业专班，专项做好稳就业、保就业各项工作，绵阳市人社局进一步组织市内开展跨县区劳务合作，组织主城区用工量大的涪城、经开、高新、科创与人力资源相对丰富的三台、盐亭、梓潼等地开展劳务合作，及时将用工地招工信息发送给有转移就业意向的劳动者，组织用工企业赴人力资源富集地举办招聘会等（文档材料20210712G）。

八 运用数字化技术提升公共就业创业服务能力

加强公共就业创业服务，配强公共就业服务机构队伍，运用数字化技术提升公共就业创业服务能力水平，逐步推广"五分"全方位公共就业创业服务，对青年就业创业分阶段、分类别、分等级、分维度、分层级开展不同形式的公共就业创业服务，通过思想观念教育让青年人了解社会的情况，了解自身的情况，树立正确的就业观念。

共青团绵阳市委员会充分发挥共青团的组织优势，坚持协同联动，开展多元化立体化服务，确保政策解读到位、岗位对接到位、防控辅导到位。充分发挥共青团组织优势，对接联系人社、疾控等兄弟单位，用好用活市创促会、西蜀网等社会化力量，汇聚起了协同联动服务青年的工作合力。围绕企业复工复产、青年就业创业、农民工贷款扶持等关注热点，邀请市人社局、市创促会、信用联社等单位，进行线上系统解读。同时，全面梳理国家、省、市企业帮扶政策，及时在"青春绵阳"微信、微博平台发布，点击量达1.2万余次。依托互联网平台，发起"疫情下在绵就业创业及时雨"大数据网络招聘活动，按照分级分类指导原则，聚焦无现症病例区、低风险区，邀请京东方、惠科等400余家本地企业入驻，累计发布招聘信息1400余条、提供岗位10600余个，涉及一、二、三产业及民生等领域。以"青春绵阳"为主要载体，开辟防疫宣传专栏，列出企业复工复产防疫清单，并邀请市疾控中心对企业负责人及务工人员进行线上健康管理辅导，指导帮助企业做好复工复产疫情防控（文档材料20210712B）。

第十章　疫情下促进青年就业的天津实践

新冠疫情对青年就业造成巨大影响。天津市作为京津冀协同发展战略中不可或缺的一环，在疫情期间建立"132"帮扶小组，整合社会资源助力企业复工复产，通过"接链促需护企专项行动""双万双扶促发展行动"等项目，依托"智慧团建"大数据平台，为青年就业创业营造良性的就业生态环境。

天津市是我国四大直辖市之一，是我国北方最大的港口城市、工商业城市，环渤海地区经济中心。作为我国传统老工业基地，天津市曾生产新中国第一块手表、第一台电视机、第一辆国产无轨电车。2013年，习近平总书记对天津工作提出"着力提高发展质量和效益、着力保障和改善民生、着力加强和改善党的领导"的重要要求。面对产业结构偏重偏旧、新动能增长点"青黄不接"等困境，天津市以"三个着力"作为经济社会发展的重要纲领，贯彻落实新发展理念，积极优化经济结构、转换增长动力。2014年，习近平总书记在北京召开座谈会，将京津冀协同发展上升为国家战略。作为京津冀协同发展战略中不可或缺的一环，天津市依托战略优势和区域优势，通过构建"1+3+4"产业体系推动产业结构转型升级，助力"全国先进制造业研发基地"建设，在高质量发展的道路上迈上新的台阶。如今，生物医药、新能源、新材料三大新兴产业迅猛发展，智能科技产业也成为高质量发展的强大引擎，天津已成为全球重要的战略性新兴产业集聚区。

因此，本研究选择天津市作为"新冠肺炎疫情影响下促进青年就业的实现路径与政策建议"调研的目的地之一，梳理天津市促进青年就业的政策、举措，为政府及学界提供实践方面的参考借鉴。

第一节　疫情下天津市青年就业的现状

一　研究方法

本研究使用质性研究方法，在自然情境下采用文本法、访谈法、调研法等多种资料收集方法，通过与研究对象互动对社会现象进行探讨，使用归纳法分析资料。[①] 通过以上研究方法，意在全面了解新冠疫情影响下天津市在促进青年就业方面的政策举措，深入探究天津市青年就业创业的现实状况、面临的困境及其原因，运用归纳法逐步提炼资料中呈现的核心观点。

在资料收集方面，结合新冠疫情的防控过程，对企业复工复产情况及促进青年就业进行工作梳理和关键环节的精准调研。 2021 年 6 月 15~16 日，赴天津市和平区、天津市东丽区开展重点调研。 由于当时疫情仍未结束，因此本次调研采取线上与线下相结合的方式进行，在共青团天津市委员会召开了座谈会，共青团天津市委青发部、天津市人社局公共就业人才服务中心同志参与了座谈会，同时参会的还有天津市和平区发改委、人社局、市场监管局部门负责人；天津市和平区 JLWST 酒店、天津市和平区 SF 快递、BS 快递等企业及社会组织的负责人、青年创业者及职工。 在调研过程中，对共青团以及政府相关部门工作人员、青年企业家及职工、高校在读学生及应届毕业学生代表等进行了访谈，并实地走访了 ZZTJ 人力资源服务公司、天津市和平区社会组织发展中心、天津市 BHNY 股份有限公司、天津市东丽区支持型社会组织、BASSSWKJ 有限公司等社会组织或企业，共得到了 21 份一手访谈调研资料（见表 10-1）及政策文档材料（见表 10-2），从而把

---

① 陈向明：《质的研究方法与社会科学研究》，教育科学出版社，2000，第 12 页。

表10—1　天津市促进青年就业调研情况

调研时间	调研主体	调研部门	受访者职位	访谈内容	受访人数	受访人次	访谈时间	录音字数	调研材料
2021年6月15日	共青团天津市委	青发部	王某	1. 疫情背景下共青团及政府为复工复产出台的政策及采取的措施； 2. 疫情影响下共青团及政府为促进青年就业创业出台的政策及采取的措施； 3. 目前政策及措施的不足之处	9人	34人次	142分钟	1.8万字	访谈材料20210615A 文档材料20210615L 20210615M 20210615N 20210615O
	天津市人社局	公共就业人才服务中心	主任郭某	疫情影响下政府为促进青年就业创业出台的政策及采取的措施					
	天津市和平区发改委	服务业发展科	科长蒋某	疫情背景下政府为复工复产出台的政策及采取的措施					
	天津市和平区人社局	创业服务部	负责人刘某	1. 青年就业创业存在的问题； 2. 疫情影响下未来促进青年就业创业的建议					
	天津市和平区市场监管局	食品协调科	科长杨某	疫情期间针对企业复工复产对市场监管政策的调整					
	天津市和平区JLWST酒店		酒店总监张某	1. 企业经营发展历程； 2. 疫情期间企业复工复产状况； 3. 对于国家及地方优惠政策的了解及享受程度					

续表

调研时间	调研主体	调研部门	受访者职位	访谈内容	受访人数	受访人次	访谈时间	录音字数	调研材料
2021年6月15日	天津市和平区青年创业者		赵某	1. 创业的行业、时间及原因；2. 当前创业项目本的开展情况；3. 疫情对原本创业计划的影响；4. 对国家及地方相关政策的了解及享受程度；5. 创业过程中需要哪些帮助	9人	34人次	142分钟	1.8万字	访谈材料20210615A 文档材料20210615L 20210615M 20210615N 20210615O
	天津市和平区SF快递		快递员孙某	1. 企业经营状况；2. 疫情期间工资收入情况；3. 疫情期间心理状况					
	天津市和平区BS快递		快递员许某	1. 企业经营状况；2. 疫情期间工资收入情况；3. 疫情期间心理状况					
	ZZTJ人力资源服务公司		负责人A 负责人B 负责人C	1. 企业发展历程；2. 疫情期间企业复工复产状况；3. 对于国家及地方优惠政策的了解及享受程度	3人	21人次	40分钟	0.3万字	访谈材料20210615B
	天津市和平区社会组织发展中心		负责人A 负责人B	1. 组织经营状况；2. 组织发展历程；3. 组织主营业务	2人	36人次	103分钟	1.3万字	访谈材料20210615C

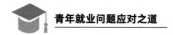

续表

调研 时间	调研 主体	调研 部门	受访者 职位	访谈 内容	受访 人数	受访 人次	访谈 时间	录音 字数	调研 材料
2021 年 6 月 16 日	天津市 BHNY 股份有 限公司		负责人 A	1. 企业经营状况; 2. 疫情对原本招聘计划的影响; 3. 对于国家及地方优惠政策的了解及享受 程度	1 人	20 人次	50 分钟	0.3 万字	访谈材料 20210616A
	天津市东丽区支持型 社会组织		负责人 A 负责人 B	1. 组织发展历程; 2. 组织经营情况	2 人	14 人次	30 分钟	0.2 万字	访谈材料 20210616B
	BASSSWKJ 有限公司		负责人 A 负责人 B 负责人 C	1. 企业经营发展历程; 2. 疫情期间企业复工复产状况; 3. 对于国家及地方优惠政策的了解及享受 程度; 4. 疫情对原本招聘计划的影响	3 人	36 人次	55 分钟	0.7 万字	访谈材料 20210616C

资料来源：根据课题组 2021 年 6 月 15～16 日在天津市的调研整理所得。

握新冠疫情下天津市企业复工复产的现实情况及挑战，深入了解疫情期间青年就业的状况以及遇到的困难，梳理共青团及政府相关部门为促进青年就业发布的政策文件，了解政府在疫情期间对于企业的补贴政策的落实情况。

表 10-2　疫情下天津市促进青年就业政策及工作文件

序号	政策文件	解决问题	针对人群	相关部门	编号
1	《天津市人民政府办公厅关于印发天津市打赢新型冠状病毒感染肺炎疫情防控阻击战进一步促进经济社会持续健康发展若干措施的通知》（津政办发〔2020〕1号）	按照党中央、国务院决策部署，在做好疫情防控工作的前提下，全力支持受疫情影响较大的企业渡过难关，统筹推动改革发展稳定各项工作，促进全市经济社会持续健康发展	天津市企业	天津市人民政府、政务服务办、人社局、财政局、商务局、金融局、水务局、税务局、银保监局、工业和信息化局、规划和自然资源局、住房城乡建设委、交通运输委、城市管理委、市场监管委、农业农村委、发展改革委、卫生健康委、天津海关	文档材料20210615A
2	《天津市人民政府办公厅关于印发天津市支持中小微企业和个体工商户克服疫情影响保持健康发展若干措施的通知》（津政办规〔2020〕3号）	按照党中央、国务院决策部署和市委、市政府部署要求，加大"六稳"工作力度，支持中小微企业和个体工商户克服疫情影响，提升渡过难关的信心和能力，实现平稳健康发展	天津市中小微企业和个体工商户	天津市总工会、工商联、企业联合会、医保局、人社局、水务局、金融局、财政局、银保监局、工业和信息化局、国资委、发展改革委、城市管理委、公积金管理中心、各区人民政府	文档材料20210615B

续表

序号	政策文件	解决问题	针对人群	相关部门	编号
3	《天津市人民政府办公厅关于进一步做好稳就业工作的实施意见》(津政办规〔2020〕7号)	大力实施就业优先政策,坚持把稳就业摆在更加突出位置,健全有利于更充分更高质量就业的促进机制,全力确保就业形势总体稳定	天津市劳动者	天津市教育委员会、政务服务办、人社局、财政局、商务局、金融局、水务局、税务局、银保监局、工业和信息化局等	文档材料20210615C
4	《市人社局市财政局市教委市医保局关于印发支持企业复工复产促进就业若干举措的通知》(津人社办〔2020〕39号)	进一步支持企业复工复产,促进高校毕业生和农民工等重点群体就业,保持就业局势总体稳定	天津市高校毕业生天津市农民工	天津市人力资源和社会保障局天津市财政局天津市教育局天津市医疗保障局	文档材料20210615D
5	《和平区人民政府关于印发和平区防控新型冠状病毒感染的肺炎疫情进一步促进经济社会平稳健康发展若干措施的通知》(和平政〔2020〕3号)	深入贯彻落实习近平总书记对新型冠状病毒感染的肺炎疫情防控工作的重要指示批示,全面落实市委、市政府要求,在坚决做好疫情防控工作前提下,统筹推动和平区经济社会平稳健康发展	天津市和平区企业	和平区楼宇办、政务服务办、合作交流办、民政局、统计局、财政局、医保局、金融局、科技局、商务局、人社局、教育局、税务局、应急局、生态环境局、市场监管局、国资委、发展改革委、住房建设委、城市管理委、卫生健康委	文档材料20210615E

续表

序号	政策文件	解决问题	针对人群	相关部门	编号
6	《关于印发和平区推动中小微企业和个体工商户加快复工复产复业工作方案的通知》（津和新冠防指〔2020〕65号）	推进和平区中小微企业和个体商户复工复产复业，指导监督市场主体做好疫情防控和安全生产工作，宣传贯彻各项惠企援企政策，切实解决企业实际困难和难题，建立同疫情防控相适应的经济社会运行秩序	天津市和平区中小微企业和个体工商户	天津市疫情防控指挥部和平区企业复工复产综合办公室、区委组织部、区政府研究室、区工商联、区发展改革委、区卫生健康委等	文档材料20210615F
7	《和平区市场监管局食品经营单位复产复工指导服务监督工作方案》	贯彻落实中央、市委、市政府及区委、区政府关于疫情防控工作相关文件的精神，推动落实和平区食品经营单位复产复工指导服务监督工作，明确任务、落实责任，实现疫情防控与保障人民群众食品安全"双战双赢"	天津市和平区食品经营单位	天津市防控工作指挥部天津市市场监管委员会和平区食品安全委员会办公室和平区市场监督管理局和平区各市场监管所	文档材料20210615G
8	《重点培育搭建平台发挥社会组织在社区治理中的作用》	贯彻落实党的十九大报告中"加强社会治理体系建设，推动社会治理中心向基层下移，发挥社会组织作用，实现政府治理和社会调节、居民自治良性互动"的要求，加强社区服务类社会组织孵化培育并为之搭建适合成长发展的平台	天津市和平区社会组织	天津市委组织部和平区民政局和平区社会组织孵化中心	文档材料20210615H

续表

序号	政策文件	解决问题	针对人群	相关部门	编号
9	《关于打赢新冠肺炎疫情防控阻击战深化企业服务若干措施》	依据区疫情防控指挥部有序推进企业分类分批复工复产的相关文件精神,制定深化企业服务若干措施,规范疫情期间市场主体审批、经营等流程	天津市和平区企业	天津市市场监管委员会 和平区疫情防控指挥部 和平区市场监督管理局	文档材料20210615I
10	《和平区企业复工复产工作指南》	落实属地责任和监管责任,落实企业主体责任,在防疫措施和安全生产条件具备的前提下,全力助力和平区各类企业稳妥有序分类分批复工复产	天津市和平区企业	和平区疫情防控指挥部	文档材料20210615J
11	《和平区疫情防控期间中小微企业、个体工商户政策明白纸》	逐项明确政策要点及和平区的咨询部门、咨询电话,以期为中小微企业、个体工商户纾困助力、排忧解难,推动和平区经济平稳健康发展	天津市和平区企业	天津市公积金管理中心 和平区政务服务办、税务局、人社局、财政局、金融局、商务局、市场监管局、工商联、国资委、发展改革委、占路管理所、社险和平分中心、规划和自然资源局和平分局	文档材料20210615K
12	《市人社局关于组建专家服务团支持企业复工复产工作的通知》	为贯彻落实党中央、国务院和市委、市政府决策部署,夺取疫情防控和经济社会发展"双战双赢",充分发挥专家人才智力优势,决定发起组建"企业复工复产专家服务团",精准支持天津市企业复工复产工作	各区人力资源和社会保障局,各委办局(集团公司)、人民团体、大专院校、科研院所、驻津单位人力资源部门	天津市人力资源和社会保障局	津人社办发[2020]60号

续表

序号	政策文件	解决问题	针对人群	相关部门	编号
13	《市人社局关于做好人力资源服务机构复工复产工作的通知》	为贯彻落实党中央、国务院和市委、市政府复工复产工作部署，按照《关于做好其他各类企业分类分批有序复工复产工作预案的通知》（津新冠防指〔2020〕49号）和《关于有序推动全市营利性服务业企业复工复产的通知》（津发改服务〔2020〕70号）要求、强化服务推动复工，抓好防控有序复工，依托网络做好服务	各区人力资源和社会保障局，中国北方人才市场，各人力资源服务机构	天津市人力资源和社会保障局	津人社办发〔2020〕38号

二　疫情下青年就业的状况

（一）严格科学防控疫情，有序推进复工复产

企业科学有序复工复产是促进青年就业的前提和保障。新冠疫情突发后，天津市政府密切关注周边省市的疫情防控状况，及时研判、准确决策。2020年1月24日，结合天津市疫情防控形势，天津市防控疫情小组决定启动重大突发公共卫生事件一级响应，[①]采取限制人员聚集，加强对公共场所、重点部位、重点人群的监测和管理，及时调配医疗卫生资源，迅速开展信息排查、落实工作等举措，有效控制住疫情在天津市扩散的趋势，从而为企业复工复产提供有力保障。2020年2月6日，天津市政府正式印发《天

[①] 《天津市启动应对新型冠状病毒感染的肺炎一级响应》，天津市卫生健康委员会，2020年1月24日，http://wsjk.tj.gov.cn/ZTZL1/ZTZL750/YQFKZL9424/FKDT1207/202008/t20200803_3362224.html。

津市打赢新型冠状病毒感染肺炎疫情防控阻击战进一步促进经济社会持续健康发展若干措施》（以下简称《若干措施》1），①完善项目审批绿色通道，支持批发零售平台建设，给予企业研发贴息支持，缩短政策兑现周期，持续推动港口物流降本增效，有序推动企业复工复产。 2020 年 3 月 15 日，天津市政府印发《天津市支持中小微企业和个体工商户克服疫情影响保持健康发展的若干措施》（以下简称《若干措施》2），②缓解用能成本压力，加大政府采购和清欠工作力度，增强政府性融资担保，加强贸易纠纷专项法律服务，充分发挥个体劳动者协会桥梁纽带作用。

截至 2020 年 2 月 24 日 16 时，天津市规上工业企业复工率达到 61.9%。 其中，规上工业前 200 强企业中，193 家企业已复工，复工率达到 96.5%。 全市外资百强企业复工率 97%，外贸百强企业复工率 93%。③ 截至 2020 年 4 月 29 日，天津市已连续 62 天无本地确诊病例报告，境外输入病例和入境高风险人群得到有效管控，推进复工复产以来未发生高风险疫情，经市防控新冠肺炎领导小组批准，从 2020 年 4 月 30 日起天津将公共卫生事件应急响应级别由一级调整为二级。④ 2020 年 6 月 6 日零时起，天津市突发公共卫生事件应急响应级别由二级调整为三级，⑤疫情总体态势平稳可控，要求做好三级应急响应级别下常态化疫情防控工作。 2020 年 3 月底，税收大数据显示天津市复工复产稳中向好，复工复产企业销售水平较

---

① 《天津市打赢新型冠状病毒感染肺炎疫情防控阻击战进一步促进经济社会持续健康发展的若干措施》，天津市人民政府门户网站，2020 年 2 月 6 日，http://www.tj.gov.cn/zwgk/szfwj/tjsrmzfbgt/202005/t20200519_2370657.html。

② 《天津市支持中小微企业和个体工商户克服疫情影响保持健康发展的若干措施》，天津市人民政府门户网站，2020 年 3 月 15 日，http://www.tj.gov.cn/zwgk/szfwj/tjsrmzfbgt/202005/t20200519_2370662.html。

③ 《天津打出复工复产"组合拳"》，人民网，2020 年 2 月 24 日，http://tj.people.com.cn/n2/2020/0224/c375366-33824759.html。

④ 《重磅！ 4 月 30 日零时起，天津市重大突发公共卫生事件应急响应级别由一级调整为二级》，天津市卫生健康委员会门户网站，2020 年 4 月 29 日，http://wsjk.tj.gov.cn/XWZX6600/YQFKDT1752/202008/t20200829_3606517.html。

⑤ 《天津市新型冠状病毒感染的肺炎疫情防控工作指挥部令》，天津市卫生健康委员会门户网站，2020 年 6 月 5 日，http://wsjk.tj.gov.cn/ZTZL1/ZTZL750/YQFKZL9424/ZCWJ1565/202008/t20200803_3363588.html。

2 月份大幅度攀升，开票数量恢复到 2019 年同期的 80% 左右，重点行业、外资企业复工复产走在前列。①

（二）各部门响应政府号召，迅速反应，通力合作推动复工复产，促进青年就业

新冠疫情突发后，教育部发布了《关于应对新冠肺炎疫情做好 2020 届全国普通高等学校毕业生就业创业工作的通知》，②促进四类青年人群（青年大学生、青年创业者、青年农民工、平台经济就业青年）就业创业成为政府及相关部门开展工作的重要目标。

共青团天津市委员会、天津市人力资源和社会保障局联合多家单位举办"津彩青春'职'等你来"医疗企业专场线上招聘会（文档材料 20210615M）。

共青团中央完善智慧团建系统、实现学社衔接。 对于团组织关系转到居住地所在地街道组织（社区）、找不着工作的毕业大学生，通过团建系统掌握青年群体的就业状况，对接学生和社区，帮助青年定向解决就业难问题。 为贯彻落实党中央、国务院决策部署，在颁布天津市《若干措施》1 和 2 后，天津市政府办公厅又颁布《关于进一步做好稳就业工作的实施意见》（津政办规〔2020〕7 号）。③

文件强调要通过挖掘内需带动就业、加大投资创造就业、稳定外贸

---

① 《税收大数据显示天津市复工复产稳中向好》，人民网，2020 年 4 月 2 日，http://tj.people.com.cn/n2/2020/0402/c375366-33922783.html。

② 《关于应对新冠肺炎疫情做好 2020 届全国普通高等学校毕业生就业创业工作的通知》，中华人民共和国中央人民政府门户网站，2020 年 3 月 7 日，http://www.gov.cn/zhengce/zhengceku/2020-03/07/content_5488414.html。

③ 《关于进一步做好稳就业工作的实施意见》（津政办规〔2020〕7 号），天津市人民政府门户网站，2020 年 5 月 3 日，http://www.tj.gov.cn/zwgk/szfwj/tjsrmzfbgt/202005/t20200519_2370675.html。

扩大就业、培育壮大新动能拓展就业空间，开发更多就业岗位（文档材料 20210615C）。

2020 年 3 月 9 日，天津市人社局、市财政局、市教委、市医保局联合发布《关于印发支持企业复工复产促进就业若干举措的通知》（津人社办发〔2020〕39 号），①通知中针对高校毕业生就业提出五点具体措施。第一，鼓励中小微企业吸纳高校毕业生就业，扩大小微企业补贴政策适用范围，给予录用青年毕业大学生、青年农民工、平台经济就业青年的企业政策补贴，涵盖以天津市最低工资 40% 的岗位补贴，对吸纳应届及毕业 2 年内离校未就业的毕业生，有单亲、零就业、赡养、重大疾病、长期失业者、复转军人、残疾人等情况的就业困难人员的中小微企业，按照每人 1000 元的标准给予一次性吸纳就业补贴，两年房租最高补贴 2500 元。第二，给予高校毕业生灵活就业社保补贴，对毕业 2 年内的本市高校毕业生灵活就业或从事个体经营的，给予最长 2 年社保补贴。第三，增加应届高校毕业生基层就业岗位，积极争取增加"三支一扶"招募计划，增加招募岗位数量。第四，落实高校扩招政策，扩大研究生、专升本招考规模。第五，给予创业支持，为大学生提供创业贴息贷款、房租补贴，对首次返乡入乡创业的大学生给予 3000 元一次性创业补贴；放宽贴息贷款的额度，由过去的 10 万元全额贴息更改为 30 万元全额贴息。

疫情期间，天津市鼓励企业、事业单位吸纳见习学生，有条件、经营状况良好的企业、事业单位，可以申请成为见习基地，对于为在校大学生、高校毕业生等青年群体提供见习机会的见习基地给予补贴。

第一项补贴是以天津市最低工资的 80% 为标准（疫情前为 70%）的生活补贴。第二项补贴是见习培训代教费，政策规定 1 名正式员工

---

① 《市人社局市财政局市教委市医保局关于印发支持企业复工复产促进就业若干举措的通知》，天津市人力资源和社会保障局门户网站，2020 年 3 月 9 日，http://hrss.tj.gov.cn/zhengwugongkai/zhengcezhinan/zxwjnew/202012/t20201206_4493588.html。

可以带 5 个学生，按 1 个学生 200 元钱的标准给予见习老师 200 元钱的补贴，先打到这个企业的账户，再由企业发给他。 第三个补贴是保险补贴，我们要求企业必须要给学生购买意外险，90 元钱的意外保险，一个月后给予报销（文档材料 20210615A）。

天津市和平区推出信用担保贷款，助力青年创业。 通过银行征信系统、金融系统查询个人征信情况及审查是否有不良记录，若符合政府部门及银行等金融机构的相关规定，可以不用担保人及房产等财物抵押，凭借征信作为担保取得贷款。

天津市人社局公共就业人才服务中心主任提到："这个系统建立起来之后，通过大家一块努力，我们在 2014 年的时候放款的整个额度是之前 10 年的总和，当年就实现了 2000 多万元的放款，等到 2015 年的时候就达到 5000 多万元了。这个系统有助于推动创业群体贷款，其中包括青年群体，像我刚才说的征信贷款是在 2014 年、2015 年那两年提出来的，这在当时确实是我们的一个特色。"（文档材料 20210615A）

天津市和平区坚持"4 类 5 批抓两头促中间、属地行业相结合"的工作方针，提出了行业部门、商务楼宇、属地街道这三条战线，分批次推动企业复工复产。 第一批是涉及国内民生的企业，诸如电力、通信等领域的企业，第二批是一些重点的大企业，然后陆陆续续对中小微企业例如居民生活服务业的小商铺一批一批地放开。 在疫情期间抽取全区 60 多个政府部门的人员，组建了"132 帮扶工作组"，保证一企三人两员，即一个企业三个人，三个人里面包括一名政策指导专员、一名防疫指导专员，主要负责总体政策方面的指导，把所有的与复工复产相关的政策及时推送给这些帮扶组的工作人员，然后由他们去把这些政策告知给企业，协助企业落实这些政策；并整理了一本关于企业复产的工作指南，把所有区里行业部门的联系电话等相关信息在册子里公开，并制作了政策推送的二维码、网站。

天津市和平区发改委服务业发展科科长提到："和平区全区在疫情初期，能够恢复经营活动的企业有 13000 多家。 在整个'132 工作帮扶工作'中，指导所有企业疫情防控和安全生产 9.11 万次，解决物资保障等问题 6300 多个。 对于符合延期缴纳税收条件的 28 家企业，延期缓缴了 674 万元，对 3700 多家小规模个体工商户企业减免了税款 2170 万元。 在企业减免缓缴社保方面，对 7254 家企业减免社保费总计 27.95 亿元。 另外还有像医保局减免的医疗保险费用 5.37 亿元。"（文档材料 20210615M）

（三）企业、社会组织及高校积极响应号召，促进青年就业

在共青团天津市委员会及政府相关部门促进青年就业的同时，天津市的企业、社会组织以及高校也尽力为疫情防控、复工复产、促进就业奉献自己的力量。

针对食品经营单位——

疫情期间天津市和平区市场监管局为提高食品安全水平，发布《关于打赢新冠肺炎疫情防控阻击战深化企业服务若干措施》[1]的通知，在此方案指导下，餐饮服务经营者在开展外卖服务时严格落实"无接触"式服务（文档材料 20210615I）。

在美团平台支持下实施"春风加油计划"，食品经营单位入驻美团时开展"极速通道"、在线"安心卡"支持、物料支持、7 天流量加权等多项帮扶活动（文档材料 20210615G）。

针对新兴产业——

---

[1] 《关于打赢新冠肺炎疫情防控阻击战深化企业服务若干措施》，天津市和平区政府网站，2020 年 2 月 29 日，http://www.tjhp.gov.cn/zw/zfxxgk/zfgbm/qscjgj/fdzdgknr/qtfdgkxx/202012/t20201223_5156518.html。

天津市 BHNY 股份有限公司，其下属公司受市政府、区政府委托印发疫情防控手册，青年工作者成为印发工作的主要支柱。为保障留守岗位员工的基本生活所需，员工宿舍楼安排有青年志愿者，负责购买、运送、分发物资；为吸引青年群体到岗就业，除政府补贴外，企业设有"留岗红包"，加大对疫情期间留岗员工的补贴力度；为吸纳高校毕业生，BHNY 公司开展线上校园招聘，通过人社局下 ZTTJ 公司举办招聘直播活动，并对录取的员工进行网络培训（访谈材料20210616A）。

BASSSWKJ 有限公司则坚持通过"海河英才"计划引进学历型、资格型、技能型、创业型、急需型人才。为促进就业，公司严格执行复工复产相关要求，落实见习补贴、一次性用工补贴等补贴费用。特别地，疫情期间为打破招聘僵局，满足公司发展需求，公司建立了内推制度，公司员工给各个研发岗位推荐适合的研发人员，被推荐人满足条件且开始稳定工作后，推荐人将获得每月 2000 元的奖励，共发放 6 个月（访谈材料 20210616C）。

针对社会组织——

天津市东丽区支持型社会组织依托团委，帮助监管公益创投项目专项资金流向，通过招聘兼职的专家教授等研究型人才为社会组织发展提供专业咨询服务（访谈材料 20210616B）。

天津市和平区社会组织孵化中心将社会组织分为草根型、初创型、成熟型、社会型、研究型五类。天津市和平区社会组织孵化中心会为社会组织和高校提供对接平台，例如南开大学在天津市和平区社会组织孵化中心成立了"服务学习实践基地"，各个社会组织每年也会从高校吸纳优秀毕业生加入，形成高校与社会组织的良性互动（访谈材料20210615C）。

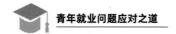

针对高校——

共青团中央青年发展部、共青团天津市委、智联招聘联合南开大学、天津科技大学、中国民航大学举办"千校万岗·就业有位来"线上招聘会,全力保障特殊时期天津市高校毕业生就业(文档材料20210615N)。

第二节　疫情下天津市青年就业存在的问题及原因分析

一　疫情导致复工复产不足,青年就业面临下行压力

新冠疫情导致大量企业停工停产甚至破产,疫情防控常态化条件下,企业难以迅速恢复原有生产力和生产秩序,同时疫情在全球范围内的暴发导致外需大幅下降,全球供应链受阻,这些都对之后几个季度的青年就业带来下行压力。

天津市东丽区一支持型社会组织的负责人讲道,天津市东丽区社会组织孵化器受疫情影响,发展已经趋于停滞。疫情下线上招聘的形式削弱了应聘者与被应聘者双方沟通的流畅度,企业招聘方式的改变也对青年就业造成了一定冲击(访谈材料20210616B)。

二　青年创业者创业环境恶化

疫情使经济环境面临下行压力,小微企业、个体工商户、灵活就业人员等抵御风险能力较差,停工歇业意味着短期失业,小微企业和个体工商户还面临破产倒闭的风险。

天津市和平区餐饮行业青年创业者赵某反映,政府的房租补贴只涉

及国有性质的楼宇，承租个人房屋并不能享受补贴，对于租用个人房屋的创业者来说，创业成本高居不下。加之餐饮行业员工多为外地员工，流动性大且稳定性不强，申请其他补贴和疫情期间招聘十分困难（访谈材料20210615A）。

三　政策落地存在缺口，用工需求难以满足

政府在政策设计时不够面面俱到。政策可能只对符合条件的企业的某个生产环节适用，企业在享受政策时存在缺口，没有充分解决企业面临的问题。疫情导致天津市外返乡的员工返城推迟，青年打工群体在返乡后无法按时返岗就业，"招聘难、用工难"问题短期难以解决，用工企业面临停工、歇业甚至破产风险。

天津市和平区青年创业者赵某讲到："我们疫情期间想要政府的减税政策，从3%降到1%，还有一些如在开业时的扶持政策。还有一些房租的问题，它只涉及了国有性质房子，跟我们这些租的个人房子没有关系，所以压力还是比较大的。还有一个招聘问题，因为餐饮行业的招聘人员门槛还是很低的，基本上想干服务员的人会很少，都是外地年轻人，结果年轻人都回家了，自4月复工以来，招聘就很难，一直是自己在顶，后来招聘大概到6月才把人员招齐，即使是现在也有困难；餐饮行业涉及社保的问题挺困难的，因为人员变动太大，你刚想给他交社保，他可能已经离职了，所以我们一直都不敢去动。"（访谈材料20210615A）

四　青年就业呈现冷热不均特点

与疫情防控相关产业的总体需求增加，对相关专业人才的需求量增加。与防控相关性小的产业例如批发零售、住宿餐饮、制造业等几乎停止运行，

难以快速复工复产，面临破产倒闭的风险，青年就业压力较大。

SF 快递、BS 快递的快递员都提到，疫情期间快递行业复工最早，需求量极大，但因为风险大、工资低，快递行业人员流失严重，青黄不接，快递员的劳动强度急剧增大（访谈材料 20210615A）。

第三节　疫情下天津市促进青年就业的实践举措

一　共青团及政府相关部门助力企事业单位复工复产

疫情突发后，天津市加大对遭受严重影响的地区、行业、企业的扶持力度，运用互联网、云计算等手段推进复工复产，促进经济增长，扩大就业需求，降低失业风险。天津市坚持"四类五批，抓两头促中间，属地行业相结合"的工作方针，联合行业部门、商务楼宇、属地街道三条战线，首先组成 4 个现场核验小组，分批、有序开展复工复产审核工作，后在此基础上又成立"132"帮扶工作组，"1"个企业由"3"人对接，其中"2"人分别为政策指导员和防疫指导员，该小组以商务楼宇为主要服务对象，对企业进行总体宏观政策的指导和落实，协调物业、政府部门，整合社会资源，助力企业复工复产。

据统计，疫情期间天津市和平区共成立 136 个"132"帮扶工作组，辐射全区 13000 多家企业，指导企业疫情防控和安全生产 9.11 万次；发改委还通过成立复工复产专班，加强与各行业主管部门的联动，以便及时了解行业动态，为企业有序复工复产提供高效服务（文档材料 20210615M）。

为响应中央号召，落实中央相关政策措施，天津市也出台了一系列配套政策。天津市政府办公厅印发《天津市打赢新型冠状病毒感染肺炎疫情防控阻击战进一步促进经济社会持续健康发展若干措施的通知》（津政办发〔2020〕1号），进一步加大减税降费力度，加大税收优惠力度。 对因疫情影响办理纳税申报困难的中小企业，可依法申请延期三个月申报。 对确有特殊困难不能按期缴纳税款的，由企业申请依法办理延期缴纳，可延期三个月。 对受疫情影响企业停产或遭受重大损失，缴纳房产税、城镇土地使用税确有困难的，可申请临时减免。 企事业单位等社会单位向抗击疫情进行的公益性捐赠支出，按相关政策规定在企业所得税税前扣除；个人通过符合税前扣除资格的社会单位向抗击疫情进行的公益性捐赠支出，按相关政策规定在计算应纳税所得额时扣除；纳税人无偿捐赠防疫物资并签订捐赠合同的，不缴纳印花税。 特许放宽社保政策。 适当延长社会保险缴费期，对受疫情影响的本市参保单位，未能按时办理参保登记、缴纳社会保险费等业务的，允许其在疫情结束后三个月内补办，不收取滞纳金，不影响参保职工享受社会保险待遇，不影响购房、小客车摇号、子女入学、积分落户等与社保缴费相关的个人权益。 为贯彻落实党中央、国务院和市委、市政府决策部署，夺取疫情防控和经济社会发展"双战双赢"，充分发挥专家人才智力优势，精准支持天津市企业复工复产工作，天津市人力资源和社会保障局发布《市人社局关于组建专家服务团支持企业复工复产工作的通知》，①决定发起组建"企业复工复产专家服务团"，以天津市新一代信息技术、人工智能、生物医药、新能源新材料、高端装备与先进制造、节能环保、新型农业、现代服务业等8个产业以及其他领域的"131"创新型人才为主，并广泛招募天津市相关领域的百千万人才工程国家级人选、享受国务院政府特殊津贴人员、有突出贡献专家、创业成功人士、经营管理专家等高层次人才参加，根据天津市引育新动能和高质量发展需要，围绕复工复产企业急需解决的生产、管理、科研等方面难题，提供帮助破解难题、带培技术骨干、提供资源支持、支持科学决策等支持服务。 天津市人力资源和社会保障局发布

---

① 《市人社局关于组建专家服务团支持企业复工复产工作的通知》，天津市人力资源和社会保障局网站，2020年3月28日，http://hrss.tj.gov.cn/zhengwugongkai/zhengcezhinan/zxwjnew/202012/t20201206_4493640.html。

《市人社局关于做好人力资源服务机构复工复产工作的通知》①，要求结合当前复工复产工作形势需要，各区人社部门要按照市防控指挥部划定的低、中、高风险区域范围，在区防控指挥部的指导监督下，推动人力资源服务机构复工复产。要抽调业务骨干，通过"一对一""点对点"方式，指导辖区内人力资源服务产业园和人力资源服务机构稳妥有序复工，积极帮助解决复工中遇到的实际困难和问题。依托网络做好服务，要求通过"互联网+"等信息技术，做好网上招聘、远程面试、线上签约等服务。积极参与"天津2020春季网络招聘汇"和"战疫情促发展——人力资源公益服务在行动"活动，发挥人力资源服务机构优势，为企业提供招聘、培训、代理、咨询等人力资源服务，助力企业复工。具备条件的机构，充分运用网络技术，实现居家办公、分散式办公，在疫情解除前尽可能减少人员聚集。

二 共青团及政府相关部门做好应对青年就业下行风险的准备

精准研判，做好全球经济衰退引致国内青年就业下行风险的政策应对准备，助力青年就业创业，扩大补贴范围，简化贷款流程。为深入贯彻市委、市政府关于把稳就业摆在更加突出位置的要求，扎实做好"六稳"工作、落实"六保"任务，推动国家百万青年技能培训行动，促进天津市职业技能提升行动和"海河工匠"建设深入实施，2020~2021年，天津市人力资源和社会保障局印发《天津市青年技能培训行动实施方案》的通知，开展天津市青年技能培训行动，涵盖"青年学徒培养计划、青年以工代训计划、青年技能研修计划、青年创业培训计划、青年新职业培训计划、青年职业技能竞赛计划"六种项目，以高校毕业生和其他青年群体为培训对象，以提升青年就业创业能力为核心，大规模开展青年职业技能培训，提高青年就业率和创业成功率，扩大和稳定青年就业。人社局贯彻政策主要针对就业和创业

---

① 《市人社局关于做好人力资源服务机构复工复产工作的通知》，天津市人力资源和社会保障局网站，2020年3月4日，http://hrss.tj.gov.cn/zhengwugongkai/zhengcezhinan/zxwjnew/202012/t20201206_4493575.html。

两方面推进。 一方面，实施"3+1"中小微企业补贴促进就业，"3"即给予吸纳四类青年人群的中小微企业三年保险补贴，"1"则是以最低工资的 40% 为标准给予 1 年岗位补贴，该补贴政策以先缴后补的方式实行。 另一方面，对获得营业执照并正常经营的青年创业者再有 5 种途径助力。

第一，给予 2 年房租补贴，1000 元起步，每录用 1 人增加 500 元，最高可达 2500 元；第二，给予创业贴息贷款，疫情期间由原来的 10 万元提高到 30 万元；第三，完善贷款征信系统，给予信用担保贷款，大学生可以征信做担保获得贷款助力创业；第四，通过生活补贴、见习培训代教费、保险补贴激励企业创建见习基地，帮助学生接触、认识、熟悉社会；第五，企业新招用农民工等将按照每人 1000 元标准，给予企业一次性吸纳就业补贴；第六，制定经营场所负面清单制度，优化市场监管服务，对有微小违法行为或违规行为的企业从轻处罚或免除处罚（访谈材料 20210615A、访谈材料 20210615C、访谈材料 20210616A、访谈材料 20210616B、访谈材料 20210616C）。

在众多减免政策下，天津市和平区延期缓缴税费 674 万元，为 3700 多家企业减免税款 2170 万元，为 7254 家企业减免社保费 27.95 亿元（访谈材料 20210615A）。

三 推动产业链条对接，建设良性就业生态环境

新冠疫情突发后，天津市迅速做出反应，在严控疫情、积极推出减税降费、援企稳岗等各项政策推动企业复工复产以促进青年就业的同时，积极搭建平台，为青年就业创业营造良好的环境。 天津市通过开展"接链促需护企"专项行动，链接产业链供应链，促进上游企业产品供应和下游企业生产需求，进而保护企业的生产与发展；开展"双万双扶促发展"行动，撮合企业在劳动就业、房租减免、满足企业信贷需求及维护市场稳定这四个方面的对接，增强政府与企业、企业与企业之间的联系，实现同一产业链在各生产

环节的紧密结合，联合拓展新业务，进一步扩大就业需求。

天津市和平区发改委服务业发展科科长蒋某指出："双万"指 1 万家企业、1 万名干部，"双服"指 1 万名干部服务 1 万家企业，全区六七十个部门，包括党口、团区委都有参与这项工作，我们去年结合这个工作，还是以保市场主体为最根本的目的，之后我们启动"接链促需护企"的行动。 最鲜明的特征就是我们搞了一个撮合对接。 我们针对劳动就业、房租减免、企业信贷需求、市场稳定四个方面，成立了 136 个帮扶组、60 多个部门深入企业去摸查情况，当时 17 位区领导还跟了 155 家企业。 银行去年通过撮合对接会的形式，帮助 123 家企业获得了融资贷款 2.5 亿元，创业贷款 28 笔总计 600 多万元，包括人社局、市场监管局的各类招聘会 83 场，提供岗位 7 万多个。 为企业减免房租，例如对区内的 20 多家商场减免了 1.4 亿元的租金（访谈材料 20210615A、访谈材料 20210615C）。

同时，团中央完善智慧团建系统，实现学社衔接。 对于团组织关系转到居住地所在地街道组织（社区）、找不着工作的毕业大学生，通过团建系统掌握青年群体的就业状况，对接学生和社区，帮助青年定向解决就业难问题。

通过智慧团建系统掌握毕业后未顺利就业的毕业生数据，通过街道、社区定向解决，帮助其实现再就业，因此青年也更容易支持、信任街道社区之后的工作，从而达到良性循环、学社衔接（访谈材料 20210615A）。

四 充分运用大数据赋能，推动企业升级转型

新冠疫情对不同产业发展产生了不同程度的影响，餐饮、旅游、培训等

以线下营业为主要营业模式的行业受到重创，企业需要尽快实现线上线下相结合的转型，而应急产业相关行业、大数据、人工智能、互联网等行业迎来了巨大的发展契机。天津市支持防疫相关产业发展，进而带动其他产业恢复生产秩序，降低青年失业风险，同时促进各行业走高质量发展道路，贯彻习近平总书记"三个着力"的要求。截至4月9日，复工复产电力指数为71.39，同比增长7.48，其中复工率63.22%，同比增长16.4个百分点，复产率79.55%，同比下降1.43个百分点。数据显示，天津市企业复工率稳步增长，呈现向好态势，3月1日之后，当期复工率超2019年同期水平，且同比增长呈现上升趋势；复产率呈现逐步增长趋势，产能逐步攀升，与2019年同期相比，复产率差距逐渐缩小，但仍有一定的提升空间。

ZZTJ人力资源服务公司通过实时交互的数据，能够掌握客户企业人力资源情况，从而为各企业甚至政府提供疫情期间青年就业创业的数据参考；提出人才评鉴机制新构想，结合定量定性分析的手段，从整体的视角先行诊断；综合考量区域发展水平、市场定位及人才需求，以需定供，通过大数据报告指导企业引进专业人才，指引企业调整自身产品供给结构，最终实现劳动力供需市场的相对平衡（访谈材料20210615B）。

所有注册企业的登记、注册等程序在疫情期间也依托互联网技术，实行"网上办、代理办、电话办"，争取做到"零跑动、不见面"（访谈材料20210615A）。

海顺印业则通过线上招聘吸纳高校毕业生，开展网络培训提升员工的技能，并组织微党校的学习，明确党建引领（访谈材料20210615A）。

另外，智慧团建系统也在青年和岗位的对接中起到至关重要的作用，通过智慧团建掌握的数据，街道、社区、社会组织更能够及时对接未顺利就业的毕业生，使人力资源、社会资源有效流动（访谈材料20210615A）。

五　拓宽高校毕业生就业渠道

一是政府增加提供应届高校毕业生基层就业岗位。各区医疗卫生机构、中小学公开招聘事业单位工作人员，不得对应届高校毕业生设置工作经历限制，增加招聘应届高校毕业生数量；积极争取增加"三支一扶"招募计划，增加招募岗位数量。

二是政府及相关部门给予青年群体创业支持。天津市人力资源和社会保障局实施援企稳岗保用工，保障重点企业用工需求。建立重点企业用工输送奖励机制。对本市人力资源服务机构向重点缺工企业一次性输送30人以上且签订1年以上劳动合同的，根据输送人数和稳定就业时间，按照每人最高600元标准给予奖励；对职业院校一次性输送毕业生或实习学生30人以上且就业或实习3个月以上的，按照每人最高1000元标准给予奖励。鼓励企业稳定职工队伍。阶段性降低本市失业保险缴费费率，单位费率及职工个人费率均为0.5%，执行至2021年7月31日。对不裁员、少裁员的参保企业，按其上年度实际缴纳失业保险费的50%予以返还。加大创业担保贷款支持力度。在津创业的各类人员，可申请最高30万元创业担保贷款，贷款期限最长3年，并给予全额贴息。小微企业当年新招用符合创业担保贷款申请条件的人数达到企业现有在职职工人数20%（100人以上企业达到10%），可申请最高300万元贷款，贷款期限可达2年，按贷款基础利率的50%给予贴息。

给予高校毕业生灵活就业社保补贴。对毕业2年内的本市高校毕业生灵活就业或从事个体经营的，给予最长2年社保补贴；为大学生创业提供贴息贷款、房租补贴，特别对首次返乡入乡创业的大学生给予3000元一次性创业补贴（津人社办发〔2020〕39号）；对中小微企业吸纳毕业2年内的高校毕业生、就业困难人员、建档立卡贫困户和失业人员的将给予额外补贴（访谈材料20210615A）。

三是各类主体发挥协同作用，为青年创造就业平台。

疫情期间，多个高校联合开展“千校万岗”线上招聘会，传递最新就业讯号，为学生与企业的互动提供广阔平台（文档材料20210615N）。

多个平台与政府部门合作开展助力计划，拓宽平台经济就业青年的就业渠道。例如，天津市市场监管局与美团平台携手实施的“春风加油计划”（文档材料20210615O）。

六　校企、事业单位拓展招工模式，吸纳青年劳动力就业

天津市通过支付吸纳就业补贴鼓励各企业提供就业岗位，吸纳部分青年劳动力就业，加大对青年创业者的精准扶持力度，发挥创业带动就业的积极作用。企业、事业单位不断完善招工、补贴制度，吸纳青年就业。

天津市和平区 JLWST 酒店集团下属酒店经理讲道，虽然文化旅游行业是所有企业中最后一批复工复产的，但依托集团的支持，该酒店在疫情期间也释放了许多岗位供大学生实习，通过不同部门不同种类的培训，吸引了一些毕业生到酒店进行实习（访谈材料20210615A）。

BHNY 集团负责人提到，企业采取线上招聘、空中宣讲的方式完善招工模式，吸引青年员工到岗实习、就业；同时企业给予参与培训的员工相应的技能补贴，实现了从疫情轮岗制度到“留岗红包”制度的转变，使得企业的福利制度体系更加人性化（访谈材料20210616A）。

天津 BASSSWKJ 有限公司一方面继续通过天津市“海河英才计划”引进学历型、资格型、技能型、创业型、急需型五类人才，一方面快速适应线上招聘模式，拓宽招聘渠道，克服沟通短板，积极促进就业；另一方面通过研发人员的内推制度、一次性用工补贴的方式解决企业招工难的问题（访谈材料20210616C）。

各个高校在符合疫情防控规定的情况下也通过不同渠道开展校招活动，

为学生提供了解就业信息的平台。

如"千校万岗·就业有位来"线上招聘会、"津彩青春'职'等你来"医疗企业专场线上招聘会等（文档材料 20210615M、文档材料 20210615N）。

七　精准扶持青年就业创业者，有序促进青年员工返岗就业

针对遭受严重冲击的行业、地区和群体给予定向精准扶持，加强对信誉良好的中小微企业的融资信贷支持，加大降费减税力度，减轻经营负担，同时为消费前期积压后期反弹和生产"抢工"补救做好准备。在就业方面，通过智慧团建系统可掌握毕业后未顺利就业的毕业生数据，通过街道、社区定向解决，帮助其实现再就业；实施"3+1"中小微企业补贴促进就业，给予吸纳四类青年人群的中小微企业三年保险补贴、1 年岗位补贴。在创业方面，给予 2 年房租补贴，1000 元起步，每录用 1 人增加 500 元，最高可达 2500 元；给予创业贴息贷款，疫情期间由原来的 10 万元提高到 30 万元；完善贷款征信系统，简化担保程序及申请条件，为大学生等青年群体提供创业贷款，助力大众创新创业。通过生活补贴、见习培训代教费、保险补贴激励企业创建见习基地，帮助学生接触、认识、熟悉社会；企业新招用农民工等将按照每人 1000 元标准，给予企业一次性吸纳就业补贴。

在返岗就业方面，天津市成立"132"帮扶工作组，给予疫情防控和生产安全方面的精确指导。推动员工有序返城返岗就业的同时，促进返乡留乡员工就地就近就业创业。依托社区、职业学院、培训中心、普通高校等平台，将滞留失业的青年群体纳入本地教育和技能培训体系中提升职业技能。

天津市政府办公厅印发《天津市打赢新型冠状病毒感染肺炎疫情防控阻击战进一步促进经济社会持续健康发展若干措施的通知》（津政办发〔2020〕1 号）强化金融支持，强化信贷支持，降低企业融资成本。对受疫

情影响较大的批发零售、住宿餐饮、物流运输、文化旅游等行业，以及有发展前景但受疫情影响遇到暂时困难的企业，各银行机构应采取展期、无还本续贷等方式提供金融支持，建立、启动快速审批通道，简化业务流程，应贷尽贷快贷，不抽贷、断贷、压贷。 用足用好国家开发银行天津市分行、天津银行首批 60 亿元紧急融资，推动天津市属主要法人银行以低于同期市场利率水平发放专项项目贷款。 降低企业融资成本。 对保障城乡运行必需、疫情防控必需、群众生活必需和其他涉及重要国计民生的企业给予优惠利率支持。 对享受人民银行专项再贷款政策支持的企业，由市、区两级财政按人民银行专项再贷款利率给予 50% 的贴息。 政府性融资担保机构担保时，取消反担保要求，担保费减半；政府性再担保机构再担保费减半，鼓励其他类型担保机构参照执行。 加强保险服务。 对受疫情影响遭受损失的企业，保险机构要开通 24 小时服务热线和理赔绿色通道，优先办理、线上理赔，适当扩展责任范围，简化索赔受理要求，采取预付赔款等方式，确保应赔尽赔。 推动中国出口信用保险公司天津分公司为企业进口防疫物资及设备业务，提供免费海外供应商名录报告和资信调查、特别优惠费率等专项服务，在信用限额审批上给予支持，开设专项定损核赔绿色通道，适当放宽理赔受理要求。 支持开展融资租赁业务。 融资租赁公司开展与疫情防控相关的物资生产设备、医疗设备、检验检疫设备等租赁业务，鼓励对租金和利息予以缓收或减收，鼓励对受疫情影响严重、遇到暂时困难的企业给予应收租金展期和新增融资投放，积极提供差异化优惠租赁服务。

八　运用互联网、人工智能等新技术挖掘青年就业创业的新增长点

在防控常态化的背景下，搭建与疫情防控相关、以国内外市场为导向的全球产业供应链。 鼓励相关企业转产或增添生产线，发展疫后经济，提高专业人才的技能水平，建立平战灵活转换的生产机制，带动相关行业产业发展。 同时，探索推广"互联网+"、人工智能、区块链等先进技术的运用，加快培育数字经济产业，促进各行业、各领域数字化转型，培育更多经济和就业增长点。《天津日报》的《"一区一行一指数"为复工复产精准"画

像"大数据打造城市"智慧能源大脑"》报道中提到，全面深化落实天津市和国家电网有限公司战略合作框架协议精神，国网天津电力加快智慧能源系统建设，依托能源大数据基地，加快与城市管理数据共享，联合中新天津生态城，试点建设电、气、水、热能源资源数据及气象、交通、管网等市政数据的统一归集平台。通过建立能源数据指标体系和共享机制，开发群租房分析、独居老人用能异常监测、金融信用评价等十大数字产品。此外，国网天津电力与华为公司展开深度合作，采用安全自主可控技术，成功打造基于鲲鹏生态的电网云和数据中台。其中，云平台可为各种业务系统提供灵活丰富的网络、计算和存储环境，数据中台为电力营销业务应用、用电采集系统汇集海量数据，进一步实现数据"可提取、可流转、可汇集、可分析、可应用"，深入挖掘能源大数据应用场景和价值，打造城市的"智慧能源大脑"。

> 天津市和平区发改委创新网络平台，在信用和平网站的基础上创新出信易贷的新平台——"信易+"，为企业解读有关征信贷款方面的专项文件，并将相关政府政策文件进行收编更新，为企业了解贷款政策提供便利，方便了企业信用担保贷款的申请、审核程序，是天津市信用体系建设的一大突破（访谈材料20210615A）。

作为生物科技、新能源等新兴产业的培育温床，天津市也将依傍区位、政策优势，继续在新产业创造新增长点。

第十一章 疫情下促进青年就业的
陕西实践

疫情期间，共青团陕西省委员会及政府相关部门助力企业复工复产，开发见习岗位"多元化"，打造就业"稳定器"，针对遭受严重冲击的行业、地区和群体给予定向精准扶持。开展校企合作，搭建双创平台，充分运用名校、"人才池"资源，挖掘青年就业创业的新增长点。依托驻汉的三所高校，充分利用教育资源优势，搭建双创平台，助力青年创新发展，确保青年人才"才有所施，养有所靠"，建立专门的"人才池"，以供定需、完美匹配企业需求端和人才供给端，使人才资源在社会中得以充分涌流，挖掘青年就业创业的经济新增长点。

陕西省是我国对外开放最早的地区之一，同时也是我国西部大开发第一阶梯省份之一。在全国区域经济布局上，陕西省西安市具有承东启西、东联西进的区位优势，在西部大开发战略中具有重要的战略地位；作为第9个获批的国家中心城市，西安市引领并带动关中平原城市群的发展。陕西省汉中市既处于关中平原城市群、成渝经济圈的连接点，又是长江经济带、黄河流域生态保护和高质量发展、成渝双城经济圈、汉江生态经济带等国家和省级战略的交汇点。2020年，习近平总书记在陕西省考察时强调："要深度融入共建'一带一路'大格局，加快形成面向中亚南亚西亚国家的通道、商贸物流枢纽、重要产业和人文交流基地，构筑内陆地区效率高、成本低、服务优的国际贸易通道。 扎实做好'六稳'工作，落实'六保'任务，奋力谱写陕西新时代追赶超越新篇章。"

因此，本研究选择陕西省作为"新冠肺炎疫情影响下促进青年就业的实现路径与政策建议"调研的目的地之一，梳理陕西省促进青年就业的政策、举措，从而为政府及学界提供实践方面的参考借鉴。

第一节 疫情下陕西省青年就业的现状

一 研究方法

本研究使用质性研究方法，在自然情境下采用文本法、访谈法、调研法等多种资料收集方法，通过与研究对象互动对社会现象进行探讨，使用归纳法分析资料。① 通过以上研究方法，意在全面了解新冠疫情影响下陕西省在促进青年就业方面的政策举措，深入探究陕西省青年就业创业的现实状况、面临的困境及其原因，运用归纳法逐步提炼资料中呈现的核心观点。

在资料收集方面，结合新冠疫情的防控过程，对企业复工复产情况及促进青年就业进行工作梳理和关键环节的精准调研。 2021 年 7 月 15～16 日，课题组赴陕西省汉中市、陕西省西安市开展重点调研，由于当时疫情仍未结束，因此本次调研采取线上与线下相结合的方式进行，在共青团汉中市委员会召开了座谈会，陕西省汉中市少先队总辅导员、共青团陕西省汉中市委基层工作部部长参与了座谈会，同时参会的还有陕西省汉中市青年企业家协会理事、陕西省汉中市青年企业家协会会员、陕西省汉中市绿色联盟志愿者协会会长，陕西省汉中市 SFKD、JTKD、YDKD 等企业及社会组织的负责人、青年创业者及职工。 在调研过程中，对共青团以及政府相关部门工作人员、青年企业家及职工、高校在读学生及应届毕业生代表等进行了访谈。在共青团西安市委员会召开了座谈会，陕西省团省委权益部三级调研员、陕

---

① 陈向明：《质的研究方法与社会科学研究》，教育科学出版社，2000，第 12 页。

西省西安市团市委城乡部部长、陕西省西安市团市委城乡部副部长、陕西省西安市团市委权益部副部长、陕西省西安市团市委城乡部干部、陕西省西安市曲江新区团工委书记参与了座谈会，同时参会的还有外婆印象、西安ZTSFS 有限责任公司、陕西 TGX 经济产业园、陕西 TLDZSW 有限公司、TXZCKJ（西安）运营管理中心等企业及社会组织的负责人、青年创业者及职工；对共青团以及政府相关部门工作人员、青年企业家及职工、高校在读学生及应届毕业生代表等进行了访谈；并实地走访了汉台区青年企业家协会、汉中 THLC 酒店、汉中 QQBBETFZ 有限公司、陕西 JRDL 有限公司等社会组织或企业，共得到了 9 份一手访谈调研资料（见表 11-1）及政策文档材料（见表 11-2），从而把握新冠疫情下陕西省企业复工复产的现实情况及挑战，深入了解疫情期间青年就业的状况以及遇到的困难，梳理共青团及政府相关部门为促进青年就业发布的政策文件，了解政府在疫情期间对于企业的补贴政策的落实情况。

二 疫情下青年就业的状况

（一）严格科学防控疫情，有序推进复工复产

企业科学有序复工复产是促进青年就业的前提和保障。新冠疫情突发后，陕西省政府密切关注周边省区市的疫情防控状况，及时研判、准确决策。2020 年 1 月 25 日，结合陕西省疫情防控形势，陕西省卫生健康委员会决定启动突发公共卫生事件 I 级应急响应，[①]对入境人员、重点人群进行居家健康监测、核酸检测及"点对点"闭环转运、限制人员流动、加强社区健康码核查等举措；有效控制住疫情在陕西省扩散的趋势，从而为企业复工复产提供有力保障。在防控疫情的同时，积极发挥广大企业和职工在疫情防控中的重要作用，全力支持企业复工复产稳定劳动关系，陕西省协调劳

---

① 《陕西启动突发公共卫生事件 I 级应急响应》，陕西省卫生健康委员会，2020 年 1 月 25 日，http://sxwjw.shaanxi.gov.cn/sy/ztzl/fyfkzt/gzdt_2232/202001/t20200125_2117827.html。

表 11-1 陕西省促进青年就业调研情况

调研时间	调研主体	调研部门	受访者职位	访谈内容	受访人数	受访人次	访谈时间	录音字数	调研材料
2021年7月15日	共青团陕西省汉中市委	基层工作部	部长张某	1. 疫情背景下共青团及政府为复工复产出台的政策及采取的措施； 2. 疫情影响下共青团及政府为促进青年就业创业出台的政策及措施； 3. 目前政策及措施的不足之处	11人	41人次	127分钟	2.1万字	访谈材料20210715A
	汉中市人社局	人才中心人才开发科	科长赵某	1. 疫情背景下共青团及政府为复工复产出台的政策及采取的措施； 2. 疫情影响下共青团及政府为促进青年就业创业出台的政策及采取的措施					文档材料20210715A
	陕西省汉中市少先队		总辅导员周某						
	汉中 JBDX 有限公司		理事张某	1. 企业经营状况； 2. 疫情对企业原本招聘计划的影响； 3. 对于国家及地方优惠政策的了解及享受程度； 4. 为适应疫情及市场变化，企业的转型策略					
	陕西 SHSZSY 有限公司		理事周某	1. 企业经营状况； 2. 疫情对企业原本招聘计划的影响； 3. 对于国家及地方优惠政策的了解及享受程度； 4. 为适应疫情及市场变化，企业的转型策略					
	洋县 KCXXZZ 农民专业合作社		会员李某	1. 选择当前行业的原因； 2. 企业经营状况； 3. 对于国家及地方优惠政策的了解及享受程度					

续表

调研时间	调研主体	调研部门	受访者职位	访谈内容	受访人数	受访人次	访谈时间	录音字数	调研材料
2021年7月15日	陕西省汉中市绿色联盟志愿者协会	电子科技大学中山学院学生	会长郝某	1. 疫情对就业/工作的影响；2. 疫情期间工资收入情况；3. 对国家及地方相关政策的了解程度；4. 就业或实习过程中需要哪些帮助	11人	41人次	127分钟	2.1万字	访谈材料20210715A 文档材料20210715A
	陕西省汉中市职业技术学院	毕业生	岳某	1. 疫情对原本就业计划的影响；2. 疫情期间就业压力状况；3. 对国家及地方相关政策的了解程度；4. 就业或实习过程中需要哪些帮助					
	陕西省汉中市SFKD公司	员工	郭某	1. 企业经营状况；2. 疫情期间工资收入情况；3. 疫情期间心理状况					
	陕西省汉中市JTKD公司	员工	严某	1. 企业经营状况；2. 疫情期间工资收入情况；3. 疫情期间心理状况					
	陕西省汉中市YDKD公司	员工	陈某	1. 企业经营状况；2. 疫情期间工资收入情况；3. 疫情期间心理状况					

续表

调研时间	调研主体	调研部门	受访者职位	访谈内容	受访人数	受访人次	访谈时间	录音字数	调研材料
2021年7月15日	汉台区青年企业家协会		企业家代表	1. 企业经营状况；2. 疫情对企业原本招聘计划的影响；3. 对于国家及地方优惠政策的了解及享受程度；4. 为适应疫情及市场变化，企业的转型策略；5. 疫情期间工资收入状况；6. 疫情期间心理状况；7. 目前政策及措施的不足之处	12人	37人次	98分钟	1.4万字	访谈材料20210715B 20210715C
	汉中THLC酒店		负责人A	1. 企业经营发展历程；2. 疫情期间复工复产情况；3. 疫情对公司及员工造成的影响	1人	10人次	21分钟	0.2万字	访谈材料20210715D
	汉中QQBBETFZ有限公司		负责人A	1. 企业经营状况；2. 疫情期间心理状况；3. 疫情对原本招聘计划的影响	1人	13人次	25分钟	0.3万字	访谈材料20210715E
	陕西JRDL有限公司		负责人A	1. 企业经营发展历程；2. 疫情对公司经营状况的影响	1人	12人次	22分钟	0.2万字	访谈材料20210715F
2021年7月16日	陕西省省团省委	权益部	三级调研员刘某	1. 疫情背景下共青团及政府采取的措施；2. 疫情影响下共青团及政府为促进青年就业创业出台的政策及采取的措施；3. 目前政策及措施的不足之处	15人	58人次	114分钟	2.4万字	访谈材料20210716A 文档材料20210716A

续表

调研时间	调研主体	调研部门	受访者职位	访谈内容	受访人数	受访人次	访谈时间	录音字数	调研材料
	陕西省西安市团市委	城乡部	部长岳某 副部长赵某 干部朱某	1. 疫情背景下共青团及政府为复工复产出台的政策及采取的措施； 2. 疫情影响下共青团及政府为促进青年就业创业出台的政策及措施； 3. 目前政策及措施的不足之处					
	陕西省西安市团市委	权益部	副部长张某	1. 疫情背景下共青团及政府为复工复产出台的政策及采取的措施； 2. 疫情影响下共青团及政府为促进青年就业创业出台的政策及措施； 3. 目前政策及措施的不足之处					
2021年7月16日	陕西省西安市曲江新区团工委		书记郑某	1. 疫情背景下共青团及政府为复工复产出台的政策及采取的措施； 2. 疫情影响下共青团及政府为促进青年就业创业出台的政策及措施； 3. 目前政策及措施的不足之处	15人	58人次	114分钟	2.4万字	访谈材料20210716A 文档材料20210716A
	陕西省西安市外婆印象团委		副书记温某	1. 企业发展历程； 2. 疫情防控期间经营的相关审核					
	陕西省西安市安ZTSFS有限责任公司		副总经理郑某	1. 为适应疫情及市场变化，企业的转型策略； 2. 企业经营状况及企业发展历程； 3. 疫情对公司经营状况的影响					

续表

调研时间	调研主体	调研部门	受访者职位	访谈内容	受访人数	受访人次	访谈时间	录音字数	调研材料
2021年7月16日	陕西省西安市陕西TGX经济产业园	员工	周某	1. 企业经营状况；2. 对于国家及地方优惠政策的了解及享受程度；3. 员工流动及招聘情况					
	陕西省西安市陕西TLDZSW有限公司	员工	周某	1. 为适应疫情及市场变化，企业的转型策略；2. 疫情期间企业用工需求					
	陕西省西安市TXZCKJ（西安）运营管理中心	运营管理中心	主管张某	1. 疫情期间孵化器的运营情况；2. 孵化器扶持青年创业的举措；3. 疫情期间复工复产情况	15人	58人次	114分钟	2.4万字	访谈材料20210716A 文档材料20210716A
	陕西省西安市LDYKJ综合部	综合部	经理张某	1. 企业经营状况；2. 企业主营产品介绍；3. 疫情期间用工需求变化					
	陕西省西安市西安RWDZKJ有限公司		创始人丁某	1. 企业经营发展历程；2. 疫情期间复工复产情况；3. 员工流动及招聘情况；4. 疫情对青年就业造成的影响					

续表

调研时间	调研主体	调研部门	受访者职位	访谈内容	受访人数	受访人次	访谈时间	录音字数	调研材料
2021年7月16日	陕西省西安市陕西BJCK产业发展有限公司	员工	刘某	1. 对于国家及地方优惠政策的了解及享受程度； 2. 疫情期间复工复产情况； 3. 疫情对原本招聘计划的影响	15人	58人次	114分钟	2.4万字	访谈材料20210716A
	陕西省西安市QJCKDJ商业运营管理有限公司	员工	周某	1. 孵化器的发展历程； 2. 疫情期间孵化器的运营情况； 3. 孵化器扶持青年创业的举措； 4. 青年创业者普遍存在的短板； 5. 未来孵化青年创业的举措					文档材料20210716A

资料来源：根据课题组2021年7月15～16日在陕西省的调研整理所得。

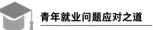

表 11-2　陕西省促进青年就业政策及工作文件

序号	政策文件	解决问题	针对人群	相关部门	编号
1	《陕西省人民政府办公厅关于开展促进高校毕业生就业创业十大行动的通知》	全面贯彻落实习近平总书记来陕考察重要讲话精神，进一步抓实抓细促进高校毕业生就业创业工作	陕西省高校毕业生、国有企业、民营企业、事业单位	陕西省人民政府办公厅	陕政办发〔2020〕12号
2	《来汉入企高校毕业生就业创业补贴申领暂行办法》	贯彻落实汉中市《进一步鼓励和吸引高校毕业生就业创业的十五条政策措施》，保障"发放生活补助、补贴社会保险"政策落地落实	汉中市企业新引进的或汉中市自主创业的全日制高校毕业生	汉中市人民政府办公室	汉政办发〔2021〕7号
3	《进一步鼓励和吸引高校毕业生就业创业的十五条政策措施》	落实省政府的十大行动，结合汉中的实际，进一步鼓励和吸引汉中市高校毕业生就业、创业	汉中市高校毕业生	中共汉中市委办公室　汉中市人民政府办公室	文档材料20210715A
4	《关于实施三年百万青年见习计划的通知》	为贯彻落实《中长期青年发展规划（2016-2025年）》和《国务院关于做好当前和今后一个时期促进就业工作的若干意见》（国发〔2018〕39号）要求，帮助青年加强岗位实践锻炼、提升就业能力	各省、自治区、直辖市及新疆生产建设兵团离校2年内未就业高校毕业生和16~24岁失业青年	人力资源社会保障部　财政部　商务部　国务院国资委　共青团中央　全国工商联	人社部函〔2018〕186号
5	《关于印发支持打赢新冠肺炎疫情防控阻击战促进经济平稳健康发展若干措施的通知》	为全面落实中央和陕西省关于疫情防控的决策部署，有效应对疫情，支持打赢疫情防控阻击战，促进经济稳定发展	汉中市企业	汉中市人民政府	汉政发〔2020〕4号

序号	政策文件	解决问题	针对人群	相关部门	编号
6	《关于有序规范推进重点项目复工开工确保促进投资稳增长的通知》	为认真贯彻落实习近平总书记关于疫情防控工作的重要指示精神、中央和陕西省疫情防控有关决策部署,统筹抓好疫情防控和重点项目建设,有序推进项目复工开工,确保完成全年重点项目建设任务,促进固定资产投资平稳增长	汉中市企业	汉中市人民政府办公室	汉政办函〔2020〕4号
7	《陕西省人民政府关于坚决打赢疫情防控阻击战促进经济平稳健康发展的意见》	深入贯彻习近平总书记关于坚决打赢疫情防控阻击战的重要指示和中央政治局常委会会议精神,全面落实党中央、国务院有关决策部署,在全力做好疫情防控的前提下,统筹抓好改革发展稳定各项工作,促进经济平稳健康发展,确保实现全年经济社会发展预期目标	陕西省企业、政府部门、青年从业人员	陕西省人民政府	陕政发〔2020〕3号
8	《关于做好新型冠状病毒感染肺炎疫情防控期间稳定劳动关系支持企业复工复产的意见》	为贯彻落实党中央、国务院和省委、省政府关于新型冠状病毒感染肺炎疫情防控工作的决策部署,积极发挥广大企业和职工在疫情防控中的重要作用,全力支持企业复工复产稳定劳动关系	陕西省企业和劳动者群体	各市(区)人力资源和社会保障局、总工会、企业家协会、企业联合会、工商联,省级有关部门	陕人社函〔2020〕28号

续表

序号	政策文件	解决问题	针对人群	相关部门	编号
9	《关于做好职业技能提升行动线上培训工作的通知》	切实做好稳就业工作,特别是积极应对新冠疫情,支持企业开工复工,减轻企业负担,稳定企业就业岗位,保障各类劳动者培训需求	陕西省各类企业	各市(区)人力资源和社会保障局、财政局	陕人社函[2020]31号
10	《关于切实做好新冠肺炎疫情防控期间创业担保贷款工作的通知》	为全面贯彻党中央、国务院和省委、省政府关于新冠疫情防控工作决策部署,认真落实人力资源社会保障部等5部门印发的《关于做好疫情防控期间有关就业工作的通知》(人社部明电[2020]2号)文件精神,全力做好防控期间创业担保贷款工作	陕西省商业银行及企业	各市人力资源和社会保障局	陕人社函[2020]40号

资料来源:根据课题组 2021 年 7 月 15~16 日在陕西省的调研整理所得。

动关系三方委员会办公室发布了《关于做好新型冠状病毒感染肺炎疫情防控期间稳定劳动关系支持企业复工复产的意见》,①要求灵活处理疫情防控期间劳动用工问题,协商处理疫情防控期间的工资待遇问题,采取多种措施减轻企业负担和降低经营成本,统筹各方力量加大指导服务力度,确保劳动关系总体和谐稳定,处理好促进企业发展和维护职工权益的关系。 2020 年 2 月 10 日,陕西省政府正式印发《陕西省人民政府关于坚决打赢疫情防控阻

---

① 《关于做好新型冠状病毒感染肺炎疫情防控期间稳定劳动关系支持企业复工复产的意见》,陕西省人力资源和社会保障厅网站,2020 年 2 月 9 日,http://rst.shaanxi.gov.cn/newstyle/pub_newsshow.asp? id=1014979&chid=100077。

击战促进经济平稳健康发展的意见》，①强化公共就业服务，支持服务业稳步回升，支持企业用人稳岗，优化投资审批服务，发挥好政府投资引导作用，分类施策有序推动企业复工复产。 2020 年 2 月 17 日，陕西省政府办公厅印发《陕西省应对新冠肺炎疫情支持中小微企业稳定健康发展的若干措施》，减轻企业税负负担、企业房租，实施援企稳岗政策，提高企业"首贷率"和信用贷款占比，加大信贷支持，落实通过 LPR（贷款市场报价利率）降低中小企业融资成本，支持企业技术改造，进一步推动企业复工复产。截至 2020 年 3 月 2 日 15 时，陕西规上工业企业开工 233 户，开工率达到81.2%；工人返岗 23530 人，返岗率达到 70.2%。 18 个续建省级重点项目复工 9 个，复工率 50%。 从 2020 年 2 月 27 日起，陕西省新冠疫情防控应急响应级别由一级应急响应调整为省级三级应急响应，要求做好三级应急响应级别下常态化疫情防控工作，②疫情总体态势平稳可控。 截至 2020 年 4月 12 日，全省规模以上工业企业复工率达 99.4%，人员返岗率为 95.1%。500 个省级重点建设项目开复工 413 个。 规模以上工业企业基本恢复生产，省级重点项目复工开工稳步提升。③

陕西省在新冠疫情突发初期采取了有效的防控措施。 陕西省人民政府《省政府新闻办举行新闻发布会介绍陕西省复工复产进展情况（第二十七场）》④中提到，截至 2020 年 3 月 20 日，全省企业复工电力指数为 88［企业复工电力指数=（复工电量比例×0.5+复工企业户数比例×0.5）×100，88

---

① 《关于坚决打赢疫情防控阻击战促进经济平稳健康发展的意见》，陕西省人民政府门户网站，2020 年 4 月 30 日，http://www.shaanxi.gov.cn/zfxxgk/zfgb/2020/d8q/202004/t20200430_1728450.html。

② 《关于调整我省新冠肺炎疫情应急响应级别的公告》，陕西省卫生健康委员会，2020 年 2 月 27 日，http://sxwjw.shaanxi.gov.cn/sy/ztzl/fyfkzt/gzdt _ 2232/202002/t20200227 _ 2117944.html。

③ 《陕西四项复工复产指标持续向好》，人民网，2020 年 4 月 16 日，http://sn.people.com.cn/n2/2020/0416/c378288-33951702.html。

④ 《省政府新闻办举行新闻发布会介绍陕西省复工复产进展情况（第二十七场）》，陕西省人民政府门户网站，2020 年 3 月 25 日，www.shaanxi.gov.cn/szf/xwfbh/202003/t20200325_1525068_wap.html。

意味着企业复工水平达到了 88%]，已接近上年同期。 截至 2020 年 3 月 22 日，全省规上工业企业复工率达到 98.9%，人员返岗率达到 88.1%；限额以上商贸流通企业复工率 94%，其中批发、零售、住宿、餐饮复工率分别达到 96.2%、98.9%、88.6%、79.4%。 重点项目开复工稳步提升。 截至 3 月 22 日，500 个省级重点新建续建项目已经开复工 376 个。 其中续建项目复工 279 个，复工率 89.4%；新建项目开工 97 个，开工率 51.6%；年度投资额前 100 位的省级重点建设项目开复工达 84 个。 货物和旅客运输增长加快。 3 月 15 ~ 21 日，全省共发送旅客 171.46 万人次，较前一周增长 17.77%。 重点行业产能较快恢复。 截至 3 月 22 日，全省重点煤矿企业产能恢复率 88.7%，人员返岗率 83.4%，火电、油气企业复工率 100%。

疫情进入常态化阶段后，国外疫情输入风险较大，国内疫情呈现传播链条多、局部散发和小规模聚集性特征并存的情况。 自 2021 年 12 月 9 日以来，全省累计报告本土确诊病例 2080 例（西安市 2053 例、咸阳市 13 例、延安市 13 例、渭南市 1 例）。 12 月 12 日，陕西省委书记刘国中在西安市疫情防控指挥部调研检查并主持召开疫情防控专题会，要求坚持"外防输入、内防反弹"总策略、"动态清零"总方针，完善工作举措，周密细致落实疫情防控既有部署，坚决守护人民群众生命安全和身体健康。 1 月 22 日 0 ~ 24 时，陕西省内无新增报告本土确诊病例、疑似病例、无症状感染者。①

（二）政府及共青团发力促进青年就业

新冠疫情突发后，教育部发布了《关于应对新冠肺炎疫情做好 2020 届全国普通高等学校毕业生就业创业工作的通知》，促进四类青年人群（青年大学生、青年创业者、青年农民工、平台经济就业青年）就业创业成为政府及相关部门开展工作的重要目标。 陕西省人力资源和社会保障厅发布《关

---

① 《刘国中在疫情防控专题会上强调下气力快动作补短板堵漏洞 科学精准做好疫情防控工作》，陕西省卫生健康委员会网站，2021 年 12 月 13 日，http://sxwjw.shaanxi.gov.cn/sy/ztzl/fyfkzt/ddjc/202112/t20211226_2205567.html。

于应对新冠肺炎疫情影响做好事业单位公开招聘高校毕业生工作的通知》①，要求事业单位空缺岗位，按不低于70%的比例用于招聘应届高校毕业生和择业期内未落实工作单位的高校毕业生，鼓励和引导高校毕业生到艰苦边远地区工作，优化做好高校毕业生公开招聘报名、考试、考察、体检、聘用报到等工作，保障高校毕业生公平参加招聘的权益。各部门响应政府号召，迅速反应，通力合作促进青年就业。汉中市团市委、市政府部门贯彻落实省政府办公厅发布的《关于开展促进高校毕业生就业创业十大行动的通知》②。

推出了《进一步鼓励和吸引高校毕业生就业创业的十五条政策措施》（访谈材料20210715A）。

积极推动青年就业、创业。据调研，曲江新区团工委及时传达并贯彻上级的安排部署，包括团市委、西安共青团发布的疫情常态化防控工作的实施方案等相关文件，积极组织并协调区内基层团组织参与复工复产；积极动员青年参与疫情防控的相关工作，发挥模范作用，积极组织团组织在本单位成立团员青年志愿队、青年突击队，动员团员群体开展"疫码通应用推广，同舟共济战疫情"志愿服务等各类主题志愿服务活动；广泛开展复工复产的宣传，曲江新区团工委和区内的学校、社区、景区通过LED大屏以及志愿服务岗等不同形式，不间断地开展"疫情防控、复工复产"宣传工作，参与防控、宣传、消杀等工作，利用网络宣传平台、区内各单位的公众号，第一时间发布并转发疫情防控的推送以及推进复工复产的相关信息；积极发挥团组织在企业间的凝聚作用，动员团员、青年积极投身复工复产。比如对区内多家企业进行

---

① 《陕西省新冠肺炎疫情防控工作新闻发布会（第45场）》，陕西省卫生健康委员会，2021年1月26日，http://sxwjw. shaanxi. gov. cn/sy/ztzl/fyfkzt/xwfbh/202201/t20220126_2208958. html。

② 《陕西省人民政府办公厅关于开展促进高校毕业生就业创业十大行动的通知》，陕西省人民政府门户网站，2020年7月22日，http://www. shaanxi. gov. cn/zfxxgk/fdzdgknr/zcwj/szfbgtwj/szbf/202007/t20200722_1667048. html。

疫情期间健康发展的 10 条措施政策宣讲；团组织配合团市委，同时积极联合曲江创客大街，定期开展青年创业大讲坛、"智慧四海、创想未来"研学交流等各种宣讲活动，凝聚青年力量，使其在企业经营发展中发挥积极作用（访谈材料 20210715A）。

在就业方面，第一，鼓励高校学生应征入伍，解决未来就业需求。 落实和兑现激励高校毕业生应征入伍的政策措施，对退役大学毕业生士兵参加事业单位定向招聘时，给予加分待遇。 第二，动员各类企业吸纳高校毕业生就业。 企业吸纳毕业年度高校毕业生并与其签订一年以上劳动合同，企业依法缴纳社会保险费的，自签订劳动合同之日起三年内按实际招用人数定额依次扣减企业应缴纳的相关税费。 第三，实施专项招聘。 实行"大学生志愿服务西部计划"、"三支一扶"、免费师范生和特岗教师、社区工作者等各类专项招聘。 第四，扩大就业见习范围及周期，补贴见习人员及企业。将 16~24 周岁的失业青年纳入就业见习的范围，延长见习时间至 3~12 个月，在见习期间由各级人才中心为见习人员提供每人每月 1200 元的补贴。

在创业方面，第一，为大学生提供创业基金免息贷款，助力青年创业。对毕业两年内创办小微企业或从事个体经营的高校毕业生，给予领取营业执照且正常运营在 6 个月以上 12 个月以内的创业者 5000 元的一次性创业补贴。 第二，开展校企合作，搭建双创平台。 依托驻汉的三所高校，充分利用教育资源优势，搭建双创平台，为高校毕业生提供创业指导和创新培训，对汉中市级新认定的科技企业孵化器、众创空间、星创天地建设等新业态双创平台，择优给予 5 万~10 万元的一次性奖补，助力青年创新创业。 第三，建立青年人才池，解决用工供需不平衡问题。 采用政府补贴和用人单位有偿使用相结合的新型人才储备培养和使用机制：在全市范围内征集中小微企业和农村经济合作组织在产品升级以及技术攻关方面的需求，通过人才池匹配对接专业青年人才，并为及时入职的人才提供每月 2000 元的生活补贴，允许其免费入住政府提供的公共租赁住房或补贴租赁住房。 助力企业创新发展，确保青年人才"才有所施，养有所靠"。 为全力做好防控期间创业担保贷款工作，陕西省人力资源和社会保障厅发布了《关于切实做好新冠肺炎疫情防控期间创业担保贷款工作的通知》，①积极协助符合条件的个人和小微企业通过"陕西省创业担保贷款微信公众号"或登录"陕西省人力资源和社会保障厅"网站，引导创业人员线上申请创业担保贷款，实现创业担保贷款线上服务平台全流程审核，适当简化环节和手续，优化创业担保贷款服务和续贷工作。

为支持企业开复工，减轻企业负担，稳定企业就业岗位，保障各类劳动者培训需求，陕西省人力资源和社会保障厅发布了《关于做好职业技能提升行动线上培训工作的通知》，②确立线上培训对象、承训单位及培训项目、课程、方式，制定申报审核、补贴标准、保障措施等一系列制度，推动展开职业技能提升行动线上培训，促进青年就业。汉中市政府联合人社口、教育局，依托实名制动态就业服务系统，为毕业生就业提供职业指导、岗位信息、创业帮扶、就业见习等精准化的服务，并增设公益性岗位，发挥托底安置作用；汉中市少先队组建了金融青年志愿服务队，帮助企业解决贷款融资和保险理赔等问题。

联合人民银行共同举办了秦青优惠贷的项目推进会，推动企业复工复产（访谈材料20210715A）。

（三）企业积极响应政府及共青团号召促进青年就业

疫情期间，在共青团陕西省委员会及政府相关部门促进青年就业的同时，陕西省的企业、高校也尽力为疫情防控、复工复产、促进就业奉献自己的力量。

---

① 《关于切实做好新冠肺炎疫情防控期间创业担保贷款工作的通知》，陕西省人力资源和社会保障厅门户网站，2020年2月28日，http://rst.shaanxi.gov.cn/newstyle/pub_newsshow. asp？id=1015122&chid=100077。

② 《陕西省人力资源和社会保障厅　陕西省财政厅关于做好职业技能提升行动线上培训工作的通知》，陕西省人力资源和社会保障厅门户网站，2020年2月18日，http://rst.shaanxi. gov.cn/newstyle/pub_newsshow. asp？id=1015009&chid=100077。

西安 QJCKDJ 商业运营管理有限公司，根据企业的困难程度，用公司自己的收益对每家企业大概有 10 天到一个多月的不同场地的租金减免，共计 300 多万元；同时举办了现场培训班、现场公开课以及公益讲座，帮助企业去了解市场、对接资源，传达一些创业资讯助力青年创业者创业和企业发展；主动对接工信、中小企业、科技口等政府部门，并将政府在疫情期间复工复产优惠政策收集整理，汇编成册，积极地、及时地向中小企业传达和实施相应的补贴政策，并在复工复产之后给企业一些创业当中资源对接等方面的扶持；作为西安市人社局的大学生就业创业基地，每年提供大学生就业见习的名额；顺应了企业的发展趋势，拿出一个 4000 多平方米的办公空间，成立直播电商基地，为企业提供专业的直播、电商服务。TXZCKJ（西安）运营管理中心针对 70 多家在孵企业统一进行三个月的租金减免；在政策对接方面，协助企业了解并获取人社局、科技口的创业贷款、大学生一次性创业补贴以及就业见习补贴政策，举办创新创业大赛，以线上路演的形式为青年创业、就业保驾护航；顺应疫情过后线上直播、短视频运营行业兴起的趋势，在原有腾讯众创空间的基础上，将一层办公场所改造成新的 new space 城市品牌创造基地，协同碑林区政府共建一个科技融媒体平台，充分结合创客空间自身的一些科技成果、科研院所、高校的人才技术以及创新、创业明星，以视频直播、短视频的形式对外输出，打造出碑林区的科技品牌；对入驻企业推出了人才服务政策，统一对接企业方的用人需求，缓解企业方的招聘压力，为企业进行人才方面的输入。对接需求以后，由公司人事部统一进行招聘发布，为企业进行人才方面的输入（访谈材料 20210716A）。

在汉中市政府的协调与组织下，汉中市的三所高校与企业开展校企合作，搭建双创平台。依托驻汉的三所高校，充分利用教育资源优势，搭建双创平台，为高校毕业生提供创业指导和创新培训（访谈材料 20210715A）。

第二节　疫情下陕西省青年就业存在的问题及原因分析

一　疫情的反复波动冲击青年就业

陕西省在新冠疫情突发初期采取了有效的防控措施，截至 2020 年 3 月 22 日，全省规上工业企业复工率达到98.9%，500 个省级重点新建续建项目已经开复工 376 个，全省重点煤矿企业产能恢复率 88.7%。在全球疫情暴发后，国内转为常态化疫情防控，陕西省坚持"外防输入、内防反弹"总策略、"动态清零"总方针。陕西省出现局部疫情的散发，疫情的反复波动和疫情防控常态化导致企业难以迅速恢复到疫情前的生产力和生产秩序，对青年就业的环境造成冲击。疫情在国内的发展演进趋势处于多点散发、此起彼伏的状态，频繁反复的疫情使得第三产业生产和供给秩序长期处于波动状态、难以稳定，产业链供应链间断性受阻，给青年就业者带来下行压力，冲击青年就业。

> 汉中 THLC 酒店创始人提到，"疫情严重影响酒店生意，上座率仅仅达两成；五月份酒店协同旅行社举办的一个庆祝建党 100 周年的'红歌会行云南'活动，因为突然复发的疫情不得不取消，而且前期的准备工作也白费了"。（访谈材料 20210715D）

二　高校毕业生存在就业迷茫及焦虑的问题

新冠疫情之下，高校毕业生就业问题尤为重要。2019 年、2020 年、2021 年陕西省普通高校毕业生分别为 32.89 万人、33.20 万人、33.32 万人（见图 11-1），预计 2022 年将达到 41.50 万人。

高校毕业生就业工作还存在就业统筹管理工作有待整合、就业信息化体系有待完善、就业结构性矛盾有待缓解、基层就业项目有待推进、就业服务

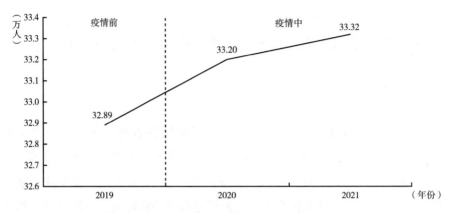

图 11-1　陕西省高校毕业生数量

资料来源：陕西省教育厅。

保障能力有待提升等问题。　高校毕业生求职时存在专业与职业不对口、在校所学理论知识与社会实践脱轨、社会实践经历不足等问题，使其难以胜任岗位职责，进而出现迷茫的情绪。

　　汉中 JBDX 有限公司理事提到："一些高校毕业生可能基于专业不对口的原因，很难胜任其岗位职责，经常出现实习期未满就提前离职的现象；大学生并不是只有专业知识或理论知识需要学习，同时需要注重社会实践。"（访谈材料 20200715A）

学生缺乏家庭方面的就业理念灌输、学校方面创业就业培训，使其毕业后无法适应激烈的就业竞争环境，进而陷入焦虑。

　　陕西 SHSZSY 有限公司理事提到，一些家庭条件优越的学生，家长也不催着找工作，就任由孩子们"啃老"；高校应当把职业培训、创业就业培训当成一个课程来做。　现在所有的高校都开，但是很多都是玩的课（访谈材料 20200715A）。

三　高校毕业生存在"慢就业"现象，且有向"懒就业"转变的趋势

在疫情的影响下，对职业生涯的迷茫以及对前途的担忧使高校毕业生陷入焦虑情绪。随着物质生活条件水平的提升，学生"躺平"的现象日趋严重，读书期间在提升专业知识和技能水平上没有花充足的时间和精力；高校毕业生缺少对于自己未来的职业生涯规划，未有效提升自身的就业竞争力；在家缺乏家庭教育的就业理念灌输，在校缺乏有针对性的职业技能培训、创业就业培训等课程的锻炼，导致在就业时出现职业选择迷茫、就业竞争力不足等问题，进而出现就业焦虑的情绪。高校毕业生的生活压力减小，就业观念发生转变，不再单纯以赚钱作为择业的标准，而会综合考量自己的兴趣爱好、工作的待遇及专业和职业的对口性。同时，受到新冠疫情的影响，一些高校毕业生既不选择立刻就业，也不选择继续深造，而是采取"慢就业"的方式，对就业持观望态度。选择"慢就业"就要抵住压力、不断提升能力，以时间换空间，而许多高校毕业生在这一过程中未能有效排解压力、提升自身的能力，缺乏吃苦耐劳的精神，不愿在基层进行锻炼和学习，进而由"慢就业"产生"懒就业""不就业"的消极态度。

> 陕西省西安市团市委城乡部副部长提到："这几年毕业的学生基本上是独生子女，家庭条件一般的可能会去找个工作，家庭条件稍微好一点的，可以不去找工作，因为家里养着，这个其实也存在一个家庭教育的就业理念灌输；在疫情的环境下，大多数人的就业观念还是求稳定、求铁饭碗。"（访谈材料20210716A1）

> 陕西 SHSZSY 有限公司理事提到："在大学生毕业季之前，或者说一入学，高校就可以去专门安排一系列的课程。并不是只有专业知识或理论知识需要学习，要把职业培训、创业就业培训等当成一个课程来做。"汉中市 JTKD 代表提到："他们到我们公司来，我们把他们当成储备池的人才去培养，但是需要他们每个阶段都去学习或历练。这样身为管理层的人才知道一线工作人员的苦，但是好多人干没多久就嫌累不

干了。"（访谈材料 20210715A）。

某参访人员谈道："现在年轻人没有愿意去做苦力的，都想当管理层，都想干简单轻松的活，都想坐办公室，这就需要一个引导。 对我们建筑行业来说，技工基本在 45 岁以上，年轻人第一吃不了苦，第二动手能力差。"（访谈材料 20210715B）

西安 QJCKDJ 商业运营管理有限公司员工提到："当代青年就业观念发生转变，他们考虑的不仅仅是赚钱，还会考虑这个工作是否有趣。像我们这种传统行业对他们来说不是特别有吸引力，而像游戏公司、网络直播公司对大学生的吸引力会强一些。 他们在就业方向上也会更挑别一些。"陕西 TGX 经济产业园员工提到："有些行业对用工者的专业技能水平要求较高，留下来的那一部分大学生主要是因为工作和他的专业比较对口，大部分行业用工流动性较大。"西安 RWDZKJ 有限公司创始人提到："处于躺平状态的学生较多，学生在大学阶段也不想额外花时间和精力学技能，就只顾好好玩。 而且随着生活物质条件越来越好，这种躺平现象越来越严重。"陕西 TLDZSW 有限公司员工提到："现在的大学生面试、找工作相对以前肯定是更任性一些，还是以自己舒服为优先，他不会以企业的长远发展，企业现状，包括自己的一些待遇作为优先考量因素。 很多大学生实习期后就走掉了，依着自己的心愿就离职了，不会像以前那么深思熟虑。"（访谈材料 20210716A）。

四　新冠疫情倒逼企业采取"内创业"机制，青年创新创业面临更大挑战

疫情使零售行业市场需求急剧减少，市场红利减少、创新激励减少，创业者创新动力不足。 一方面，经济利润点减少，使得青年创业者外生创新创业动力不足；另一方面，"僧多肉少"的市场局面倒逼市场中原有的传统企业采取内创业机制，进行企业战略方向的调整、组织架构的自我变革、新兴市场业务的开拓，以实现自我更新和进步，进而找寻新的利润点，应对疫

情给企业带来的冲击。 这也进一步加剧市场竞争强度，给青年创业者带来更大的挑战。

　　汉中 JBDX 有限公司理事提到："零售行业受疫情影响巨大，市场竞争加剧，迫使企业内创业，探索智能家居领域谋求重生。"（访谈材料 20210715A）。

　　汉中 THLC 酒店负责人提到："由于疫情的冲击，酒店联合旅行社开设的跨地区旅游综合服务的业务受到剧烈冲击，前期的准备工作因为疫情的到来和反复而功亏一篑。"（访谈材料 20210715D）

五 青年员工返城受阻，短期就业冲击较大

疫情导致陕西省省外返乡的员工返城推迟，用工企业面临停工、歇业甚至破产风险。 疫情导致员工返岗报到时间推迟，传统行业的正常生存和前进发展受到严重冲击，高新技术产业的产品迭代更新和技术进步也需要源源不断的人才输入，短期用工供不应求使得发展受限。

　　市人社局人才中心人才开发科科长提到，"受疫情影响，外地员工返岗时间略微延迟，且高校毕业生就业见习人数在 10 月份才达到人社局既定指标的一半，11 月份高校毕业生就业见习人数才达到指标。"（访谈材料 20210715A）

六 青年就业呈现冷热不均特点

疫情期间私营企业受到重创，员工薪酬、福利水平无法得到充分保障，使得市场的不稳定性在未就业青年的思维中固化，迫使其趋向选择安稳、有保障的从政职业道路。

电子科技大学中山学院毕业生提到,"疫情的到来使得大多数企业都受到了重创,大多数员工薪水无法得到保障甚至被裁员;体制内竞争、考试内卷十分严重:240多人报考财政所公务员,但最终只能录取一位,报考公务员比例大大提升。"(访谈材料20210715A)

大众对新冠病毒的传播性缺乏充分的认识,使其对一部分劳动工作者存在误解和歧视,服务业从业人员如快递小哥、外卖员不受待见,打击青年选择从事该行业的积极性。

汉中市JTKD代表提到:"疫情期间属地化管理,比如大河坎或者西乡这一块管得比较严,我们在哪里设点当地都会有人不待见我们,说我们是病毒携带者。"(访谈材料20210715A)

第三节 疫情下陕西省促进青年就业的实现路径

一 加强顶层设计,扩大需求,促进青年就业

发挥逆向提振政策效应,财政政策、货币政策与就业政策协同发力,加大对遭受严重影响的地区、行业、企业的扶持力度,运用互联网、云计算等手段推进复工复产,促进经济增长,扩大就业需求,降低失业风险。 新冠疫情突发后,中央迅速出台了一系列政策意见,要求做好疫情下青年就业工作。 为响应中央号召,落实中央相关政策措施,陕西省也出台了一系列配套政策。 例如陕西省人民政府颁布《陕西省人民政府关于坚决打赢疫情防控阻击战促进经济平稳健康发展的意见》①(陕政发〔2020〕3号),在全力做好疫情防控的前提下,统筹抓好改革发展稳定各项工作,促进经济平稳健

---

① 《关于坚决打赢疫情防控阻击战促进经济平稳健康发展的意见》,陕西省人民政府门户网站,2020年4月30日,http://www.shaanxi.gov.cn/zfxxgk/zfgb/2020/d8q/202004/t20200430_1728450.html。

康发展，确保实现全年经济社会发展预期目标；陕西省汉中市人民政府印发
《关于印发支持打赢新冠肺炎疫情防控阻击战促进经济平稳健康发展若干措
施的通知》①（汉政发〔2020〕4 号），在全力做好疫情防控的前提下，统筹
抓好企业复工复产等相关工作，促进全市经济平稳健康发展；陕西省人力资
源和社会保障厅发布《关于失业保险基金支持疫情防控稳定就业岗位有关问
题的通知》②（陕人社发〔2020〕4 号），全力支持企业应对疫情复工复产，
有效减少失业、稳定就业岗位，做好疫情防控期间失业人员基本生活保障；
陕西省人民政府办公厅发布《陕西省人民政府办公厅关于开展促进高校毕业
生就业创业十大行动的通知》③（陕政办发〔2020〕12 号），由省教育厅牵
头，省人力资源和社会保障厅协助，省级相关部门参与，成立高校毕业生就
业工作督导组，进一步抓实抓细促进高校毕业生就业创业工作；陕西省政府
印发《关于应对新冠肺炎疫情影响强化稳就业举措的通知》④（陕政办发
〔2020〕7 号），进一步支持企业复工复产，促进高校毕业生和农民工等重点
群体就业，保持就业局势总体稳定。

二　共青团及政府相关部门助力企事业单位复工复产

陕西分类施策有序恢复企业生产，按照八个"严格落实"要求，在持续
做好疫情防控工作的同时，有序组织企业复工复产，做好煤电油气供应保
障，及时帮助解决原材料、用工等问题。落实属地管理责任、企业主体责

---

① 《汉中市人民政府关于印发支持打赢新冠肺炎疫情防控阻击战促进经济平稳健康发展若干
措施的通知》，陕西省人民政府门户网站，2020 年 2 月 14 日，http://www.hanzhong.
gov.cn/hzszf/szfwj3qg/202101/9fa400eb98ae4f38be3f1aa915f06121.shtml。
② 《关于失业保险基金支持疫情防控稳定就业岗位有关问题的通知》，陕西省人力资源和社
会保障厅网站，2020 年 2 月 20 日，http://rst.shaanxi.gov.cn/newstyle/pub_newsshow.asp?
id=1015123&chid=100077。
③ 《陕西省人民政府办公厅关于开展促进高校毕业生就业创业十大行动的通知》，陕西省人
民政府门户网站，2020 年 7 月 22 日，http://www.shaanxi.gov.cn/zfxxgk/fdzdgknr/zcwj/
szfbgtwj/szbf/202007/t20200722_1667048.html。
④ 《关于应对新冠肺炎疫情影响强化稳就业举措的通知》，陕西省人民政府门户网站，2020
年 4 月 16 日，http://www.shaanxi.gov.cn/zfxxgk/fdzdgknr/zcwj/szfbgtwj/szbf/202004/t202004
16_1667034.htmls。

任，制定疫情防控工作方案。 对疫情防控物资生产企业，要通过专家帮扶指导、第三方机构技术支持等方式，做好上门指导服务。

汉中市团委加强团银合作，组建了金融青年志愿服务队，帮助企业解决贷款融资和保险理赔等问题。 疫情防控严峻期，汉中市政府利用"汉中市复工复产企业专场网络招聘会""第八届大中城市联合招聘会"等线上招聘新模式，实现联合招聘，助力企业复工复产。 并在疫情期间做好就业见习保障工作，帮助全市离校未就业的高校毕业生及失业青年通过见习提升就业能力，尽快实现就业。 中心积极应对、有效化解疫情不利因素，助力企业复工复产，开发见习岗位"多元化"，打造就业"稳定器"，降低企业用工成本（文档材料20210715A）。

西安团市委城乡部部长提到："为协助企业复工复产，团市委大力开展消毒、消杀等各类防疫管控，协调发放防疫物资；成立西安金融青年服务团，在全市找了35家银行、126名金融青年骨干去开展这些工作，促进秦青优惠贷、企业复工贷的一些贷款项目，在企业复工复产期间，为大概1000多家企业提供了这样一个服务。 在后期出现小而散的疫情复发的突发情况时，开展一些线下的对接会以及线上的宣讲会，让更多的人了解到相关政策。 大力推行针对复工复产产业提出的贷款项目，并转载学习强国和金融时报。 这算是一个比较典型的范例。"（文档材料20210716A）

三 充分运用大数据赋能，推动企业升级转型

新冠疫情对不同产业发展产生了不同程度的影响，餐饮、旅游、培训等以线下营业为主要营业模式的行业受到重创，企业需要尽快实现线上线下相结合的转型，而应急产业相关行业、大数据、人工智能、互联网等行业迎来了巨大的发展契机。 陕西省支持防疫相关产业发展，进而带动其他产业恢复生产秩序，降低青年失业风险，同时促进各行业走高质量发展道路，贯彻

习近平总书记"三个着力"的要求。

　　陕西省西安市 TXZCKJ 拿出 4000 多平方米的办公空间，成立一个直播电商基地，助力入驻其内的文化企业在疫情过后转型至直播电商领域，为这些电商企业提供直播带货的电商基地，给他们提供更专业、更直接的电商领域的相关服务；陕西省西安市西安 QJCKDJ 商业运营管理有限公司结合当代大学生对游戏公司、网络直播公司更具兴趣的特点，推动企业做往线上发展的转型，为主打文创产品的企业转型升级提供技术支持和专业培训（文档材料 20210716A）。

四　多方联动，推进构建高校毕业生就业信息平台，促进青年就业

　　精准研判，做好全球经济衰退引致国内青年就业下行风险的政策应对准备，助力青年就业创业。 按照《关于全面推行企业新型学徒制的通知》（陕人社函〔2019〕533号）、《关于做好职业技能提升行动线上培训工作的通知》（陕人社函〔2020〕31号）等相关文件要求，陕西省西安市曲江新区全面贯彻落实职业技能提升行动各项决策部署。 2021年11月2日，陕西省政协靶向发力，聚焦"促进陕西省高校毕业生就业"召开月度协商座谈会，针对当前陕西省内尚未完全建立政校企就业信息共享合作平台的实际问题，建议以教育、人社和劳动三大行业部门牵头，教育系统为主，建立吸纳各类用人单位的就业信息交流平台，逐步形成高校与高校之间、高校与社会之间、人才交流市场之间的就业信息平台联盟；根据"15.7%的大学生对国家和地方的就业促进政策非常了解"的就业调研结果，建议统筹高校毕业生就业政策的制定、宣传和落实，根据实际情况扩大就业促进政策的覆盖面，发挥专家智库的作用，研究出台具有发展性、延续性的中长期政策措施，并应打造高质量实习实训基地，支持真正有意愿、有实力的企业承担大学生的实习实训工作，打通就业平台和教学平台的数据交互，让被批准为实习实训基地的企业可登录专业班级看到学生实际情况，以便更好地精准施策。 加大对基

层岗位人才的培养和激励，明确人才定位，加强职业认同；建立政府与高校间人才培养与使用联动机制，从源头上扩大就业人才储备，加强前置精准培养；实施"菜单式"技能培训。

截至线上培训补贴结束，初审合格涉及 7189 人，补贴资金 5607420元；以工代训审核开班 558 家企业，涉及人员 23124 人；企业新型学徒培训 78 人。 除以上补贴政策外，拨付交通、核酸检测、一次性吸纳就业等各类补贴近 330 万元，为企业减负赋能，使其轻装上阵。 曲江新区设立曲江人才交流中心、陕西兴中企业管理集团股份有限公司两个就业援助中心服务窗口，在曲江人才交流服务中心设立稳岗留工服务专线，通过曲江人才微信公众号发布"新春送温暖、稳岗留工"就业指南，并设立企业和个人两个端口，为企业发布招聘信息、个人就业求职提供援助，全力为区内企业和贫困劳动力提供相关就业服务工作（文档材料 20210716A）。

曲江新区团工委及时传达并贯彻上级的安排部署，包括团市委、西安共青团发布的疫情常态化防控工作的实施方案等相关文件，积极组织并协调区内基层团组织参与复工复产；积极动员青年参与疫情防控的相关工作，发挥模范作用，积极组织团组织在本单位成立团员青年志愿队、青年突击队，动员团员群体开展"疫码通应用推广，同舟共济战疫情"志愿服务等各类主题志愿服务活动；广泛开展复工复产的宣传，曲江新区团工委和区内的学校、社区、景区通过 LED 大屏以及志愿服务岗等不同形式，不间断地开展"疫情防控、复工复产"宣传工作，参与防控、宣传、消杀等工作，利用网络宣传平台、区内各单位的公众号，第一时间发布并转发疫情防控的推送以及推广复工复产的相关信息；积极发挥团组织在企业间的凝聚作用，动员团员、青年积极投身复工复产。 比如对区内多家企业进行疫情期间健康发展的 10 条措施政策宣讲；团组织配合团市委，同时积极联合曲江创客大街，定期开展青年创业大讲坛、"智慧四海、创想未来"研学交流等各种宣讲活动，凝聚青年力量，使其在企业经营发展中发挥积极作用（文档材料20210716A）。

五 拓宽高校毕业生就业渠道

政府加大对未就业高校毕业生的关注度，实名登记未就业毕业生，了解就业需求，开放实习岗位，提供见习工作，拓宽就业渠道，助力高校毕业生顺利就业。 在人社部门开展的百日千万网络招聘专项行动中，省人才交流服务中心针对高校毕业生打造了6场特色专场活动，"国企专场网络视频招聘会"有来自全国十多个省市和陕西本土的100多家国有企业参会，涉及建筑、通信、电子、互联网、教育等几十个行业领域数百个专业。 省人才交流服务中心毕业生就业工作部副部长介绍："此次国企专场有参会企业352家，提供岗位20977个，注册求职者16717人。"

实施专项招聘，促进青年就业。 实行"大学生志愿服务西部计划"、"三支一服"、免费师范生和特岗教师、社区工作者等各类专项招聘；开展离校未就业毕业生实名制登记。 为10227名汉中籍离校未就业毕业生提供就业见习、就业双选和创业贷款等就业创业服务，实现就业7577人。 2020年全市有就业意愿高校毕业生就业率达到91.41%，跟踪回访率、就业创业服务率均达到100%；做好疫情期间就业见习工作，帮助全市离校未就业的高校毕业生及失业青年通过见习提升就业能力，尽快实现就业。 积极应对、有效化解疫情不利因素，助力企业复工复产，开发见习岗位"多元化"，打造就业"稳定器"，降低企业用工成本。 全年共征集见习单位1421家、见习岗位5187个、上岗见习人员1861人（建档立卡贫困家庭大学生171人，失业青年309人），超额完成省考指标；帮扶有就业意愿的贫困家庭高校毕业生全面就业到位。 2020年是脱贫攻坚工作的收官之年，我们坚持重点关注、重点推荐、重点服务，建立全覆盖就业创业的帮扶机制。 全年摸排跟踪323

名贫困家庭毕业生就业动态，为其制订"一对一"的帮扶计划，分门别类实施保姆式服务。通过特岗计划、"三支一扶"等基层项目或公益性岗位为暂未找到工作的 74 名贫困家庭毕业生托底安置就业（文档材料 20210715A）。

曲江新区积极组织并开展形式多样的线上线下各类招聘会活动。一是与资深的第三方人力资源机构强强联手，组织开展曲江新区"2021 年春风送暖，才聚曲江春风行动"及"就业援助月网络双选会"。征集岗位 4068 个，涉及企业 244 家，优先考虑农民工、退役军人、贫困劳动力等重点群体，并提供相关的招聘公益服务。同时在招聘活动平台设立"秦云就业"小程序、"伯乐圈"找工作专区，成为推动全员就业工作的有力抓手。二是与市人社局、新浪等共同发起"2021 直播送岗，走进陕西大剧院，西安音乐厅"活动，岗位涉及项目经理、制作人等 20 余个，观看人次超过了 200 多万，为春风行动线上招聘奠定了良好基础。三是组织自有单位开展专项招聘会及校园招聘会，系统性地组织一些企业开展招聘会，开展专业人才通用性岗位以及储备人才的招聘，共涉及 18 家单位，计划招聘 260 余人，同时组织人力资源机构举办两场春季招聘会，发布岗位信息 62 条、用工需求 341 个（文档材料 20210716A）。

六　为青年就业创业者提供补贴及技能培训

陕西省为青年劳动力提供就业创业能力培训服务，提升青年劳动力特别是高校毕业生的就业创业能力，从而缓解青年的就业焦虑情绪。

据调研，曲江新区人社口按照省市要求落实各项政策补贴、开展稳岗留工行动、"春风行动"相关工作。第一，落实省人社厅、财政局关于全面推行企业新型学徒制的通知，做好提升职业技能线上培训工作的一系列文件。全面贯彻落实职业技能提升行动各项决策部署，初期线上培训初审合格人数 7189 人，补贴资金 560 多万元。 以工代训审核开班 558 家企业，涉及人员 2 万多人。 除了以上的补贴政策外，拨付交通、核酸检测、一次性吸纳就业等各类补贴 330 多万元，为企业减负赋能，使其轻装上阵。 第二，开展"迎新春、送温暖、稳岗留工"行动，向辖区各企业转发通知，以多种形式送温暖，鼓励企业开展在岗培训，全力保障留工稳生产等三个方面的倡议，同时做好就地过年保障工作，开展一系列慰问活动。 第三，春节前夕为响应就地过年的倡议，曲江新区通过支付宝、饿了么平台发放 5 万份"曲江就地过年福包"，总额为 1000 万元，每个红包包含一张 100 元的金花商场券、两张 20 元生活券，刺激旅游市场的市场活力（文档材料 20210716A）。

七 精准扶持青年就业创业者，有序促进青年员工返岗就业

针对遭受严重冲击的行业、地区和群体给予定向精准扶持，加强对信誉良好的中小微企业的融资信贷支持，加大降费减税力度，降低经营负担，同时为消费前期积压后期反弹和生产"抢工"补救做好准备。

汉中市加强团银合作，组建了金融青年志愿服务队，帮助企业解决贷款融资和保险理赔等问题。 联合人民银行共同举办了秦青优惠贷的项目推进会，联合邮储银行为汉中市的 50 户企业进行诚信客户授牌，预售现金额达 10 亿元，截至 2021 年已经落实秦青贷 109 笔共计 5821 万元；对于创办小微企业或从事个体经营的高校毕业生，领取营业执照且正常运营在 6 个月以上 12 个月以内的给予 5000 元的一次性创业补贴。 其中毕业年度高校毕业生在汉中市从事个体经营的，自申请个体工商户注册登记当月起，三年内按每户每年 1.44 万元为限额，依次扣减其应缴纳的相关税费；根据"迎新春送温暖、稳岗留工"专项行动安排，向辖区各企业转发了《曲江新区关于落实"迎新春送温暖、稳岗留工"服务保障工作的通知》，通知从多形式送温暖活动、鼓励开展在岗

培训、全力保障留工稳生产等三个方面倡导企业及个人落实春节假期"非必要不流动"倡议，同时做好就地过年服务保障工作（文档材料20210715A）。

八 鼓励企事业单位吸纳青年劳动力就业

陕西省通过支付吸纳就业补贴鼓励各企事业单位提供就业岗位，吸纳部分青年劳动力就业，加大对青年创业者的精准扶持力度，发挥创业带动就业的积极作用。 企业、事业单位不断完善招工、补贴制度，吸纳青年就业。

汉中市政府鼓励高校学生应征入伍，解决未来就业需求。 落实和兑现激励高校毕业生应征入伍的政策措施，对退役大学毕业生士兵参加事业单位定向招聘的，给予加分待遇；汉中市政府对企业吸纳毕业年度和离校两年内高校毕业生就业，并与之签订一年以上劳动合同，且为其缴纳社会保险的，给予企业不超过一年的社会保险补贴。 企业吸纳毕业年度高校毕业生签订一年以上劳动合同，并依法缴纳社会保险费的，自签订劳动合同并缴纳社会保险当月起三年内按实际招用人数定额依次扣减企业应缴纳的相关税费，限额标准为每人每年7800元；为了鼓励企业留用见习人员，对企业吸纳见习人员留用率达到50%的，按每留用一个人给予企业2000元的一次性留用补贴（文档材料20210715A）。

九 积极搭建平台，建设良性就业生态环境

新冠疫情突发后，陕西省迅速做出反应，在严控疫情，积极推出减税降费、援企稳岗等各项政策推动企业复工复产以促进青年就业的同时，积极搭建平台，为青年就业创业营造良好的环境。

陕西省汉中市依托云招聘，扩大岗位信息发布维度和广度，足不出

户预定新职位。 疫情防控严峻期，通过"汉中市人才招聘云服务平台"、市重点群体专场网络招聘会、汉中市复工复产企业专场网络招聘会、第八届大中城市联合招聘会等线上招聘新模式，实现联合招聘，组织网络招聘会16期，涉及企业885家，提供岗位7.4万余个，云上应聘者近1.9万人次，其中高校毕业生1.3万余人，网上投递简历8214份。 疫情防控常态化阶段，不仅聚力校园宣讲会、校园招聘会，还开通了"汉中人才"抖音官方账号，升级"汉中人才公共服务平台"公众号，打造最前沿的宣传阵地，用喜闻乐见的发布形式吸引人才来汉就业，为广大高校毕业生和用人单位搭建更直观、更便捷的就业"直通车"。 据统计，全年线上平台推送信息980余条，关注量达3.9万人，发布《高校毕业生就业创业政策全知道》共13期（文档材料20210715A）。

十　充分运用名校、"人才池"资源，挖掘青年就业创业的新增长点

由政府推动名校与企业的合作，加强二者之间的联系，资源共享，互帮互助，共同打造创新创业平台；建立专门的"人才池"，以供定需、完美匹配企业需求端和人才供给端，使人才资源在社会中得以充分涌流，挖掘青年就业创业的经济新增长点。 自2020年2月28日起，陕西省教育厅联合地方、高校以及5家招聘网站共同开展"2020届高校毕业生全国网络联合招聘——24365校园招聘服务"活动，为高校毕业生提供每天24小时全年365天的网上校园招聘服务。 陕西高校、人社部门以及教育部门因地制宜，为高校毕业生搭建起智能、高效、便捷的一系列求职平台。 从3月初举办网络招聘以来，陕西师范大学已举办6场各类网络大型招聘会，1837家招聘单位参加，共提供2.6万多个工作岗位；举办34场日常招聘会，165家招聘单位参加，共提供3200多个工作岗位。 截至2021年，该校"入场"参加网络招聘的学生已达1.8万人次。

开展校企合作，搭建双创平台。依托驻汉的三所高校，充分利用教育资源优势，搭建双创平台，为高校毕业生提供创业指导和创新培训，对汉中市级新认定的科技企业孵化器、众创空间、星创天地等新业态双创平台，择优给予5万~10万元的一次性奖补，助力青年创新创业；建立青年人才池，解决用工供需不平衡问题。采用政府补贴和用人单位有偿使用相结合的新型人才储备培养和使用机制，在全市范围内征集中小微企业和农村经济合作组织在产品升级以及技术攻关方面的需求，通过人才池匹配对接专业青年人才，并为及时入职的人才提供每月2000元的生活补贴，允许其免费入住政府提供的公共租赁住房或补贴租赁住房。助力企业创新发展，确保青年人才"才有所施，养有所靠"（文档材料20210715A）。

曲江新区团市委设立稳岗留工服务专线和就业服务站点，设立了曲江人才交流中心、陕西兴中企业管理集团股份有限公司这两个就业援助中心服务窗口；在学校人才交流中心设立了稳岗留工服务专线，通过曲江人才微信公众号，发布了新春送温暖、稳岗留工就业指南，并设立企业和个人两个端口，为企业发布招聘信息、为个人就业求职提供援助，全力为区内企业和贫困劳动力提供相应的就业服务（文档材料20210716A）。

第三篇

总结展望篇

第十二章 疫情下促进青年就业实现路径、政策效果及趋势展望

第一节 疫情影响下促进青年就业的实现路径

一 宏观层面

（一）共青团及政府相关部门助力企事业单位复工复产，应对青年就业下行风险

新冠疫情突发后，各地迅速反应，密切关注周边省区市的疫情防控状况，结合疫情防控形势，各地政府适时启动当地重大突发公共卫生事件一级响应，采取有效措施防止疫情蔓延的同时，采取了一系列援企稳岗政策来促进青年就业。一方面，共青团委员会会同人社部门、发改委等相关部门进行顶层设计，在严控疫情的同时，积极有序促进企业复工复产。在了解企业、青年等群体的需求基础上，制定相关方案和计划，宣传普及政策，精准服务，降低疫情对企业复工复产造成的影响，助力青年就业。共青团天津市委制定并发布了《天津共青团助力我市疫情防控期间企业有序复工复产工作实施方案》，从当好政策宣传员、当好企业复工诉求联络员、当好企业复工手续代办员、当好助力青年就业的牵线员、当好金融服务员、当好生活保障配送员、当好企业发展保障员等七个方面对青年助力复工复产需要注意的事项、方法路径进行了统一的安排部署。河北省人民政府办公厅印发《关

于打好新型冠状病毒感染的肺炎疫情防控阻击战促进经济社会平稳健康发展的若干措施》，要求全力推动支持服务企业复工复产的政策措施落地落实，千方百计帮助各类企业特别是中小微企业渡过难关。 另一方面，新冠疫情给企业，尤其是中小企业的生产经营带来了巨大影响。 各地纷纷出台减税降费、社保补贴等各类优惠政策降低企业成本，助力市场主体恢复元气、增强活力。 海南省安全生产委员会办公室和省应急管理厅印发了《关于服务企业复工复产七条措施的通知》，澄迈县人民政府出台《澄迈县支持企业积极应对新型冠状病毒肺炎疫情的政策措施》，通过缓缴社保费用，全力支持企业渡过难关。 广东省政府印发《关于应对新型冠状病毒感染的肺炎疫情支持企业复工复产促进经济稳定运行的若干政策措施》，进一步加大保障企业复工复产工作力度，降低企业用工成本，全力支持和推动受疫情影响的各类企业复工复产。 在政府的扶持下，2020 年第一季度全国累计实现减税降费 7428 亿元。①

（二）积极搭建平台，建设良性就业生态环境

疫情突发使经济环境处于下行压力，小微企业、个体工商户、灵活就业人员等抵御风险能力较差的劳动力市场主体面临着停工失业的风险，在这种情况下，各地政府在落实生活补助、见习补贴、吸纳就业补贴、以工代训补贴等方面主动作为，以提供稳定公平的经济社会环境，帮助企业及青年劳动力渡过难关。 陕西省建立青年"人才池"，解决用工供需不平衡问题，采用政府补贴和用人单位有偿使用相结合的新型人才储备培养和使用机制，征集中小微企业和农村经济合作组织的产品升级与技术攻关需求，通过"人才池"匹配对接专业青年人才，实现"才有所施，养有所靠"。 山东省青岛市为进一步做好疫情防控期间大学生就业服务工作，实现企业用工和人才求职供需精准对接，启动"青鸟计划·优选山东才聚青岛"青年人才云上招聘会，通过系列招聘，搭建精准对接平台，及时了解就业需求，挖掘一批优质

---

① 《一季度全国累计实现减税降费 7428 亿元》，中华人民共和国中央人民政府门户网站，2020 年 4 月 29 日，http://www.gov.cn/xinwen/2020-04/29/content_5507549.htm。

岗位，服务一批青年人才，助力青年创新创业创造。[①] 河北省政府办公厅出台《关于统筹疫情防控和经济社会发展加快复工复产的通知》《关于加快推进企业复工复产的若干措施》等多项举措助力企业的复工复产，利用大数据、互联网技术、云平台等诸多信息化手段为企业的良好发展奠定基础。 海南省人力资源和社会保障厅等部门发布了《关于做好省重点项目重点企业返琼务工人员隔离期间生活补助发放工作的通知》《关于落实疫情防控相关企业一次性吸纳就业补贴的通知》等政策，隔离期间为青年劳动者给予生活补助，给予疫情防控相关企业一次性吸纳奖补。 天津市通过智慧团建掌握的数据，协同各街道、社区、社会组织，充分整合各类人力资源、社会资源，及时对接并定向解决未顺利就业毕业生的就业问题。 在复工复产层面，天津市和平区结合自身商务楼宇众多的特点，在疫情期间针对商务楼宇成立"132"帮扶小组，辐射全区13000多家企业，协调物业、政府部门，整合社会资源，对企业进行总体宏观政策的指导和落实，给予疫情防控和生产安全方面的精确指导，助力企业复工复产；并在复工复产审核程序上不断做减法，从最初的现场核验到后期简化为企业只需签订一纸承诺书即可复工复产。

二　中观层面

（一）优化产业结构，促进升级转型

新冠疫情对不同产业发展产生了不同程度的影响，餐饮、旅游、培训等以线下营业为主要营业模式的行业受到重创，企业招聘需求剧减。 而应急产业相关行业、大数据、人工智能、互联网等行业迎来了巨大的发展契机。 因此，各地抓住行业刚需，支持相关产业发展，以大带小、以老带新，抱团度过"困境"。 同时，随着数字技术的快速发展，数字化创新、数字化生产、数字化消费、数字化服务、数字全球化等也促使国际贸易发生革命性变化。[②] 在疫

[①] 邢婷：《精准服务疫情期间大学生就业　青岛再启青年人才云上招聘会》，2021年1月14日，http://news.cyol.com/app/2021-01/14/content_18918846.htm。
[②] 赵瑾：《把握疫情影响下的国际贸易发展着力点》，《经济日报》2020年4月28日，第11版。

情的影响下，人们的生活方式发生改变，企业生产经营和市场需求对互联网、大数据等技术的依赖进一步增强，这进一步推动了企业进行转型升级，促进产业数字化转型。 在疫情防控常态化的背景下，要贯彻习近平总书记"三个着力"的要求，运用大数据、物联网、人工智能等技术，促进各行业产业数字化转型升级，使数据要素成为推动经济高质量发展的新动能，走高质量发展道路，开发智慧城市系列产品，延伸出更多新的经济增长点，带动就业需求，降低青年失业风险。 如中公教育通过线下培训向线上培训的转型，快速抓住了大量青年学员的培训需求，不裁员、不降薪，增招聘、还加薪，2020 年中公教育招聘人数增加了 20%。 广州市人心网络科技（壹心理）有限公司在疫情期间开发心理热线，通过线上热线的形式为公众提供心理服务，抓住复工复产的契机，受疫情影响虽然招聘增量未能达到预期，但与 2019 年相比招聘人数仍然增加了 15%。 另外，为了适应数字经济的发展，各高校、科研机构等应加快培育数字经济人才，研发数字经济新技术，通过增设数字技术相关专业及课程等，为产业数字化转型升级培育更多人才，为产业数字化转型升级增添助力。

（二）拓宽高校毕业生就业创业渠道，完善职业培训和就业服务

在新冠疫情的影响下，启动线上招聘，精准对接高校毕业生，简化招聘流程，拓展高校毕业生就业渠道，进一步组织实施好特岗教师计划、大学生村官、"三支一扶"、"大学生志愿服务西部计划"等基层项目，积极鼓励高校毕业生到基层就业创业。 同时，积极探索利用一些新媒体手段面向有需求的青年提供线上招聘信息，拓宽高校毕业生就业创业渠道，恢复和完善职业培训和就业服务，有力拓宽了青年就业创业的渠道，也有助于企业实现线上线下相结合的转型。 例如河北省出台的《关于进一步征集重点项目企业招聘信息拓宽高校毕业生等就业渠道的通知》《关于上线"高校毕业生就业服务平台"的实施方案》，广东省出台的《2020 届广东省高校毕业生就业攻坚行动方案》，都强调了要拓展用人单位招聘用工和劳动者求职就业供求信息对接渠道，加强人岗供需匹配服务，促进高校毕业生等各类群体就业。广东省广州九尾信息科技有限公司先后推出"战疫应援招聘专区""共享员

工计划"等项目为企业提供平台助力招聘，还推出了"云校招 live"平台，助力毕业生线上就业。 共青团广东省委员会发布《关于做好疫情冲击下广东共青团服务青年就业工作的通知》和《关于实施"展翅计划"服务广东青年就业情况的报告》，以"展翅计划"为依托，高质量开展大学生实习活动以及毕业生职业技能培训，多措并举助力青年就业。 河北省雄安新区青创会定期开设青创沙龙活动，邀请相关就业指导老师、创业导师等分享经验，帮助青年树立正确的就业创业观念。 浙江省金华市为拓宽高校毕业生就业渠道，搭建"雁归婺乡"大学生公益招聘服务活动和"百校联万企"空中招聘活动等线上就业平台，通过政府市场合作、线上线下联动、职业教育指导，实现立体化招聘、一站式服务，为高校毕业生提供全流程指导，全力拓宽高校毕业生就业渠道，积极帮扶大学生实现就业，切实提高大学生就业服务效能。[1] 清华大学利用"云招聘"模式，上线就业手续在线申办平台，通过网络、信函、传真等方式提供就业协议书签订、报到证领取等各类就业服务，依托"雨课堂"等平台开展"空中宣讲会"，疫情发生以来，清华大学提供就业政策咨询答疑 5000 余人次，举办网络双选会 6 场、在线招聘活动 80 余场，发布招聘信息近 5000 条，吸引用人单位 1100 余家，提供就业岗位 5 万余个，岗位数达到往年同期的 1.5 倍。[2]

（三）为返乡留乡青年农民工提供就地就近就业创业的机会

新冠疫情突发后，青年农民工的返城返岗渠道受阻，2020 年 3 月 30 日，农业农村部、人力资源和社会保障部联合制定印发了《扩大返乡留乡农民工就地就近就业规模实施方案》，要求各地在推动农民工有序返城返岗就

---

① 李晓艳：《我市拓宽高校毕业生就业渠道》，2020 年 4 月 23 日，http://www.jinhua.gov.cn/art/2020/4/23/art_1229160482_52976122.html。

② 《清华大学全方位做好疫情防控期间毕业生就业工作——"教育系统多措并举促进高校毕业生就业创业"系列之六》，中华人民共和国教育部门户网站，2020 年 10 月 19 日，http://www.moe.gov.cn/jyb_sjzl/s3165/202010/t20201019_495510.html。

业的同时，促进返乡留乡农民工就地就近就业创业。[①] 通过政企合作促进企业的发展，同时吸纳"就业难"的青年群体，鼓励返乡留乡的青年农民工就地就近就业创业。 各地共青团委员会还可联合人社局、文旅局等单位，以技能竞赛、创业大赛项目扶贫专项赛等为契机，积极组织青年参与，通过比赛促进不同领域的技术、思想相互交融并进，促进人脉积累，并邀请不同行业专家对参赛的选手进行一对一指导，增强青年创业意识，进一步夯实创业就业专业知识。 同时，各地共青团委员会积极搭建创业青年志愿服务队，在助力脱贫攻坚、疫情防控等方面开展系列志愿服务活动提高社会建设参与率，不定期组织会员到各镇贫困村及挂点村送物资、送技术、送慰问至帮扶贫困户。 例如海南省澄迈县人社局、澄迈县财政局发布了《关于澄迈县部分复工复产企业返琼务工人员隔离期间生活补助和省内务工人员交通补助工作的通知》，为返琼务工人员隔离期间提供生活补助，为省内务工人员提供交通补助。 河北省出台《关于引导和鼓励高校毕业生到城乡社区就业创业的通知》，在拓宽高校毕业生就业渠道的同时，有效提升了城乡社区治理能力和服务水平。 资阳市人力资源和社会保障局集成政策措施、集聚资源要素、集合公共服务，通过党建引领助力农民工返岗，落实扶持政策稳定岗位，制发《返乡农民工疫情防控和就业创业服务指引》，并优化就业服务，举办"春风行动"大型网络招聘会，结合返乡留乡农民工技能提升意愿强化技能培训，同时召开返乡农民工创业工作研讨会，邀请创业导师建言献策，助力返乡农民工提高创业成功率。[②]

三 微观层面

（一）树立终生教育以及人力资本投资的理念，不断增强劳动技能与水平

随着高校毕业生人数的逐渐增多，青年群体就业结构矛盾加剧，使得青

---

① 《农业农村部办公厅 人力资源社会保障部办公厅关于印发〈扩大返乡留乡农民工就地就近就业规模实施方案〉的通知》，中华人民共和国中央人民政府门户网站，2020 年 3 月 30日，http://www.gov.cn/zhengce/zhengceku/2020-03/30/content_5497102.htm。

② 伍桃梅：《资阳逾 2 万返乡留乡农民工实现就地就近就业》，《资阳日报》2021 年 3 月 3日，第 2 版。

年群体在就业过程中存在"慢就业""缓就业"的现象，而这类现象也正在向"懒就业"恶化发展，新冠疫情的影响使得"慢就业"的现象进一步加剧，青年群体在就业过程中更加犹豫徘徊，这成为社会不稳定的影响因素之一。　青年群体应积极培育终身学习和人力资本投资理念，充分利用网络资源，从实际出发，以市场需求为导向，积极参与职业技术培训，主动学习相关知识。　同时，充分发挥团校、青少年宫、青少年基地、青少年教育基地和实践基地的作用，建立多层次、多功能的青年人才培养基地。　此外，企业也应贯彻人力资本投资的理念，加强对于青年员工的培训。

在我国疫情防控步入常态化时，周边国家疫情依旧较为严峻，国内疫情仍然呈局部零星散发的特征，疫情常态化防控融入我国各领域。　首先，各个产业的劳动者及时增强疫情防控相关知识、技能，将其与自身专业技能相融合，特别是在学校教育阶段加强疫情防控相关知识技能的培训，以满足疫情防控常态化下经济发展和疫情防控两手抓的需要。　其次，疫情发生后，疫情防控相关产业迅猛发展，对疫情防控相关专业人才需求较大，这也要求加强对疫情防控相关产业人才的培养。　最后，在疫情影响下，人工智能、互联网、大数据等先进技术蓬勃发展促使行业发生转型和升级，这要求劳动者也应尽快强化先进信息技术的相关知识储备，以适应行业数字化转型的要求。　例如无锡市开展职业技能提升行动线上培训，助力企业稳岗复工，进一步提升劳动者素质和技能水平，由企业根据生产经营实际需要，确定与企业主营业务相关的培训项目，将职业技能培训理论课程以及适合线上授课、居家练习的实训模拟课程纳入线上职业技能培训，并将传染病防控常识、安全生产知识、法律法规知识等内容纳入线上职业技能培训课程，提升劳动者健康素养和职业素养。[①]

（二）重视职业生涯引导和心理辅导服务

青年群体，特别是高校毕业生，在就业之际大多存在迷茫心理，职业认

---

① 《关于疫情防控期间开展职业技能提升行动线上培训工作的通知》，无锡市人力资源和社会保障局门户网站，2020 年 2 月 24 日，http://hrss.wuxi.gov.cn/doc/2020/02/24/2821513.shtml。

知混乱，对未来职业规划不清晰，缺少正确的择业观、就业观。 为有效缓解就业焦虑，提高高校毕业生的自身素质，各地应积极加强对高校毕业生的就业辅导工作，在学生入学时便加强职业生涯教育，引导高校毕业生在大学期间及时进行科学合理的职业规划和职业选择，帮助青年群体树立正确的就业创业观。 高校应进一步加强就业指导和服务，完善青年就业创业服务体系，促使学生提前学习相关就业创业技能，提前为就业做好准备。 比如广东省一些企业在举办招聘会和双选会的同时，会在会场内专门设置求职诊所专区，邀请公司人力资源总监为求职大学生提供简历优化、面试指导和心理咨询等服务。 安徽农业大学在疫情期间开展毕业生线上就业指导服务，通过线上方式引导毕业生合理利用假期时间，做好职业生涯规划、就业能力准备和职场适应等知识的学习，利用好森途学苑职业能力与创业学习资源，强化学生求职技能，提升就业核心竞争力，为大三、大四的学生提供《求职 OMG——大学生就业指导与技能开发》网络课程。[1] 安徽工程大学自 2020 年 1 月 31 日起，启动疫情防控期间心理干预系统，专门开展在线心理辅导服务值班工作，迅速集结专业性强、经验丰富的心理咨询师，提供在线心理辅导服务，按照专人值班，架起了学校心理辅导服务的桥梁，帮助全校师生以平稳的心理状态应对疫情引发的负面情绪。[2]

第二节　疫情影响下促进青年就业的政策效果

一　加强全局性顶层设计，扩大需求，促进青年就业

在疫情进入常态化防控的背景下，中央政府积极发挥逆向提振政策效应，财政政策、货币政策与就业政策协同发力，加大对遭受严重影响的地

---

[1] 《关于疫情防控期间开展毕业生线上就业指导与服务工作的通知》，安徽农业大学门户网站，2020 年 2 月 14 日，http://zj.ahau.edu.cn/info/1004/1231.htm。
[2] 《【疫情防控】学校全力做好疫情期间心理辅导服务工作》，安徽工程大学门户网站，2020 年 2 月 9 日，https://www.ahpu.edu.cn/2020/0207/c3a130222/page.psp。

区、行业、企业的扶持力度，运用互联网、云计算等手段推进复工复产，促进经济增长，扩大就业需求，降低失业风险。各地方政府积极响应中央号召，落实中央相关政策措施，出台系列配套政策，加大"六稳"工作力度，支持中小微企业和个体工商户克服疫情影响渡过难关，统筹推动改革发展稳定各项工作，促进经济社会实现持续健康平稳发展；同时，大力实施就业优先策略，坚持把稳就业摆在更加突出位置，健全有利于更充分更高质量就业的促进机制，通过扩大企业就业规模、扩大基层就业规模、增加临时公益性岗位、增加高校科研助理岗位等措施，帮助高校毕业生尽快实现就业，全力确保就业形势总体稳定，多措并举促进青年实现更高质量和更充分的就业。例如资阳市从稳定就业、扶持创业、援企惠企、技能提升等方面对新冠疫情防控期间的就业创业服务政策进行汇总，并通过官方渠道公布，向社会宣传疫情期间的就业创业政策。① 深圳市持续抓好常态化疫情防控工作，以更大力度做好稳就业等"六稳"工作，继续结合深圳实际务实创新，着力社保减费降负、突出创业带动就业、加大重点群体支持、优化就业服务供给、提振信心、稳定预期。②

二　精准研判，增强我国经济系统的鲁棒性，促进青年就业

2020 年我国 GDP 达到 101.6 万亿元，较上年增长 2.3%，是当年全球唯一经济呈现正增长的主要经济体。同比平均汇率折算，2020 年中国的经济总量占全世界经济比重为 17%，在全球价值链和供应链体系中占据重要地位。在新冠疫情冲击下，世界百年变局加速演进，我国面临的外部环境更趋复杂严峻和不确定。面对常态化疫情防控，需要激发国内消费需求，通过繁荣国内经济、畅通国内大循环为我国经济发展增添动力，降低我国经济

---

① 《疫情防控期间就业创业服务政策汇总》，资阳市人民政府门户网站，2020 年 2 月 24 日，http://www.ziyang.gov.cn/_ziyang/detail.aspx? id=161496。

② 《持续抓好常态化疫情防控　以更大力度做好稳就业等"六稳"工作》，深圳市人民政府门户网站，2020 年 4 月 8 日，http://www.sz.gov.cn/cn/xxgk/zfxxgj/zwdt/content/post_7131653.html。

下降对周边经济体的负向溢出效应的同时，增强我国经济系统的鲁棒性，提前做好应对全球经济衰退冲击我国劳动力市场的政策准备。在抓好常态化疫情防控的前提下，扎实做好"六稳"工作，全面落实"六保"任务，加强精准调度，加快恢复性增长。同时，深化供给侧结构性改革，大力实施产业基础再造和产业链提升工程，加快构建现代产业体系，着力提升产业链供应链的稳定性和竞争力。综合发挥多种政策的作用，共同促进青年就业，通过减税降费等政策降低企业成本、稳定就业岗位的同时，有效开发公益性就业岗位，通过社会保险补贴、职业补贴、培训补贴等政策提升企业吸纳就业能力。

三 拓宽高校毕业生就业渠道

一是建设"互联网+就业"平台，广泛发挥社会力量，宣传就业创业相关政策，营造良好的自主就业创业的社会氛围。多地多部门充分利用互联网大数据的信息优势，对接用人单位用工与青年就业需求。如共青团绵阳市委员会联合绵阳市人社局、绵阳市疾控中心召开了绵阳市务工青年就地就近就业创业视频对接会，创新运用"大数据+就业创业服务"模式，吸引农民工、创业青年及相关企业10.67万人线上参加，有效推动供需双方在"不见面"情境下的"无缝"对接。共青团成都市委员会和成都市人力资源和社会保障局募集了5000个见习岗位、1万个实习岗位，通过"求职团团帮"这一品牌，紧急搭建线上网站平台，助力大学生实习见习，汇聚全社会的资源服务大学生就业。疫情期间石家庄市通过"易展翅"平台发动22个县市区，发布了1000多个安防岗位，通过和人社部门、就业部门的合作注册成立了100家企业，发布见习岗位1843个，整合人社部门、科技部门、工信部门等信息资源全面开展了"阳光自强"就业支持活动，一共征集到1614个用工岗位，用工总量达到9529人。同时，对招用毕业生的企业给予吸纳就业补贴等各类激励，拓宽高校毕业生的就业渠道。河北省对招用毕业生的企业给予吸纳就业补贴，若学生见习期间签订劳动合同，该企业还可以继续享有见习补贴。二是开发基层公共管理和社会服务岗位，积极做好基层就业项目。 在千方百计拓展市场性就业岗位的同时，各地全力开发落实政策性就业岗位，以政策性岗位的吸纳作用来稳固高校毕业生的就业基本盘，例如中小学幼儿园教师、党政机关国有企事业单位人员及高校科研助理等岗位。 另外，积极开发基层公共管理和社会服务岗位，做好基层就业项目，通过开展支教、支农等志愿服务，多渠道开发灵活就业岗位，广泛吸纳高校毕业生就业，比如，广东省开发了 1000 个基层就业创业服务岗位，吸纳毕业 2 年内的高校毕业生就业，优先招募困难家庭高校毕业生，并加强高校征兵宣传，提高应届高校毕业生参军入伍征集比例。 三是扩大研究生招生和普通高校专升本招生规模，从学历提升和素质培养的角度拓宽高校毕业生的就业渠道。

四　精准扶持青年创业者

针对遭受严重冲击的行业、地区和群体给予定向精准扶持，加强对信誉良好的中小微企业的融资信贷支持，加大降费减税力度，降低经营负担，同时为消费前期积压后期反弹和生产"抢工"补救做好准备。 从实践来看，在疫情期间，各地依托企业、机关事业单位、青联委员、青年企业家协会等集体，通过提供生活补贴、见习培训代教费、保险补贴激励企业创建见习基地，帮助学生接触、认识、熟悉社会。 如海口市青年创业就业促进会、海口市创业就业协会在疫情期间坚持汇聚成功人士为创业就业者提供志愿服务的理念，致力于动员社会各界力量为创业就业服务工作搭建综合、实效、多元、个性的服务平台，建设立体化的海口市青年创业就业服务阵地，大力推行线上线下相结合的培训方式，实行线上学习线下实训融合开展，协助政府推动创业就业工作。 同时完善贷款征信系统，针对青年创业者及其中小微企业出台了相应的创业贷款政策，大力支持青年创业，帮助其解决融资难的问题。 此外，人社部门、农业部门、商务部门等职能部门积极开展联合创业培训、新型职业农民培训和电商培训等针对性培训项目，成立帮扶工作组，对青年创业者给予疫情防控和生产安全方面的精确指导。 例如通海县为应对新冠疫情的影响，帮助小微企业及创业者解决融资渠道与资金缺口上的难题，出台了一系列"暖企惠民"举措，利用网络直播平台进行 2020 年创业担保贷款政策讲解及申报演示网络直播，采取"政策解读+线上答疑"的方式，将传统的"灌输式"政策宣传转变为"需求式"的实时互动，同时简化程序，畅通办理渠道，成功动员了众多有条件、有能力、有意愿的创业者和小微企业都来享受创业担保贷款政策。① 江门市摸查青年企业家的困难和需求，江门银保监分局、团市委、江门市金融局三方联合，发动多家银行推出专项信贷计划——"邑青战疫贷"，加大力度为受疫情影响的青年企业家、青年创业者提供专项融资服务渠道、优惠贷款利率、进一步减费让利、给予个别关怀政策等专项金融支持，深化银企合作，全力帮扶企业抗"疫"复产。② 为满足湖北创业青年实际信贷需求，共青团湖北省委联合湖北省人力资源和社会保障厅、湖北省财政厅、中国人民银行武汉分行等部门，并与相关商业银行合作，继续为在湖北省内创业的青年及小微企业提供湖北"青创贷"金融扶持项目支持。③

五 有序促进青年农民工返岗就业

在疫情防控期间，各地切实做好返乡返岗服务保障，开展农民工"点对点、一站式"返岗复工服务，及时收集发布用工信息，加强输出地和输入地信息对接和劳务协作，引导青年农民工有序外出就业。 同时，依托社区、职业学院、培训中心、普通高校等平台，各地广泛将青年农民工纳入本地教育和技能培训体系中提升其职业技能，开展"互联网+职业技能培训"计

---

① 《通海县疫情期间对小微企业及创业者金融扶持工作情况》，通海县人民政府门户网站，2020 年 6 月 2 日，http://www.tonghai.gov.cn/thxzfxxgk/tzgggs/20200602/1162148.html。

② 《江门市"邑青战疫贷"正式启动 金融精准扶持助力青年创业》，江门市人民政府门户网站，2020 年 5 月 15 日，http://www.jiangmen.gov.cn/home/zwyw/content/post_2052342.html。

③ 《关于印发〈湖北"青创贷"金融扶持项目实施意见〉的通知》，共青团湖北省委门户网站，2021 年 6 月 24 日，http://www.hbgqt.org.cn/view/711e1f3f3f8443f6abe7fe9897272 28b?mark=%E6%B9%96%E5%8C%97%E2%80%9C%E9%9D%92%E5%88%9B%E8%B4%B7%E2%80%9D%E9%87%91%E8%9E%8D%E6%89%B6%E6%8C%81%E9%A1%B9%E7%9B%AE%E5%AE%9E%E6%96%BD%E6%84%8F%E8%A7%81。

划，鼓励企业以"师带徒""传帮带"等方式联合培训机构开展技能培训，并组织有培训意愿、有务工需求的农村劳动力参加线下或线上职业技能培训，全面提升农村劳动力素质和就业能力，实现推进疫情防控与职业技能提升"两不误、双促进"，鼓励青年农民工边干边学，既提高技术能力，又可以在一定程度上解决用工缺口问题。　在推动农民工有序返城返岗就业的同时，结合乡村振兴大背景和县域经济发展，鼓励返乡留乡农民工就地就近就业创业，以拓宽返乡农民工就业渠道。　如河北省人社厅印发《推进"迎新春送温暖、稳岗留工"专项行动工作实施方案》，鼓励引导企业以岗留人、以薪留工，开展职业技能提升行动，支持鼓励务工人员参与线上职业技能培训。　河南省汝州市从六大方面促进农民工有序返岗就业，一是引导农民工安全有序返岗，主动引导农民工通过网络、官方媒体了解外出务工目标地防控形势，做到精准对接岗位后再外出务工；二是促进农民工就地就近就业，积极引导劳动者在当地企业、扶贫车间或农民合作社等各类生产经营主体就地就近就业，对高素质、高技能人才予以政策倾斜和支持；三是大力支持农民工返乡创业，通过新闻媒体、微信、微博等方式广泛宣传典型、宣传扶持政策，积极引导有创业意愿、有创业能力、有创业条件的返乡人员留在家乡、创业发展；四是切实做好人力资源市场管理服务工作，鼓励各类人力资源服务机构大力开展线上招聘活动，通过手机短信、微信、电视、互联网及打工直通车等各类线上方式推送招聘信息，推动求职者和用人单位线上对接；五是帮助企业解难纾困稳就业，疫情防控期间，为不能及时或无力足额缴纳社会保险费的中小微企业缓缴养老保险、失业保险和工伤保险，鼓励企业不裁员或少裁员，采取轮岗轮休、缩短工时等方式稳定岗位；六是切实加强组织领导，与农村劳动力转移就业实名制登记工作相结合，对返乡农民工和新增转移农村劳动力基本情况、外出务工意愿、技能培训需求等进行详细登记。[1]

---

① 《关于进一步做好疫情期间农民工有序返岗复岗和稳定就业工作的通知》，河南省人民政府门户网站，2020 年 3 月 10 日，http://www.henan.gov.cn/2020/03 - 10/1302673.html? wscckey = 99aa9f1a8d22dca7_1576380958。

六　运用互联网、人工智能等新技术挖掘青年就业增长点

以国内外市场为导向搭建疫情防控相关产业全球供应链，鼓励相关企业转产或增添生产线，发展疫后经济，提高专业人才的技能水平，建立平战灵活转换的生产机制，带动相关行业产业发展。应深化人工智能、云计算等互联网技术在疫情防控、资源调配等方面的应用，发挥通信大数据资源优势，充分运用互联网力量，支撑疫情常态化防控。[1]同时，数字经济为传统线下经济提供了重要保障，电商平台为线下消费提供了缓冲空间，线上协同办公、网络教育等成为传统线下模式的重要保障手段，"无人与人接触"的新业态也由于疫情的推动而快速发展。[2]在疫情防控常态化的背景下推广"互联网+"、人工智能、区块链等先进技术的运用，加快培育数字经济产业，促进各行业、各领域数字化转型，培育更多经济和就业增长点。针对新兴行业的青年人才需求，面向新职业、新技能和新就业形态，重点开展人工智能、大数据、云计算等新技术培训，媒体运营、网络营销、电子竞技、健康照护等新职业培训，以及网络平台就业创业等新业态培训，通过一系列"理论培训+岗位实习"的系统培训，为新兴产业培养应用型人才。如河北省容城县通过对接互联网创业的社会团体，为青年群体举办了许多就业创业活动，为青年就业创业工作增加了创新点。

第三节　疫情防控新阶段青年就业的趋势展望

一　疫情防控新阶段所面临的经济形势与就业形势

随着世界卫生组织总干事谭德赛宣布新冠疫情不再构成"国际关注的突

---

[1] 黄鑫：《运用互联网支撑疫情常态化防控》，《经济日报》2020年7月24日，第7版。
[2] 《疫情期间数字经济有效推动经济快速复苏》，人民网，2020年3月11日，http://scitech.people.com.cn/n1/2020/0311/c1007-31627798.html。

发公共卫生事件"，①历时三年有余的新冠肺炎疫情终于告一段落，人类社会携手抗击病毒取得了重要胜利。 2023 年 5 月 8 日下午，国务院联防联控机制举行发布会，介绍了新冠疫情不再构成"国际关注的突发公共卫生事件"后防控工作相关情况。② 我国自 2023 年 1 月 8 日起依法将新冠病毒感染从"乙类甲管"调整为"乙类乙管"，在短时间内取得了疫情防控的决定性胜利。 但新冠疫情仍未结束，下一步仍要继续抓实抓细新阶段疫情防控工作，科学精准落实"乙类乙管"的防控要求，持续加强公共卫生、疾病防控、医疗服务体系建设。

2022 年，在以习近平同志为核心的党中央坚强领导下，我国经济顶住压力、稳中求进，经济总量突破 120 万亿元。 展望未来，我国经济韧性强、潜力大、活力足，基本面长期向好，仍然具有多方面的优势和条件来推动高质量发展。 虽然疫情对我国经济的冲击逐渐减弱，但是也应当看到，在疫情防控新阶段我国经济面临需求收缩、供给冲击、预期转弱三重压力，经济恢复的基础仍不牢固。③

高校毕业生等青年就业关系民生福祉、经济发展和国家未来。 当前我国经济发展环境的复杂性、不确定性等诸多因素叠加，我国青年就业形势依然严峻。 疫情三年来，我国大学毕业生逐年增加，从 2020 年的 874 万，到 2021 年的 909 万，再到 2022 年的 1076 万。④ 2023 年，高校毕业生将达到 1158 万人的历史新高，⑤就业总量压力上升，稳就业仍面临不少挑战（见图

---

① 《世卫宣布新冠疫情不再构成"国际关注的突发公共卫生事件"》，光明网，2023 年 5 月 5 日，https://m.gmw.cn/2023-05/06/content_1303364902.htm。

② 《今日国务院联防联控机制新闻发布会权威发布》，中华人民共和国中央人民政府门户网站，2023 年 5 月 8 日，http://www.gov.cn/yaowen/2023-05/08/content_5754595.htm。

③ 高培勇、汪红驹：《坚定做好经济工作的信心》，《人民日报》2023 年 3 月 13 日，第 14 版。

④ 《教育部：2022 届高校毕业生规模预计 1076 万人，同比增加 167 万》，中华人民共和国教育部网站，2021 年 12 月 28 日，http://www.moe.gov.cn/fbh/live/2021/53931/mtbd/202112/t20211229_591046.html。

⑤ 《2023 届高校毕业生预计达 1158 万人》，中华人民共和国教育部网站，2022 年 11 月 18 日，http://www.moe.gov.cn/jyb_xwfb/s5147/202211/t20221118_995344.html。

12-1）。 有鉴于此，党和政府高度重视包括大学毕业生在内的青年就业。从近年来党和政府召开的以大学生就业创业为专题的全国性会议可见一斑。2020 年 6 月 3 日，全国普通高等学校毕业生就业创业工作电视电话会议召开；①2021 年 6 月 3 日，全国就业创业工作暨普通高等学校毕业生就业创业工作电视电话会议召开；②2022 年 5 月 16 日，全国普通高等学校毕业生就业创业工作电视电话会议召开；③2023 年 5 月 11 日，全国高校毕业生等青年就业创业工作电视电话会议召开。④ 从时间上来看，2023 年的会议是这几年召开时间最早的一次。 另外，与往年相比，2023 年会议的规格更高，且会议的名称中，多了"青年"二字，反映出党中央国务院对青年就业的高度关注。

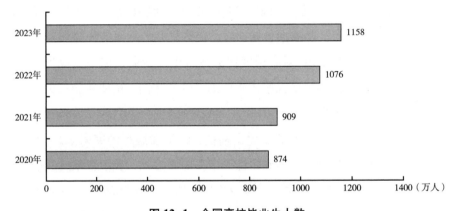

图 12-1　全国高校毕业生人数

① 《李克强对全国普通高等学校毕业生就业创业工作电视电话会议作出重要批示》，中华人民共和国中央人民政府门户网站，2020 年 6 月 3 日，http://www. gov. cn/xinwen/2020－06/03/content_5517040. htm。

② 《李克强对全国就业创业工作暨普通高等学校毕业生就业创业工作电视电话会议作出重要批示》，中华人民共和国中央人民政府门户网站，2021 年 6 月 3 日，http://www. gov. cn/xinwen/2021－06/03/content_5615273. htm。

③ 《全国普通高等学校毕业生就业创业工作电视电话会议召开》，中华人民共和国中央人民政府门户网站，2022 年 5 月 16 日，http://www. gov. cn/xinwen/2022－05/16/content_5690731. htm。

④ 《丁薛祥在全国高校毕业生等青年就业创业工作电视电话会议上强调 扎实做好高校毕业生就业创业工作 确保取得让党和人民满意的成效》，新华网，2023 年 5 月 11 日，http://www. news. cn/politics/leaders/2023-05/11/c_1129606833. htm。

面对新形势、新任务，2022 年底召开的中央经济工作会议指出，要"落实落细就业优先政策，把促进青年特别是高校毕业生就业工作摆在更加突出的位置"，[①]因此，应按照中央经济工作会议部署，强化就业优先政策，高质量实施就业优先战略，全力以赴做好稳就业工作，全力确保就业局势总体稳定。[②]

二　疫情防控新阶段促进青年就业的实现路径

（一）宏观层面：通过创新政策与深化改革推动经济整体好转

在党中央的坚强领导下，2022 年我国经济总量突破 120 万亿元。疫情三年我国经济平均增速为 4.5%，远高于世界平均水平。[③] 2023 年是贯彻党的二十大精神的开局之年，当前我国经济虽然面临着需求收缩、供给冲击和预期减弱三重压力，但是经济运行出现了许多积极变化，我国经济长期向好的基本面没有变。2023 年开年，随着全国疫情整体进入低流行水平阶段，旅游、餐饮、交通等行业逐步恢复，国内需求回暖；随着我国营商环境不断优化、现代产业体系不断完善、对科技创新的投入持续增加，供给结构也在不断优化，市场预期不断改善。我国建立起全球最完整、庞大的工业体系，拥有更加坚实的发展基础；我国拥有包括各类企业、个体工商户、农民专业合作社等在内的 1.7 亿户庞大的经营主体，拥有释放就业岗位的巨大潜力；我国拥有 14 亿人口，能够形成超大规模的内需市场。这表明在推动经济高质量发展上我国仍具有韧性强、潜力大、活力足的优势和特征。[④]

一是要加强各类政策协调配合，形成高质量发展的合力。全面做好稳

[①] 《中央经济工作会议举行 习近平李克强李强作重要讲话》，中华人民共和国中央人民政府门户网站，2022 年 12 月 16 日，http://www.gov.cn/xinwen/2022 - 12/16/content _5732408. htm。

[②] 李心萍：《全力以赴做好稳就业工作》，《人民日报》2023 年 1 月 10 日，第 2 版。

[③] 《全球维度看中国经济这三年，让数据说话！》，央视网，2023 年 2 月 6 日，https://news. cctv. com/2023/02/06/ARTIZOPZHvwEidAp1aC3bNK6230206. shtml。

[④] 高培勇、汪红驹：《坚定做好经济工作的信心》，《人民日报》2023 年 3 月 13 日，第 14 版。

增长、促改革、调结构、惠民生、防风险、保稳定工作，必须坚持系统观念和底线思维，在系统优化中提升整体效能。① 中央经济工作会议指出，积极的财政政策要加力提效，稳健的货币政策要精准有力，产业政策要发展和安全并举，科技政策要聚焦自立自强，社会政策要兜牢民生底线。② 发挥政策的协同效应，优化各类政策的发力点和实施方式，将对稳定市场预期发挥积极作用，推动经济运行整体好转。 二是要全面深化改革，针对国资企业继续深化改革，完善中国特色国有企业现代公司治理；全面优化营商环境，支持民营企业和民营经济发展壮大，为外资企业创造良好的服务环境，通过营商环境优化促进各类企业有序发展，提升就业服务效能。 如平凉市发展改革委员会打造优化营商环境攻坚突破年，落细落实各项惠企政策，深入开展"援企稳岗·服务千企"专项行动，全面梳理制定人社领域政策"服务包"，大力推行涉企政策精准推送和"不来即享"服务，推进"陇原惠岗贷"融资业务，助力中小微企业稳岗扩岗、加快发展。③

通过创新宏观政策，实施一系列改革，直面市场主体需求，增强市场主体预期，从而推动经济整体好转，实现稳市场主体和保就业相辅相成。④

（二）中观层面：将扩大内需战略同深化供给侧结构性改革有机结合

从需求侧和供给侧同时着手，把实施扩大内需战略同深化供给侧结构性改革有机结合起来，从而应对世界经济形势变化、增强发展主动性，⑤全力做好稳就业工作。

---

① 《打好稳增长政策组合拳》，中工网，2023 年 3 月 22 日，https：//baijiahao. baidu. com/s？id =1761019960163463006&wfr = spider&for = pc。

② 本报评论员：《坚定做好经济工作的信心》，《光明日报》2022 年 12 月 18 日，第 1 版。

③ 平凉市发展和改革委员会：《优化营商环境攻坚突破年 ｜ "春风行动"送真情 就业服务暖人心》，2023 年 3 月 27 日，http：//fgw. pingliang. gov. cn/ztzl/plsyhyshjgjtpnhd/art/2023/art_41e0af7d59fc4c2eb5f3d59e5aa132b8. html。

④ 《高培勇：推动经济运行整体好转》，新浪财经，2023 年 3 月 31 日，https：//finance. sina. com. cn/hy/hyjz/2023-04-01/doc-imynvpwn4148426. shtml。

⑤ 刘鹤：《把实施扩大内需战略同深化供给侧结构性改革有机结合起来》，《人民日报》2022 年 11 月 4 日，第 6 版。

一是在需求侧上要着力扩大国内需求，由投资和消费构成的内需是经济增长的"主引擎"。应深入贯彻落实中共中央、国务院印发的《扩大内需战略规划纲要（2022-2035年）》，首先是促进投资消费，发挥国内巨大市场规模的优势；其次是完善分配格局，缩小城乡区域发展差距，提升基本公共服务均等化水平；最后是完善统一开放、竞争有序、制度完备、治理完善的高标准市场体系，畅通经济循环，持续提升内需发展效率。①二是在供给侧上要深化供给侧结构性改革。首先要贯彻落实创新驱动发展战略，打赢关键核心技术攻坚战，突破"卡脖子"技术，锻造"撒手锏"技术，提升基础固链、技术补链、融合强链、优化塑链能力，增强产业链供应链韧性，完善现代产业体系。其次要优化产业结构，加快工业高端绿色转型步伐，加快发展高品质、高层次的服务业，尤其是需求尚未被满足的生活性服务行业如育幼养老、健康文化等以及高端生产性服务行业如研发设计等。最后，推动以新产业、新业态、新商业模式为核心内容的"三新"经济快速发展，通过新业态的发展增加就业渠道、扩大就业容量。

扩大内需和推进供给侧结构性改革，有利于就业扩容提质，推动实现更加充分更高质量的就业。

（三）微观层面：引导青年树立正确的就业观，提升青年自身就业竞争力

一是青年就业价值观是青年在择业和就业过程中，影响其就业决策的最重要因素。②习近平总书记勉励大学生"保持平实之心，客观看待个人条件和社会需求，从实际出发选择职业和工作岗位"，③这为大学生树立正确

---

① 《中共中央 国务院印发〈扩大内需战略规划纲要（2022-2035年）〉》，中华人民共和国中央人民政府网站，2022年12月24日，http://www.gov.cn/zhengce/2022-12/14/content_5732067.htm。
② 张颖：《培养"三种情怀"提升青年就业内驱力》，《人民论坛》2023年第7期，第107~109页。
③ 《习近平在四川考察时强调 深入贯彻新发展理念主动融入新发展格局 在新的征程上奋力谱写四川发展新篇章》，新华网，2022年6月9日，http://www.news.cn/politics/2022-06/09/c_1128728015.htm。

的择业观、就业观指明了方向。 应着重培养青年的家国情怀、人民情怀和人文情怀，鼓励青年将个人成长的"小我"融入社会发展的"大我"中，坚持从人民中来到人民中去，并且在中国传统文化的涵养下不断提升自身人文修养。 二是不仅要树立正确的价值观，还要引导青年增强岗位胜任能力、发挥职业潜力等硬实力，提高青年在劳动力市场上的竞争力。 一方面，教育部门、人社部门要通过开展青年专项技能提升行动等对青年进行职业技能培训，开展就业见习质量提升行动等促进青年参与到科研类、技能类、管理类、社会服务类等各类岗位见习。 另一方面，要推动高校高等教育改革，促进育人体系与市场需求相适配。 高校要根据市场需求及时调整专业方向和培养计划，更有针对性地开展职业技能培训和就业经验分享，提高毕业生的专业能力。[①]

应引导青年在择业、就业过程中树立正确的价值观，并且不断提升其自身能力，全方位提升青年"就业力"，促进青年就业。

三 疫情防控新阶段促进青年就业的政策建议

（一）多部门联动加强青年就业创业政策体系顶层设计，推动完善促进青年就业创业政策体系

在国务院总体协调基础上，将共青团、教育部、人力资源和社会保障部、国家发展和改革委员会、国家市场监督管理总局、税务部、财政部等部门作为政策制定、执行的共同主体，在中央层级搭建多部门共同参与制定青年就业政策的合作机制。 同时构建"政—产—学"三位一体的政策落实机制，使企业高度参与政策落实，提高政府政策执行的效果。[②] 一方面，要完善青年就业权益保障政策体系。 以新产业、新业态、新商业模式为核心

① 胡志平、王悦：《多举措助力青年高质量就业》，中国就业网，2023 年 4 月 18 日，http://chinajob. mohrss. gov. cn/c/2023-04-18/374999. shtml。
② 王少康：《美国对青年重点群体就业和职业培训的财政援助——实践演变与政策启示》，《中国青年研究》2021 年第 5 期，第 113~119、112 页。

内容的"三新"经济在为青年提供大量就业岗位的同时也存在着用工不规范的问题，包括互联网背景下的劳动法律关系、社会保障政策或劳动技能培训中存在不确定或者不明确的因素等问题，一些新业态从业青年所面对的问题没有前例可依，不利于在新业态从业的青年维护自身权益。同时灵活就业下部分青年处于在乡村社会和城市社会中脱嵌、在体制内和体制外脱嵌的状态。[1] 政府应加强青年就业权益保障，针对新业态下青年就业面临的问题制定保障性政策，在劳动合同、劳动时间、工作条件、社会保障等问题上尽快出台相关政策，对新业态下就业的青年群体的权益进行保障。[2] 另一方面，要进一步完善青年创业就业配套政策及法律法规。完善中小微企业吸纳毕业生就业政策，落实大学生创业帮扶政策，加大对创业失败大学生的扶持力度，按规定提供就业服务、就业援助和社会救助，通过政策支持青年创业就业。

（二）加强对灵活就业、新就业形态的支持，通过新业态激发青年就业新能量

国家统计局于 2022 年 7 月 29 日发布数据，经核算，2021 年我国"三新"经济增加值为 197270 亿元，比上年增长 16.6%，比同期国内生产总值（GDP）现价增速高 3.8 个百分点；相当于 GDP 的比重为 17.25%，比上年提高 0.17 个百分点。[3] "三新"经济的快速发展催生了新的就业形态。《新时代的中国青年》白皮书指出，中国青年职业选择日益市场化、多元化、自主化，第三产业成为吸纳青年就业的重要领域。[4] 针对新业态就业形势，

---

① 郭冉、田丰、王露瑶：《量减质升：青年就业状况变化及分析（2006—2021）——基于 CSS 的调查数据》，《中国青年研究》2022 年第 11 期，第 110~119、78 页。

② 赵炜：《新就业形态给青年群体带来的机遇和挑战》，《人民论坛》2023 年第 1 期，第 66~69 页。

③ 《国家统计局："三新"经济增速高于 GDP 增长》，中华人民共和国中央人民政府门户网站，2022 年 7 月 31 日，http://www.gov.cn/xinwen/2022-07/31/content_5703694.htm。

④ 张颖：《培养"三种情怀"提升青年就业内驱力》，《人民论坛》2023 年第 7 期，第 107~109 页。

政府应扩展就业和劳动政策，在社会政策的视角下，将就业与劳动政策、家庭照料政策、教育政策等相互联系，让"三新"经济下的就业岗位与青年就业互相成就。① 高校应搭建产业教育平台、吸纳行业教育力量，通过开设新业态相关课程、鼓励学生参加新业态领域实习等措施帮助大学生增加对于新业态的知识储备，建立对于新业态就业的正确认知。 此外，高校团学组织可以通过搭建走出校园机制与行业对话机制等方式，为大学生提供行业调研、企业交流、实践学习等机会，让大学生与行业内专家、行业前辈开展多层次对话，以增加大学生对于新业态领域就业岗位的体验，进而增强大学生对新业态领域就业岗位的深层认知。②

（三）做细做实青年就业服务

一是促进就业服务主体多元化，做细做实就业指导服务。 广泛动员多方社会力量参与就业服务，探索建立就业指导专家团队，多渠道为青年群体提供脱实向虚的职业培训。③ 二是创新就业信息服务方式方法，注重运用互联网技术打造适合青年特点的就业服务模式。 在疫情防控的新阶段，高校毕业生就业服务模式发生很大变化，就业指导服务应因时而动、应势而行、主动求变，充分利用互联网、大数据等信息技术手段，建立岗位共享机制，实现企业等社会招聘机构、高校及教育部门信息的互联互通互享。④ 三是推动就业服务广覆盖。 如湖南省株洲市人力资源和社会保障局发布《高校毕业生就业创业政策服务指南》，在株洲市县级以上人民政府设立公共就业服务机构，为高校毕业生等各类劳动者免费提供基本公共就业服务。高校毕业生可以前往公共就业人才服务机构进行求职登记和失业登记，提出

---

① 赵炜：《新就业形态给青年群体带来的机遇和挑战》，《人民论坛》2023 年第 1 期，第 66~69 页。

② 韩煦、赵丹丹、任浡等：《新业态视域下高校共青团就业服务能力提升研究》，《青年学报》2023 年第 2 期，第 101~106 页。

③ 王少康：《美国对青年重点群体就业和职业培训的财政援助——实践演变与政策启示》，《中国青年研究》2021 年第 5 期，第 113~119、112 页。

④ 《做实做细就业指导服务》，《人民日报》2022 年 6 月 19 日，第 5 版。

就业需求，获得岗位信息、职业指导、职业培训、就业见习等就业服务，咨询和申办就业补贴政策。[1] 着力构建"网格化"就业服务机制，促进青年群体就业服务全覆盖。

（四）推动青年主动投身创业实践

新时代我国青年创新创业能力凸显。《新时代的中国青年》白皮书指出，在国家重大科技攻关任务中涌现了大批具有国际竞争力的青年科技人才。 在信息技术服务业、文化体育娱乐业、科技应用服务业等以创新创意为关键竞争力的行业中，青年占比均超过50%。[2] 应推动开展青年创业服务支持行动，一是为青年提供更加多元化的创业指导与培训活动，开展普及型培训与"一对一"辅导相结合的创业培训活动，打造高校创新创业培训活动品牌，创新培训模式。 组织创业项目展示、创业路演观摩、创业园区参观等活动，开展创业导师面对面、企业家座谈、创业沙龙等互动交流，提升高校毕业生等青年的创业意识和创业能力。[3] 二是完善青年创新创业服务平台建设。 搭建资源对接平台，组织参加各类创业赛事活动，结合实际打造地方特色创业活动品牌，提供项目与资金、技术、市场对接渠道。 健全青年创业孵化平台，提供政策代办、成果转化、跟踪扶持、咨询协调等一站式服务。 完善科技创新资源开放共享平台，强化对大学生的技术创新服务。 将各地区、高校、科研院所等的实验室及实验仪器、设施向创业青年开放共享，为青年创业提供支持。[4] 三是加大青年创业金融服务落地力

---

① 《高校毕业生就业创业政策服务指南》，株洲市人力资源和社会保障局网站，2022 年 1 月 7 日，http://rsj. zhuzhou. gov. cn/c922/20220107/i1815299. html#:~:text=国家实施百万青年，受职业培训补贴%E3%80%82。

② 张颖：《培养"三种情怀"提升青年就业内驱力》，《人民论坛》2023 年第 7 期，第 107~109 页。

③ 《人力资源社会保障部关于开展 2023 年高校毕业生等青年就业创业推进计划的通知》，中华人民共和国中央人民政府门户网站，2023 年 3 月 30 日，http://www.gov.cn/zhengce/zhengceku/2023-04/06/content_5750280.htm。

④ 《国务院办公厅关于进一步支持大学生创新创业的指导意见》，中华人民共和国中央人民政府门户网站，2021 年 10 月 20 日，http://www.gov.cn/zhengce/content/2021-10/12/content_5642037.htm。

度，优化银行贷款等间接融资方式，支持创业担保贷款发展，拓宽股权投资等直接融资渠道。 例如共青团黑龙江省鸡西市委聚焦高校毕业生、返乡农民工等青年群体创业需求，推出"团青贷"青年创业专属产品，联合市农商银行增设放贷银行网点、缩减贷款流程、降低贷款门槛，为青年创业提供便捷、优质、高效的低息金融服务，减轻创业初期青年负担。①

---

① 《锚定就业创业三行动　激活青年发展新动能》，《中国共青团》2023 年第 8 期，第 58 页。

参考文献

一 中文文献

［1］〔美〕查尔斯·H. 扎斯特罗、〔美〕卡伦·K. 柯斯特—阿什曼：《人类行为与社会环境（第六版）》，师海玲、孙岳等译，北京：中国人民大学出版社，2006。

［2］〔德〕卡尔·马克思：《马克思恩格斯选集：第一卷》，北京：人民出版社，1972。

［3］〔德〕卡尔·马克思：《马克思恩格斯〈资本论〉书信集》，北京：人民出版社，1976。

［4］〔德〕卡尔·马克思：《资本论：第二卷》，北京：人民出版社，1975。

［5］〔德〕卡尔·马克思：《资本论：第一卷》，北京：人民出版社，1975。

［6］柏豪：《社会生态系统视域下的中国创业教育发展新思路》，《山东社会科学》2017 年第 11 期。

［7］柏豪：《疫情防控工作常态化背景下的医务社会工作研究》，《山东社会科学》2021 年第 4 期。

［8］鲍威、陈得春、岳昌君：《青年就业扶持政策的国际比较——对后疫情时代中国高校毕业生就业政策的启示》，《教育发展研究》2020 年第 23 期。

［9］本报评论员：《坚定做好经济工作的信心》，《光明日报》2022 年 12 月

18 日，第 1 版。

[10] 蔡昉、王美艳：《"非典"疫情对我国就业的影响》，《中国社会科学院研究生院学报》2003 年第 4 期。

[11] 蔡昉、张丹丹、刘雅玄：《新冠肺炎疫情对中国劳动力市场的影响——基于个体追踪调查的全面分析》，《经济研究》2021 年第 2 期。

[12] 蔡宏波：《疫情对当前我国就业形势的影响估测》，《人民论坛》2020 年第 9 期。

[13] 蔡红建：《当求职季遇上疫情期，2020 年高校毕业生就业，怎么看怎么办》，《人民论坛》2020 年第 Z2 期。

[14] 陈璧辉：《职业生涯理论述评》，《应用心理学》2003 年第 2 期。

[15] 陈昌盛、许伟、兰宗敏、李承健：《我国消费倾向大的基本特征、发展态势与提升策略》，《管理世界》2021 年第 8 期。

[16] 陈向明：《质的研究方法与社会科学研究》，教育科学出版社，2000。

[17] 陈有华、张壮：《新冠肺炎疫情认知对就业预期的影响》，《华南农业大学学报》（社会科学版）2020 年第 4 期。

[18] 陈玉先、林志聪：《社会工作介入：新冠疫情下大学生就业难问题的创新解决路径》，《中国大学生就业》2021 年第 19 期。

[19] 代佳欣：《重大公共卫生危机治理中的就业政策工具组合——基于省级层面政策的文本分析》，《公共管理评论》2021 年第 2 期。

[20] 杜园春、顾凌文：《大学生"慢就业"现象调查》，《中国青年报》2018 年 8 月 2 日，第 7 版。

[21] 范丽莉、唐珂：《基于政策工具的我国政府数据开放政策内容分析》，《情报杂志》2019 年第 1 期。

[22] 范梓腾、谭海波：《地方政府大数据发展政策的文献量化研究——基于政策"目标——工具"匹配的视角》，《中国行政管理》2017 年第 12 期。

[23] 付立华：《社会生态系统理论视角下的社区矫正与和谐社区建设》，《中国人口·资源与环境》2009 年第 4 期。

[24] 甘春华、何亦名：《构建一体化的劳动力市场：劳动力市场理论演进的启示》，《经济研究导刊》2009 年第 18 期。

[25] 高培勇、汪红驹：《坚定做好经济工作的信心》，《人民日报》2023 年 3 月 13 日，第 14 版。

[26] 高伟东、杨海泉：《疫情或导致全球新增近 2500 万失业人口》，《经济日报》2020 年 3 月 20 日，第 7 版。

[27] 高文书：《新冠肺炎疫情对中国就业的影响及其应对》，《中国社会科学院研究生院学报》2020 年第 3 期。

[28] 高晓雨：《社会生态系统理论视域下社会工作介入流浪青少年服务的思考》，《现代商贸工业》2021 年第 29 期。

[29] 顾天安、姚晔：《重大疫情危机下劳动者收入如何保障？——工资支付分担机制的国际比较及其对中国的启示》，《公共行政评论》2021 年第 5 期。

[30] 郭达：《国际视野下青年失业问题研究》，《当代青年研究》2019 年第 3 期。

[31] 郭冉、田丰、王露瑶：《量减质升：青年就业状况变化及分析（2006—2021）——基于 CSS 的调查数据》，《中国青年研究》2022 年第 11 期。

[32] 韩宏鑫、高新雨、都景硕、赵萍、崔倩：《基于供应链金融破解中小企业发展困局研究》，《中国市场》2022 年第 3 期。

[33] 韩景旺、沈双生、田必琴主编《大学生职业生涯规划与就业指导》，河北大学出版社，2008。

[34] 韩煦、赵丹丹、任渟等：《新业态视域下高校共青团就业服务能力提升研究》，《青年学报》2023 年第 2 期。

[35] 侯艺：《保就业背景下青年就业现状研究》，《中国青年研究》2020 年第 9 期。

[36] 华姝姝：《生态系统理论视角下企业社会工作介入劳资冲突的路径研究——以东莞某零件加工企业为例》，《中国劳动关系学院学报》2016

年第 6 期。

[37] 黄敬宝、李蕊：《2011-2020 年中国青年就业研究述评》，《广东青年研究》2021 年第 3 期。

[38] 黄鑫：《运用互联网支撑疫情常态化防控》，《经济日报》2020 年 7 月 24 日，第 7 版。

[39] 金韦明、卫善春、沈延兵：《新冠疫情影响下促进高校毕业研究生就业工作的实践与思考》，《学位与研究生教育》2020 年第 9 期。

[40] 黎淑秀：《全球青年就业趋势研究——为青年提供优质的就业政策》，《中国青年社会科学》2020 年第 1 期。

[41] 黎淑秀、许昌秀：《全职型平台经济灵活就业青年的就业状况研究》，《青年探索》2020 年第 6 期。

[42] 李春顶、张瀚文：《新冠疫情全球蔓延的就业和经济增长效应》，《国际经贸探索》2021 年第 7 期。

[43] 李春玲：《疫情冲击下的大学生就业：就业压力、心理压力与就业选择变化》，《教育研究》2020 年第 7 期。

[44] 李建设、沈阅：《职业生涯理论的演进与启示》，《生产力研究》2006 年第 3 期。

[45] 李津石：《教育政策工具研究的发展趋势与展望》，《国家教育学院学报》2013 年第 5 期。

[46] 李清如、高阳：《2021 年度日本税制改革述评：疫情冲击下的经济复苏与增长》，《税务研究》2021 年第 5 期。

[47] 李泉然、解丽霞：《风险全球化时代农民工的生存和发展：新风险与新福利》，《中国行政管理》2021 年第 6 期。

[48] 李涛、孙媛、邬志辉、单娜：《新冠疫情冲击下我国高校应届毕业生就业现状实证研究》，《华东师范大学学报》（教育科学版）2020 年第 10 期。

[49] 李心萍：《全力以赴做好稳就业工作》，《人民日报》2023 年 1 月 10 日，第 2 版。

［50］李秀玫、向橄叶子、桂勇：《在物质主义和后物质主义之间——后疫情时代大学生就业态度的变化》，《文化纵横》2021年第1期。

［51］李作栋：《陕西省青年创业者成长激励政策优化研究》，西北大学硕士学位论文，2019。

［52］刘鹤：《把实施扩大内需战略同深化供给侧结构性改革有机结合起来》，《人民日报》2022年11月4日，第6版。

［53］刘社建：《有效促进青年就业问题探讨》，《经济纵横》2007年第18期。

［54］刘新华、彭文君：《全球疫情下的"功能财政"与"就业保障计划"——基于现代货币理论视角的分析》，《陕西师范大学学报》（哲学社会科学版）2020年第5期。

［55］卢珉琪、江小华：《疫情期间，国外如何保障大学生就业?》，《中国大学生就业》2021年第2期。

［56］芦千文、崔红志、刘佳：《新冠肺炎疫情对农村居民收入的影响、原因与构建农村居民持续增收机制的建议》，《农业经济问题》2020年第8期。

［57］马续补、张潇宇、秦春秀：《基于政策工具视角的突发公共卫生事件应对政策研究——以新型冠状病毒肺炎疫情为例》，《情报理论与实践》2020年第8期。

［58］孟繁锦、王玉霞、王琦：《疫情期扶持中小微企业发展与保障就业研究》，《工业技术经济》2020年第10期。

［59］潘潇寒：《新冠肺炎疫情下沙特经济社会转型的挑战及其应对》，《阿拉伯世界研究》2021年第3期。

［60］仇叶：《危机响应中经济恢复的地方差异性及其影响——以地方政府协同困境为中心的分析》，《公共管理学报》2021年第1期。

［61］屈小博、程杰：《新冠肺炎疫情对劳动力市场的影响及政策反应》，《河北师范大学学报》（哲学社会科学版）2020年第4期。

［62］邵志东、王建民：《中国农村转移人力资源开发体系构建研究——以

社会生态系统理论为视角》，《湖南科技大学学报》（社会科学版）2013 年第 4 期。

[63] 沈国兵：《"新冠肺炎"疫情对我国外贸和就业的冲击及纾困举措》，《上海对外经贸大学学报》2020 年第 2 期。

[64] 沈国兵、徐源晗：《疫情全球蔓延对我国进出口和全球产业链的冲击及应对举措》，《四川大学学报》（哲学社会科学版）2020 年第 4 期。

[65] 宋斌、闵军：《国外职业生涯发展理论综述》，《求实》2009 年第 S1 期。

[66] 宋春艳：《社会生态系统理论框架下我国社会企业发展的困境及对策》，《求索》2015 年第 3 期。

[67] 孙静：《劳动力市场理论综评》，《劳动保障世界》2019 年第 33 期。

[68] 谭永生：《经济新常态对中国青年失业的影响及趋势研究》，《中国青年研究》2016 年第 9 期。

[69] 田萍：《社会生态维度下弱势群体社会支持网络系统建构》，《求索》2013 年第 10 期。

[70] 王朝彬：《习近平总书记关于青年就业重要论述的时代意蕴》《学校党建与思想教育》2020 年第 4 期。

[71] 王健、韩康：《宏观调控政策协调：正视"非典"对宏观经济的影响》，《中国行政管理》2003 年第 7 期。

[72] 王丽君、孙德芝：《基于疫情防控背景的中小微企业资金链断裂防范策略研究》，《企业改革与管理》2022 年第 1 期。

[73] 王美：《生态系统理论下的农村人居环境改造探究》，《智能城市》2021 年第 22 期。

[74] 王少康：《美国对青年重点群体就业和职业培训的财政援助——实践演变与政策启示》，《中国青年研究》2021 年第 5 期。

[75] 王桑成、杨子强：《社会生态系统理论视角下城镇低收入青年劳动力就业现状、影响因素及对策研究》，《中国青年研究》2018 年第 8 期。

[76] 王震：《新冠肺炎疫情冲击下的就业保护与社会保障》，《经济纵横》

2020 年第 3 期。

[77] 王霆、刘玉:《农民工就业政策量化评价》,《华南农业大学学报》
(社会科学版)2021 年第 1 期。

[78] 伍桃梅:《资阳逾 2 万返乡留乡农民工实现就地就近就业》,《资阳日
报》2021 年 3 月 3 日,第 2 版。

[79] 郗杰英、杨守建:《青年就业的问题和对策——基于劳动力供求关系
的分析》,《中国青年研究》2005 年第 2 期。

[80] 习近平:《在同各界优秀青年代表座谈时的讲话》,《中国青年报》
2013 年 5 月 5 日,第 1 版。

[81] 肖渊:《基于个体—环境匹配理论的工作压力管理》,《长沙民政职业
技术学院学报》2007 年第 1 期。

[82] 修晶、杜东、刘凯:《促进青年就业的国别政策》,《中国青年政治学
院学报》2009 年第 5 期。

[83] 徐长玉:《坚持和发展马克思的劳动力市场理论》,《当代经济研究》
2009 年第 8 期。

[84] 徐明:《论在新冠肺炎疫情影响下我国未来青年就业问题》,《广东青
年研究》2022 年第 1 期。

[85] 徐明、陈斯洁:《新冠肺炎疫情影响下青年就业政策研究——基于省
级层面的政策文本分析》,《人口与经济》2022 年第 1 期。

[86] 徐章辉:《国际组织的青年就业政策》,《当代青年研究》2006 年第
7 期。

[87] 徐政、丁守海:《新时代中国劳动力市场高质量发展研究》,《甘肃社
会科学》2021 年第 6 期。

[88] 宣杰、董晓:《基于个人—环境匹配理论的个体需求与工作压力关系
研究》,《燕山大学学报》(哲学社会科学版)2012 年第 4 期。

[89] 杨巧云、乔迎迎、梁诗露:《基于政策"目标—工具"匹配视角的省
级政府数字经济政策研究》,《经济体制改革》2021 年第 3 期。

[90] 杨胜利、邵盼盼:《疫情冲击下农民工失业状况及影响因素研究》,

《西北人口》2021 年第 5 期。

[91] 杨伟国：《从工业化就业到数字化工作：新工作范式转型与政策框架》，《行政管理改革》2021 年第 4 期。

[92] 尤立荣：《组织职业生涯管理与员工心理与行为的关系》，《心理学报》2002 年第 1 期。

[93] 俞国良、李建良、王勍：《生态系统理论与青少年心理健康教育》，《教育研究》2018 年第 3 期。

[94] 张爱卿、钱振波：《人力资源管理》，清华大学出版社，2008。

[95] 张伯里：《正确认识和处理效率与公平的关系》，《光明日报》2008 年12 月 2 日，第 9 版。

[96] 张桂文、吴桐：《新冠肺炎疫情对中国就业的影响研究》，《中国人口科学》2020 年第 3 期。

[97] 张睿琦：《高校毕业生就业中的地方政府职能研究——以昆明市为例》，云南大学硕士学位论文，2019。

[98] 张夏恒：《新冠肺炎疫情对我国中小微企业的影响及应对》，《中国流通经济》2020 年第 3 胡滨；范云朋、郑联盛：《"新冠"疫情、经济冲击与政府干预》，《数量经济技术经济研究》2020 年第 9 期。

[99] 张颖：《培养"三种情怀"提升青年就业内驱力》，《人民论坛》2023 年第 7 期。

[100] 张友国、孙博文、谢锐：《新冠肺炎疫情的经济影响分解与对策研究》，《统计研究》2021 年第 8 期。

[101] 张宇燕：《新冠肺炎疫情与世界经济形势》，《当代世界》2021 年第1 期。

[102] 章熙春：《打造高校毕业生就业工作"免疫模式"》，《中国高等教育》2020 年第 Z2 期。

[103] 赵建东：《青年农民工参与网络公共事件的问题及引导策略研究》，山东师范大学硕士学位论文，2019。

[104] 赵瑾：《把握疫情影响下的国际贸易发展着力点》，《经济日报》2020

年 4 月 28 日，第 11 版。

[105] 郑联盛、范云朋、胡滨、崔琦：《公共卫生危机对就业和工资的总量与结构影响》，《财贸经济》2021 年第 4 期。

[106] 赵炜：《新就业形态给青年群体带来的机遇和挑战》，《人民论坛》2023 年第 1 期。

[107] 中国烹饪协会：《中国烹饪协会发布 2020 年新冠肺炎疫情对中国餐饮业影响报告》，《中国食品》2020 年第 4 期。

[108] 中国人民大学中国宏观经济分析与预测课题组、刘元春、刘晓光、闫衍：《疫情反复与结构性调整冲击下的中国宏观经济复苏——2021—2022 年中国宏观经济报告》，《经济理论与经济管理》2022 年第 1 期。

[109] 朱武祥、张平、李鹏飞、王子阳：《疫情冲击下中小微企业困境与政策效率提升——基于两次全国问卷调查的分析》，《管理世界》2020 年第 4 期。

[110] 《锚定就业创业三行动　激活青年发展新动能》，《中国共青团》2023 年第 8 期。

[111] 《疫情或导致全球新增近 2500 万失业人口》，《经济日报》2020 年 3 月 20 日，第 7 版。

[112] 《疫情下如何稳住就业》，《经济日报》2021 年 4 月 5 日，第 3 版。

[113] 《做实做细就业指导服务》，《人民日报》2022 年 6 月 19 日，第 5 版。

[114] 陈立希：《避免"关门"，美政府再获两天"喘息"》，光明网，2020 年 12 月 20 日，https：//m. gmw. cn/baijia/2020 - 12/20/1301958598. html。

[115] 胡群：《求稳心态明显，青年就业新机会在哪里?》，经济观察网，2022 年 1 月 13 日，http：//www. eeo. com. cn/2022/0113/518608. shtml。

[116] 胡志平、王悦：《多举措助力青年高质量就业》，中国就业网，2023 年 4 月 18 日，http：//chinajob. mohrss. gov. cn/c/2023 - 04 - 18/374999. shtml。

［117］ 李斌：《我国已经进入全方位综合防控"科学精准、动态清零"的第四阶段》，新华网，2022 年 4 月 29 日，http：//www. news. cn/2022-04/29/c_ 1128608418. htm。

［118］ 李晓艳：《我市拓宽高校毕业生就业渠道》，2020 年 4 月 23 日，http：//www. jinhua. gov. cn/art/2020/4/23/art_ 1229160482_ 529761 22. html。

［119］ 平凉市发展和改革委员会：《优化营商环境攻坚突破年 | "春风行动"送真情 就业服务暖人心》，2023 年 3 月 27 日，http：//fgw. pingliang. gov. cn/ztzl/plsyhyshjgjtpnhd/art/2023/art_ 41e0af7d59fc4c 2eb5f3d59e5aa132b8. html。

［120］ 万志云、赵小羽、霍思颖：《"招工难""用工荒"背后：年轻人"嫌弃"制造业"偏爱"服务业》，人民网，2021 年 4 月 6 日，http：//finance. people. com. cn/n1/2021/0406/c1004-32070547. html。

［121］ 邢婷：《精准服务疫情期间大学生就业 青岛再启青年人才云上招聘会》，2021 年 1 月 14 日，http：//news. cyol. com/app/2021-01/14/content_ 18918846. htm。

［122］ 曾湘泉：《疫情冲击下的中国就业市场：短期波动与长期展望》，新华网，2020 年 9 月 28 日，http：//www. xinhuanet. com/fortune/2020-09/28/c_ 1126550429. htm。

［123］ 中华人民共和国教育部：《2023 届高校毕业生预计达 1158 万人》，2022 年 11 月 18 日，http：//www. moe. gov. cn/jyb_ xwfb/s5147/202211/t20221118_ 995344. html。

［124］ 驻哥斯达黎加官共和国大使馆经济商务处：《哥斯达黎加受疫情影响流失 34.6 万个非正规就业岗位》，2020 年 8 月 21 日，http：//www. mofcom. gov. cn/article/i/jyjl/l/202009/20200902998121. shtml。

［125］《2019 年农民工监测调查报告》，国家统计局门户网站，2020 年 4 月 30 日，http：//www. stats. gov. cn/tjSj/zxfb/202004/t20200430_ 17427 24. html。

[126] 《2020 年农民工监测调查报告》，国家统计局门户网站，2021 年 4 月 30 日，http：//www. stats. gov. cn/tjsj/zxfb/202104/t20210430_ 1816933. html。

[127] 《2020 年四川省国民经济和社会发展统计公报》，四川省人民政府门户网站，2021 年 3 月 15 日，http：//www. sc. gov. cn/10462/10464/10465/10574/2021/3/15/199bb4028ba84d5580d3403ad49bafe1. shtml。

[128] 《2021 年 5 月 26 日广东省新冠肺炎疫情情况》，广东省人民政府门户网站，2021 年 5 月 26 日，http：//www. gd. gov. cn/gdywdt/zwzt/yqfk/qktb/content/post_ 3290959. html。

[129] 《〈2021 年广东省高校毕业生就业创业十大行动方案〉新闻发布会》，南方网，2021 年 4 月 30 日，https：//gdio. southcn. com/node_ 12c3fd58e7/39c12a77fd. shtml。

[130] 《2021 年四川省人民政府工作报告》，四川省人民政府门户网站，2021 年 2 月 5 日，http：//www. sc. gov. cn/10462/c105962/2021/2/5/7124b99320b0457f98d483a30ef61199. shtml。

[131] 《北京新发地疫情病例最早 4 日现症状，12 日筛查发现阳性》，新京报网，2020 年 6 月 15 日，http：//www. bjnews. com. cn/feature/2020/06/15/738479. html？from＝timeline&isappinstalled＝0。

[132] 《持续抓好常态化疫情防控 以更大力度做好稳就业等"六稳"工作》，深圳市人民政府门户网站，2020 年 4 月 8 日，http：//www. sz. gov. cn/cn/xxgk/zfxxgj/zwdt/content/post_ 7131653. html。

[133] 《打好稳增长政策组合拳》，中工网，2023 年 3 月 22 日，https：//baijiahao. baidu. com/s？id＝1761019960163463006&wfr＝spider&for＝pc。

[134] 《"带货经济"热度飙升 带货主播招聘偏爱长相出众的农村青年》，新华网，2019 年 11 月 13 日，http：//www. hb. xinhuanet. com/2019-11/13/c_ 1125224547. htm。

[135] 《电力大数据：广东复工率复产率强势提升》，新华网，2020 年 2 月 26

日，http：//www.xinhuanet.com/2020-02-26/c_1125630215.htm。

[136]《丁薛祥在全国高校毕业生等青年就业创业工作电视电话会议上强调扎实做好高校毕业生就业创业工作 确保取得让党和人民满意的成效》，新华网，2023 年 5 月 11 日，http：//www.news.cn/politics/leaders/2023-05/11/c_1129606833.htm。

[137]《多方共同发力，维护新就业形态劳动者权益》，广东省人力资源和社会保障厅门户网站，2021 年 9 月 13 日，http：//hrss.gd.gov.cn/dsxxjy/bss/content/post_3517247.html。

[138]《高培勇：推动经济运行整体好转》，新浪财经，2023 年 3 月 31 日，https：//finance.sina.com.cn/hy/hyjz/2023 - 04 - 01/doc - imynvpwn4148426.shtml。

[139]《高校毕业生就业创业政策服务指南》，株洲市人力资源和社会保障局网站，2022 年 1 月 7 日，http：//rsj.zhuzhou.gov.cn/c922/20220107/i1815299.html#：~：text＝国家实施百万青年，受职业培训补贴%E3%80%82。

[140]《关于打赢新冠肺炎疫情防控阻击战深化企业服务若干措施》，天津市和平区人民政府门户网站，2020 年 2 月 29 日，http：//www.tjhp.gov.cn/zw/zfxxgk/zfgbm/qscjgj/fdzdgknr/qtfdgkxx/202012/t20201223_5156518.html。

[141]《关于调整我省新冠肺炎疫情应急响应级别的公告》，陕西省卫生健康委员会网站，2020 年 2 月 27 日，http：//sxwjw.shaanxi.gov.cn/sy/ztzl/fyfkzt/gzdt_2232/202002/t20200227_2117944.html。

[142]《关于坚决打赢疫情防控阻击战促进经济平稳健康发展的意见》，陕西省人民政府门户网站，2020 年 4 月 30 日，http：//www.shaanxi.gov.cn/zfxxgk/zfgb/2020/d8q/202004/t20200430_1728450.html。

[143]《关于进一步支持中小微企业和个体工商户健康发展的若干措施》，天津市和平区人民政府门户网站，2021 年 9 月 7 日，http：//www.tj.gov.cn/zwgk/szfwj/tjsrmzfbgt/202109/t20210909_5589193.html。

[144] 《关于进一步做好疫情期间农民工有序返岗复岗和稳定就业工作的通知》,河南省人民政府门户网站,2020 年 3 月 10 日,http：//www. henan. gov. cn/2020/03 - 10/1302673. html？wscckey = 99aa9f1a 8d22dca7_ 1576380958。

[145] 《关于失业保险基金支持疫情防控稳定就业岗位有关问题的通知》,陕西省人力资源和社会保障厅网站,2020 年 2 月 20 日,http：//rst. shaanxi. gov. cn/newstyle/pub _ newsshow. asp？id = 1015123&chid = 100077。

[146] 《关于疫情防控期间开展毕业生线上就业指导与服务工作的通知》,安徽农业大学门户网站,2020 年 2 月 14 日,http：//zj. ahau. edu. cn/info/1004/1231. htm。

[147] 《关于疫情防控期间开展职业技能提升行动线上培训工作的通知》,无锡市人力资源和社会保障局门户网站,2020 年 2 月 24 日,http：//hrss. wuxi. gov. cn/doc/2020/02/24/2821513. shtml。

[148] 《关于印发〈2021 年广东省高校毕业生就业创业十大行动方案〉的通知》,广东省人力资源和社会保障厅门户网站,2021 年 4 月 30 日,http：//hrss. gd. gov. cn/zcfg/content/post_ 3273758. html。

[149] 《关于印发海南省严格做好疫情防控帮助企业复工复产七条措施的通知》,海南省人民政府门户网站,2020 年 2 月 9 日,https：//www. hainan. gov. cn/data/zfgb/2020/03/8597/。

[150] 《关于印发海南省应对新型冠状病毒感染的肺炎疫情支持中小企业共渡难关八条措施的通知》,海南省人民政府门户网站,2020 年 2 月 5 日,https：//www. hainan. gov. cn/data/zfgb/2020/03/8595/。

[151] 《关于印发〈湖北"青创贷"金融扶持项目实施意见〉的通知》,共青团湖北省委门户网站,2021 年 6 月 24 日,http：//www. hbgqt. org. cn/view/711e1f3f3f8443f6abe7fe989727228b？mark =% E6% B9% 96%E5%8C%97%E2%80%9C%E9%9D%92%E5%88%9B%E8%B4% B7%E2%80%9D%E9%87%91%E8%9E%8D%E6%89%B6%E6%8C%

81%E9%A1%B9%E7%9B%AE%E5%AE%9E%E6%96%BD%E6%84%8F%E8%A7%81。

[152]《关于做好新型冠状病毒感染肺炎疫情防控期间稳定劳动关系支持企业复工复产的意见》，陕西省人力资源和社会保障厅网站，2020年2月9日，http：//rst. shaanxi. gov. cn/newstyle/pub_ newsshow. asp？id=1014979&chid=100077。

[153]《广东18地市连续14天无新增13地市动态清零》，新华网，2020年3月11日，http：//www. gd. xinhuanet. com/newscenter/2020－03/11/c_ 1125695027. htm。

[154]《广东多措并举"稳就业"今年前8个月实现城镇新增就业83.38万人》，广东省人民政府门户网站，2020年9月15日，http：//www. gd. gov. cn/gdywdt/zwzt/yqfk/gdzxd/content/post_ 3085729. html。

[155]《广东复工率超过半数 重点企业复工率明显提速》，新华网，2020年2月22日，http：//www. xinhuanet. com/2020－02/22/c_ 1125612007. htm。

[156]《广东省第十三届人民代表大会常务委员会公告（第85号）》，广东省人民代表大会常务委员会门户网站，2021年8月3日，http：//www. rd. gd. cn/zyfb/ggtz/202108/t20210803_ 184533. html。

[157]《广东省高校毕业生就业创业扶持政策清单》，佛山市政府人才网，2021年9月7日，https：//www. fsrlzy. cn/article/1711？typeId=zcfg&topic=jycy。

[158]《广东省积极利用知识产权推动防疫行业发展》，广东省市场监督管理局门户网站，2020年2月14日，http：//amr. gd. gov. cn/gkmlpt/content/2/2896/post_ 2896445. html#2963。

[159]《广东省决定启动重大突发公共卫生事件一级响应》，广东省卫生健康委员会网站，2020年1月23日，http：//wsjkw. gd. gov. cn/zwyw_ gzdt/content/post_ 2878900. html。

[160]《广东省人力资源和社会保障厅关于积极应对新型冠状病毒感染肺炎疫情做好劳动关系相关工作的通知》，广东省人力资源和社会保障厅

门户网站，2020 年 1 月 31 日，http：//www. gd. gov. cn/gdywdt/zwzt/
yqfk/gdzc/content/post_ 2930806. html。

[161]《广东省人民政府关于企业复工和学校开学时间的通知》，广东省人
民政府门户网站，2020 年 1 月 28 日，http：//www. gd. gov. cn/
gdywdt/zwzt/yqfk/gdzc/content/post_ 2930804. html。

[162]《广东省人民政府关于印发〈广东省进一步稳定和扩大就业若干政策
措施〉的通知》，广东省人民政府门户网站，2021 年 3 月 14 日，
http：//www. gd. gov. cn/gkmlpt/content/3/3242/post_ 3242111. html#7。

[163]《广东省新冠肺炎疫情防控应急响应级别调整为三级响应》，新华网，
2020 年 5 月 8 日，http：//www. xinhuanet. com/2020 - 05/08/c_ 11
25957273. htm。

[164]《广东省新型冠状病毒肺炎疫情防控指挥部关于做好新冠肺炎疫情常
态化防控工作的实施意见》，广东省人民政府门户网站，2020 年 5 月
13 日，http：//www. gd. gov. cn/gdywdt/zwzt/yqfk/gdzxd/content/post_
2994035. html。

[165]《广东数字经济规模约 5. 2 万亿领跑全国，占 GDP 比重近一半》，广
东省工业和信息化厅门户网站，2021 年 8 月 24 日，http：//
www. xinhuanet. com/fortune/2020 - 02/26/c_ 1125630215. htm。

[166]《国家税务总局广东省税务局关于强化落实税务政策坚决打赢疫情防
控阻击战的通知》，国家税务总局广东省税务局门户网站，2020 年 2
月 1 日，http：//guangdong. chinatax. gov. cn/gdsw/yqzt_ ssyh/2020 -
02/01/content_ 8f31495c516b4f7a930fac4893aff246. shtml。

[167]《国家统计局新闻发言人就 2020 年上半年国民经济运行情况答记者
问》，国家统计局网站，2020 年 7 月 16 日，http：//www. stats. gov.
cn/tjsj/sjjd/202007/t20200716_ 1776345. html。

[168]《国务院办公厅关于进一步支持大学生创新创业的指导意见》，中华
人民共和国中央人民政府门户网站，2021 年 10 月 20 日，http：//
www. gov. cn/zhengce/content/2021 - 10/12/content_ 5642037. htm。

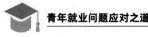

[169] 《国务院办公厅关于应对新冠肺炎疫情影响强化稳就业举措的实施意见》，国务院办公厅网站，2020年3月20日，http：//www.gov.cn/zhengce/content/2020-03/20/content_ 5493574.htm。

[170] 《国务院关于印发"十四五"就业促进规划的通知》，中华人民共和国中央人民政府门户网站，2021年8月27日，http：//www.gov.cn/zhengce/content/2021-08/27/content_ 5633714.htm。

[171] 《国务院新闻办就中央指导组指导疫情防控和医疗救治工作进展举行发布会》，中华人民共和国中央人民政府网，2020年2月28日，http：//www.gov.cn/xinwen/2020-02/28/content_ 5484713.htm。

[172] 《海南将重大突发公共卫生事件一级响应调整为三级响应》，中华人民共和国中央人民政府门户网站，2020年2月26日，http：//www.gov.cn/xinwen/2020-02/26/content_ 5483666.html。

[173] 《海南省安委办和省应急管理厅出台服务企业复工复产七条措施》，新华网，2020年2月21日，http：//www.xinhuanet.com/yingjijiuyuan/2020-02/21/c_ 1210483934.html。

[174] 《海南省人力资源和社会保障厅等五部门关于做好新型冠状病毒肺炎疫情防控期间稳定劳动关系支持企业复工复产的实施意见》，海南省人力资源和社会保障厅网站，2020年2月18日，hrss.hainan.gov.cn/hrss/0503/202002/2953b7319bd544b0a183872035 eb9272.shtml。

[175] 《汉中市人民政府支持打赢新冠肺炎疫情防控阻击战促进经济平稳健康发展若干措施的通知》，陕西省人民政府门户网站，2021年2月14日，http：//www.hanzhong.gov.cn/hzszf/szfwj3qg/202101/9fa400eb98ae4f38be3f1aa915f06121.shtml。

[176] 《河北精准施策推进复工复产》，新华网，2020年3月10日，https：//baijiahao.baidu.com/s？id=1660703989814093232&wfr=spider&for=pc。

[177] 《河北省多项政策措施保障2020届高校毕业生就业创业》，中国新闻网，2020年5月29日，https：//baijiahao.baidu.com/s？id=1668009345086350615&wfr=spider&for=pc。

［178］《河北省全力支持服务企业复工复产》，共产党员网，2020 年 5 月 20 日，https：//www. 12371. cn/2020/05/20/ARTI1589967048133317. shtml。

［179］《后疫情时代我国青年就业状况分析（2021 年 8 月）》，人力资源和社会保障部信息中心网站，2021 年 8 月 3 日，https：//www. hrssit. cn/info/2405. html。

［180］《湖北 7 日新增无症状感染者 16 例 无境外输入病例》，新华网，2020 年 5 月 8 日，http：//www. xinhuanet. com/politics/2020－05/08/c_1125956623. htm。

［181］《湖北省委主要负责同志职务调整 应勇任湖北省委书记》，新华网，2020 年 2 月 13 日，http：//www. xinhuanet. com/politics/2020-02/13/c_ 1125568253. htm。

［182］《江门市"邑青战疫贷"正式启动 金融精准扶持助力青年创业》，江门市人民政府门户网站，2020 年 5 月 15 日，http：//www. jiangmen. gov. cn/home/zwyw/content/post_ 2052342. html。

［183］《教育部：2021 届全国普通高校毕业生总规模 909 万 同比增加 35 万》，中华人民共和国教育部门户网站，2021 年 5 月 13 日，http：//www. moe. gov. cn/jyb_ xwfb/xw_ fbh/moe_ 2606/2021/tqh_ 210513/mtbd/202105/t20210513_ 531321. html。

［184］《教育部：2022 届高校毕业生规模预计 1076 万人，同比增加 167 万》，中华人民共和国教育部网站，2021 年 12 月 28 日，http：//www. moe. gov. cn/fbh/live/2021/53931/mtbd/202112/t20211229 _591046. html。

［185］《教育部关于应对新冠肺炎疫情做好 2020 届全国普通高等学校毕业生就业创业工作的通知》，中华人民共和国教育部门户网站，2020 年 3 月 6 日，http：//www. moe. gov. cn/srcsite/A15/s3265/202003/t20200306_ 428194. html。

［186］《今日国务院联防联控机制新闻发布会权威发布》，中华人民共和国中央人民政府门户网站，2023 年 5 月 8 日，http：//www. gov. cn/

yaowen/2023-05/08/content_ 5754595. htm。

[187] 《进一步促进高校毕业生就业十条措施》，四川省人民政府门户网站，2020 年 5 月 15 日，ttps：//www. sc. gov. cn/10462/c102278/2020/5/25/ad88905370f04f22b3030fc01a7c2443. shtml。

[188] 《经济复苏的中国答卷》，《经济日报》2020 年 12 月 28 日，第 01 版。

[189] 《来了！广东推出应对疫情支持企业复工复产 20 条!》，广东省人民政府门户网站，2020 年 2 月 6 日，http：//www. gd. gov. cn/zwgk/zcjd/mtjd/content/post_ 2886263. html。

[190] 《李克强对全国就业创业工作暨普通高等学校毕业生就业创业工作电视电话会议作出重要批示》，中华人民共和国中央人民政府门户网站，2021 年 6 月 3 日，http：//www. gov. cn/xinwen/2021 - 06/03/content_ 5615273. htm。

[191] 《李克强对全国普通高等学校毕业生就业创业工作电视电话会议作出重要批示》，中华人民共和国中央人民政府门户网站，2020 年 6 月 3 日，http：//www. gov. cn/xinwen/2020-06/03/content_ 5517040. htm。

[192] 《联合国：全球 2. 67 亿青年处于"无工无学无培训"的"三无"状态》，联合国门户网站，2020 年 3 月 9 日，https：//news. un. org/zh/story/2020/03/1052361。

[193] 《亮点多多！广州 3. 0 版新政这样稳就业、保民生》，广东省人力资源和社会保障厅微信平台，2021 年 8 月 16 日，https：//mp. weixin. qq. com/s/awU4FFpo6s1fkI5t3sOQsA。

[194] 《刘国中在疫情防控专题会上强调下气力快动作补短板堵漏洞 科学精准做好疫情防控工作》，陕西省卫生健康委员会网站，2021 年 12 月 13 日，http：//sxwjw. shaanxi. gov. cn/sy/ztzl/fyfkzt/ddjc/202112/t20211226 _ 2205567. html。

[195] 《美团报告："兼职做骑手"成就业新趋势 超五成月收入超 4000 元》，人民网，2020 年 7 月 17 日，http：//it. people. com. cn/n1/2020/0717/c1009-31787977. html。

[196]《农业农村部办公厅 人力资源社会保障部办公厅关于印发〈扩大返乡留乡农民工就地就近就业规模实施方案〉的通知》，中华人民共和国中央人民政府门户网站，2020 年 3 月 30 日，http：//www. gov. cn/zhengce/zhengceku/2020-03/30/content_ 5497102. htm。

[197]《清华大学发布〈全球创业观察 2016/2017 中国报告〉》，人民网，2018 年 1 月 28 日，http：//finance. people. com. cn/n1/2018/0128/c1004-29791128. html。

[198]《清华大学全方位做好疫情防控期间毕业生就业工作——"教育系统多措并举促进高校毕业生就业创业"系列之六》，中华人民共和国教育部门户网站，2020 年 10 月 19 日，http：//www. moe. gov. cn/jyb_sjzl/s3165/202010/t20201019_ 495510. html。

[199]《全国普通高等学校毕业生就业创业工作电视电话会议召开》，中华人民共和国中央人民政府门户网站，2022 年 5 月 16 日，http：//www. gov. cn/xinwen/2022-05/16/content_ 5690731. htm。

[200]《全球维度看中国经济这三年，让数据说话!》，央视网，2023 年 2 月 6 日，https：//news. cctv. com/2023/02/06/ARTIZ0PZHvwEidAp1aC3bNK6230206. shtml。

[201]《全省 13888 户规上工业企业已复工 复工率达 95.4%》，四川省人民政府门户网站，2020 年 3 月 4 日，http：//www. sc. gov. cn/10462/12771/2020/3/4/f4ed4600e0744eeeb506fdc57f52ae4e. shtml。

[202]《全省工业中小企业复工率超 97% 职工复岗率超七成》，四川省人民政府门户网站，2020 年 3 月 10 日，http：//www. sc. gov. cn/10462/12771/2020/3/10/0cdc49720f9c49c588587b1f66b1b117. shtml。

[203]《人力资源社会保障部关于开展 2023 年高校毕业生等青年就业创业推进计划的通知》，中华人民共和国中央人民政府门户网站，2023 年 3 月 30 日，http：//www. gov. cn/zhengce/zhengceku/2023 - 04/06/content_ 5750280. htm。

[204]《人力资源社会保障部关于开展"人社服务快办行动"的通知》，人

力资源和社会保障部门户网站，2020 年 5 月 14 日，http：//www. gov. cn/zhengce/zhengceku/2020－05/14/content_ 5512619. htm。

[205]《人力资源社会保障部　教育部　财政部　交通运输部　国家卫生健康委关于做好疫情防控期间有关就业工作的通知》，中华人民共和国中央人民政府门户网站，2020 年 2 月 6 日，http：//www. gov. cn/zhengce/zhengceku/2020－02/06/content_ 5475179. htm。

[206]《人社部：通过"六个一批"来促进农民工就业》，人民网，2020 年 2 月 28 日，http：//society. people. com. cn/n1/2020/0228/c1008 － 31609559. html。

[207]《陕西启动突发公共卫生事件 I 级应急响应》，陕西省卫生健康委员会网站，2020 年 1 月 25 日，http：//sxwjw. shaanxi. gov. cn/sy/ztzl/fyfkzt/gzdt_ 2232/202001/t20200125_ 2117827. html。

[208]《陕西省人力资源和社会保障厅　陕西省财政厅关于做好职业技能提升行动线上培训工作的通知》，陕西省人力资源和社会保障厅门户网站，2020 年 2 月 18 日，http：//rst. shaanxi. gov. cn/newstyle/pub_ newsshow. asp？id＝1015009&chid＝100077。

[209]《陕西省人民政府办公厅关于开展促进高校毕业生就业创业十大行动的通知》，陕西省人民政府门户网站，2020 年 7 月 22 日，http：//www. shaanxi. cn/zfxxgk/fdzdgknr/zcwj/szfbgtwj/szbf/202007/t20200722_ 1667048. html。

[210]《陕西省新冠肺炎疫情防控工作新闻发布会（第 45 场）》，陕西省卫生健康委员会网站，2021 年 1 月 26 日，http：//sxwjw. shaanxi. gov. cn/sy/ztzl/fyfkzt/xwfbh/202201/t20220126_ 2208958. html。

[211]《陕西四项复工复产指标持续向好》，人民网，2020 年 4 月 16 日，http：//sn. people. com. cn/n2/2020/0416/c378288-33951702. html。

[212]《省人社厅召开就业工作新闻发布会》，广东省人力资源和社会保障厅微信平台，2022 年 1 月 17 日，https：//mp. weixin. qq. com/s/2wcFUC7oih6jRP26LVYIAA。

［213］《省委常委会暨省新冠肺炎防控领导小组（指挥部）召开会议 科学防治精准施策全力以赴做好应对处置工作 坚决防止疫情扩散蔓延 李希主持会议》，广东省人民政府门户网站，2021 年 5 月 27 日，http：//www. gd. gov. cn/gdywdt/zwzt/yqfk/gdzxd/content/post_ 3292181. html。

［214］《省委常委会暨省新冠肺炎防控领导小组（指挥部）召开会议审议〈广东省进一步稳定和促进就业若干政策措施〉 李希主持会议》，广东省人民政府门户网站，2020 年 2 月 16 日，http：//www. gd. gov. cn/gdywdt/zwzt/yqfk/gdzxd/content/post_ 2897710. html。

［215］《省委省政府印发〈关于统筹推进新冠肺炎疫情防控和经济社会发展工作的若干措施〉》，广东省人民政府门户网站，2020 年 2 月 27 日，http：//www. gd. gov. cn/gdywdt/gdyw/content/post_ 2909589. html。

［216］《省政府新闻办举行新闻发布会介绍陕西省复工复产进展情况（第二十七场）》，陕西省人民政府门户网站，2020 年 3 月 25 日，www. shaanxi. gov. cn/szf/xwfbh/202003/t20200325_ 1525068_ wap. html。

［217］《市人社局关于组建专家服务团支持企业复工复产工作的通知》，天津市人力资源和社会保障局网站，2020 年 3 月 28 日，http：//hrss. tj. gov. cn/zhengwugongkai/zhengcezhinan/zxwjnew/202012/t202012 06_ 4493640. html。

［218］《市人社局关于做好人力资源服务机构复工复产工作的通知》，天津市人力资源和社会保障局网站，2020 年 3 月 4 日，http：//hrss. tj. gov. cn/zhengwugongkai/zhengcezhinan/zxwjnew/202012/t20201206_ 4493575. html。

［219］《世卫宣布新冠疫情不再构成“国际关注的突发公共卫生事件”》，光明网，2023 年 5 月 5 日，https：//m. gmw. cn/2023－05/06/content_ 1303364902. htm。

［220］《税收大数据显示天津市复工复产稳中向好》，人民网，2020 年 4 月 2 日，http：//tj. people. com. cn/n2/2020/0402/c375366－33922783. html。

［221］《税收数据折射广东复工复产新态势：4 月份总体上已恢复至去年同

期水平》，新华网，2020 年 5 月 13 日，http：//www.xinhuanet.com/fortune/2020-05/13/c_ 1125981595.htm。

[222]《四川概况》，四川省人民政府门户网站，2021 年 6 月 7 日，http：//www.sc.gov.cn/10462/10778/10876/2021/6/7/3fb2c20b47e14ede9b62e28a6c1f8f4d.shtml。

[223]《四川、山东、福建、贵州、广西启动重大突发公共卫生事件一级响应》，新华网，2020 年 1 月 25 日，http：//www.xinhuanet.com/politics/2020-01/25/c_ 1125500411.htm。

[224]《四川省人民政府办公厅关于印发实施四川省全面恢复正常生产生活秩序工作指南的通知》，四川省人民政府门户网站，2020 年 3 月 25 日， http：//www.sc.gov.cn/10462/c103046/2020/3/25/e345d4686b8b443399373ba6823bceb6.shtml。

[225]《四川省人民政府办公厅关于印发实施〈四川省应对新冠肺炎疫情分区分级差异化防控工作指南（第二版）〉的通知》，四川省卫生健康委员会门户网站，2020 年 3 月 3 日，http：//wsjkw.sc.gov.cn/scwsjkw/swszfbs/2020/3/3/d3e3a74a128a473f825bfd645f97a076.shtml。

[226]《四川省人民政府办公厅关于印发应对新型冠状病毒感染的肺炎疫情 I 级响应措施的通知》，四川省人民政府门户网站，2020 年 1 月 25 日，http：//www.sc.gov.cn/10462/c103042/2020/1/25/5006b709a9fe42ad83ff955e52f95b34.shtml。

[227]《四川省新型冠状病毒肺炎疫情防控工作新闻发布会（第十九场）》，四川省卫生健康委员会门户网站，2020 年 3 月 26 日，http：//wsjkw.sc.gov.cn/scwsjkw/tpxw/2020/3/26/6b94a2f096004b72a6cf7808ea14e25d.shtml。

[228]《四川省应急委员会关于将新冠肺炎疫情防控二级应急响应调整为三级应急响应的决定》，四川省人民政府门户网站，2020 年 3 月 24 日，http：//www.sc.gov.cn/10462/10464/10684/12419/2020/3/24/332fac743caa4854a76f33c31c33fb69.shtml。

[229] 《天津打出复工复产"组合拳"》，人民网，2020 年 2 月 24 日，http：//tj. people. com. cn/n2/2020/0224/c375366−33824759. html。

[230] 《天津市打赢新型冠状病毒感染肺炎疫情防控阻击战进一步促进经济社会持续健康发展的若干措施》，天津市人民政府门户网站，2020 年 2 月 6 日，http：//www. tj. gov. cn/zwgk/szfwj/tjsrmzfbgt/202005/t20200519_ 2370657. html。

[231]《天津市启动应对新型冠状病毒感染的肺炎一级响应》，天津市卫生健康委员会门户网站，2020 年 1 月 24 日，http：//wsjk. tj. gov. cn/ZTZL1/ZTZL750/YQFKZL9424/FKDT1207/202008/t20200803_ 3362224. html。

[232]《天津市新型冠状病毒感染的肺炎疫情防控工作指挥部令》，天津市卫生健康委员会门户网站，2020 年 6 月 5 日，http：//wsjk. tj. gov. cn/ZTZL1/ZTZL750/YQFKZL9424/ZCWJ1565/202008/t20200803 _ 3363 588. html。

[233]《天津市支持中小微企业和个体工商户克服疫情影响保持健康发展的若干措施》，天津市人民政府门户网站，2020 年 3 月 15 日，http：//www. tj. gov. cn/zwgk/szfwj/tjsrmzfbgt/202005/t20200519_ 2370662. html。

[234]《通海县疫情期间对小微企业及创业者金融扶持工作情况》，通海县人民政府门户网站，2020 年 6 月 2 日，http：//www. tonghai. gov. cn/thxzfxxgk/tzgggs/20200602/1162148. html。

[235]《我国青年首次创业平均年龄为 24. 67 岁》，人民网，2016 年 12 月 20 日，http：//edu. people. com. cn/n1/2016/1220/c1053−28961859. html。

[236]《我省 2~6 月为 270 多万户企业减免、延缴社保费：近千亿!》，广东省人民政府门户网站，2020 年 8 月 1 日，www. gd. gov. cn/gdywdt/zwzt/yqfk/gdzxd/content/post_ 3057055. html。

[237]《习近平：高举中国特色社会主义伟大旗帜 为全面建设社会主义现代化国家而团结奋斗——在中国共产党第二十次全国代表大会上的报告》，《人民日报》2022 年 10 月 26 日，第 01~05 版

[238]《习近平：决胜全面建成小康社会 夺取新时代中国特色社会主义伟大胜利——在中国共产党第十九次全国代表大会上的报告》，中华人民共和国中央人民政府网，2017 年 10 月 27 日，http：//www.gov.cn/zhuanti/2017-10/27/content_ 5234876.htm。

[239]《习近平：在纪念五四运动 100 周年大会上的讲话》，求是网，2019年 4 月 30 日，http：//www.qstheory.cn/yaowen/2019 - 04/30/c_1124440333.htm。

[240]《习近平在清华大学考察时强调 坚持中国特色世界一流大学建设目标方向 为服务国家富强民族复兴人民幸福贡献力量》，求是网，2021 年 4 月 19 日，http：//www.qstheory.cn/yaowen/2021 - 04/19/c_ 1127348969.htm。

[241]《习近平总书记在知识分子、劳动模范、青年代表座谈会上的讲话》，《人民日报》2016 年 4 月 30 日，第 01 版。

[242]《新经济助力新就业 后疫情时代灵活就业前景广阔》，光明网，2020 年10 月 30 日，https：//tech.gmw.cn/2020-10/30/content_ 34324469.htm。

[243]《一季度全国累计实现减税降费 7428 亿元》，中华人民共和国中央人民政府门户网站，2020 年 4 月 29 日，http：//www.gov.cn/xinwen/2020-04/29/content_ 5507549.htm。

[244]《疫情防控期间就业创业服务政策汇总》，资阳市人民政府门户网站，2020 年 2 月 24 日，http：//www.ziyang.gov.cn/_ ziyang/detail.aspx?id=161496。

[245]《【疫情防控】学校全力做好疫情期间心理辅导服务工作》，安徽工程大学门户网站，2020 年 2 月 9 日，https：//www.ahpu.edu.cn/2020/0207/c3a130222/page.psp。

[246]《疫情期间数字经济有效推动经济快速复苏》，人民网，2020 年 3 月 11日，http：//scitech.people.com.cn/n1/2020/0311/c1007-316 27798.html。

[247]《习近平在四川考察时强调 深入贯彻新发展理念主动融入新发展格局 在新的征程上奋力谱写四川发展新篇章》，新华网，2022 年 6 月 9

日，http：//www. news. cn/politics/2022-06/09/c_ 1128728015. htm。

[248] 《疫情下，世界各国这样"稳就业"……》，2020 年 5 月 27 日，https：//www. sohu. com/a/397961643_ 200224。

[249] 《应对新冠肺炎疫情影响强化稳就业举措的通知》，陕西省人民政府门户网站，2020 年 4 月 16 日，http：//www. shaanxi. cn/zfxxgk/fdzdgknr/zcwj/szfbgtwj/szbf/202004/t20200416_ 1667034. htmls。

[250] 《政府工作报告——2021 年 3 月 5 日在第十三届全国人民代表大会第四次会议上》，中华人民共和国中央人民政府门户网站，2021 年 3 月 12 日，http：//www. gov. cn/premier/2021-03/12/content_ 5592671. htm。

[251] 《职业标准加紧编制 互联网营销将规范》，中华人民共和国中央人民政府门户网站，2020 年 9 月 25 日，http：//www. gov. cn/xinwen/2020-09/25/content_ 5546952. htm。

[252] 《中共中央 国务院印发〈扩大内需战略规划纲要（2022-2035年）〉》，中华人民共和国中央人民政府，2022 年 12 月 24 日，http：//www. gov. cn/zhengce/2022-12/14/content_ 5732067. htm。

[253] 《中共中央 国务院印发〈粤港澳大湾区发展规划纲要〉》，中华人民共和国中央人民政府门户网站，2019 年 2 月 18 日，http：//www. gov. cn/gongbao/content/2019/content_ 5370836. htm。

[254] 《中共中央 国务院印发〈中长期青年发展规划（2016-2025 年）〉》，中华人民共和国中央人民政府门户网站，2017 年 4 月 13 日，http：//www. gov. cn/zhengce/2017-04/13/content_ 5185555. htm#1。

[255] 《中国进入疫情"乙类乙管"常态化防控阶段》，光明网，2023 年 2 月 24 日，https：//m. gmw. cn/baijia/2023-02/24/36388150. html。

[256] 《中华人民共和国劳动合同法》，中国人大网，2013 年 4 月 15 日，http：//www. npc. gov. cn/wxzl/gongbao/2013-04/15/content_ 1811058. htm。

[257] 《中华人民共和国劳动法》，中国人大网，2019 年 1 月 7 日，http：//www. npc. gov. cn/npc/c30834/201901/ffad2d4ae4da4585a041abf66e74753c. shtml。

［258］《中山管控区域企业有序复工 此前 7 轮全员核酸检测均为阴性》，广东省人民政府门户网站，2021 年 8 月 2 日，http：//www. gd. gov. cn/gdywdt/zwzt/yqfk/gdzxd/content/post_ 3449452. html。

［259］《中央经济工作会议举行 习近平李克强李强作重要讲话》，中华人民共和国中央人民政府门户网站，2022 年 12 月 16 日，http：//www. gov. cn/xinwen/2022−12/16/content_ 5732408. htm。

［260］《中央指导组离鄂返京》，中华人民共和国中央人民政府门户网站，2020 年 4 月 27 日，http：//www. gov. cn/guowuyuan/2020 − 04/27/content_ 5506541. htm。

［261］《重磅！4 月 30 日零时起，天津市重大突发公共卫生事件应急响应级别由一级调整为二级》，天津市卫生健康委员会门户网站，2020 年 4 月 29 日，http：//wsjk. tj. gov. cn/XWZX6600/YQFKDT1752/202008/t20200829_ 3606517. html。

［262］《最新发布 ｜ 人民数据研究院发布〈青年就业与职业规划报告（2021）〉》，人民数据研究院，2022 年 1 月 12 日，http：//www. peopledata. com. cn/html/NEWS/Dynamics/2581. html。

二 英文文献

［1］ Aryee S. , Wyatt T. , Stone R. Early Career Outconmes of Graduate Employees：The Effect of Mentoring and Ingratiation ［J］. Journal of Management Studies, 1996, 33 (1)：95–118.

［2］ Beutels P. , Jia N. , Zhou Q. Y. et al. The Economic Impact of SARS in Beijing, China ［J］. Tropical Medicine and International Health, 2009, 14 (1).

［3］ Boozer M. A. , Tomas J. P. The Impact of Public Testing for Human Immunodeficiency Virus ［J］. Journal of Human Resources, 2000, 35 (3)：419–446.

［4］ Bronfenbrenner U. The Ecology of Human Development Experiments by

Nature and Design［M］. Cambridge：Harvard University Press，1979.

［5］ Cable D. M. , Judge T. A. Interviewers' Perception of Person Organization Fit and Organizational Selection Decisions［J］. Journal of Applied Psychology, 1997, 82（4）: 546-561.

［6］ Cable D. M. , Judge T. A. Pay Preferences and Job Search Decisions: A Person-organization Fit Perspective［J］. Personnel Psychology, 1994, 47 （3）: 317-348.

［7］ Charles H. Zastrow, Karen K. Kirstashman. Understanding Human Behavior and Science Environment. 6th Edition ［M］. Thomson Brooks/Cole, 2004: 22-27.

［8］ Che L. , Du H. , Chan K. W. Unequal Pain: A Sketch of the Impact of the COVID-19 Pandemic on Migrants' Employment in China［J］. Eurasian Geography and Economics, 2020, 61（4-5）: 448-463.

［9］ David Barbuscia, Stephen Kalin. UAE , Saudi Central Banks Roll Out ＄40 Billion Stimulus for Virus-Hit Economies［EB/OL］. Reuters.［2020-03- 15］. https：//www. reuters. com/article/uk - health - coronavirus - emirates-stimulus/uae-saudi- central-banks-roll-out-40-billion-stimulu s-for-virus-hit-economies-idUKKBN2110TW？ edition-redirect＝uk.

［10］ Deliana K. , Cynthia H. , John T. et al. Long - Distance Effects of Epidemics: Assessing the Link Between the 2014 West Africa Ebola Outbreak and U. S. Exports and Employment［J］. Health Economics, 2019（28）.

［11］ Dixon, P. B. , Rimmer, M. , Muehlenbeck, T. , Rimmer, M. Y. , Rose, A. , Verikios, G. Effects on the U. S. Economy of a Serious H1N1 Epidemic: Analysis with a Quarterly CGE Model. Centre of Policy Studies, Monash University, 2009.

［12］ Doeringer, P. B. , & Pioer, M. J. Internal Labor Markets and Manpower Analysis. Lexington［M］. MA: Heath Publishing. , 1971.

［13］ Edwards J. R. Person-job Fit: A Conceptual Integration, Literature an Review and Methodological Critique ［J］. International Review of Industrial and Organizational Psychology, 1991, 11 (8): 283-357.

［14］ Edwards J. R., Rothbard N. P. Work and Family Stress and Well-being: An Examination of Person-environment Fit in the Work and Familydomains ［J.］ Organizational behavior and human decision processes, 1999, 77 (1): 85-129.

［15］ Fang H., Ge C., Huang H., Li H. Pandemics, Global Supply Chains snd Local Labor Demand: Evidence fro 100 million Posted Jobs in China ［R］. NBER Working Paper, 2020, No. 28072.

［16］ Geoffard P. Y., T. Philipson. Disease Eradication: Private Vs. Public Vaccination. DELTA Working Papers, 1995.

［17］ Ginzberg E., Ginsburg S. W., Axelrad S., Herma J. L. Occupational Choice: An Approach to a General Theory ［M］. Columbia University Press, 1951.

［18］ Gourinchas P. O., Kalemli - Özcan S., Penciakova V., Sander N. COVID-19 and SME Failures ［R］. NBER Working Paper, 2020, No. 27877.

［19］ Gourio, F. Disaster Risk and Business Cycles ［J］. American Economic Review, 2012, Vol. 102, No. 6, pp. 2744-2766.

［20］ Hall D. T., Moss J. E. The New Protean Career Contract: Helping Organizations and Employees Adapt ［J］. Organization Dynamics, 1998, 34 (4): 22-37.

［21］ Han C. Percarity, Precariousness, and Vulnerability ［J］. Annual Review of Anthropology, 2018, 47 (1), 331-343.

［22］ Hawlett. Policy Instrument, Policy Styles, and Policy Implementation: Nation Approaches to Theories of Instrument Choice ［J］. Policy Studies Journal, 1991, Vol. 19, No. 02, pp. 1-21.

[23] Heckman J. J., Hotz V. J. An Investigation of the Labor Market Earnings ofPanamanian Males. Evaluating the Sources of Inequality [J]. Journal of Human Resources, 1986, 21 (4).

[24] He P., Niu H., Sun Z., and Li T. Accounting Index of COVID – 19 Impact on Chinese Industries: A Case Study Using Big Data Portrait Analysis [J]. Emerging Markets Finance and Trade, 2020, 56 (10): 2332-2349.

[25] Hijzen A., Martin S. The Role of Short-time Works Schemes During the Global Financial Crisis and Early Recovery: A Cross – country Analysis [J]. IZA Journal of Labor Policy, 2013, 2 (5): 1-31.

[26] Hollan J. L. Making Vocational Choices: A Theroy of Vocational Personalities and Work Environments [M]. Prentice Hall, 1985.

[27] Huber C., Finelli L., Stevens, W. The Economic and Social Burden of the 2014 Ebola Outbreak in West Africa [J]. Journal of Infectious Diseases, 2018, 218 (5).

[28] Keogh-Brown M. R., Smith R. D. The Economic Impact of SARS: How Does the Reality Match the Predictions? [J]. Health Policy, 2008, 88 (1).

[29] Kerr C. The Balkanization of Labor Markets [M] //Labormobility and Economic Opportunity. Cambridge: MIT Press, 1954.

[30] Komin W., Thepparp R., Subsing B., et al. COVID-19 and Its Impact on Informal Sector Workers: A Case Study of Thailand [J]. Asia Pacific Journal of Social Work and Development, 2021, 31 (1-2), 80-88.

[31] Kossek E., Roberts K., Fisher S. et, al. Careerself Managament: A Quasi Experimental Assessment of the Effects of a Training Intervention [J]. Personnel Psychology, 1998, 34 (3): 935-962.

[32] Kristalina Georgieva. Confronting the Crisis: Priorities for the Global Economy. International Monetary Fund, 2020 – 04 – 07, http: //

www. imf. org/en/News/Articles/2020/04/07sp040920 – SMs2020 – Curtain-Raiser.

[33] Kristof – Brown A. Person-organization Fit: An Integrative Review of Its Conceptualizations, Measurements and Impliations [J]. Personnel Psychology, 1996, 50 (3): 359-394.

[34] Kristof–Brown A., Zimmerman R. D., Johnson E. C., Consequences of Individuals' fit at Work: A meta – Analysis of Person-job, Person-organization, Person-group, and Person-supervisor Fit [J]. Personnel Psychology, 2005, 58 (2): 281-342.

[35] Kumanan, W., Brownstein, J. S., Fidler, D. P. Strengthening the International Health Regulations: Lessons from the H1N1 Pandemic [J]. Health Policy and Planning, 2010, Vol. 25, pp. 505-509.

[36] Lee, J. W., McKibbin, W. J. Globalization and Disease: The Case of SARS [J]. Asian Economic Papers, 2004, Vol. 3, No. 1, pp. 113-131.

[37] Major D. A., Kozlowski S. W J., Chao G., et, al. A longitudinal Investigation of Newcomer Expectations, Early Socialization Outcomes, and the Moderating Effects of Role Development Factors [J]. Journal of Applied Psychology, 1995, 80 (3): 418-431.

[38] McDonnell, L. M. and Elmore, R. F. Getting the Job Done: Alternative Policy Instruments [J]. Educational Evaluation and Policy Analysis, 1987, Vol. 9, pp. 133-152.

[39] McKibbin, W., Fernando, R. The Global Macroeconomic Impacts of COVID – 19: Seven Scenarios [J]. Australian National University, Centre for Applied Macroeconomic Analysis Working Paper, No. 19, 2020.

[40] Meltzer D., Johannesson M. Inconsistencies in the "Societal Perspective" on Costs of the Panel on Cost-Effectiveness in Health and Medicine [J].

Medical Decision Making, 1999, 19 (4): 371-377.

[41] Michael H. and Ramesh, M. Studying Public Policy: Policy Cycles and Policy Subsystems [M]. Oxford University Press, 1995, pp. 80-98.

[42] Rajani S. , Justine J. , Balarju R. S. Migrant Workers at Crossroads: The COVID-19 Pandemic and the Migrant Experience in India [J]. Social Work in Public Health, 2020, 35 (7), 633-643.

[43] Rothwell, R. and Zegveld, W. Industrial Innovation and Public Policy: Preparing for the 1980s and the 1990s [M]. F. Pinter, 1981.

[44] Salamon L. M. , Elliot O. Tools of Government: A Guide to the New Governance [M]. Oxford University Press, 2002.

[45] Schein E. H. *Career Anchors, Discovering Your Real Values* [M], Jossey Bass Pfeiffer, San Francisco, 1990.

[46] Schein E. H. "How Career Anchors Hold Executives to Their Career Paths" [J]. *Personnel Psychology*, 1975: 11-24.

[47] Schneidera, I. H. Behavioral Assumptions of Policy Tools [J]. The Journal of Politics, 1990, Vol. 52, pp. 510-529.

[48] Sumedha Gupta, Laura Montenovo, Thuy D. Nguyen, Felipe Lozano Rojas, Ian M. Schmutte, Kosali I. Simon, Bruce A. Weinberg, Coady Wing. Effects of Social Distancing Policy on Labor Market Outcomes. NBER Working Paper 27280, 2020.

[49] Zastrow, C. H. & kirst-Ashman, K. K. , Understanding Human Behavior and Social Environment, Sixth Edition [M]. Thomson Brooks/Cole, 2004.

附　录

关于新冠疫情影响下促进青年就业的调查问卷
（高校毕业生版问卷）

【问卷指导语】

1. 本问卷是针对共青团中央立项课题《新冠肺炎疫情影响下促进青年就业的实现路径与政策建议》（编号：20YB030）所做，旨在了解新冠肺炎疫情对于青年就业的影响状况、各地促进青年就业的相关举措。 对于您的回答，我们将按照《中华人民共和国统计法》第一章第九条和第三章第二十五条的规定，对您所提供的所有信息绝对严格保密，并且只用于统计分析，请您不要有任何顾虑。

2. 本问卷调查的主要时间范围是 2020 年新冠疫情在国内大规模暴发时期，以及疫情常态化防控后在一些区域的局部暴发时期，当时疫苗还没有大规模投入使用，防控形势整体较为严峻。 在完成问卷时，请您针对上述时期的相关情况来如实作答。

3. 本问卷对于部分题目设置了跳转答题逻辑，请您认真阅读相应的指导语，避免重复作答或无效作答。

共青团中央《新冠肺炎疫情影响下促进青年就业的实现路径与政策建议》

课题组

2021 年 4 月

1. 您所在的省份是：

（1）安徽　　　　　　（12）黑龙江　　　　　　（23）山西

（2）北京　　　　　　（13）湖北　　　　　　　（24）陕西

（3）重庆　　　　　　（14）湖南　　　　　　　（25）上海

（4）福建　　　　　　（15）吉林　　　　　　　（26）四川

（5）甘肃　　　　　　（16）江苏　　　　　　　（27）天津

（6）广东　　　　　　（17）江西　　　　　　　（28）西藏

（7）广西　　　　　　（18）辽宁　　　　　　　（29）新疆

（8）贵州　　　　　　（19）内蒙古　　　　　　（30）云南

（9）海南　　　　　　（20）宁夏　　　　　　　（31）浙江

（10）河北　　　　　（21）青海

（11）河南　　　　　（22）山东

2. 您的年龄：

（1）16 岁以下（结束作答）　　　　（4）26~30 岁

（2）16~20 岁　　　　　　　　　　（5）31~35 岁

（3）21~25 岁　　　　　　　　　　（6）35 岁以上（结束作答）

3. 您的性别：

（1）男　　　　　　　　　　　　（2）女

4. 您目前的婚姻状况：

（1）未婚　　　　（2）已婚　　　　（3）离婚　　　　（4）丧偶

5. 您的户籍属于：

（1）农村户口　　　　　　　　　　（2）非农村户口

6. 您目前的健康状况：

非常健康→比较健康→一般→不太健康→非常不健康

5→　　→4→　　→3→　　→2→　　→1

7. 您的文化程度：

（1）小学及以下　　　　　　　　　（3）高中

（2）初中　　　　　　　　　　　　（4）中专、职高或技校

（5）大学专科   （7）硕士研究生及以上

（6）大学本科

8. 疫情期间您的就业状态：

（1）就业（包括创业）   （2）未就业

如果您第 8 题选择了"（1）就业（包括创业）"项，请作答第 9 题至第 15 题。

如果您第 8 题选择了"（2）未就业"项，请直接作答第 16 题至第 20 题，第 9 题至第 15 题不用作答。

9. 您就业于：

（1）党政机关事业单位   （2）国有企业

（3）民营企业（含外资、合资企业、自己创业）

（4）社会团体或民办非企业单位   （5）平台经济

10. 您所在的单位属于什么行业？

第一产业	（1）农、林、牧、渔业
第二产业	（2）采矿业（3）制造业（4）电力、燃气及水的生产和供应业（5）建筑业
第三产业	（6）交通运输、仓储和邮政业（7）信息传输、计算机服务和软件业（8）批发和零售业（9）住宿和餐饮业（10）金融业（11）房地产业（12）租赁和商务服务业（13）科学研究、技术服务和地质勘查业（14）水利、环境和公共设施管理业（15）居民服务和其他服务业（16）教育（17）卫生、社会保障和社会福利业（18）文化、体育和娱乐业（19）公共管理和社会组织（20）国际组织

11. 疫情最为严峻时（全国性 2020 年 1~6 月，也可根据当地情况确定时间），您所在单位的复工情况：

（1）仅有少量人员复工   （2）大部分人员复工   （3）所有人员全部复工

12. 疫情常态化防控时（2020 年 6 月至今），您所在单位的复工情况：

（1）仅有少量人员复工   （2）大部分人员复工   （3）所有人员全部复工

13. 疫情期间，您认为您的职业暴露风险：

非常大→比较大→一般→比较小→非常小

5→ → →4 → → →3 → → →2 → → →1

14. 您工作场所的人员密集度：

非常密集→比较密集→一般→有些密集→不密集

5→　→　→4→　→　→3→　→　→2→　→　→1

15. 您工作的出差频率：

非常频繁→比较频繁→一般→有些频繁→不频繁

5→　→　→4→　→　→3→　→　→2→　→　→1

如果您第 8 题选择了"（2）未就业"项，请作答本页第 16 题至第 20 题。 如果您第 8 题选择了"（1）就业（包括创业）"项，本页无须作答，请您继续作答第 21 题及后续题目。

当时：指新冠疫情突发前后，你处于未就业状态时对于就业的期许。

16. 您当时的就业计划是：

（1）积极寻找就业机会（包括创业）

（2）继续深造

（3）目前没有就业或深造计划

17. 您当时希望就职于：

（1）党政机关事业单位　　　　　　　　（2）国有企业

（3）民营企业（含外资、合资企业、自己创业）

（4）社会团体或民办非企业单位　　　　（5）平台经济

18. 您当时希望就职于什么行业？

第一产业	（1）农、林、牧、渔业
第二产业	（2）采矿业（3）制造业（4）电力、燃气及水的生产和供应业（5）建筑业
第三产业	（6）交通运输、仓储和邮政业（7）信息传输、计算机服务和软件业（8）批发和零售业（9）住宿和餐饮业（10）金融业（11）房地产业（12）租赁和商务服务业（13）科学研究、技术服务和地质勘查业（14）水利、环境和公共设施管理业（15）居民服务和其他服务业（16）教育（17）卫生、社会保障和社会福利业（18）文化、体育和娱乐业（19）公共管理和社会组织（20）国际组织

19. 新冠疫情对您就业的影响有哪些？（可多选）

（1）心里恐慌，不想外出找工作　　（2）交通管制，出行不便

（3）岗位缩减，竞争激烈　　（4）取消现场招聘会，网上就业信息不足

411

（5）不适应网络招聘　（6）无法适应面试方式的转变

（7）其他

20. 疫情期间，为了就业您做了哪些工作？（可多选）

（1）时刻关注企事业单位的招聘信息　（2）提高自身心理素质，提高个人适应能力

（3）利用网络学习，提高知识和技能　（4）关注各种就业政策

（5）认真做好就业规划，定好就业目标　（6）其他

请您继续作答第 21 题及后续题目。

21. 您是否同意以下有关新冠疫情对就业影响的说法？　请根据您的情况选择相应的选项。

疫情加大了我的就业压力	非常同意→比较同意→一般→不太同意→非常不同意 5→→→4→→→3→→→2→→→1
疫情期间，我觉得就业形势非常严峻	非常同意→比较同意→一般→不太同意→非常不同意 5→→→4→→→3→→→2→→→1
疫情期间，我感觉很焦虑	非常同意→比较同意→一般→不太同意→非常不同意 5→→→4→→→3→→→2→→→1
疫情拖慢了我的就业求职进度	非常同意→比较同意→一般→不太同意→非常不同意 5→→→4→→→3→→→2→→→1
我很关注新冠疫情	非常同意→比较同意→一般→不太同意→非常不同意 5→→→4→→→3→→→2→→→1
疫情改变了我原来的就业计划	非常同意→比较同意→一般→不太同意→非常不同意 5→→→4→→→3→→→2→→→1
我对当前我国的经济形势感到很乐观	非常同意→比较同意→一般→不太同意→非常不同意 5→→→4→→→3→→→2→→→1
我对当前全球的经济形势感到很乐观	非常同意→比较同意→一般→不太同意→非常不同意 5→→→4→→→3→→→2→→→1
与以往相比，疫情期间，我对就业形势感到悲观	非常同意→比较同意→一般→不太同意→非常不同意 5→→→4→→→3→→→2→→→1

22. 您所在地区的交通便利状况：

非常便利→比较便利→一般→不太便利→非常不便利

5→→→→4→→→→3→→→→2→→→→1

23. 在就业或求职过程中，您是否受到过就业歧视：

经常发生→有时会有→一般→几乎没有→从来没有

5→　→　→4→　→　→3→　→　→2→　→　→1

24. 据您所知，公共就业人才服务机构的岗位信息发布和引导服务情况：

非常全面→比较全面→一般→不太全面→非常不全面

5→　→　→4→　→　→3→　→　→2→　→　→1

25. 疫情期间，当地政府的人社政务服务线上业务办理情况：

非常全面→比较全面→一般→不太全面→非常不全面

5→　→　→4→　→　→3→　→　→2→　→　→1

26. 疫情期间，当地政府给予组织高校毕业生参加就业见习的各类用人单位一定补贴：

（1）是　（2）否　（3）不了解

27. 疫情期间，当地政府将基层就业补贴、小微企业社会保险补贴对象扩大至毕业2年内的高校毕业生：

（1）是　（2）否　（3）不了解

28. 据您所知，对于有转岗需求的灵活就业人员，公共就业人才服务机构是否能够提供个性化、精准化的职业指导、岗位推荐等服务：

（1）是　（2）否　（3）不了解

29. 下面有一些对您所在学校就业服务情况的描述，请您根据实际情况选择适当的选项。

我所在学校针对毕业生就业开展了充分调研	非常同意→比较同意→一般→不太同意→非常不同意→不了解 5→　→　→4→　→　→3→　→　→2→　→　→1→　→　→0
我所在学校对毕业生的就业进展进行了全程追踪	非常同意→比较同意→一般→不太同意→非常不同意→不了解 5→　→　→4→　→　→3→　→　→2→　→　→1→　→　→0
疫情期间，我所在学校提供了非常全面的就业相关业务在线办理服务（如就业协议书鉴章、就业派遣、电子报到证查询、调整改派等）	非常同意→比较同意→一般→不太同意→非常不同意→不了解 5→　→　→4→　→　→3→　→　→2→　→　→1→　→　→0

30. 疫情期间，您所在的学校为毕业生提供了哪些类别的就业创业资源：（可多选）

（1）招聘信息

（2）职业生涯规划指导

（3）心理咨询服务

（4）求职指导

（5）求职经验

（6）就业权益保护

（7）能力提升

（8）一对一职业咨询服务

（9）创业导师智库

（10）其他

（11）以上都没有

31. 下面有一些对您所在学校与相关单位就业服务情况的描述，请您根据实际情况选择适当的选项。

疫情期间，我所在的学校与用人单位联系频繁，为毕业生就业提供了很多帮助	非常同意→比较同意→一般→不太同意→非常不同意→不了解 5 → → →4 → → →3 → → →2 → → →1 → → →0
疫情期间，我所在的学校与校友机构或校友企业联系频繁，进而为毕业生就业提供了很多帮助	非常同意→比较同意→一般→不太同意→非常不同意→不了解 5 → → →4 → → →3 → → →2 → → →1 → → →0
与往年相比，疫情期间校友机构或校友企业在解决毕业生就业时发挥了更大的作用	非常同意→比较同意→一般→不太同意→非常不同意→不了解 5 → → →4 → → →3 → → →2 → → →1 → → →0
疫情期间，我所在的学校与当地政府人社部门和行业协会（人才中心，共青团）联系频繁	非常同意→比较同意→一般→不太同意→非常不同意→不了解 5 → → →4 → → →3 → → →2 → → →1 → → →0

32. 您所在的学校有没有专门对于疫情致困学生的求职补贴：

（1）有　（2）没有　（3）不了解

33. 您所在的学校有没有专门针对因疫情受困学生创业项目的扶持（如疫情期间运营补贴等）：

（1）有　　（2）没有　　（3）不了解

问卷结束，非常感谢您抽出宝贵的时间参与此次问卷调查，祝您生活愉快！

关于新冠疫情影响下促进青年就业的调查问卷
（青年创业者版问卷）

【问卷指导语】

1. 本问卷是针对共青团中央立项课题《新冠肺炎疫情影响下促进青年就业的实现路径与政策建议》（编号：20YB030）所做，旨在了解新冠疫情对于青年就业的影响状况、各地促进青年就业的相关举措。对于您的回答，我们将按照《中华人民共和国统计法》第一章第九条和第三章第二十五条的规定，对您所提供的所有信息绝对严格保密，并且只用于统计分析，请您不要有任何顾虑。

2. 本问卷调查的主要时间范围是 2020 年新冠疫情在国内大规模暴发时期，以及疫情常态化防控后在一些区域的局部暴发时期，当时疫苗还没有大规模投入使用，防控形势整体较为严峻。在完成问卷时，请您针对上述时期的相关情况来如实作答。

3. 本问卷对于部分题目设置了跳转答题逻辑，请您认真阅读相应的指导语，避免重复作答或无效作答。

共青团中央《新冠肺炎疫情影响下促进青年就业的实现路径与政策建议》

课题组

2021 年 4 月

1. 您所在的省份是：

（1）安徽　　　　　　（12）黑龙江　　　　　　（23）山西

（2）北京　　　　　　（13）湖北　　　　　　　（24）陕西

（3）重庆　　　　　　（14）湖南　　　　　　　（25）上海

（4）福建　　　　　　（15）吉林　　　　　　　（26）四川

（5）甘肃　　　　　　（16）江苏　　　　　　　（27）天津

（6）广东　　　　　　（17）江西　　　　　　　（28）西藏

（7）广西　　　　　　（18）辽宁　　　　　　　（29）新疆

（8）贵州　　　　　　（19）内蒙古　　　　　　（30）云南

（9）海南　　　　　　（20）宁夏　　　　　　　（31）浙江

（10）河北　　　　　（21）青海

（11）河南　　　　　（22）山东

2. 您的年龄：

（1）16岁以下（结束作答）　　　　（4）26~30岁

（2）16~20岁　　　　　　　　　　（5）31~35岁

（3）21~25岁　　　　　　　　　　（6）35岁以上（结束作答）

3. 您的性别：

（1）男　　　　　　　　　　　　　（2）女

4. 您目前的婚姻状况：

（1）未婚　　　　（2）已婚　　　　（3）离婚　　　　（4）丧偶

5. 您的户籍属于：

（1）农村户口　　　　　　　　　　（2）非农村户口

6. 您目前的健康状况：

非常健康→比较健康→一般→不太健康→非常不健康

5→　→　→4→　→　→3→　→　→2→　→　→1

7. 您的文化程度：

（1）小学及以下　　　　　　　　　（2）初中

（3）高中　　　　　　　　　　（6）大学本科

（4）中专、职高或技校　　　　（7）硕士研究生及以上

（5）大学专科

8. 疫情期间您的就业状态：

（1）就业（包括创业）　　　　（2）未就业

如果您第 8 题选择了"（1）就业（包括创业）"项，请作答第 9 题至第 15 题。

如果您第 8 题选择了"（2）未就业"项，请直接作答第 16 题至第 20 题，第 9 题至第 15 题不用作答。

9. 您就业于：

（1）党政机关事业单位　　　　　（2）国有企业

（3）民营企业（含外资、合资企业、自己创业）

（4）社会团体或民办非企业单位　　（5）平台经济

10. 您所在的单位属于什么行业？

第一产业	（1）农、林、牧、渔业
第二产业	（2）采矿业（3）制造业（4）电力、燃气及水的生产和供应业（5）建筑业
第三产业	（6）交通运输、仓储和邮政业（7）信息传输、计算机服务和软件业（8）批发和零售业（9）住宿和餐饮业（10）金融业（11）房地产业（12）租赁和商务服务业（13）科学研究、技术服务和地质勘查业（14）水利、环境和公共设施管理业（15）居民服务和其他服务业（16）教育（17）卫生、社会保障和社会福利业（18）文化、体育和娱乐业（19）公共管理和社会组织（20）国际组织

11. 疫情最为严峻时（全国性 2020 年 1~6 月，也可根据当地情况确定时间），您所在单位的复工情况：

（1）仅有少量人员复工　　（2）大部分人员复工　　（3）所有人员全部复工

12. 疫情常态化防控时（2020 年 6 月至今），您所在单位的复工情况：

（1）仅有少量人员复工　　（2）大部分人员复工　　（3）所有人员全部复工

13. 疫情期间，您认为您的职业暴露风险：

非常大→比较大→一般→比较小→非常小

5→　　→4→　　→　　→3→　　→2→　　→1

14. 您工作场所的人员密集度：

非常密集→比较密集→一般→有些密集→不密集

5→ → →4→ → →3→ → →2→ → →1

15. 您工作的出差频率：

非常频繁→比较频繁→一般→有些频繁→不频繁

5→ → →4→ → →3→ → →2→ → →1

如果您第 8 题选择了"（2）未就业"项，请作答本页第 16 题至第 20 题。 如果您第 8 题选择了"（1）就业（包括创业）"项，本页无须作答，请您继续作答第 21 题及后续题目。

当时：指新冠肺炎疫情暴发前后，你处于未就业状态时对于就业的期许。

16. 您当时的就业计划是：

（1）积极寻找就业机会（包括创业）

（2）继续深造

（3）目前没有就业或深造计划

17. 您当时希望就职于：

（1）党政机关事业单位　　　　　　　　　（2）国有企业

（3）民营企业（含外资、合资企业、自己创业）

（4）社会团体或民办非企业单位　　　　（5）平台经济

18. 您当时希望就职于什么行业？

第一产业	（1）农、林、牧、渔业
第二产业	（2）采矿业（3）制造业（4）电力、燃气及水的生产和供应业（5）建筑业
第三产业	（6）交通运输、仓储和邮政业（7）信息传输、计算机服务和软件业（8）批发和零售业（9）住宿和餐饮业（10）金融业（11）房地产业（12）租赁和商务服务业（13）科学研究、技术服务和地质勘查业（14）水利、环境和公共设施管理业（15）居民服务和其他服务业（16）教育（17）卫生、社会保障和社会福利业（18）文化、体育和娱乐业（19）公共管理和社会组织（20）国际组织

19. 新冠疫情对您就业的影响有哪些？（可多选）

（1）心里恐慌，不想外出找工作　　（2）交通管制，出行不便

（3）岗位缩减，竞争激烈　　（4）取消现场招聘会，网上就业信息不足

（5）不适应网络招聘　　（6）无法适应面试方式的转变

（7）其他

20. 疫情期间，为了就业您做了哪些工作？（可多选）

（1）时刻关注企事业单位的招聘信息

（2）提高自身心理素质，提高个人适应能力

（3）利用网络学习，提高知识和技能

（4）关注各种就业政策

（5）认真做好就业规划，定好就业目标

（6）其他

请您继续作答第21题及后续题目。

21. 您是否同意以下有关新冠疫情对就业影响的说法？　请根据您的情况选择相应的选项。

疫情加大了我的就业压力	非常同意→比较同意→一般→不太同意→非常不同意 5→　→4→　→3→　→2→　→1
疫情期间，我觉得就业形势非常严峻	非常同意→比较同意→一般→不太同意→非常不同意 5→　→4→　→3→　→2→　→1
疫情期间，我感觉很焦虑	非常同意→比较同意→一般→不太同意→非常不同意 5→　→4→　→3→　→2→　→1
疫情拖慢了我的就业求职进度	非常同意→比较同意→一般→不太同意→非常不同意 5→　→4→　→3→　→2→　→1
我很关注新冠疫情	非常同意→比较同意→一般→不太同意→非常不同意 5→　→4→　→3→　→2→　→1
疫情改变了我原来的就业计划	非常同意→比较同意→一般→不太同意→非常不同意 5→　→4→　→3→　→2→　→1
我对当前我国的经济形势感到很乐观	非常同意→比较同意→一般→不太同意→非常不同意 5→　→4→　→3→　→2→　→1
我对当前全球的经济形势感到很乐观	非常同意→比较同意→一般→不太同意→非常不同意 5→　→4→　→3→　→2→　→1
与以往相比，疫情期间，我对就业形势感到悲观	非常同意→比较同意→一般→不太同意→非常不同意 5→　→4→　→3→　→2→　→1

22. 您所在地区的交通便利状况：

非常便利→比较便利→一般→不太便利→非常不便利

5→→→→4→→→→3→→→→2→→→→1

23. 在就业或求职过程中，您是否受到过就业歧视：

经常发生→有时会有→一般→几乎没有→从来没有

5→→→→4→→→→3→→→→2→→→→1

24. 据您所知，公共就业人才服务机构的岗位信息发布和引导服务情况：

非常全面→比较全面→一般→不太全面→非常不全面

5→→→→4→→→→3→→→→2→→→→1

25. 疫情期间，当地政府的人社政务服务线上业务办理情况：

非常全面→比较全面→一般→不太全面→非常不全面

5→→→→4→→→→3→→→→2→→→→1

26. 疫情期间，当地政府给予组织高校毕业生参加就业见习的各类用人单位一定补贴：

（1）是　（2）否　（3）不了解

27. 疫情期间，当地政府将基层就业补贴、小微企业社会保险补贴对象扩大至毕业 2 年内的高校毕业生：

（1）是　（2）否　（3）不了解

28. 据您所知，对于有转岗需求的灵活就业人员，公共就业人才服务机构是否能够提供个性化、精准化的职业指导、岗位推荐等服务：

（1）是　（2）否　（3）不了解

29. 总体来说，疫情对您所创办的企业产生多大影响？

影响严重→影响较大→影响一般→影响较小→没有影响

5→→→→4→→→→3→→→→2→→→→1

30. 受此次疫情影响，您所创办的企业面临哪些挑战和困难？ 受到影响的严重程度如何排序？（请将您的顺序写在选项前的括号中）

（　）市场拓展困难

（　）线下销售困难

（　）品牌推广困难

（　）产业发展不景气

（　）资金周转困难

（　）经营成本上升

（　）到期债务或还款压力大

（　）技术研发受阻

（　）员工招聘计划推延

（　）其他

31. 疫情期间，政府相关部门及共青团等群团组织对您所创办的企业给予了哪些方面的扶持？（可多选）

（1）减免/缓缴企业税费

（2）减免/缓缴疫情期间办公租金

（3）推行灵活用工政策

（4）缓缴社会保险费

（5）援企稳岗类补贴

（6）担保贷款等金融服务

（7）帮助企业招聘

（8）其他

32. 在疫情形势有所好转，正常复工复产后，您所创办的企业在战略方向做出了哪些调整？（可多选）

（1）办公场所租金成本减少

（2）人员成本减少

（3）办公场所面积扩大

（4）企业人员扩张

（5）企业办公场所环境改善

（6）关注政策补贴及支持

（7）其他

33. 如果有需要，您的企业会从哪些渠道筹集相关资金来支撑公司经营发展？（可多选）

（1）股东集资

（2）从银行获得贷款

（3）向非银行机构借款（包括小贷公司）

（4）从风险投资机构融资

（5）向亲朋好友借款

（6）申请政府专项补助

（7）通过政策性担保机构贷款

（8）其他渠道

34. 疫情结束后，您的企业需要下列哪些方面的创业培训内容？（可多选）

（1）财务、税务和法务等方面基础类培训

（2）组织管理、企业文化、绩效、激励等方面的管理类培训

（3）产品、营销、品牌等方面的企业提升类培训

（4）阶段性的线上培训服务

（5）其他

问卷结束，非常感谢您抽出宝贵的时间参与此次问卷调查，祝您生活愉快！

关于新冠疫情影响下促进青年就业的调查问卷
（青年农民工版问卷）

【问卷指导语】

1. 本问卷是针对共青团中央立项课题《新冠肺炎疫情影响下促进青年就业的实现路径与政策建议》（编号：20YB030）所做，旨在了解新冠疫情

对于青年就业的影响状况、各地促进青年就业的相关举措。对于您的回答，我们将按照《中华人民共和国统计法》第一章第九条和第三章第二十五条的规定，对您所提供的所有信息绝对严格保密，并且只用于统计分析，请您不要有任何顾虑。

2. 本问卷调查的主要时间范围是 2020 年新冠疫情在国内大规模暴发时期，以及疫情常态化防控后在一些区域的局部暴发时期，当时疫苗还没有大规模投入使用，防控形势整体较为严峻。在完成问卷时，请您针对上述时期的相关情况来如实作答。

3. 本问卷对于部分题目设置了跳转答题逻辑，请您认真阅读相应的指导语，避免重复作答或无效作答。

共青团中央《新冠肺炎疫情影响下促进青年就业的实现路径与政策建议》
课题组
2021 年 4 月

1. 您所在的省份是：

（1）安徽	（12）黑龙江	（23）山西
（2）北京	（13）湖北	（24）陕西
（3）重庆	（14）湖南	（25）上海
（4）福建	（15）吉林	（26）四川
（5）甘肃	（16）江苏	（27）天津
（6）广东	（17）江西	（28）西藏
（7）广西	（18）辽宁	（29）新疆
（8）贵州	（19）内蒙古	（30）云南
（9）海南	（20）宁夏	（31）浙江
（10）河北	（21）青海	
（11）河南	（22）山东	

2. 您的年龄：

（1）16 岁以下（结束作答）　　　　（2）16~20 岁

（3）21~25 岁 （5）31~35 岁

（4）26~30 岁 （6）35 岁以上（结束作答）

3. 您的性别：

（1）男 （2）女

4. 您目前的婚姻状况：

（1）未婚 （2）已婚 （3）离婚 （4）丧偶

5. 您的户籍属于：

（1）农村户口 （2）非农村户口

6. 您目前的健康状况：

非常健康→比较健康→一般→不太健康→非常不健康

5→　　→4→　　→3→　　→2→　　→1

7. 您的文化程度：

（1）小学及以下 （5）大学专科

（2）初中 （6）大学本科

（3）高中 （7）硕士研究生及以上

（4）中专、职高或技校

8. 疫情期间您的就业状态：

（1）就业（包括创业） （2）未就业

如果您第 8 题选择了"（1）就业（包括创业）"项，请作答第 9 题至第 15 题。

如果您第 8 题选择了"（2）未就业"项，请直接作答第 16 题~第 20 题，第 9 题至第 15 题不用作答。

9. 您就业于：

（1）党政机关事业单位 （2）国有企业

（3）民营企业（含外资、合资企业、自己创业）

（4）社会团体或民办非企业单位 （5）平台经济

10. 您所在的单位属于什么行业？

第一产业	（1）农、林、牧、渔业
第二产业	（2）采矿业（3）制造业（4）电力、燃气及水的生产和供应业（5）建筑业
第三产业	（6）交通运输、仓储和邮政业（7）信息传输、计算机服务和软件业（8）批发和零售业（9）住宿和餐饮业（10）金融业（11）房地产业（12）租赁和商务服务业（13）科学研究、技术服务和地质勘查业（14）水利、环境和公共设施管理业（15）居民服务和其他服务业（16）教育（17）卫生、社会保障和社会福利业（18）文化、体育和娱乐业（19）公共管理和社会组织（20）国际组织

11. 疫情最为严峻时（全国性 2020 年 1~6 月，也可根据当地情况确定时间），您所在单位的复工情况：

（1）仅有少量人员复工　　（2）大部分人员复工　　（3）所有人员全部复工

12. 疫情常态化防控时（2020 年 6 月至今），您所在单位的复工情况：

（1）仅有少量人员复工　　（2）大部分人员复工　　（3）所有人员全部复工

13. 疫情期间，您认为您的职业暴露风险：

非常大→比较大→一般→比较小→非常小

5→　→4→　→3→　→2→　→1

14. 您工作场所的人员密集度：

非常密集→比较密集→一般→有些密集→不密集

5→　→4→　→3→　→2→　→1

15. 您工作的出差频率：

非常频繁→比较频繁→一般→有些频繁→不频繁

5→　→　→4→　→　→3→　→　→2→　→　→1

如果您第 8 题选择了"（2）未就业"项，请作答本页第 16 题至第 20 题。　如果您第 8 题选择了"（1）就业（包括创业）"项，本页无须作答，请您继续作答第 21 题及后续题目。

当时：指新冠疫情暴发前后，你处于未就业状态时对于就业的期许。

16. 您当时的就业计划是：

（1）积极寻找就业机会（包括创业）

（2）继续深造

（3）目前没有就业或深造计划

17. 您当时希望就职于：

（1）党政机关事业单位 　　　　　　　　　　（2）国有企业

（3）民营企业（含外资、合资企业、自己创业）

（4）社会团体或民办非企业单位 　　　　　（5）平台经济

18. 您当时希望就职于什么行业？

第一产业	（1）农、林、牧、渔业
第二产业	（2）采矿业（3）制造业（4）电力、燃气及水的生产和供应业（5）建筑业
第三产业	（6）交通运输、仓储和邮政业（7）信息传输、计算机服务和软件业（8）批发和零售业（9）住宿和餐饮业（10）金融业（11）房地产业（12）租赁和商务服务业（13）科学研究、技术服务和地质勘查业（14）水利、环境和公共设施管理业（15）居民服务和其他服务业（16）教育（17）卫生、社会保障和社会福利业（18）文化、体育和娱乐业（19）公共管理和社会组织（20）国际组织

19. 新冠疫情对您就业的影响有哪些?（可多选）

（1）心里恐慌，不想外出找工作 　　（2）交通管制，出行不便

（3）岗位缩减，竞争激烈 　　（4）取消现场招聘会，网上就业信息不足

（5）不适应网络招聘 　　（6）无法适应面试方式的转变

（7）其他

20. 疫情期间，为了就业您做了哪些工作?（可多选）

（1）时刻关注企事业单位的招聘信息

（2）提高自身心理素质，提高个人适应能力

（3）利用网络学习，提高知识和技能

（4）关注各种就业政策

（5）认真做好就业规划，定好就业目标

（6）其他

请您继续作答第 21 题及后续题目。

21. 您是否同意以下有关新冠疫情对就业影响的说法？ 请根据您的情况选择相应的选项。

疫情加大了我的就业压力	非常同意→比较同意→一般→不太同意→非常不同意 5→→→4→→→3→→→2→→→1
疫情期间，我觉得就业形势非常严峻	非常同意→比较同意→一般→不太同意→非常不同意 5→→→4→→→3→→→2→→→1
疫情期间，我感觉很焦虑	非常同意→比较同意→一般→不太同意→非常不同意 5→→→4→→→3→→→2→→→1
疫情拖慢了我的就业求职进度	非常同意→比较同意→一般→不太同意→非常不同意 5→→→4→→→3→→→2→→→1
我很关注新冠疫情	非常同意→比较同意→一般→不太同意→非常不同意 5→→→4→→→3→→→2→→→1
疫情改变了我原来的就业计划	非常同意→比较同意→一般→不太同意→非常不同意 5→→→4→→→3→→→2→→→1
我对当前我国的经济形势感到很乐观	非常同意→比较同意→一般→不太同意→非常不同意 5→→→4→→→3→→→2→→→1
我对当前全球的经济形势感到很乐观	非常同意→比较同意→一般→不太同意→非常不同意 5→→→4→→→3→→→2→→→1
与以往相比，疫情期间，我对就业形势感到悲观	非常同意→比较同意→一般→不太同意→非常不同意 5→→→4→→→3→→→2→→→1

22. 您所在地区的交通便利状况：

非常便利→比较便利→一般→不太便利→非常不便利

5→→→→4→→→→3→→→→2→→→→1

23. 在就业或求职过程中，您是否受到过就业歧视：

经常发生→有时会有→一般→几乎没有→从来没有

5→→→→4→→→→3→→→→2→→→→1

24. 据您所知，公共就业人才服务机构的岗位信息发布和引导服务情况：

非常全面→比较全面→一般→不太全面→非常不全面

5→→→→4→→→→3→→→→2→→→→1

25. 疫情期间，当地政府的人社政务服务线上业务办理情况：

非常全面→比较全面→一般→不太全面→非常不全面

5→→→→4→→→→3→→→→2→→→→1

26. 疫情期间，当地政府给予组织高校毕业生参加就业见习的各类用人单位一定补贴：

（1）是　（2）否　（3）不了解

27. 疫情期间，当地政府将基层就业补贴、小微企业社会保险补贴对象扩大至毕业 2 年内的高校毕业生：

（1）是　（2）否　（3）不了解

28. 据您所知，对于有转岗需求的灵活就业人员，公共就业人才服务机构是否能够提供个性化、精准化的职业指导、岗位推荐等服务：

（1）是　（2）否　（3）不了解

29. 疫情最为严峻时（全国性 2020 年 1~6 月，也可根据当地情况确定时间），您的返程就业情况是否顺利？

非常顺利→比较顺利→一般→不太顺利→非常不顺利

5→　→　→4→　→　→3→　→　→2→　→　→1

30. 在因疫情影响而未返程期间，您的收入来源主要是：

（1）为就业单位线上办公	全部→大部分→大约一半→小部分→几乎没有 5→　→4→　→　→3→　→　→2→　→　→1
（2）网络电商（淘宝网店或抖音等平台直播卖货）	全部→大部分→大约一半→小部分→几乎没有 5→　→4→　→　→3→　→　→2→　→　→1
（3）成为快递物流、外卖送餐、网约车等平台经济从业者	全部→大部分→大约一半→小部分→几乎没有 5→　→4→　→　→3→　→　→2→　→　→1
（4）务农	全部→大部分→大约一半→小部分→几乎没有 5→　→4→　→　→3→　→　→2→　→　→1
（5）在家待业	全部→大部分→大约一半→小部分→几乎没有 5→　→4→　→　→3→　→　→2→　→　→1

31. 进入疫情常态化防控阶段后，您的返程就业情况是否顺利？

非常顺利→比较顺利→一般→不太顺利→非常不顺利

5→　→　→4→　→　→3→　→　→2→　→　→1

32. 返岗就业后，您的工资水平有无变化？

大幅提升→小幅提升→没有什么变化→小幅下降→大幅下降

5→　→　→4→　→　→3→　→　→2→　→　→1

33. 对于所在地的疫情防控政策，您感觉：

非常全面→比较全面→一般→不太全面→非常不全面

5→　→　→4→　→　→3→　→　→2→　→　→1

34. 对于所在单位提供的就业培训, 您感觉:

非常全面→比较全面→一般→不太全面→非常不全面

5→　→　→4→　→　→3→　→　→2→　→　→1

问卷结束, 非常感谢您抽出宝贵的时间参与此次问卷调查, 祝您生活愉快!

关于新冠疫情影响下促进青年就业的调查问卷
(平台经济就业青年版问卷)

【问卷指导语】

1. 本问卷是针对共青团中央立项课题《新冠肺炎疫情影响下促进青年就业的实现路径与政策建议》(编号: 20YB030) 所做, 旨在了解新冠肺炎疫情对于青年就业的影响状况、各地促进青年就业的相关举措。 对于您的回答, 我们将按照《中华人民共和国统计法》第一章第九条和第三章第二十五条的规定, 对您所提供的所有信息绝对严格保密, 并且只用于统计分析, 请您不要有任何顾虑。

2. 本问卷调查的主要时间范围是 2020 年新冠疫情在国内大规模暴发时期, 以及疫情常态化防控后在一些区域的局部暴发时期, 当时疫苗还没有大规模投入使用, 防控形势整体较为严峻。 在完成问卷时, 请您针对上述时期的相关情况来如实作答。

3. 本问卷对于部分题目设置了跳转答题逻辑, 请您认真阅读相应的指导语, 避免重复作答或无效作答。

共青团中央《新冠肺炎疫情影响下促进青年就业的实现路径与政策建议》

课题组

2021 年 4 月

1. 您所在的省份是：

（1）安徽	（12）黑龙江	（23）山西
（2）北京	（13）湖北	（24）陕西
（3）重庆	（14）湖南	（25）上海
（4）福建	（15）吉林	（26）四川
（5）甘肃	（16）江苏	（27）天津
（6）广东	（17）江西	（28）西藏
（7）广西	（18）辽宁	（29）新疆
（8）贵州	（19）内蒙古	（30）云南
（9）海南	（20）宁夏	（31）浙江
（10）河北	（21）青海	
（11）河南	（22）山东	

2. 您的年龄：

（1）16 岁以下（结束作答）	（4）26~30 岁
（2）16~20 岁	（5）31~35 岁
（3）21~25 岁	（6）35 岁以上（结束作答）

3. 您的性别：

（1）男　　　　　　　　　　（2）女

4. 您目前的婚姻状况：

（1）未婚　　　　（2）已婚　　　　（3）离婚　　　　（4）丧偶

5. 您的户籍属于：

（1）农村户口　　　　　　　　（2）非农村户口

6. 您目前的健康状况：

非常健康→比较健康→一般→不太健康→非常不健康

5→　→　→4 →　→　→3→　→　→2→　→　→1

7. 您的文化程度：

（1）小学及以下	（3）高中
（2）初中	（4）中专、职高或技校

（5）大学专科　　　　　　　　　　（7）硕士研究生及以上

（6）大学本科

8. 疫情期间您的就业状态：

（1）就业（包括创业）　　　　　　（2）未就业

如果您第 8 题选择了"（1）就业（包括创业）"项，请作答第 9 题至第 15 题。

如果您第 8 题选择了"（2）未就业"项，请直接作答第 16 题至第 20 题，第 9 题至第 15 题不用作答。

9. 您就业于：

（1）党政机关事业单位　　　　　　（2）国有企业

（3）民营企业（含外资、合资企业、自己创业）

（4）社会团体或民办非企业单位　　（5）平台经济

10. 您所在的单位属于什么行业？

第一产业	（1）农、林、牧、渔业
第二产业	（2）采矿业（3）制造业（4）电力、燃气及水的生产和供应业（5）建筑业
第三产业	（6）交通运输、仓储和邮政业（7）信息传输、计算机服务和软件业（8）批发和零售业（9）住宿和餐饮业（10）金融业（11）房地产业（12）租赁和商务服务业（13）科学研究、技术服务和地质勘查业（14）水利、环境和公共设施管理业（15）居民服务和其他服务业（16）教育（17）卫生、社会保障和社会福利业（18）文化、体育和娱乐业（19）公共管理和社会组织（20）国际组织

11. 疫情最为严峻时（全国性 2020 年 1~6 月，也可根据当地情况确定时间），您所在单位的复工情况：

（1）仅有少量人员复工　　（2）大部分人员复工　　（3）所有人员全部复工

12. 疫情常态化防控时（2020 年 6 月至今），您所在单位的复工情况：

（1）仅有少量人员复工　　（2）大部分人员复工　　（3）所有人员全部复工

13. 疫情期间，您认为您的职业暴露风险：

非常大→比较大→一般→比较小→非常小

5→　→4→　→3→　→2→　→1

14. 您工作场所的人员密集度：

非常密集→比较密集→一般→有些密集→不密集

5————→4————→3————→2————→1

15. 您工作的出差频率：

非常频繁→比较频繁→一般→有些频繁→不频繁

5————→4————→3————→2————→1

如果您第 8 题选择了"（2）未就业"项，请作答本页第 16 题至第 20 题。 如果您第 8 题选择了"（1）就业（包括创业）"项，本页无须作答，请您继续作答第 21 题及后续题目。

当时：指新冠肺炎疫情暴发前后，你处于未就业状态时对于就业的期许。

16. 您当时的就业计划是：

（1）积极寻找就业机会（包括创业）

（2）继续深造

（3）目前没有就业或深造计划

17. 您当时希望就职于：

（1）党政机关事业单位　　　　　　　　（2）国有企业

（3）民营企业（含外资、合资企业、自己创业）

（4）社会团体或民办非企业单位　　　　（5）平台经济

18. 您当时希望就职于什么行业？

第一产业	（1）农、林、牧、渔业
第二产业	（2）采矿业（3）制造业（4）电力、燃气及水的生产和供应业（5）建筑业
第三产业	（6）交通运输、仓储和邮政业（7）信息传输、计算机服务和软件业（8）批发和零售业（9）住宿和餐饮业（10）金融业（11）房地产业（12）租赁和商务服务业（13）科学研究、技术服务和地质勘查业（14）水利、环境和公共设施管理业（15）居民服务和其他服务业（16）教育（17）卫生、社会保障和社会福利业（18）文化、体育和娱乐业（19）公共管理和社会组织（20）国际组织

19. 新冠疫情对您就业的影响有哪些?（可多选）

（1）心里恐慌，不想外出找工作　　（2）交通管制，出行不便

（3）岗位缩减，竞争激烈　　（4）取消现场招聘会，网上就业信息不足

（5）不适应网络招聘　　（6）无法适应面试方式的转变

（7）其他

20. 疫情期间，为了就业您做了哪些工作？（可多选）

（1）时刻关注企事业单位的招聘信息

（2）提高自身心理素质，提高个人适应能力

（3）利用网络学习，提高知识和技能

（4）关注各种就业政策

（5）认真做好就业规划，定好就业目标

（6）其他

请您继续作答第 21 题及后续题目。

21. 您是否同意以下有关新冠疫情对就业影响的说法？　请根据您的情况选择相应的选项。

疫情加大了我的就业压力	非常同意→比较同意→一般→不太同意→非常不同意 5→→→4→→→3→→→2→→→1
疫情期间，我觉得就业形势非常严峻	非常同意→比较同意→一般→不太同意→非常不同意 5→→→4→→→3→→→2→→→1
疫情期间，我感觉很焦虑	非常同意→比较同意→一般→不太同意→非常不同意 5→→→4→→→3→→→2→→→1
疫情拖慢了我的就业求职进度	非常同意→比较同意→一般→不太同意→非常不同意 5→→→4→→→3→→→2→→→1
我很关注新冠疫情	非常同意→比较同意→一般→不太同意→非常不同意 5→→→4→→→3→→→2→→→1
疫情改变了我原来的就业计划	非常同意→比较同意→一般→不太同意→非常不同意 5→→→4→→→3→→→2→→→1
我对当前我国的经济形势感到很乐观	非常同意→比较同意→一般→不太同意→非常不同意 5→→→4→→→3→→→2→→→1
我对当前全球的经济形势感到很乐观	非常同意→比较同意→一般→不太同意→非常不同意 5→→→4→→→3→→→2→→→1
与以往相比，疫情期间，我对就业形势感到悲观	非常同意→比较同意→一般→不太同意→非常不同意 5→→→4→→→3→→→2→→→1

22. 您所在地区的交通便利状况：

非常便利→比较便利→一般→不太便利→非常不便利

5→→→→4→→→→3→→→→2→→→→1

23. 在就业或求职过程中，您是否受到过就业歧视：

经常发生→有时会有→一般→几乎没有→从来没有

5→→→→4→→→→3→→→→2→→→→1

24. 据您所知，公共就业人才服务机构的岗位信息发布和引导服务情况：

非常全面→比较全面→一般→不太全面→非常不全面

5→→→→4→→→→3→→→→2→→→→1

25. 疫情期间，当地政府的人社政务服务线上业务办理情况：

非常全面→比较全面→一般→不太全面→非常不全面

5→→→→4→→→→3→→→→2→→→→1

26. 疫情期间，当地政府给予组织高校毕业生参加就业见习的各类用人单位一定补贴：

（1）是 （2）否 （3）不了解

27. 疫情期间，当地政府将基层就业补贴、小微企业社会保险补贴对象扩大至毕业2年内的高校毕业生：

（1）是 （2）否 （3）不了解

28. 据您所知，对于有转岗需求的灵活就业人员，公共就业人才服务机构是否能够提供个性化、精准化的职业指导、岗位推荐等服务：

（1）是 （2）否 （3）不了解

29. 据您所知，当地新业态平台企业劳动保障违法行为的举报投诉渠道是否畅通：

非常畅通→比较畅通→一般→不太畅通→非常不畅通

5→→→→4→→→→3→→→→2→→→→1

30. 据您所知，当地政府部门对于新业态平台企业开发相关领域职业标准、行业企业评价规范、培训课程标准等给予的补贴情况：

非常全面→比较全面→一般→不太全面→非常不全面

5→→→→4→→→→3→→→→2→→→→1

31. 据您所知，当地新业态平台灵活就业人员就业信息采集情况：

非常全面→比较全面→一般→不太全面→非常不全面

5→　→　→4→　→　→3→　→　→2→　→　→1

32. 您所就职/计划求职的新业态平台企业是否与非全日制工作人员签订书面劳动合同或订立口头协议：

（1）是　（2）否　（3）不了解

33. 您所就职/计划求职的新业态平台企业是否有针对灵活就业人员的技能提升培训：

（1）是　（2）否　（3）不了解

34. 您所就职/计划求职的新业态平台企业是否有相关领域的职业标准和评价规范：

（1）是　（2）否　（3）不了解

　　问卷结束，非常感谢您抽出宝贵的时间参与此次问卷调查，祝您生活愉快！

图书在版编目（CIP）数据

青年就业问题应对之道：基于公共卫生危机视角／
徐明著. --北京：社会科学文献出版社，2023.6
ISBN 978-7-5228-1590-9

Ⅰ.①青… Ⅱ.①徐… Ⅲ.①青年-就业-研究-中
国 Ⅳ.①D669.2

中国国家版本馆 CIP 数据核字（2023）第 065883 号

青年就业问题应对之道
——基于公共卫生危机视角

著　　者／徐　明

出 版 人／王利民
责任编辑／陈　颖
责任印制／王京美

出　　版／社会科学文献出版社·皮书出版分社（010）59367127
　　　　　地址：北京市北三环中路甲 29 号院华龙大厦　邮编：100029
　　　　　网址：www.ssap.com.cn
发　　行／社会科学文献出版社（010）59367028
印　　装／三河市东方印刷有限公司

规　　格／开　本：787mm×1092mm　1/16
　　　　　印　张：28.25　字　数：426 千字
版　　次／2023 年 6 月第 1 版　2023 年 6 月第 1 次印刷
书　　号／ISBN 978-7-5228-1590-9
定　　价／138.00 元

读者服务电话：4008918866